中华传世藏书

【图文珍藏版】

山海经

诠解

马博 ⊙ 主编

第一册

线装书局

图书在版编目（ＣＩＰ）数据

山海经诠解：全6册 / 马博主编. -- 北京：线装
书局，2016.1

ISBN 978-7-5120-1957-7

Ⅰ.①山… Ⅱ.①马… Ⅲ.①历史地理－中国－古代
②《山海经》－注释 Ⅳ.①K928.631

中国版本图书馆CIP数据核字(2015)第245544号

山海经诠解

主　　编：	马　博
责任编辑：	高晓彬
装帧设计：	博雅圣轩藏书馆 Boyashengxuan Cangshuguan
出版发行：	线装书局
地　　址：	北京市西城区鼓楼西大街41号（100009）
电　　话：	010-64045283（发行部）　64045583（总编室）
网　　址：	www.xzhbc.com
经　　销：	新华书店
印　　制：	北京彩虹伟业印刷有限公司
开　　本：	787mm×1092mm　1/16
印　　张：	168
字　　数：	2040千字
版　　次：	2016年1月第1版第1次印刷
印　　数：	0001－3000套
定　　价：	1580.00元（全六册）

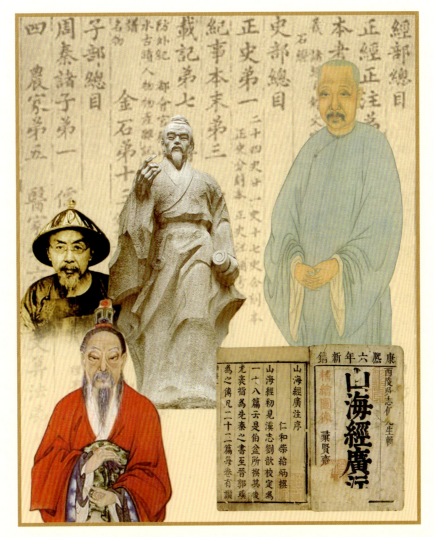

轩辕时代神话大全——《山海经》

　　《山海经》大约是从战国初年到汉代初年楚国和巴蜀地方的人所作，《山海经》现在最早的版本是经西汉刘向、刘歆父子校刊而成。晋朝郭璞曾为《山海经》作注，考证注释者还有清朝毕沅的《山海经新校正》和郝懿行《山海经笺疏》等，才形成现在的书籍。《山海经》是先秦重要古籍，是一部富于神话传说的最古老的地理书，全书共计18卷，包括《山经》5卷，《海经》8卷，《大荒经》5卷。内容包罗万象，主要记述古代地理、动物、植物、矿产、神话、巫术、宗教等，也包括古史、医药、民俗、民族等方面的内容。除此之外，它还是一部以神话为主流的书，记载了一些神话寓言故事，如夸父追日、女娲补天、精卫填海、大禹治水、共工触山、后羿射日等。此书内容包罗万象，可以称得上是一部当时的生活日用百科全书。

功成洪水退
帝禹定九州
踏勘海内外
千古一图收

帝禹山河图

帝禹山河图

　　《山海经》是汉族民族文化宝典之一，系由帝禹时代的《五藏山经》、夏代的《海外四经》、商代的《大荒四经》、周代的《海内五经》合辑而成。《帝禹山河图》采用鸟瞰、侧视等多种视角和比例变换，描绘的地理范围，南至台湾海峡，北至蒙古高原，西抵天山山脉，东达日本列岛，其中将《五藏山经》记述的东西南北中五个区域26条山脉447座山，及其相关的258处水系、348处地望、673处矿物、525处植物、473处动物、95处人文活动场景，基本上全部绘于42平方米的画面之上（高540厘米、长780厘米），它是根据古文献记载重新复原绘制的历史最古老、画面最大、文化内涵最丰富的艺术地图，其地形地貌基本符合中国四五千年前（公元前2200年～前3000年）的自然景观，具有丰富的科学与文化价值。

盘古开天

鸿钧封圣

巫妖大劫

夸父追日

女娲补天

伏羲八卦

神农尝百草

黄帝战蚩尤

精卫填海

后羿射日

燧人取火

刑天断首

大禹治水

共工触山

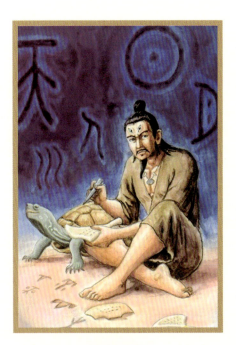

仓颉造字

嫦娥奔月

前　言

　　《山海经》是古老的经典著作,与《易经》和《黄帝内经》并称为上古三大奇书。这部奇书以其超群的想象力,对中国文化产生了深刻而久远的影响,开创了后世神话、寓言、童话的先河,不仅让自古及今的学者们不停地研读考据,更给一般的读者带来神秘奇幻的艺术享受。

　　《山海经》全书共十八卷,记载了四十多个邦国、五百五十座山、三百条水道、一百多个历史人物、四百多个神怪异兽,而全书仅有三万多字,可谓是"麻雀虽小,五脏俱全"。描尽变幻无穷的名山大川、功用奇效的林木花草、兴风作雨的精物神灵、骇世惊听的畏兽奇鸟、稀闻少见的异鱼怪蛇、蕴藏丰厚的物产资源……宇宙之寥廓十万物之纷纭、造物之天工、自然之灵化,都在《山海经》图文的关照之中。其中有探索,有追求,有对民生的深切关爱,有对生活的美好向往,有对生存环境的描绘与期待,有对大自然造化天工的真诚赞美,有对自然界未知现象的朴素理解与猜测,表现了古代先民改造世界、勇于与自然力抗争的大无畏精神。这部古典图文珍品,使中国文化界第一次以自己特有的方式,向世界宣告了古老中华大地的神奇发现,将远古初民的生活状况、生存场景一一展现在世人面前,并讲述着中国古代先民们在追寻心中的梦想、追求理想的未来时所发生的一个个离奇而动人心魄的故事。《山海经》中所记载的古代神话传说,在所有古代典籍中更是首屈一指。诸如夸父逐日、女娲补天、精卫填海等神话故事,在中国可谓是妇孺皆知。

　　关于《山海经》的原作者、成书经过、问世年代及流传与演变的情况,一直以来都是众说纷纭,其中比较权威的说法是旧传《山海经》为夏时的大禹、伯益所作,近代研究者则认为其书成于战国初年到西汉初年,作者并非一人,而是由多人集体编撰而成。《山海经》的今传本是西汉刘向、刘歆父子校刊而成,后来历朝历代有多位文人学者为其作注,从而出现了流传于世的多种版本。

　　《山海经》主要记述了辉煌的华夏文明,是中华文化宝库中值得人们永世珍藏的精品,是中外无数学者专家与普通读者朋友们公认的世界奇书。作为民族文化遗产的一部分,此书从内容到表现形式,都给后世留下了不少值得探索与研讨的神秘论题,留下了不少值得发掘与弘扬的宝贵财富。我们如果想要了解古代的山川大地、风物传奇、奇兽怪鸟、神仙魔怪、金玉珍宝等,不可不读《山海经》。

由于《山海经》产生的时代距今日已十分遥远,许多字句在今人读来已经不好理解。因此,本书编者为给读者提供准确、直观的形象解说,根据名家译注,博采众长,为《山海经》原文做出准确、翔实的译注,力求与原文风格统一,以流畅的现代白话文再现《山海经》中的神奇世界,并配以精彩的版画插图,将原著内容更直观形象地呈现给读者。

本套丛书共二十一章内容,即:《山海经》探源、《山海经》的历代研究、《山海经》鉴赏、海内外五经考证、大荒四经考证、《山海经》的地理大发现、《山海经》中的名山、《山海经》中的部落世系、《山海经》的远方异国、《山海经》中的怪兽、《山海经》的祭祀巫术活动和群巫、《山海经》的医药与预测、《山海经》中的龙凤文化、《山海经》水道考察、《山海经》中的天文奇观、《山海经》解密、《山海经》故事、《山海经》古人绘图欣赏、《山海经》与中国文化。

总之,《山海经》所具有的集大成之特色,决定了这套书的多样性、复杂性、兼容性、实用性,它像一座知识的矿藏,揭示了历史、地理、文学、医学、宗教、民俗、绘画艺术、神话传说、奇取佚事、杂论等多方面的宝贵知识,编者从多视角、多学科、多领域、全方位去开发先民留下的这座富矿。追索其来龙去脉,探讨其叙事风格,比较其古今异同,揭示其遗风遗韵,阐发其文化底蕴,从而使读者能全面理解《山海经》博大精深的意蕴,使其多方面的价值得以开发与和利用。"泛览周王传,流观山海图,俯仰终宇宙,不乐复何如?"当年,"采菊东篱下"的陶渊明已深得品读《山海经》的乐趣,今天,我们以全新的眼光静下心来再读一读《山海经》,一定会让读者在愉悦中获取知识、启迪心智、丰富想象、增广见闻、扩展视野、受益良多。

目　录

第一章　《山海经》探源 ……………………………………………… (1)

　一、先秦四大经典奇书之首——《山海经》 ………………………… (1)

　二、《山海经》成书过程 ……………………………………………… (3)

　三、《山海经》内容的基本构成 ……………………………………… (9)

　四、《山海经》研究的基本概念 ……………………………………… (19)

　五、《山海经》的作者、编纂者、整理者 …………………………… (24)

　六、《山海经》的未解之谜 …………………………………………… (27)

　七、《山海经》的绘图源流 …………………………………………… (28)

　八、《山海经》是一部最古老的地理书 ……………………………… (30)

　九、《山海经》在世界的传播 ………………………………………… (33)

第二章　《山海经》的历代研究 ……………………………………… (40)

　一、汉代时的《山海经》研究 ………………………………………… (40)

　二、魏晋时的《山海经》研究 ………………………………………… (71)

　三、宋代时的《山海经》研究 ………………………………………… (108)

　四、明代时的《山海经》研究 ………………………………………… (121)

　五、清代时的《山海经》研究 ………………………………………… (145)

　六、近现代的《山海经》研究 ………………………………………… (187)

第三章　《山海经》原典鉴赏 ………………………………………… (203)

　南山经第一 …………………………………………………………… (203)

　西山经第二 …………………………………………………………… (249)

　北山经第三 …………………………………………………………… (343)

　东山经第四 …………………………………………………………… (422)

　中山经第五 …………………………………………………………… (475)

海外南经第六 ……………………………………（661）

海外西经第七 ……………………………………（684）

海外北经第八 ……………………………………（709）

海外东经第九 ……………………………………（732）

海内南经第十 ……………………………………（752）

海内西经第十一 …………………………………（767）

海内北经第十二 …………………………………（786）

海内东经第十三 …………………………………（809）

大荒东经第十四 …………………………………（823）

大荒南经第十五 …………………………………（851）

大荒西经第十六 …………………………………（877）

大荒北经第十七 …………………………………（914）

海内经第十八 ……………………………………（945）

第四章　海内外五经考证 ………………………（973）

一、海外南经 ……………………………………（973）

二、海外西经 ……………………………………（988）

三、海外北经 …………………………………（1003）

四、海外东经 …………………………………（1015）

五、海内南经 …………………………………（1025）

六、海内西经 …………………………………（1035）

七、海内北经 …………………………………（1049）

八、海内东经 …………………………………（1069）

九、海内经 ……………………………………（1076）

第五章　大荒四经考证 …………………………（1115）

一、大荒东经 …………………………………（1115）

二、大荒南经 …………………………………（1136）

三、大荒西经 …………………………………（1156）

四、大荒北经 …………………………………（1187）

第六章　《山海经》的地理大发现 ……………（1214）

一、动物的生存信息地图 ……………………（1214）

二、地图的历史 ………………………………（1216）

三、先夏时期中国人的地理大发现 ‥‥‥‥‥‥‥‥‥‥‥‥ （1219）

四、《五藏山经》记录的生存资源 ‥‥‥‥‥‥‥‥‥‥‥‥ （1222）

第七章 《山海经》中的名山 ‥‥‥‥‥‥‥‥‥‥‥‥‥‥ （1241）

一、《山海经》记述的第一座山是招摇山 ‥‥‥‥‥‥‥‥ （1241）

二、《山海经》里关于五岳的记载 ‥‥‥‥‥‥‥‥‥‥‥‥ （1243）

三、《山海经》是最早记述黄帝都城昆仑的 ‥‥‥‥‥‥‥ （1248）

四、承载远古文明信息的不周山 ‥‥‥‥‥‥‥‥‥‥‥‥ （1257）

第八章 《山海经》中的部落世系 ‥‥‥‥‥‥‥‥‥‥‥ （1262）

一、太皞、少昊部落世系 ‥‥‥‥‥‥‥‥‥‥‥‥‥‥‥ （1262）

二、炎帝、蚩尤部落世系 ‥‥‥‥‥‥‥‥‥‥‥‥‥‥‥ （1262）

三、黄帝部落世系 ‥‥‥‥‥‥‥‥‥‥‥‥‥‥‥‥‥‥ （1263）

四、帝颛顼部落世系 ‥‥‥‥‥‥‥‥‥‥‥‥‥‥‥‥‥ （1264）

五、帝俊部落世系 ‥‥‥‥‥‥‥‥‥‥‥‥‥‥‥‥‥‥ （1265）

六、帝尧、帝舜部落世系 ‥‥‥‥‥‥‥‥‥‥‥‥‥‥‥ （1266）

七、鲧、禹部落世系 ‥‥‥‥‥‥‥‥‥‥‥‥‥‥‥‥‥ （1267）

八、四岳部落世系 ‥‥‥‥‥‥‥‥‥‥‥‥‥‥‥‥‥‥ （1268）

第九章 《山海经》的远方异国 ‥‥‥‥‥‥‥‥‥‥‥‥ （1272）

一、远在南方的国度 ‥‥‥‥‥‥‥‥‥‥‥‥‥‥‥‥‥ （1272）

二、远在西方的国度 ‥‥‥‥‥‥‥‥‥‥‥‥‥‥‥‥‥ （1274）

三、远在北方的国度 ‥‥‥‥‥‥‥‥‥‥‥‥‥‥‥‥‥ （1275）

四、远在东方的国度 ‥‥‥‥‥‥‥‥‥‥‥‥‥‥‥‥‥ （1277）

第十章 《山海经》中的怪兽 ‥‥‥‥‥‥‥‥‥‥‥‥‥ （1280）

一、珍稀动物鹿蜀 ‥‥‥‥‥‥‥‥‥‥‥‥‥‥‥‥‥‥ （1281）

二、奇异动物"罴" ‥‥‥‥‥‥‥‥‥‥‥‥‥‥‥‥‥‥ （1282）

三、侦察兵朱厌 ‥‥‥‥‥‥‥‥‥‥‥‥‥‥‥‥‥‥‥ （1285）

四、毕方鸟是火警标志 ‥‥‥‥‥‥‥‥‥‥‥‥‥‥‥‥ （1286）

五、黄帝的鹢鸟和西王母的三青鸟、"使四鸟" ‥‥‥‥‥ （1288）

六、一首十身的何罗鱼 ‥‥‥‥‥‥‥‥‥‥‥‥‥‥‥‥ （1291）

七、孔子对一足夔的解释 ‥‥‥‥‥‥‥‥‥‥‥‥‥‥‥ （1292）

八、巴蛇食象的传闻 ‥‥‥‥‥‥‥‥‥‥‥‥‥‥‥‥‥ （1294）

九、M21"零口姑娘"的悲剧与雌雄同体怪兽 ‥‥‥‥‥‥ （1297）

十、神奇的生物"视肉" ···（1301）

第十一章 《山海经》的祭祀巫术活动和群巫 ·····················（1303）

一、祭祀活动 ···（1303）

二、巫术活动与群巫 ···（1306）

第十二章 《山海经》中的民俗 ···································（1311）

一、寒食习俗 ···（1311）

二、沐浴习俗 ···（1311）

三、舞龙求雨、逐旱魃、暴巫习俗 ·······························（1312）

四、葬俗 ···（1312）

五、美容与身份标识等习俗 ···（1313）

第十三章 《山海经》的医药与预测 ·····························（1316）

一、医药 ···（1316）

二、预测 ···（1323）

第十四章 《山海经》的哲学与社会观念 ·························（1329）

一、《山海经》关于天、帝、神的记载 ·····························（1329）

二、具有社会功能的神异动物 ·······································（1329）

三、礼仪之邦 ···（1330）

四、与自然和谐相处 ···（1330）

五、天下一统 ···（1331）

六、禹的哲学与社会观念 ···（1331）

第十五章 《山海经》中的龙凤文化 ·····························（1334）

一、十二生肖动物纪年 ···（1334）

二、《山海经》里的十二生肖动物 ·································（1341）

三、《山海经》里的龙凤文化 ·······································（1347）

第十六章 《山海经》水道考察 ···································（1356）

一、黑水（一） ···（1357）

二、流沙水 ···（1362）

三、赤水（一） ···（1365）

四、青水 ···（1366）

五、河水（一） ···（1368）

六、黑水（二） ···（1369）

七、赤水（二） ………………………………………………………………………（1376）

八、黑水（三） ………………………………………………………………………（1378）

九、河水（二） ………………………………………………………………………（1380）

十、宪翼水 ……………………………………………………………………………（1391）

十一、融水 ……………………………………………………………………………（1392）

十二、甘水 ……………………………………………………………………………（1392）

十三、湘水 ……………………………………………………………………………（1394）

十四、荥水 ……………………………………………………………………………（1398）

十五、黑水（四） ……………………………………………………………………（1399）

第十七章 《山海经》中的天文奇观………………………………………………（1402）

一、羲和与纪日历法 …………………………………………………………………（1402）

二、常羲与纪月历法 …………………………………………………………………（1404）

三、《山海经》里的五大行星 ………………………………………………………（1405）

四、《山海经》与二十八星宿 ………………………………………………………（1409）

五、众多的天文台、天文仪器和天文学家 …………………………………………（1416）

六、从开天辟地到宇宙起源 …………………………………………………………（1420）

七、华夏先民记忆的天地大冲撞事件 ………………………………………………（1421）

第十八章 《山海经》解密…………………………………………………………（1425）

一、帝皇秘史 …………………………………………………………………………（1425）

二、诸神传说 …………………………………………………………………………（1544）

三、上古风情 …………………………………………………………………………（1643）

第十九章 《山海经》故事详解……………………………………………………（1758）

一、南山经 ……………………………………………………………………………（1758）

二、西山经 ……………………………………………………………………………（1764）

三、北山经 ……………………………………………………………………………（1780）

四、东山经 ……………………………………………………………………………（1794）

五、中山经 ……………………………………………………………………………（1801）

六、海外南经 …………………………………………………………………………（1832）

七、海外西经 …………………………………………………………………………（1835）

八、海外北经 …………………………………………………………………………（1838）

九、海外东经 …………………………………………………………………………（1841）

十、海内南经 ································· (1843)

十一、海内西经 ······························ (1845)

十二、海内北经 ······························ (1847)

十三、海内东经 ······························ (1850)

十四、大荒东经 ······························ (1853)

十五、大荒南经 ······························ (1857)

十六、大荒西经 ······························ (1860)

十七、大荒北经 ······························ (1865)

十八、海内经 ································· (1869)

十九、《山海经》中的通俗故事 ··················· (1874)

第二十章 《山海经》古人绘图欣赏 ················ (1927)

第二十一章 《山海经》与中国文化 ················ (2215)

一、《山海经》对中国文化的多层次影响 ············· (2215)

二、《山海经》对后世中国民间文化的影响 ··········· (2226)

第二十二章 《山海经》异兽考 ··················· (2271)

第二十三章 《山海经》地理考 ··················· (2391)

第二十四章 《山海经》异木考 ··················· (2436)

第二十五章 《山海经》神怪考 ··················· (2451)

第二十六章 《山海经》地图考 ··················· (2473)

第二十七章 《山海经》异国考 ··················· (2478)

第二十八章 《山海经》人物考 ··················· (2513)

附录 ······································ (2518)

一、《山海经》中的帝王谱系 ···················· (2518)

二、《山海经》之奇 ··························· (2520)

三、古今《山海经》版本的应用 ·················· (2524)

四、张步天教授的《山海经》考证地图 ·············· (2528)

五、《山海经》中山经图鉴 ······················ (2531)

六、《山海经》中海经图鉴 ······················ (2542)

七、图解五藏山经山川里程 ····················· (2545)

八、先夏时期华夏文明纪年表 ···················· (2546)

九、刘秀(歆)《上〈山海经〉表》 ················· (2577)

十、郭璞注《山海经》序 ……………………………………………………… (2578)

十一、时曼成《山海经存·跋》 ……………………………………………… (2580)

十二、《山海经》"巫书说"批判 ……………………………………………… (2581)

十三、《山海经》西王母的正神属性考 ……………………………………… (2597)

十四、从《清明上河图》到《帝禹山河图》 ………………………………… (2610)

十五、嫦娥的伟大献身精神 ……………………………………………………… (2615)

十六、圣诞树、摇钱树源于《山海经》里的生命树 ……………………… (2618)

十七、帝禹时代曾经实地考察济州岛 ………………………………………… (2625)

十八、屈原与《山海经》 ………………………………………………………… (2628)

十九、秦始皇爱读《山海经》 ………………………………………………… (2636)

二十、寻找"不周山"启事 ……………………………………………………… (2640)

二十一、禹迹探险考察 …………………………………………………………… (2648)

第一章 《山海经》探源

一、先秦四大经典奇书之首——《山海经》

在中国古代有许多称之为"经"的典籍，"经"字原指纺织丝绸面料时的纵丝，经典的"经"字指订书（把竹简编在一起）的线。凡是号称"经"的著作，通常都指带有原理原则性质的经典著作，后来又逐渐延伸指具有学问知识体系的著作，以及专指儒家学术典籍。但是，学术界对《山海经》书名里的"经"字却有着不同的理解，例如袁珂认为"《山海经》之'经'乃'经历'之'经'，意谓山海之所经，初非有'经典'之义。"大体而言，《山海经》书名的意思有两层：一是"关于山和海的经典之作"，二是"关于山和海的考察之作"；其中"山"泛指陆地，"海"泛指水域。

中国古代著名的称之为"经"的典籍有《山海经》、《易经》、《书经》（尚书）、《甘石星经》（已佚）、《诗经》、《道德经》、《黄帝内经》、《墨经》（墨子），后人亦称《庄子》为《南华经》。《庄子·天运》记有"孔子谓老聃曰，丘治《诗》、《书》、《礼》、《乐》、《易》、《春秋》六经"（其中《乐经》已佚）。此后，儒家的经书扩展为十三经，即《易》、《书》、《诗》、《周礼》、《仪礼》、《礼记》、《春秋左传》、《公羊传》、《穀梁传》、《论语》、《孟子》、《孝经》、《尔雅》。

此外，东汉学者扬雄参照《易经》二进制符号体系，著有《太玄经》，在人类历史上首次创建三进制符号体系。东汉学者桑钦著有《水经》一书，北魏学者郦道元参照《山海经》、《禹贡》等古籍并实地考察增加大量内容著成《水经注》

一书流传至今（晋代学者郭璞亦撰有《水经注》，可惜失传）。另外古代还有《神农本草经》、《神异经》、《世经》、《茶经》等，而"经"字亦用于指称外国经典著作，例如《圣经》、《古兰经》等。

在中国古代著名的经典之作里，《山海经》、《易经》、《道德经》、《黄帝内经》号称中国先秦经典四大奇书。《易经》之奇在于用二进制符号体系描述、解释宇宙万物，始创者是中华民族人文始祖伏羲，继创者是周文王。周朝初年，周公在上述基础上制定出一部"社会行为规范手册"——《易经》，内容共计有64条（六十四卦辞）、386款（三百八十六爻辞）。

《道德经》之奇在于这是中国历史上第一部个人专著，曾任东周国家图书馆馆长的大思想家老聃，仅用五千言就揭示出宇宙的奥秘（道生一、一生二、二生三、三生万物）和人类社会管理的最高境界（无为而治）。

《黄帝内经》之奇在于根据天地四时变化论述人体生命运转之奥妙，为中华民族传统医学奠定了深厚的理论基础，被后世尊为"医家之宗"。《汉书·艺文志·方技略》记载有《黄帝内经》和《黄帝外经》，而《黄帝外经》早已失传。如今流传下来的《黄帝内经》一书包括《素问》、《灵枢》两大部分内容，各自相对独立成篇；或许，《素问》原本就是《黄帝内经》，而《灵枢》原本正是《黄帝外经》。

对比之下，最奇的书还是要数中华远古文明第一宝典《山海经》，它也是记录人类远古文明的非物质文化遗产。《山海经》之奇在于记述的内容弘伟瑰奇，而在瑰奇中又蕴藏着丰富而真实的其他古籍未见的远古文明信息；但是，如何正确地解读其中蕴含的远古文明信息，却并不是一件容易的事情，以致《山海经》长期以来被人们视为最难读懂的"天书"。这是因为，《山海经》不仅内容瑰奇，同时还有着诸多的千古未解之谜：《山海经》的作者、编者是谁？众说纷纭；《山海经》成书于何时何地？众说纷纭；《山海经》记述的远古文明活动区域在今天的什么地方？众说纷纭；《山海经》究竟是一部什么性质的书？仍然是众说纷纭！

二、《山海经》成书过程

在我国历史文化发展中,巫是一个特殊的阶层。尤其在原始信仰浓郁的历史阶段,他们充当着社会政治、文化领袖。这样,他们就直接参与了全社会性的文化整理和宣传,成为指导文化建设的重要力量。

对于《山海经》的作者,我们以为还是应当着重从文化的视野,特别是从神话的角度来考察才更有意义。在这个问题上,鲁迅强调《山海经》为"古人巫书"。袁行霈强调《山经》是战国初期、中期巫祝之流根据远古以来的传说记录的一部巫觋之书,是他们"行施巫术"的底本;《海经》是秦汉间的方士书。游国恩、何观洲、方孝岳、程耀芳等都称《山海经》为战国时期阴阳家代表人物邹衍所作。此说虽然也不能令人信服,但它说明此书有浓厚的巫的色彩。萧兵说,《山海经》很可能是东汉早期方士根据云集燕齐的各国人士所提供的见闻和原始记载编纂整理成的一部带有巫术性、传说性的"综合地理书"。或者说,其东南西北中方位如此明显,各个山或荒的地理方位及其神话传说描述中,既有非常详细的神灵形象,又有各种与之相关的信仰行为,诸如"不敢西向社"之类的禁忌,这应该是一部具有神巫主体意义的地理书,是一部以四方神灵崇拜为主要内容的招魂书。笔者将在其他地方详细论述这个问题。当然,一切都有自圆其说的证据,更有见仁见智的合理性解说。

关于《山海经》的成书时代与作者问题,我们从书中所掺杂的成分,如后世的一些礼仪观念,可以看出截止到晋代郭璞注释该书时,是一直处于增删状态的。其基本规模,我们从书中对帝与禹的称呼等内容来看,应该初步形成于夏代,是由当时的巫们具体整理而成的。战国和汉代则进行了更大规模也更重要的整理,当然,增删就难以避免了。这里应该强调的是,战国时代的方士们把夏商时期分散流布的各种材料进行详细整理,对《山海经》的系统性成书具有决定性意义。从战国时代的文化氛围中,将散失的有关的口传资料、图画资料、鼎文等文字资料进行搜集整理,直至汉代在民族大统一的背景下进行考订增删,这才有我们今天所见到的《山海经》底本。邹衍一类的学者们虽然各有取舍的标准,但他们都做出了非凡的贡献。此书是由汉代以前的中国知识分子整理而成的,这是毫无疑问的。

《山海经》的整理,经过了夏代、商周、战国、汉代这四个阶段,甚至延续到晋代。通过刘歆、郭璞等学者的辛勤劳动,《山海经》这份珍贵的民族文化瑰宝才得以保存。

《山海经》的具体成书应该出现在战国时代,是和我国文化体制发展变化的历史分不开的。

汉代社会成书,是当世的文化认同与文化选择。黄老之风促使《山海经》流行,应该是一个重要因素。作为一部具有远古时代百科全书性质的宏大的文化工程,它不会孤立地出现。在我国古代典籍中,较早提及《山海经》的是司马迁。他在《史记·大宛列传》中说,至于《禹本纪》《山海经》中所记载的怪异现象,他不敢随便引说。关于它的具体成书,较早是由刘歆在《上〈山海经〉表》中提到的:"出于唐虞之际",益所"著"。王充为他补充说:禹和益共同治理洪水,禹负责治水,益负责记述怪异的现象。海外的山脉气象,没有不记下来的。靠他们亲眼看到和亲耳听到的材料,写作完成了《山经》。

但这种记述是需要有一定的社会条件的。春秋之前,文化知识的流传以口授为主,甲骨、青铜器、岩石、壁画等材料上的记录都是十分有限的。进入战国初期,随着生产力的发展和竹简的出现,才有弟子记述先师的语言、行动的文化活动,如《论语》等的著述。到了战国后期,独立著书立说的风尚逐渐流行开来,如诸子百家的大争鸣。正是在这样的条件下,才有可能使《山海经》系统成书。

有史可证,在西汉的景帝、武帝时,《海经》和《山经》是分别以地理性质的书而流传的。到汉成帝时,才有尹咸将《山经》五篇、《海经》八篇校定为《山海经》十三篇；到汉哀帝时，已经有三十二篇，后由刘歆进行整理，改为十八篇。被刘歆删去的内容有许多是很珍贵的神话材料，它们被学者们称为《大荒经》和《海内经》。到晋代郭璞注《山海经》时，才将它们一并收入，使我们看到丰富而完整的内容。

《山海经》在流传过程中，应该有图画相配。比如，郭璞所注《海外南经》《大荒北经》中有"画似仙人""画似猕猴"等语句，陶渊明的《〈读山海经〉十三首》中有"流观山海图"句。有人讲，是因为在战国时代之后，光文字还满足不了人们的阅读需要，这才出现图文相配的。我们认为很可能是先有古人传下来的图，之后才有后人所做的说明。因为《山海经》中，特别是在《山经》中有很多简短的句子，残缺不全，不像《海经》和《大荒经》中有相对完整的情节。

毕沅在《山海经新校正》中曾断言《山海经》有"古图"，"有汉（代）所传图"，甚至断言《海经》图为"禹鼎"。有学者以为此说不可信。我们觉得应该从文化传统上去理解此问题。从《汉书》和《史记》中可知，《管子》《吴孙子兵法》《齐孙子》等著作都有或附有图制，《山海经》中有图配文是很自然的。再者，《汉书·郊祀志》曾提到大禹将"九牧"收来的金子铸成九鼎，象征九州的分野和管制，以告慰天帝。《左传·宣公三年》中也提到类似的事情。杜预注释时说，这是先让人用图画的形式描绘天下的山川奇异景象，连同"金"一起奉献给禹。图画的绘制作为一种宗教活动的需要而形成一种文化传统，直接影响到《山海经》图的创作。

禹是神话传说中的人物，我们不必过于强调他是否真正收九牧之金以铸鼎，单从后世出土的各种鼎，就可以管窥图案在宗教文化传播中的重要作用。当然，《山海经》的原始图绘在今天已经很难见到；我们所能见到的，都是后来绘制的。如，梁代的张僧繇曾绘《山海经图》。再者，《初学记》中有引张骏《山海经图画赞》的，可知唐代前已有此类图。总之，在《山海经》的具体流传中，与书文相配的图绘内容及其文化传播的价值意义，我们是不应该忽视的。

从具体的叙述语言来看，《山海经》中，无论《山经》还是《海经》，都不像现在所保留的《易经》《尚书》等典籍那样佶屈聱牙，而是显得简洁、通畅，明显是战国时代的语言。特别是《海经》中的一些神话传说，具有相对完整的故事情节，其所出更晚。

尽管在《山海经》中出现了一些秦汉时郡县的地名，但这并不能说明全部内容为秦汉时所写成，而只能说是秦汉间人整理时留下的痕迹。再者，《山海经》中的地名，和神话一样，我们不应该强求其真实、详备。一些学者花费很大力气去考证，恐怕意义并不像他们所想象的那样大。若我们把这部书当作我国上古时代的神话传说的著录，许多问题就迎刃而解了。

当然，神话传说是历史发展曲折的反映与表现，其产生是离不开一定的社会实际存在的背景的。既然是神巫语言，真真假假，扑朔迷离，无论如何是不能作为信史看的。诚然，我们绝不是不可知论者。从《山海经》集中反映的内容看，表现夏代社会生活最为突出。关于这一问题，有学者说得很好，不管怎样，无法改变《山海经》是夏人之作的形式和内容。如果说《山海经》是春秋战国时代人的作品，为什么春秋战国那样一个激烈动荡，对文化有着强有力的冲击的时代，竟然见不到相关的人名、国名、事名，而多述禹及其以前的事呢？（参见徐显之《山海经探原》，武汉出版社 1991 年版）即使其中提到齐燕等字样，但据考证，齐非齐地，燕则为后人所掺杂。

《山海经》有原始史诗的痕迹与特征。其是否可以称作我国远古时期的史诗呢？将其语言文字所保持的韵律等特征，比照我国少数民族中流传的许多史诗演唱格式来看，这种推测应该有相应的道理。

从《山海经》的整体来看，其面目是质朴而完整的，虽然带有战国语言的痕迹而又明显不同于一般诸子著作的个性，它充分体现出"群巫"之作的"野蛮"风貌。在一些章节中，我们甚至可以欣喜地看到歌谣的音律美，如《海外北经》中的"钟山之神，名曰烛阴，视为昼，瞑为夜，吹为冬，呼为夏。不饮，不食，不息，息为风"，显得铿锵有力，节奏分明、优美。这种现象甚为普遍。

由此我们可以设想，除掉后人所加的成分外，整部《山海经》的《山经》部分是诵,而《海经》部分是有诵有唱或者以唱为主的。这是各民族英雄史诗语句特点的普遍体现。我们甚至可以说,《海经》部分就是我国古代民族英雄史诗的融合会聚,经过整理后仍然可见这种史诗的规模与痕迹。进而我们可以继续设想,《海经》是一群巫师所唱的经卷汇编。这一点毫不奇怪,无论是西方的《伊利亚特》《奥德赛》,还是我国至今仍在流传的《格萨尔》《江格尔》《玛纳斯》等英雄史诗,以及苗族的《古歌》《创世纪》等,都有传唱的成分,是由巫的讲唱使史诗不断延续、传播开来的。这一问题我们将在其他场所做更详细的论述,此处不再赘述。

关于《山海经》的书名,毕沅曾称"司马迁已称之,则其名久也",但众人常忽略的是王充在《论衡·谈天篇》等处所举《山经》之名。有学者认为这是《五臧山经》的略称。前面曾提到,在一个时期内,《山经》和《海经》是分别流传的,后世刘向、刘歆父子校书时,将《五臧山经》五篇、《海外经》四篇、《海内经》四篇加起来,才有《山海经》书名的。

整部《山海经》的字数在流传中不断增删而发生变化,如,《山经》在郝懿行统计时是二万一千二百六十五字,《海外经》《海内经》《大荒经》共十三篇计九千五百六十字,合计三万零八百二十五字,但刘歆校书时,《山经》仅一万五千五百零三字,少五千七百六十二字。这是否因为刘歆嫌一些字句冗杂而有意舍弃的呢?或许不一定是这样。刘歆所舍部分,学者们大都以为是郭璞注时所说的"此《海内经》及《大荒经》本皆在外"(即"逸在外")的内容。《山经》是这样,《海经》等篇就更难讲了。《山海经》在《汉书·艺文志》中是十三篇。在《隋书·经籍志》中则称《山海经》二十三卷,另有《山海经图赞》二卷和《山海经音》二卷。在《旧唐书·经籍志》中,称《山海经》十八卷,另有《山海经图赞》二卷和《山海经音》二卷;《新唐书·艺文志》却称《山海经》二十三卷,另有《山海经图赞》二卷和《山海经音》二卷。《宋史》中只提及有《山海经图赞》二卷。清代注家众多,一般学者所提为十八卷。

这种现象表明,在历史文化的长河中,关注这部经典者都在努力检索其中的奥秘。从这种意义上讲，《山海经》对中国文化的影响从来没有停止过；同时，我们也可以看到，在《山海经》的研究中，注入了不同时代的文化思想。研究《山海经》与中国文化的联系，我们不能不注意到这些情况。

除了字数和篇目之外，更突出的表现是时人的思想直接加诸其上。如《海外南经》的首段所说的，"地之所载，六合之间，四海之内，照之以日月，经之以星辰，纪之以四时，要之以太岁，神灵所生，其物异形，或夭或寿，唯圣人能通其道"。据考，"太岁"首出于战国。这一段显然不是原始信仰，而是战国时代的社会观念。

又如，《大荒经》和《海内经》中的"有鸾鸟自歌，凤鸟自舞。凤鸟首文曰德、顺、仁、义"，以及《南次三经》的"有鸟焉，其状如鸡，五采而文，名曰凤皇，首文曰德，翼文曰义，背文曰礼，膺文曰仁，腹文曰信"，其中的德、义、礼、仁、信，这些观念绝不会在上古产生，明显为春秋战国后学者们的文化观念。这些观念的掺杂，确实影响了《山海经》保持的原始面目，但从另一方面讲，正是伴随着这种掺杂，才使这一经典与社会发展相结合而不至于很快散佚。像《禹贡》《穆天子传》等典籍的散佚，其原因是否与此有关就很难说。

当然，《山海经》也有自己的绝对优势，那就是其自身宏大的气派、丰富的内容，吸引了人们的广泛关注，才使它流传不衰。我们应该注意到，就中国文化发展的实际而言，不可能有绝对纯粹的原始典籍留存。除了像汉墓中画像石之类的文物被后人所发掘较为完整地保存外，典籍的流传总是被不断增删的。

另外，像一些原始咒语，在流传中也难免有后人掺入的成分。若剔除这些，《山海经》的面目将是清新、生动的。国家大统一，民族大融合，文化在交流中迅速发展壮大。《山海经》掺杂后世思想观念是很正常的事情。

总之，《山海经》神话叙述内容基本形成于夏代，这从文中对禹、启和其他帝（神）的不同称呼可以看出；从书与图的记录形式来看，则是时代发展的原因，如竹简成册的出现限定《山海经》只能在春秋战国时代成书；由于文化发展和社会政治等因素,只有在汉代才出现神话叙述体系相对完整的《山海经》,其中,博学多识的方士起到突出的作用从而保存下这部民族文化奇书;在晋代,郭璞收入了逸失的部分内容,使《山海经》的内容更为完善。不同时代的注释整理,融入了学者们的心血,集中表现出他们对民族文化尤其是神话学、人类学、民俗学、哲学、历史学和地理学等古代人文学科的思想智慧。

《山海经》及其各家注释阐微,是我国古代思想文化的重要内容。

三、《山海经》内容的基本构成

《山海经》十八卷,大体上分为山、海、荒三种文化体系,山为神山,海为神海,荒为神荒(神原),每一种体系又都具有相对独立的内容。山、海、荒各为一种神话存在方式,即《五藏山经》为一种神话系统,《海外经》《海内经》为一种神话系统,《大荒经》包括《海内经》(另)为一种神话系统。

《山海经》之《山经》系统

《山经》包括《南山经》《西山经》《北山经》《东山经》和《中山经》。其中,可以粗略统计出,有四百四十七座相连的山,有二百七十六条源于各山之中的河流,有五十六种神鸟,有八十八种神兽,有三十八种神鱼,有十六种神虫(其他形状神奇者、怪异者未计入),以及白玉、璋、稌和草木等祭祀物。这里的山川河流和各种草木鱼虫未必就是自然真实的,其神话属性更为明显。

《山经》的地域范围,谭其骧认为,晋南、陕中、豫西地区记述得最详细最准确,其文中距离与实际相差一般不到两倍;离这个地区越远,记述就越模糊,与实际差别越大。在他看来,《南山经》的大致范围东起今浙江舟山群岛,西至湖南西部,南至广东南海(不包括今广西、贵州、云南、海南和广东西南部一带)。《西山经》的大致范围北至今宁夏盐池西北、陕西榆林东北一线,西南至甘肃鸟鼠山、青海青海湖,西北可能到达新疆的东南角(不包括罗布泊以西以北)。而《北山经》的大致范围西起今内蒙古腾格里沙漠,东抵河北中部即《山经》中所提的大河河水下游,北抵内蒙古阴山以北。《东山经》的范围东抵今山东成山角,北起莱州湾,南抵安徽潍河。《中山经》的范围西南到达四川盆地的西北边缘。

谭其骧的意见与今天的实际地望并不完全相合,而且不能自圆其说。既然《中山经》描述得更详细,为何自己勾画得又很粗略呢?在这一点上,徐显之与他的意见不同。徐显之认为,《中山经》的全部区域范围相当于今天黄河中下游的中原地区,即它包括了伊洛地区、中条山地区、岷山地区、伏牛山—大别山地区、荆山—大别山地区、幕阜山地区,一共六个地区。

伊洛地区指以洛阳为中心的伊水、洛水流域。司马迁曾说"昔三代皆出于河洛之间",就指这一地区。许多文献表明,这里是夏文化的中心。中条山地区在今山西西南部,紧连着伊洛地区,隔河(黄河)相望。这一带有传说中的"舜渔雷泽"的雷水(今山西永济县南),禹曾在安邑(今山西夏县以北)建都,也是夏文化的中心。岷山地区包括岷山、大巴山、巫山一带,有着丰富的巴蜀文化内涵。究其根底,《华阳国志》称"肇于人皇",是"黄帝高阳之支庶",与夏文化有着密切的联系。伏牛山—大别山地区包括今伏牛山、桐柏山两大山脉和大别山以北,这里的桐柏山脉厉山即烈山,是炎帝族生活的地方。《山海经》中称这一地区"桑多",即农桑发达。应该说,炎帝和黄帝两族更易于在这里形成结合部。荆山—大别山地区与以上地区紧紧相连,大致范围在湖北汉水以南,东至大别山南北,是楚文化的重要集结地。幕阜山地区为长江以南湘蠡之间的洞庭、柴桑一带,多"黄金""玉""银"和"美铜",也是夏文化的重要聚集地。

在《山经》诸篇中,有一些固定的句式,如"有×焉,其状如……"。有的句式较简短,有的句式较长。这些名物以草木鸟兽鱼虫为最多,特别是鸟兽鱼虫,我们可以把它看作群山的灵魂。正是这些鸟兽鱼虫的奇形怪状和各种习性,形成《山经》的主要神话传说内容,它们至今还在流传。也正是这些瑰丽多彩的神话传说,使这些山川成为中华民族文化的"活化石"。如果我们做一简单归纳,即可看到这样一些内容:提及名称和介绍最多的是兽,有名者三十六种,做形态介绍者八十八种;其次是鸟,有名者二十种,做形态介绍者五十六种;再次为鱼,有名者十六种,做形态介绍者三十八种;最后是虫,有名者十六种,做形态介绍者十种。另外还有未提到名称的鸟、奇鸟(兽)、怪鸟(兽)、白鸟(兽)、奇鱼、怪鱼、怪虫和怪蛇。它们中有的是多尾、多身、多足,有的是多种物体的杂合,有的是变形,如人面的各种鸟,人首状的兽,鸟状的鱼,兽状的鱼,有鸟翼的虫或兽,等等。这些另有详述,此处略。

在《山经》中,著名的神话传说中的鸟兽鱼虫几乎都有提及,当然,这里的鸟兽鱼虫应该是神鸟神兽神鱼神虫,都具有神话意蕴、神话色彩、神话特征。如白虎、天狗、天马,人鱼、飞蛇、龙龟、白蛇、三足龟(鳖)、凤凰、三青鸟、精卫、鸾鸟、象、夔牛、玄豹,白鹿、九尾狐、蛟、虎蛟等。其中,提及次数较多的如鸩、尸鸠、鹦鹉、白鸟、白兽、虎、豹、马、犀、兕、牛、羊、鹿、人鱼、蛟、蛇和龟。这从一个方面表现了原始思维的基本特征。这里所提及的著名的神话传说人物与前所列举的鸟兽鱼虫相比,则要少得多。如,在《南山经》中除"鸟身龙首""龙身鸟首""龙身人面"的山神外,几乎没有别的鬼神。《西山经》中提到的"十神"皆为"人面而马身","七神"是"人面牛身","有天神焉,其状如牛,而八足二首,马尾",有司天之九部之神及帝圃之神,"状虎身而九尾,人面而虎爪"。最典型的是西王母,其状如人,"豹尾虎齿而善啸,蓬发戴胜",其神职在于"司天之厉及五残"。另如长留之山神"白帝少昊","其状如黄囊,赤如丹火,六足四翼,浑敦无面目,是识歌舞"的"帝江";泑山之神"蓐收";从崇吾之山到翼望之山的山神"皆羊身人面"。在《北山经》中,"单狐之山"至"隄山"的神与"管涔之山"至"敦题之山"的神一样,都是"蛇身人面"。"太行之山"至"无逢之山"的神有四十四个:二十个"马身人面",十四个"彘(猪)身而载玉",十个"彘身而八足蛇尾"。《东山经》中,"樕之山"至"竹山","其神状皆人身龙首";"空桑之山"至"硬山"，"其神状皆兽身人面载觡"；"尸胡之山"至"无皋之山"，"其神状皆人身而羊角"。《中山经》中，"辉诸之山"至"蔓渠之山"，"其神皆人面而鸟身"；"和山"的"吉神"泰逢，"其状如人而虎尾"，"好居于萯山之阳，出入有光"，其神力能"动天地气"；"鹿蹄之山"至"玄扈之山"，"其神状皆人面兽身"；"休舆之山"至"大騩之山"，有十六位神"皆豕（猪）身而人面"，苦山、少室、太室三山的神"皆人面而三首"；"景山"至"琴鼓之山"，"其神状皆鸟身而人面"；"骄山"神"蠪围"，"其状如人面，羊角，虎爪"，"出入有光"；"岐山"神"涉蟲"，其状"人身而方面三足"；"女几山"至"贾超之山"，"其神状皆马身而龙首"；"首山"至"丙山"，"其神皆龙身而人面"；"翼望之山"至"几山"，"其神状皆彘身人首"；"夫夫之山"神"于儿"，"其状人身而身操两蛇"，"出入有光"；"洞庭山"有"帝（尧）之二女"，多怪神"状如人而载蛇，左右手操蛇"；"篇遇之山"至"荣余之山"，"其神状皆鸟身而龙首"。这些神话人物几乎都没有完整的故事，一方面是与《五藏山经》主要作为一部地理书有关，另一方面则反映出其相对朴素、原始的面目，即所谓神话学上所讲的离有文字记载的商周时期越近，所表现出的故事越少，离有文字记载的商周时期越远，故事表现的内容越为详细的道理。

最后是神话空间，即神话世界中那些祭祀的内容。其多"祠"，祭物有"白鸡""稻米""白菅""稷米""玉"以及"太牢""烛""牺牲""瘗""糈""狗"等。有学者认为这些祭祀行为和"见则多风雨"之类的语言一样，并不是原始的巫术表现，而是秦汉间人所加。我们认为这是有一定道理的，但不能一概而论，其中的祭祀礼仪和预测性言论，在一定程度上表现出原始人民的信仰特征。况且，即使是后世的祭礼，也是以原始信仰崇拜为基础而形成的。

《山海经》之《海经》(《海外经》《海内经》) 系统

《尔雅·释地》："九夷、八狄、七戎、六蛮，谓之四海。"可知，此处"海"的概念并不是现代意义上的海洋。再者，从《海外经》和《海内经》所描述的具体内容看，"海"的概念是和"国"密切联系在一起的，即表达出一种原始信仰观念。这里的"海内"所指为国土内的范围。所以，就有与《山经》相重复的地理概念，如"昆仑"，但《海内经》的范围明显超出《山经》。应该说，这是随着社会日益发展，人们的视野不断扩大，见闻益广的结果。如，《海内经》有"蓬莱山在海中""桂林八树在番隅东"句，其域为"山"，即陆地所环绕之内处，而《海外经》则更远，是四海之外更为辽阔的地方。但是，无论"海内"或者是"海外"，这里的"海"明显带有极为浓郁的想象成分，所以我们很难像阐释《山经》那样可以列出与实地相符的几个具体地区。究其原因，这是和文本形成的时代分不开的，尤其是和秦汉间方士阶层所宣扬的神异观念对社会现实的冲击联系在一起的。总的说来，"海"就是国土。它与"山"不同的是，"山"多指大致的地貌，多指纵横的山脉及奔腾在山间的河流，间或有对那些藏居山间水畔的奇木异草、神鸟怪兽以及神秘的鱼虫所做的描述。而"海"多指传说中的遥远的土地。它使我们联想起李白笔下的诗句"海客谈瀛洲"，"海客"的"海"应该和这里的"海"在意义上是一脉相承的。这种现象还使我们想起北京城的"海"，和笔者的家乡中原农村旧时称水流相绕的"海"。北京的"海"意味着神圣、博大，像中南海、什刹海，都有此种意义。而笔者的家乡，在旧时对城周围的水沟也称作"海"，"海"意味着一种狭隘的极限，是人们生活的区域边缘。这两种意义应该都是从《海经》所生发、绵延而遗存的吧。

理解《海外经》和《海内经》各篇，我们从宏观上可以看到各篇中所描述的"国"。"国"即部族、部落，以某种形状为标志。

《海外经》中，"国"的记述依次为：

《海外南经》十二国：结匈国、羽民国、讙头国（讙朱国）、厌火国、三苗国（三毛国）、截国、贯胸国、交胫国、岐舌国、三首国、周饶国（焦饶国）、长臂国。

《海外西经》十国：三身国、一臂国、奇肱之国、丈夫国、巫咸国、女子国、轩辕之国、白民之国、肃慎之国、长股之国。

《海外北经》九国：无启之国、一目国、柔利国、深目国、无肠之国、聂耳之国、博父国、拘缨之国、跂踵国。

《海外东经》七国：大人国、君子国、青丘国、黑齿国、玄股之国、毛民之国、劳民国。

《海内经》中，"国"的记述依次为：

《海内南经》九国：伯虑国、离耳国、雕题国、北朐国、枭阳国、氐人国、匈奴国、开题之国、列人之国。

《海内西经》二国：流黄酆氏之国、貊国。

《海内北经》六国：犬封国（大戎国）、鬼国、林氏国、盖国、朝鲜、射姑国。

《海内东经》六国：土享端、玺腕、大夏、竖沙、居繇、月支。

以上所列六十一国，其中《海外经》三十八国，《海内经》二十三国，多以貌命名。诚如有人所言，此处之国，即"民"在形状、性情等方面表现出共同特征的氏族部落、集团。在这些人群中，发生了许多令人眼花缭乱的神话传说故事，特别是其中存在的以"昆仑"为中心的神话群，表现出中国神话的系统性特征。这里的"民"的形状和性情与《山经》中诸神的"其神状×首×身"的基本模式相比，显示出原始人民对自然、社会认识和理解的不断提高。特别是《海内经》《海外经》诸篇中，许多神话都是自成体系，同时，各神话群中又有相互联系的内容，它体现出在"海"的意义上这一神话系统的文化个性。这些神话群成为后世文化的经典性内容，深深地影响着我国神话文化的具体发展和衍化规律。

例如，《海外南经》中有关于不死民长寿的叙述，关于昆仑（虚）地区羿与凿齿战争的叙述，关于在狄山"帝尧葬于阳，帝喾葬于阴"的叙述，关于"南方祝融，兽身人面，乘两龙"的叙述。《海外西经》中有关于"大乐之野，夏后启于此舞九代，乘两龙，云盖三层。左手操翳，右手操环，佩玉璜"的叙述；关于"形（刑）天与帝至此争神，帝断其首，葬之常羊之山。乃以乳为目，以脐为口，操干戚以舞"的叙述；有"女丑之尸，生而十日炙杀之"和因"畏轩辕之丘"而"不敢西射"的叙述;关于在肃慎之国的雄常(雒棠)树"先入伐帝,于此取之"和"西方蓐收,左耳有蛇,乘两龙"的叙述。《海外北经》中有关于"钟山之神"即"烛阴"的"视为昼,瞑为夜,吹为冬,呼为夏。不饮,不食,不息,息为风。身长千里"而"人面,蛇身,赤色"的叙述;关于"禹杀相柳,其血腥,不可以树五谷种",和相柳"九首人面,蛇身而青",以及"共工之台""众帝之台"的叙述;关于"夸父与日逐走,入日,渴,欲得饮,饮于河渭,河渭不足,北饮大泽。未至,道渴而死。弃其杖,化为邓林"的叙述;关于在务隅之山,"帝颛顼葬于阳,九嫔葬于阴"的叙述,和"北方禺强,人面鸟身,珥两青蛇。践两青蛇"的叙述。《海外东经》中有关于"汤谷上有扶桑,十日所浴,在黑齿北。居水中,有大木,九日居下枝,一日居上枝"的叙述;关于"东方句芒,鸟身人面,乘两龙"的叙述。所有的叙述都是在神话世界进行的。叙述是记载,更是讲述,有明显口语化特征。

　　又如,《海内南经》中有关于"苍梧之山,帝舜葬于阳,帝丹朱葬于阴"的叙述。《海内西经》中有关于贰负与其臣危"杀窫窳"和"后稷之葬,山水环之。在氐国西"的叙述。有关于"海内昆仑之虚,在西北,帝之下都"的叙述。此帝即黄帝,文曰:"昆仑之虚(墟),方八百里,高万仞。上有木禾,长五寻,大五围。面有九井,以玉为槛。面有九门,门有开明兽守之。百神之所在,在八隅之岩,赤水之际,非仁羿莫能上冈之岩。""开明"是昆仑山的守护神,其"身大类虎而九首,皆人面,东向立昆仑上"。在其周围,西有凤凰、鸾鸟,北有珠树等生长珍珠和美玉的树,不死神树,以及戴着盾甲的凤凰和鸾鸟,东有群巫(巫彭、巫抵、巫阳、巫履、巫凡、巫相),他们手持不死之药去救窫窳,南有长着六个脑袋的树鸟和蛟、蛇、豹等,更显出昆仑山的繁华。《海内北经》中有关于"西王母梯几而戴胜杖"的叙述,她的南面有三只为她取食的青鸟,在昆仑山东北处,有各为两座、四方形的帝尧、帝喾、帝丹朱、帝舜的灵台的记载;有舜妻"登比氏"(也叫"登北氏")生下"宵明"和"烛光",居住在河畔大泽之中,神女的灵光能照耀方圆百里的记载,以及"蓬莱山在海中"和"大人之市在海中","大鳙""大蟹"在海中等景象的记载。《海内东经》中有关于"雷泽中有雷神,龙身而人头,鼓其腹（则雷）"的记载。

在以上所列举的神话材料中，我们可以清晰地看到，《海内经》有一个中心区域，即昆仑山，它地势险要，如，"其南渊深三百仞"，其坐北朝南，神主为西王母，她的护守神使为开明神兽，周围遍布奇花异草、神巫和尧舜等帝王的灵台。而在《海外经》中，虽然也有昆仑山地区的描述，如羿与凿齿的战争的记载，但范围明显更为扩大，神话人物也更为繁密。如祝融、夏后启、刑天、女丑、蓐收、烛阴、相柳、夸父、禹、颛顼、禺强、句芒等，熙熙攘攘。事实上，《海内经》和《海外经》在总体范围上并没有超出多少华夏族早期活动的区域。特别是各神灵之间的联系仍然是松散的，神谱的意义并不十分明确，这表明在"海"的意义上昆仑神话系统与蓬莱神话系统趋向于"合"的态势，尽管其走向并不十分明显。

《山海经》之《大荒经》（包括《海内经》）系统

《大荒经》（包括《海内经》一篇）在内容上是相对独立于前面所举的《山经》和《海内经》)《海外经》各篇的。在这一点上，以往许多学者总是误把(《大荒经》看作是《海经》中所掺杂的。《大荒经》中保存的神话最为丰富，也最为系统。其最突出的地方就是它展示出一个以"帝俊"为中心的神话世界，而不像(《海内经》和《海外经》那样以"昆仑"为中心。此处帝俊在神话叙述中有许多内容表明他与帝舜相同。但是，又有很多不同，如其为大荒之神性领袖统率日月众神，有天帝之气象。这应该是神话叙述中多种内容的掺杂和融合。毕沅在《山海经新校正·篇目考》中这样解释道：《山经》和《海内经》《海外经》是禹、益所作，《大荒经》为禹、益之后人所作。他还说，《大荒经》是刘歆所增。郭璞注释整理《山海经》时早已提到，《大荒经》是刘歆进上《山海经》之外的部分。郝懿行在《山海经笺疏》中，根据其次序的不同，校书款识的不同，认为《大荒经》非刘歆所增，也非其进上的《山海经》之内，而是刘歆之后为了诠释《海内经》和《海外经》而撰写的文字。近人袁行霈则认为《大荒经》既非刘歆所增，也非后人诠释之文，而是本来就"杂在海外、内经中"的文字，同《海内经》《海外经》一样，是"秦或西汉初年的作品"。他说："所谓大荒，指的就是海外，并不是在海外之外另有一个地域叫大荒。"事实上我们不必这样强究"大荒"在"海外之外"的意义，"荒"和"山""海"是三种不同意义的概念，《大荒经》在内容上和《山经》《海经》既有联系又具有其相对独立性，是又一个以"帝俊"为中心的神性体系。同时，它也不是对其他文本的补充或诠释。即使是《海经》，内与外标志着它们在形式上是分开的，但在内容上尤其是神话所发生的区域范围上却并没有十分明显的区别。如《海外经》中有"帝尧""帝喾""轩辕之丘"和"昆仑"的记述，《海内经》中同样有记述，只不过《海内经》的"昆仑"中心地位更突出而已。而在《大荒经》中，帝俊的中心是非常突出的，动辄有"日月所出入处"的描述，应该说，这是和帝俊的角色即神性神职所分不开的，更是其他文本所不能比拟的个性所在。当然，其形成时期也不尽相同。

《大荒经》中关于以帝俊为中心的叙述主要表现在这些方面：

《大荒东经》中载："有中容之国。帝俊生中容，中容人食兽、木实，使四鸟：豹、虎、熊、罴。""有司幽之国。帝俊生晏龙，晏龙生司幽，司幽生思士，不妻；思女，不夫。食黍，食兽，是使四鸟。""有白民之国。帝俊生帝鸿，帝鸿生白民，白民销姓，黍食，使四鸟：虎、豹、熊、罴。""有黑齿之国。帝俊生黑齿，姜姓，黍食，使四鸟。"

《大荒南经》中载："大荒之中，有不庭之山，荣水穷焉。有人三身，帝俊妻娥皇，生此三身之国，姚姓，黍食，使四鸟。""有襄山。又有重阴之山。有人食兽，曰季厘。帝俊生季厘，故曰季厘之国。有缗渊。少昊生倍伐，倍伐降处缗渊。有水四方，名曰俊坛。""东南海之外，甘水之间，有羲和之国。有女子名曰羲和，方日浴于甘渊。羲和者，帝俊之妻，生十日。"

《大荒西经》中载："有西周之国，姬姓，食谷。有人方耕，名曰叔均。帝俊生后稷，稷降以百谷。稷之弟曰台玺，生叔均。叔均是代其父及稷播百谷，始作耕。""有女子方浴月。帝俊妻常羲，生月十有二，此始浴之。"

《大荒北经》中载："东北海之外，大荒之中，河水之间，附禺之山……丘方员三百里，丘南帝俊竹林在焉，大可为舟。"

在《海内经》中，帝俊的神话传说异常丰富，如："帝俊生禺号，禺号生淫梁，淫梁生番禺，是始为舟。番禺生奚仲，奚仲生吉光，吉光是始以木为车。""帝俊赐羿彤弓素矰，以扶下国，羿是始去恤下地之百艰。""帝俊生晏龙，晏龙是为琴瑟。""帝俊有子八人，是始为歌舞。""帝俊生三身，三身生义均，义均是始为巧倕，是始作下民百巧。"

在《大荒经》和《海内经》中，帝俊或帝舜庞大的家族十分显赫，中容、晏龙、帝鸿、黑齿、三生之国、十日、十二月、季厘、后稷、禺号、三身、八子（为歌舞）都是其家族的成员，更不用说旁系了。在这样一个家族中，帝俊的地位是崇高的，所以，就连黄帝那样著名的神人在这里也不得不退"位"。在帝俊神话系统中心世界里，日月的出入处，如大言山、合虚山、明星山、鞠陵于天山、东极山、离瞀山、孽摇頵羝山上的扶木、猗天苏门山、壑明俊疾山、甘渊、方山上的柜格之松青树、丰沮玉门山、鏖鏊钜山、常阳之山、大荒之山、龙山等场所，形成了无比辉煌的神话氛围，衬托出帝俊的神话典型形象。那么，帝俊是否在后世神话流传中被解构或消失了呢？如果是，又如何形成这种神话现象呢？

再者，从与此相连的神话系统中，我们可以清楚地看到黄帝家族和颛顼家族的非凡影响。另外诸如禹神话群、共工神话群、蚩尤神话群、夸父神话群，也都有丰富的内容。其他像所提及的西王母、炎帝、女娲、应龙、女魃、王亥、后稷、羲和、常羲、祝融、禺号、尧、舜、喾、烛龙、赣巨人、羿等神话人物和各种神秘色彩浓郁的山川草木、鸟兽鱼虫，都比《山经》和《海内经》《海外经》中的叙述要完整、生动。这种局面与帝俊中心相对比，体现出我国古代神话交融性、丰富性、系统性并存的特征。有人认为，形成帝俊中心的原因在于殷人崇拜观念对神话的渗透，应该说这是有道理的。但是，正因如此，《大荒经》和《海内经》才形成自己的系统特征而有别于《山经》系统和《海内经》《海外经》系统。也就是说，《大荒经》系统的形成，有着自己独特的历史文化背景，因而，在我国古典神话世界中,它占据着独特的位置,有着更丰富的价值和意义。特别是从《山经》到《海经》再到《大荒经》,神话面目越来越清晰,系统性越来越完整,这种现象更值得我们重视。

四、《山海经》研究的基本概念

在《山海经》一书的文字里,以及在山海经研究(包括中国古代史研究)的过程中,会涉及许多基本概念,由于这些基本概念往往是附着在已有词汇或常见词汇上,为了准确把握这些基本概念,有必要对这些基本概念进行名词解释。

1. 山

考察地的通称,既可指山脉、山区、山地、山峰,也可指岛屿、沙丘,以及人造景观(例如祭祀场所)。

2. 海

大面积、深水区域的通称,包括大湖泊、海、海洋。对比之下,"泽"通常指沼泽、湿地、浅水湖泊。此外,"海"又可代指远方。

3. 经

考察经历的记录,更正式的说法是指考察报告。

4.《山海经》主要版本

①原版《山海经》,编纂者王子朝、老聃,公元前6世纪,已失传。

②刘版《山海经》,整理者刘秀(刘歆),公元前1世纪,已失传。

③郭版《山海经》,整理者郭璞,公元4世纪,已流传至21世纪。

5.《五藏山经》

按例应作"山藏五经",意思是关于山脉资源的五大区域的考察记录或考察报告,其地理中心在实施考察期间的帝禹朝代的首都。撰稿人禹、伯益、大章、竖亥等。

6.《海外四经》

夏朝及其四个外围区域的考察记录或考察报告,其相对地理中心取决于撰稿人生活时段的夏朝政治中心所在地。撰稿人夏朝史官或夏王室图书馆典籍管理者。

7.《大荒四经》

商朝及其四个外围区域的考察记录或考察报告,其相对地理中心取决于撰稿人生活时段的商朝政治中心所在地。撰稿人商朝史官或商王室图书馆典籍管理者。

8.《海内四经》

周朝及其四个外围区域的考察记录或考察报告,其相对地理中心取决于撰稿人生活时段的周朝政治中心所在地。撰稿人周朝史官或周王室图书馆典籍管理者。

9.《海内经》

东周及其周边地区的考察记录或考察报告,其相对地理中心取决于撰稿人生活时段的东周政治中心所在地。撰稿人东周史官或东周王室图书馆典籍管理者。《海内四经》与《海内经》可以并称为《海内五经》。

10. 海外、大荒、海内

①海外、大荒、海内均为时空概念,意思是历史上的远方的。

②相较而言,"海外"比"海内"的年代要更久远,"大荒"比"海外"、"海内"的距离要更遥远。

11. 四海

①东海:泛指位于记述者所在地东方的大面积水域,具体可指今日中国的东海和黄海,以及太平洋。

②南海:泛指位于记述者所在地南方的大面积水域,具体可指今日中国的南海,以及太平洋南部水域。

③西海:泛指位于记述者所在地西方的大面积水域,具体可指今日中国西部地区的大湖泊,以及中亚、西亚、欧洲的大湖泊(例如里海、黑海等),还可指大西洋。

④北海:泛指位于记述者所在地北方的大面积水域,以及上述区域历史上曾经存在过、后来已经消失的大湖泊。此外,还可指历史上气温较高时期北冰洋融化的水域。

12. 长度单位

《山海经》使用的长度单位有"里"、"步"、"仞"。

①里:"里"是《山海经》使用的距离单位,大量用于《五藏山经》;其具体长度数值不详,约在150—500米之间,多数情况下可能在300米左右。可以参考的是,周、秦、汉时的一里等于415.8米,清光绪时一里等于576米,从1929年至今一里等于500米。

②步:"步"是《山海经》使用的距离单位,见于《海外东经》。中国古代一步是指左脚和右脚各迈一次的距离,该长度与标准身高有关,而标准身高通常是由帝王(包括部落首领)以自己的身高来确定的。例如,"禹步"就是指帝禹所走的步的长度,其数值不详,约在180厘米左右。

③仞:"仞"是《山海经》使用的高度单位,见于《五藏山经·西山经》。中国古代一仞为八尺。商代一尺为16.95厘米,周、秦一尺为23.1厘米,目前市尺为33.3厘米。先夏时期一尺的长度不详,约在25厘米左右;据此推知,先夏时期一仞的长度约在200厘米左右。

13. 先夏时期

先夏时期的时间段在公元前12000年(暂定)—公元前2070年之间,用以取代新石器时代、原始社会、史前时期等不够准确的概念。由于中国先秦古籍的大量遗失(一次是公元前516年王子朝与老子把周室典籍密藏地下,另一次是公元前213年秦始皇大规模焚书),因此目前难以列出详尽的先夏时期编年表。

14. 部落联盟

由若干部落组成的具有统一领导的族群管理体制,不排除其中有一些部落联盟已经具有国家性质(其主要标志是拥有相当规模的都城,以及具有中央集权性质的管理机构)。部落联盟亦可称为族群、部族、族,例如黄帝部落联盟可以称之为黄帝族。

15. 国

①古国:具有国家性质的中央帝国。

②方国:具有国家性质的地方自治区。

③远方异国:具有国家性质的地方自治区域,或由部落管辖的势力范围,以及由氏族或家族承担的工作。

16. 帝

①炎帝、黄帝、白帝(少昊)、赤帝(蚩尤),均为先夏时期著名的部落联盟首领。其中,黄帝族有都城昆仑,表明其文明已经进入古国阶段;在这种情况下,"黄帝"不仅可以指部落联盟首领,也可以指黄帝古国王朝。

②帝颛顼、帝喾、帝尧、帝丹朱、帝俊、帝鸿、帝舜、帝江、帝台,均为古国或古方国的首领,也可指古国或古方国的王朝。

③炎帝少女、帝女之桑、帝二女,帝喾台、帝尧台、帝丹朱台、帝舜台,帝之搏兽之丘、帝之平圃、帝之囿时、帝之下都、帝之密都、帝都之山、帝休、帝屋、帝囷之山、帝囷之水、帝苑之水,帝台之石、帝台之棋、帝台之浆,上述均为与古帝有关的人(包括部落)或事物。

17. 神

通常指祖先神,有时也指图腾神、自然神。

18. 鬼

通常指祖先神灵或祖先木乃伊,有时也指热衷于供奉祖先神灵或祖先木乃伊的部落。

19. 尸

通常指尸体,有时也指扮装死者以代替死者接受祭祀的人。

20. 生

①制作出来,发明或发现出来。例如《大荒东经》"羲和生十日",意思是羲和发明了十日一旬的日历。

②繁衍出来,并不一定指父母生育子女。例如《海内经》"帝俊生禺号,禺号生淫梁",意思是帝俊的后裔有禺号,禺号的后裔有淫梁。

③任命出来,例如《大荒东经》:"黄帝生禺虢,禺虢生禺京。禺京处北海,禺虢处东海,是为海神。"意思是黄帝开始任命禺虢为海神,即神权君授或神权祖先授。

21. 子

通常指后裔,但并不一定专指父母与子女。例如《大荒西经》"有国名曰淑士,颛顼之子",意思是淑士国的居民是颛顼的后裔。有时"父子"亦可指部落联盟大酋长(类似春秋战国时的霸主国)与部落酋长(类似诸侯国)之间的关系。

22. 妻

既指夫妻之妻,亦指通婚的部落、氏族。

23. 兽

通常指哺乳动物,有时也指由人装扮或制作的图腾动物或怪兽。

24. 鸟

通常指会飞的鸟类,其中也包括蝙蝠(属哺乳动物)、蜂类(属昆虫)等;有时也指鸟图腾部落的人,或者承担服务工作的人。

25. 鱼

通常指水生鱼类,其中包括两栖类动物或水生哺乳动物。

26. 错简

《山海经》在流传期间,曾长期以竹简为文字载体,而竹简容易从卷章里脱落,编成卷章的绳子也容易断裂,从而造成错简。对于《山海经·五藏山经》来说,有可能是一山的文字用一条竹简,而山与山之间的连接内容并没有上下文的逻辑联系,因此一旦发生错简就难以正确复位。具体来说,《山海经》的错简存在着如下情况:

①同一条山脉里的某些山的位置发生前后错位,以及类似的情况。

②某一条山脉里的山错放到另一条山脉里,以及类似的情况。

③同一条山脉里的若干座山断裂成另一条山脉,以及类似的情况。

④某些卷章在《山海经》的位置发生前后变动。

⑤某一卷章的内容误放到其他卷章里。

⑥其他书的内容误放入《山海经》里,或者反之。

五、《山海经》的作者、编纂者、整理者

(一)《山海经》的作者

根据研究,《五藏山经》没有记述帝禹时代以后的事情,而《西山经》对河套湖泊的记述与《东山经》对山东半岛被海水分隔的描述,又符合四千多年前我国的地形地貌。《海外四经》记述有夏启的事情,但是没有记述夏代以后的事情。《大荒四经》记述有商王亥的事情,以及殷商族先祖帝俊的事情,但是没有记述商代以后的事情。《海内五经》记述有周代的事情,以及周先祖后稷的事情,并且屡屡追溯远古世系传承关系。据此可知,《山海经》一书是由帝禹时代的《五藏山经》、夏代的《海外四经》、商代的《大荒四经》、周代的《海内五经》四部古籍文献资料合辑而成的。在这种情况下,不能笼统地说谁是《山海经》的作者,而只能说谁是《山海经》某一部分的作者。

具体来说,《五藏山经》的作者是帝禹、伯益、大章、竖亥。理由是《山海经》、《吕氏春秋》、《史记》、《淮南子》等古籍记有帝禹率领环境资源大臣伯益、

绘图工程师大章、测绘工程师进行国土资源考察活动,其考察报告即《五藏山经》,其年代与古埃及人开始为法老建造金字塔式陵墓的时间大体相当。

鉴于《山海经》在当时具有很高的实用的政治、经济、军事价值,因此其撰写工作只能是由官方学者承担。又据《吕氏春秋·先识》记载:"夏太史终古见桀迷惑,载其图法奔商;商内史向挚见纣迷惑,载其图法奔周。"据此可以推知,《海外四经》的作者为夏代官方学者(出自夏朝史官或夏王室图书馆典籍管理者),其中当有终古。《大荒四经》的作者为商代官方学者(出自商朝史官或商王室图书馆典籍管理者),其中当有向挚。《海内五经》的作者是周代官方学者(出自周朝史官或周王室图书馆典籍管理者),其中当有老子。

(二)《山海经》的编纂者是东周官方学者王子朝、老子

具体而言,《山海经》一书的作者(包括编辑翻译改写者),很可能正是追随王子朝携周室典籍奔楚的原周王室图书馆的官员、学者或其后裔,时在公元前516至前505年间。

公元前520年周景王死后,周王室在继位问题上发生内战,周景王的庶长子王子朝(庶长子)占据王城(洛阳)数年,周景王的嫡次子王子丐(后被立为周敬王)避居泽邑;公元前516年秋冬之际,晋顷公出兵支持王子丐复位(此举得到中原各诸侯国的响应),王子朝遂携周室典籍(应当还有包括九鼎在内的大量周王室青铜礼器)投奔楚国,此事被记录在《左传·昭公二十六年》和《史记》等书中。据《左传·定公五年》记载:"五年春,王人杀子朝于楚。"事件发生在公元前505年,但未言及事由和地点。推测此事与周敬王追索周室典籍有关,而王子朝以死拒绝交出典籍。与此同时,老子可能因参与秘藏周室典籍之事,辞职隐居直至终老;事实上,周敬王在位长达44年(死于公元前476年),在此期间,老子是不可能再回到周王室图书档案馆任职的。

鉴于只有王子朝、老子能够直接接触到周王室收藏的历代典籍和文献资料,因此有充足的理由说,《山海经》一书的编纂者是东周官方学者王子朝

（？—公元前505年）、老子（公元前592—？年）及其助手，他们在《山海经》一书的编纂过程中，注入了其思想理念和政治诉求。《山海经》一书编纂完成后，其正本与其他周室典籍一起被王子朝密藏地下或山中，而其副本则被王子朝作为见面礼送给楚王，后世所见《山海经》均源出自此，而由王子朝、老子编纂的原版《山海经》则已失传。

由王子朝、老子编纂的《山海经》一书，可称之为原版《山海经》或老版《山海经》，其载体为竹简，由人工抄写。遗憾的是，我们今天尚见不到原版或老版《山海经》。或许，有朝一日，王子朝、老子当年密藏的周室典籍被重新发现时，我们还能够有幸一睹原版《山海经》的风貌。

（三）历史上《山海经》版本的整理者

1. 西汉刘向、刘歆（？～23年）对《山海经》版本的整理

西汉末年，刘向、刘歆（又名刘秀）奉命对包括《山海经》在内的古籍进行整理校刊。由刘歆整理的《山海经》版本，可称之为刘版《山海经》，其载体为竹简（造纸术的发明和纸的应用在东汉时期），由人工抄写。遗憾的是，刘歆所校定的十八篇《山海经》版本，以及刘歆所依据的三十二篇《山海经》版本，均早已失传，因此我们今天已见不到刘版《山海经》的原貌。

2. 西晋郭璞（276～324年）对《山海经》版本的整理

在刘版《山海经》问世大约三百年后，晋代郭璞对《山海经》进行了全面的整理、校订和注释。郭璞字景纯，河东闻喜（今属山西）人，善诗擅卜而直言，因以卜筮不吉劝阻王敦叛乱而被杀，王敦亦于同年病困交加而死。郭璞曾注释《山海经》、《尔雅》等书，撰有《山海经图赞》，留有《郭弘农集》。《晋书》、《隋书·经籍志》等书均称郭注《山海经》为二十三篇，与西汉学者刘秀校定十八篇《山海经》版本不同，或许郭注本原有附图五卷。

由郭璞整理的《山海经》版本，可称之为郭版《山海经》，其载体为纸，雕版印刷。今天我们能够看到的最早的郭版《山海经》是宋淳熙七年（公元1180

年)池阳郡斋尤袤刻本《山海经传》十八卷(晋郭璞撰),此后各种《山海经》版本均出自郭版《山海经》,例如袁珂(1916—2001年)的《山海经校注》(上海古籍出版社,1980年)。这是因为郭版《山海经》是雕版印刷,版本内容流传的可靠性大为增加,不像人工抄写在竹简上那样容易发生差错。

六、《山海经》的未解之谜

自从《山海经》一书在两千一百年多年前(西汉)公开面世以来,它对远古自然景观和人文景观的迷人描述,就不断吸引着越来越多的读者和研究者。随着研究的深入,《山海经》记载的远古信息逐一被解读出来。与此同时,由于时代的古远,以及流传过程中的讹误,《山海经》还存在着许许多多的未解之谜。

1.《山海经·五藏山经》记载的数百座山,它们都在哪里?

2.《山海经》记载的数百个远方异国,它们都在哪里?

3.《山海经》所说的南海、西海、北海、东海,它们都在哪里?

4.《五藏山经》的地理中心在哪里?撰稿人是谁?他们使用的是什么文字和什么文字载体?由于《五藏山经》是帝禹时代的国土资源考察报告,这就表明当时已经有了某种统一的功能比较齐全的相对发达的文字体系,否则就难以有效地记录如此大范围的考察信息。问题是,至今仍然缺少有关中国先夏时期已经拥有比较发达的文字体系的考古文物证据,其原因可能在于文字载体能否长期保存下来方面。目前已发现的中国古文字载体一是陶器、二是甲骨、三是青铜器,而其他的古文字载体诸如泥版、木板、皮革、草叶、丝帛等,由于中国的气候环境,它们可能已经基本上被潮湿的气候所腐蚀殆尽了。

5.《海外四经》的地理中心在哪里?撰稿人是谁?

6.《大荒四经》的地理中心在哪里?撰稿人是谁?

7.《海内五经》的地理中心在哪里？撰稿人是谁？

8.《山海经》记载的金银玉石等矿产资源都是真实的吗？

9.《山海经》记载的形形色色的植物都是真实的吗？

10.《山海经》记载的奇形怪状的动物都是真实的吗？

11.《山海经》记载的部落世系都是真实的吗？

12.《山海经》记载的人神故事都是真实的吗？

13. 鹑鸟、三青鸟、四鸟都是什么鸟？它们是自然界的鸟，还是用"鸟"命名的奴隶、雇佣兵、雇佣工、勤务员？

14.《山海经》里的禹之谜:《山海经》开篇就是"禹曰"，全书记述禹的故事很多，但是均直呼为禹，而不称其为帝禹或禹帝，这令人多少有些困惑不解。《山海经》记有炎帝、黄帝、帝女桑、帝二女、帝喾、帝颛顼、帝俊、帝尧、帝舜、帝丹朱、帝江、帝鸿、帝台、帝休、帝屋、帝之下都、帝之密都、帝之囿时、帝之平圃、帝苑、帝困山、帝困水、依帝山、阳帝山等等，唯独不见帝禹或禹帝。此外，《山海经》有后稷、后照、夏后启，"后"为首领、国君，亦不见用于称呼禹。《山海经》记有帝喾台、帝尧台、帝舜台、帝丹朱台、共工台、轩辕台，亦记有帝俊下两坛，却未言帝禹台。《山海经》记有帝喾、帝颛顼、帝尧、帝舜、帝丹朱以及叔均、巧垂的葬所，却未言帝禹的葬所。莫非帝台是帝禹的别称吗？难以确定。凡此种种，均表明《山海经》一书，还有许多未解之谜。

七、《山海经》的绘图源流

关于《山海经》的文字与绘图之间的关系至少有三种情况。第一种情况是，《山海经》一开始就既有文字也有绘图，图文并茂、相得益彰。古本《山海经》(见刘昭注《郡国志》)称:"禹使大章步自东极至于西垂，二亿三万三千三百里七十一步;又使竖亥步南极北尽于北垂，而亿三万三千五百里七十五步。"

《山海经·海外东经》记有禹命竖亥测量计算大地的东西长度,《吕氏春秋》记有大禹治水后到远方异国考察的故事,《淮南子》亦记有大禹命竖亥和大章测量天下东西和南北的长度,这些活动的成果之一就是图文并茂的《五藏山经》。可惜上述《山海经》绘图,我们今天已经看不到了。或许,我们还能够在古老的岩画里,以及陶器、青铜器和汉画像砖的图案里,找到当初《山海经》绘图的影子。此外,在出土文物的雕像里,也可能有《山海经》怪异动物、奇异人神的造型。

第二种情况是,《山海经》先有图,后有文字,文字是对图的说明。清代学者毕沅在《山海经新校正序》里说:"禹铸鼎象物,使民知神奸,按其文有国名,有山川,有神灵奇怪之所际,是鼎所图也。鼎亡于秦,故其先时人犹能说其图,以著于册。"这种情况的《山海经》绘图,我们今天已经看不到了,因为九鼎在秦国统一天下的过程中失传了。不过,还有一线希望,即当年王子朝携周室典籍奔楚的同时,还携带走了包括九鼎在内的大量周王室珍藏的青铜礼器,并将其与周室典籍一同秘藏起来;而秦国统一天下过程中失传的九鼎,实际上是周敬王在位时重新复制的。此外,早期《山海经》绘图也可能是绘制在宗庙等祭祀场所的壁画上的,可惜这些壁画早已随着宗庙建筑物的坍塌而一起毁灭掉了。

第三种情况是,后人根据《山海经》的文字内容而绘制的山海经图,包括山海经插图和山海经地理景观图等多种形式。这种情况的《山海经》绘图,似乎在汉代还不多见,因此司马迁、刘歆都没有提到《山海经》绘图。到了晋代,《山海经》绘图仿佛一下子多了起来,郭璞撰写有《山海经图赞》,张骏(322年至345年为凉州牧、凉王)亦撰写有《山海经图赞》;此后陶渊明(约365～427年)撰写了13首关于《山海经》内容的诗,其中有"流观山海图"、"夸父诞宏志"、"精卫衔微木"、"刑天舞干戚"等诗句。南朝梁代画家张僧繇(?～519年)、宋代画家舒雅(?～1009年)先后都绘有山海经图十卷,均失传;据《中兴书目》称其"每卷中先类所画名,凡二百四十七种"可知,当属于插图性质。

有趣的是,宋代大文豪欧阳修在《读山海经图》诗里说:"夏鼎象九州,山经有遗载;空蒙大荒中,杳霭群山会。炎海积歊蒸,阴幽异明晦;奔趋各异种,倏忽俄万态。群论固殊禀,至理宁一概;骇者自云惊,生兮孰知怪。未能识造化,但尔披图绘;不有万物殊,岂知方舆大。"仿佛他看到的是一幅有着山川地貌的山海经图,可惜未言何人所绘,而同时代的其他人则似乎都没有见到过这幅图。值得注意的是,韩国存有一种古色古香的《天下图》,其内容出自《山海经》记述的远方异国,或许即传自欧阳修所见的山海经图。

我们今天能够看到的《山海经》绘图主要有,明王崇庆的《山海经释义》18卷之附图1卷,清吴任臣的《山海经广注》18卷之附图5卷,清汪绂《山海经存》9卷里有其自己画的插图340多幅(汪绂早年曾任景德镇瓷厂的画师),清郝懿行《山海经笺疏》18卷另有《图赞》1卷。近现代学者的《山海经》著作里也引用有大量插图,例如袁珂《山海经校注》里有150余幅插图(主要取自《山海经广注》),马昌仪《古本山海经图说》收录有更多的古代插图。与此同时,当代学者、画家也有人在为《山海经》重新绘图。其中为《山海经》绘图最多最全面的是女画家孙晓琴,其作品收入全彩绘精装本《经典图读山海经》一书中。

另,学者张步天出版有多部《山海经》专著,其中就有《山海经地图集》(香港天马图书有限公司2006年)。张华出版有《山海经·五藏山经图译》(国家图书馆出版社2008年)。此外,还有一些画家根据《山海经》内容绘制了卡通画、动漫画。例如,海洋出版社1996年出版了《山海经神话画本(2册)》,1998年浙江教育出版社出版了一套九册本的《九趣山海经》,一些动漫制作公司和文化公司也在尝试制作山海经动漫片。

八、《山海经》是一部最古老的地理书

综上所述,《山海经》是中华民族最珍贵的先秦典籍之一,是一部记录中华

民族地理大发现的伟大著作,它记述着那个时代的远古自然地理和人文地理,它记述着中华民族文明与文化的起源和发展,以及这种生存与发展所凭依的自然生态环境。具体来说,《山海经》是由帝禹时代的自然地理(具有生存资源秘典性质)与人文地理文献《五藏山经》、夏代的人文地理文献、商代的自然与人文地理文献和周代的历史地理文献合辑而成的一部最古老的地理书。

与此同时,由于《山海经》的内容不仅包括华夏大地山川地理的地形地貌,而且还记录有矿物、植物、动物的分布与使用价值,以及各地居民(包括远方异国)的生存活动、祭祀仪式和民俗习性,涉及的学科有地理学、测绘学、天文学、气象学、矿物学、植物学、动物学、医药学、资源学、历史学、考古学、社会学、民族学、民俗学、神话传说学、文学、语言学、文字学、符号学、哲学、宗教学、预测学、军事学、博物学等,因此《山海经》又是一部最古老的百科全书。

有必要指出的是,随着人类社会的不断发展,逐渐形成了规模越来越大的社会结构,例如部落、部落联盟、方国、方国联盟、国家、国家联盟、王朝,等等。对于部落首领、方国君王、国家王朝帝王来说,为了生存与发展,需要掌握尽可能多的生存资源信息;谁能够掌握更多的生存资源信息,谁就能够获得更多的生存和发展的机会。在这种情况下,记录生存资源信息的文献档案,必然会成为部落首领、方国君王、国家王朝帝王的"国之重器",深藏于密室,绝不轻易外传,只有君王和重要大臣等极少数人才能够阅读。从《山海经》各篇的内容及其流传过程来看,《山海经》正是帝禹时代、夏代、商代、周代等先秦历代王朝记录生存资源信息的"国之重器"性质的秘藏文献档案,内容包括天文历法和气象资源、丰富翔实的地理资源、富饶迷人的生物资源、瑰丽奇异的人文资源。从这个角度来说,《山海经》不仅是中华民族的文明宝典,而且也是人类共同的文明宝典,同时还是人类最宝贵的非物质文化遗产之一。

与此同时,《山海经》又是一部千古奇书,而且也是最难读懂的一部带有密码性质的著作。正因为如此,历史上人们对《山海经》的性质存在着多种认识,例如清代学者纪晓岚(纪昀)领衔编纂的《四库全书》就把《山海经》列入小众所周知,中国西汉史学家司马迁(公元前145或前135—?年)是最早提到《山海经》一书的著名学者,他在《史记·大宛列传》里写道:"太史公曰:《禹本纪》言'河出昆仑。昆仑其高二千五百余里,日月所相避隐为光明也。其上有醴泉、瑶池'。今自张骞使大夏之后也,穷河源,恶睹本纪所谓昆仑者乎?故言九州山川,《尚书》近之矣。至《禹本纪》、《山海经》所有怪物,余不敢言之也。"

不难看出,因为未能在西汉时期实际考察中证明,确实存在着《禹本纪》描述的位于黄河源头的昆仑山,因此司马迁对《禹本纪》的记述持严重怀疑态度。同理,由于司马迁无法解读《山海经》记述的怪异动物和奇异人神,因此他对《山海经》的记述也持严重怀疑态度,于是在他撰写《史记》时也就不肯采用《禹本纪》和《山海经》的内容。

事实上,《山海经·五藏山经·西山经》记述黄河发源于昆仑丘的东北,那个时代(先夏时期)的人们是把河套一带(当时为大湖泽)视为黄河的发源地,也就是说昆仑丘实际上是位于河套以南的鄂尔多斯高原。到西汉时期实地考察黄河源头,人们才知道黄河源头在巴颜喀拉山脉北麓的星宿海,在这里当然找不到昆仑丘了。又如,《山海经·大荒南经》记有"有人方齿虎尾,名曰祖状之尸",这里的"方齿虎尾"是指"祖状之尸"(属于奇异人神)把牙齿锉成方形、戴着虎尾装饰。有趣的是,"方齿"习俗的实物证据居然出现在遥远的美洲玛雅文化的一尊"13蛇神"塑像上,他的牙齿被锉磨成方形,在方齿上还切割出沟槽(《神秘的玛雅》,北京出版社,2001年,第176—177页)。顺便指出,司马迁见到的《禹本纪》早已失传,他所引用的《禹本纪》关于昆仑的描述,亦见于《山海经·海内西经》。或许《禹本纪》的内容在流传过程中已经混入到《山海经》一书里去了。

另一种观点的代表是近代文学家鲁迅,他在《中国小说史略》(人民文学出版社1973年版)里说:"中国之神话与传说,今尚无集录为专书者,仅散见于古籍,而《山海经》中特多。《山海经》今所传本十八卷,记海内外山川神祇异物及祭祀所宜,以为禹益作者固非,而谓因《楚辞》而造者亦未是;所载祠神之物多用糈(精米),与巫术合,盖古之巫书也,然秦汉人亦有增益。"不难看出,鲁迅凭《山海经》"所载祠神之物多用糈(精米),与巫术合",而得出"盖古之巫书也"的结论。

近年来随着《山海经》研究的方兴未艾,众多学者从不同角度对《山海经》提出了自己的一家之言,出版了各自的专著。限于篇幅,我们仅以马来西亚学者丁振宗的《破解山海经——古中国的 X 档案》(中州古籍出版社 2001 年)为例,介绍一下他对《山海经》的一家之言。

丁振宗是把《山海经》当成一部用密码写就的"天书","人"实际上是指形状像人的机械,"蛇"是行动像蛇的机械,"鱼"是可在水中被操作的东西,"鸟"是能在天空飞的东西。"夸父追日"是黄帝进行的一次太空实验失败的记录,"女娲"是一枚能在环绕地球的轨道上发射多枚人造卫星的太空火箭,"黄帝"在青藏高原建有一座核电站,"黄帝"和"蚩尤"之战是一场洲际、太空核子大战,上述这些事件发生在地球上 6700 万年前。

九、《山海经》在世界的传播

长期以来,《山海经》在国外广泛传播,遍及各大洲。亚欧美各国治《山海经》学人的研究成果是《山海经》在国外传播的重要显示,其研究成果已经成为《山海经》学研究成果中不可分割的组成部分。

《山海经》译成他国文字并发行也是《山海经》在国外传播的重要显示。最早的《山海经》外文本可能是法文本。哈尼兹(de Harlez)曾翻译《山海经》一书,为《山海经》传入西方作了贡献。近年另有《山海经》法译本传世。《山海经》英文本数量多,且流传广。英美学者的《山海经》英译本为《山海经》在世界各地流传起了重要作用。不过,有些译本对《山海经》的真实内涵掌握不准,如网上书店 Amazon 发行的英国籍大学教授安妮·比莱尔(Anne Birrell)的《山海经》英文本(1999 年出版)就对山海经的理解存在片面性。国人的《山海经》英译本有对外主动推介的意向,不过数量很少。台湾学者有《山海经》英译本出版。大陆《山海经》英译本有张佳颖《山海经——东方中国上古时代社会的综合纪录》一书,2010 年由对外经贸大学出版社出版。

1.《山海经》在朝鲜与韩国的传播

朝鲜与韩国是汉文化传播最早的地方,早在 12 世纪,朝鲜就出现《山海经》研究成果,当代,韩国《山海经》热悄然兴起。

李奎报(1168~1241 年),诗人,学者,著有《山海经疑诘》一文。李氏疑诘禹作《山海经》,以《论语·子路》“父为子隐,子为父隐”否定之。李氏又据《尚书》、《山海经》均记“殛鲧于羽郊”,乃提出“醇儒当以《尚书》为正,而《山海经》为荒诞之说矣。然即曰禹制,则禹之说可谓怪乎?”

李源祚(1792~1871 年),学者兼政治家,著有《山海经辨》。李氏恪信孔孟程朱理学,以“理”与“气”辩驳《山海经》“奇虚诞妄”,认为所记乃“荒唐狂怪不可测知之事”。不过,李氏也主张《山海经》为“文辞古健有漆书竹简之遗意,亦当爱读之”。

当代,韩国出现《山海经》研究热,涌现了许多治《山海经》学人。

金周汉,韩国岭南大学校文科大学教授。金氏《李奎报的〈山海经疑诘〉和李源祚的〈山海经辨〉》一文认为,李奎报“疑诘”《山海经》作者的真正目的是“诘”当时那些喜欢自处“醇儒”者信《尚书》而不信《山海经》的二重矛盾。

金时晃,韩国庆北大学教授。金氏曾作论文《西厓柳(成龙)先生之学问观及中国旅行诗》,该文介绍了朝鲜李朝时期学者柳成龙的生平和学问观。

2.《山海经》在日本的传播

日本也是汉文化传播最早的地方,近代,日本学人的《山海经》研究成果很多。

（1）小川琢治

小川琢治是日本著名的《山海经》研究学者，所著《山海经》研究专文有《支那上古地志之〈禹贡〉及〈山海经〉的价值》、《〈山海经〉篇目的考证及补遗》、《〈山海经〉的错简》等论文，此外，小川其他论著有的也涉及了《山海经》研究。小川琢治的《山海经》研究面很广，涉及《山海经》性质和价值、篇目、作者、地理考证、校勘等方面。

（2）赤津健寿、高马三良、冈本正、和田清

赤津健寿《论〈五藏山经〉》连载于 1942 年、1943 年的《大东文化学报》，这是系统论述考证《五藏山经》的论著。

高马三良《〈山海经〉原始》载于 1951 年 3 月出版的《女子大文学》第 1 号。

冈本正《论〈山海经〉》载 1960 年 11 月出版的《中国古代史研究》。

和田清《中国史论丛》一书也涉及了《山海经》地理考证。

（3）伊藤清司

伊藤清司《〈山海经〉与铁》载于 1969 年 6 月出版的《社会经济史的诸问题（森嘉兵卫教授退官纪念论文集）》，这是一篇研究《山海经》矿产的论文。

伊藤清司又于 1986 年出版《〈山海经〉中的鬼神世界》一书。作者认为"要探讨中国的外部世界，《山海经》是唯一不可缺少的古文献"。

（4）板野长八、池田秀三、町野三郎

日本不少学者研究刘向、刘歆的学术思想，揭示了刘氏父子整理校定《山海经》的政治背景，这一研究有利于《山海经》篇目等传统论题的探索。板野有《从灾异说看刘向与刘歆》，原收《东方学会二十五周年纪念东方学论集》1992 年 2 月号。池田有《刘向的学问与思想》，原收《东方学报》50 号。町田有《刘向觉书》，原收《日本中国学会报》28 号。

（5）大野圭介

大野著有《试论刘歆为何上奏〈山海经〉》。该文主要篇幅揭示刘歆上《山

海经》的政治背景,认为刘歆上书前后政治环境险恶,刘为了维护汉室权威,削弱外戚势力,提倡古文经学,并在仓促间校定《山海经》"昧死上书"。大野主张刘歆根据《山海经》去考证各种各样的神怪变异的真面目,反映了刘氏父子秉持的"灾异说"思想倾向,这种倾向凸显出他们为拥护王权处心积虑的内心世界。

(6)竹野忠生

竹野著有《西南诸岛见闻》一文,发表于1991年日本《东京地理》杂志第36—39期,该文主张《山海经》是"中国地理书的鼻祖,是附带地图的地理书";认为《海外东经》记载的地方就是从台湾向北,经过琉球群岛、九州岛、北海道等西太平洋岛弧,甚至穿过北极,经过北欧、西欧,到达非洲。竹野另有合作论文《论〈山海经〉的历史性》。

3.《山海经》在东南亚的传播

马来西亚华裔学者丁振宗致力于《山海经》破译。丁氏引用近代物理学理论、大陆漂移说以及现代高科技工艺解读《山海经》,主张"《山海经》里所描述的山脉、河流与海洋,是燕山运动之前的亚洲地势",认为黄帝、蚩尤是来地球探矿的外星人,因争夺领土引发核战。丁氏对《山海经》的"奇"作出的解释是:《山海经》中很多"人"和事都是高科技的东西和事件,古人没有这方面的知识,但一要给那些记录作出圆满的解释,便把它们说得很神奇,并凭自己的想象,造了许多故事,经过一代传一代,以讹传讹,所传下来的是许多荒诞的神话。丁振宗的研究还涉及数理计算,提出的竖亥测地的"步"和经文的"里"的数据很有价值。丁氏《古中国的 X 档案:以现代科技知识解〈山海经〉之谜》一书已于1999年8月由台北昭明出版社出版。

新加坡学者也关心《山海经》研究,据1993年12月27日《联合晚报》载,"欧洲人一直认为是他们的祖先最先发现澳大利亚。不过,据三位教授指出,早在公元前592年,已有中国人到达那里。中国古籍《山海经》亦曾记载中国人在澳大利亚所见的三种东西——回力镖、黑小猪和袋鼠"。

法国学者巴赛(M. Bazin)、维宁(Edward. P. Yining)是 19 世纪治《山海经》学人。巴赛于 1839 年即已对《山海经》作了大量研究。维宁则于 1885 年出版了《无名的哥伦布或慧深和尚与阿富汗族之佛教团于五世纪发现美洲之证据》一书。该书认为"《山海经》中的《海外东经》、《大荒东经》"所记载的都是围绕科罗拉多大峡谷的地区,但没有计算里程","第四卷《东山经》的记述与北美洲、中美洲及墨西哥湾地区有关,有明确里数"。维宁还具体指出"光华之谷(即《大荒东经》的"朝阳之谷")就是科罗拉多大峡谷",无皋之山(《东次三经》)即指加尼福尼亚圣巴巴拉两座山头,所"南望"之"幼海"则指圣巴巴拉海峡。

希勒格《中国史乘中未详诸国考证》一文也涉及了《山海经》研究。作者考证了小人国、毛民国、玄股国、扶桑国、大人国、君子国、劳民国等地的地望。如小人国,作者认为"据寻究之结果,实有一种小人于太古时代分布于日本本岛、北海道、千岛、勘察加等处"。该书对《山海经》的评价甚高,认为"中国书籍中有《山海经》,世界中最古老之旅行指南也","《山海经》一书,一如希腊历史学家耶洛多特(Herodote),诟谤之者颇多,然传之愈久,其理愈明,特须加以拣择耳"。

马伯乐(H. Maspero)撰有《〈中国艺术〉(汉代以前)中国所受西方影响》一书,该书也涉及《山海经》作者的认定,主张"《山海经》所述地理情况系受到公元前五世纪外来的印度和伊朗的文化潮流的刺激而形成"。

兰卡普尼(Lamcunperic)也曾论及《山海经》的性质和成书时代,主张《五藏山经》为"商代山岳之记事"。

5.《山海经》在英国的传播

英国学者李约瑟著有《中国科学技术史》一书,其中也涉及《山海经》研究。作者认为《山海经》"可以说是一个名副其实的宝库,我们可以从中得到许多关于古人是怎样认识矿物和药物之类天然物质的知识"。作者还将《山海经》中怪物异兽与古希腊神话中的怪物进行比较研究,认为这种研究可以探索人类文化的起源。

6.《山海经》在荷兰的传播

荷兰学者施莱格尔(G. Schlegel)曾对《海内东经》《大荒东经》所记载的"玄股"进行考证,认为黑龙江口以南日本海沿岸居住着"鱼皮鞑子",因为衣鱼皮,故以为名。作者指出桦太岛之俄罗苛种(Orokkos)也衣鱼皮,"此种东胡种族,色甚黑,盖以日晒皮不洁,其色愈黑"。衣鱼皮还有另一解释,即"着黑色海狗皮之附会"。

7.《山海经》在俄国的传播

俄国学者维拉·德洛芙娃著有《〈山海经〉的地域形制观念》,提出了《山海经》地理研究思路。她认为"努力寻求文中地名最精确的地望并不是一种全然有效的解决办法",应该"设法探索《山海经》中的地理世界是如何整体构成,组合起来的"。作者提出了"栅格系统"(grid system)和"同轴方形结构"(a system of concentric squares)两种可以概括《山海经》中地理事物构成的模式。

8.《山海经》在北欧的传播

瑞典的汉学研究发端很早,斯文·赫定的丝绸之路考察,安特生对仰韶文化出土的贡献和高本汉掀起欧洲的汉学风气,为《山海经》的传播奠定了基础。《山海经》有关于丝绸之路的记叙。斯文·赫定于1895年第一次来到中国,以后在其考察中,发现了楼兰古国遗址,寻找罗布泊,翻越喜马拉雅山,总计完成三次新疆探险,世人对中亚"丝路"的认识,必须归功于赫定的毕生跋涉。

9.《山海经》在美洲的传播

近现代,随着中国学的兴起,《山海经》在美国的传播加快,许多学人的研究备受注目。

约翰·希夫勒(John Wm Schiffler)是美国著名的汉学家和《山海经》研究学者。20世纪80年代初,台北华岗出版有限公司出版了他的《〈山海经〉之神怪》(英汉对照)一书。

该书英文前言中论述了《山海经》的性质、作者、成书时代、篇目结构和学术价值等基本论题。

此书汇集了《山海经》记载的所有邦国神怪、奇禽异兽,将它们分成异域、兽族、羽禽、鳞介、灵祇五大类别。作者以准确、简练、通俗的译文对每一神怪的背景详尽释义。希夫勒已故母亲生前还为此书绘制了 144 幅插图,各图栩栩如生,有助于西方人士了解这些神怪的意义。此书之后还附有中国历代年表和按英文字母排列的上述五大部分内容的目次,以及《山海经》研究书目提要。

20 世纪中叶,"中国人最早发现美洲新大陆"的论题引起美国学术界的关注。关心这一论题的美国学者或对《山海经》作出地理考释,或对美洲原住居民印第安人与中国人的族源关系进行探讨。

20 世纪中叶,美国学者掀起了《山海经》热。不少学者试图通过《山海经》研究太平洋两岸的文化关系。如亨莉蒂·默茨博士从 1936 年开始研究《山海经》等中国古籍,曾根据《山海经》材料进行美洲实地考察,于 1953 年写出《几经褪色的纪录》一书,这是一部引人注目的亚美文化关系史著作。另据《科学画报》1980 年第 8 期称,有些美国学者认为《山海经》某些部分相当准确地描写了北美大陆的地形地物和特产,特别是《东山经》描写了美国内华达州黑色石、金块,旧金山海豹和会装死的美洲负鼠等,而《海外东经》《大荒东经》"光华之谷"等写的是科罗拉多大峡谷。

有的学者认为印第安人和中国人人种学上的联系有助于破解《山海经》之谜。据报道,美国埃默里大学人类生物化学家华莱士及其同事,经过对美洲原始居民印第安人遗传基因化验比较分析后认为,北美印第安人可能是中国人的后裔。由于"这种线粒体 DNA 中含有 37 个基因,这种基因是母亲遗传给孩子的,因此在跟踪血缘方面是不会出错的"。

美国学者还从民族学的角度研究《山海经》,代表人物有 R. M. 昂德希尔,埃默里大学教授道格拉斯·华莱士,哈佛大学华裔教授张光直,塞奥尔多·施舒尔博士,以及上面提到的亨利蒂·默茨博士等。

第二章　山海经的历代研究

一、汉代时的《山海经》研究

（一）大一统帝国对于地理学知识的空前需求与《山海经》

1. 汉初《山海经》流传范围的扩大

刘邦灭秦以后，萧何得到了秦宫保存的"天下图书"，由此掌握了全国各种资源的基本信息，为未来的汉帝国的稳固和发展立下了第一功。按照《隋书·经籍志》的说法，萧何还得到了《山海经》。于是，《山海经》这部似乎早已经被遗忘的著作，重新受到汉代人的关注。

汉代初年为了休养生息，国家开放了山海之禁。各地诸侯和大户纷纷即山铸钱，《史记·平准书》记载："……吴，诸侯也，以即山铸钱，富埒天子，其后卒以叛逆。邓通，大夫也，以铸钱财过王者。故，吴、邓氏钱布天下，而铸钱之禁生焉。"在这新的"铸钱之禁"全面实行以前的那个开放过程中，人们对于《山海经》一类的包含地理知识的书籍产生很大需要，中央政府大概也没有像以前那样严格控制此类著作。这为《山海经》向地方诸侯的流传提供了一个契机。以淮南王刘安为核心的文士集团创作的《淮南子》大量引用《山海经》，在《地形训》、《本经训》、《齐俗训》、《氾论训》、《人间训》、《修务训》、《时则训》中都有许多与《山海经》相互一致的内容。以《地形训》为例，本篇全面叙述大地面貌，从大地总括，到具体的昆仑山、黄河等等，都与《山经》相关内容极其相似。而且其中介绍的海外三十六国居民的神奇怪异的特征，也是直接来自《海外四经》。可见，《淮南子》创作班子的人是非常熟悉《山海经》的，淮南王府中应该存有《山经》和《海经》。或许当时《山经》和《海经》已经是合编本，因资料不足，暂且存疑。东汉王充《论衡·说日篇》认为刘安见过《山海经》："淮南见《山海经》，则虚言真人烛十日，妄记尧时十日并出。"不过，刘安不是用《山海经》去了解"天下要害"，不是为了在实际生活中应用《山海经》，而是用来构造他们的世界观体系，用来创作《淮南子》。这样，《山海经》的地理学缺陷就得以回避，并较好地发挥了它在基本世界观方面的价值，最终在《淮南子》中留下了不可磨灭的影响。

2. 社会实践证实《山海经》存在虚构内容

随着国力提高，西汉王朝逐步成为中国历史上少有的积极进取，开疆扩土，雄视四夷的大一统王朝。随着政治经济的发展，出于统治国家和经营四方边疆的需要，汉代人对于实用的自然地理和人文地理知识逐渐产生越来越大的需求。王充《论衡·别通篇》云："殷、周之地，极五千里，勤能牧之。汉氏廓土，牧万里之外，要荒之地，褒衣博带。夫德不优者不能怀远，才不大者不能博览。"汉代国土极其辽阔，历史积累的关于远方地区的地理知识完全不够用了。

开拓西域，必须了解当地情况，山川地理，人文习俗。而当时人的域外地理知识大约只有《山海经》、《禹本纪》可以依靠。但是，《山海经》的地理记录远远没有达到后来地理学的真实程度，其域外部分自然更加虚无缥缈。这当然会使得一切试图依据它的人们大失所望。张骞"凿空"西域过程中，是否使用过《山海经》，史无明载。不过，按照司马迁《史记·大宛列传》的记载，当时的汉使曾经寻找黄河之源，并试图寻找《禹本纪》、《山海经》等书记述的作为黄河源头的所谓"昆仑"。结果，他们确定的黄河源头并非神圣的昆仑，而是位于于阗（即现在的和田）的南山："而汉使穷河源，河源出于阗，其山多玉石，采来，天子（汉武帝）案古图书，名河所出山曰昆仑云。"汉武帝命名的昆仑当然不是《禹本纪》、《山海经》等书记述的昆仑，所以，司马迁说："自张骞使大夏之后,穷河源,恶睹所谓昆仑者乎?"以张骞为代表的汉使们的实地考察,证实了《山海经》中存在虚构不实的成分。当然,今天看来,他们的考察结论也存在不准确之处。但是,当时人只能根据自己的现有知识加以判断。无论如何,汉朝人对《山海经》的地理记载不再深信不疑了。

3.《史记》第一次出现《山海经》书名考

汉使们的发现引发的后果是严重的。司马迁说:"故言九州山川,《尚书》近之矣;至《禹本纪》、《山海经》所有怪物,余不敢言之也。"这是史料中第一次出现《山海经》的名字。

不过,陆侃如对此有怀疑。他的根据是《汉书·张骞传赞》、《后汉书·西南国论》、《论衡·谈天篇》、《史通释》所引《史记》这段话都作"《山经》",而非"《山海经》"。所以,陆侃如的结论是"……《史记》原文并无'海'字,乃后代妄人所增……"倘若果真如此,那么我们当然可以否定《史记》首次提及《山海经》书名。但是,我核实陆侃如所使用的材料,发现都存在可疑之处。

第一,班固《汉书·张骞传》引述此段文字为:"故言九州山川,《尚书》近之矣;至《禹本纪》、《山经》所有,放哉!"虽然大致跟《史记》原文近似,但是,还是有差异,不是原封不动的转引,而是缩写。因此,这里的"山经"二字是不是班固转引过程中缩写了原来的"山海经"三字,不能确定。这不是确定无疑的证据。

第二,陆侃如所引《后汉书》材料为:"(汉)开四方之境,款殊俗之附……著自《山经》、《水志》者,亦略及焉。"这根本不是转引《史记》的文字,只是和后来其他书一样单独提及《山经》而已。因此,它跟《史记》原文中是否有"《山海经》"无关。

第三,王充《论衡·谈天篇》四次提到《山经》或《山海》,陆侃如所引只是其中之一。《论衡》原文如下:

(1)"案禹之《山经》、淮南之《地形》,以察邹子之书,虚妄之言也。"

(2)"太史公曰:……故言九州山川,《尚书》近之矣。至《禹本纪》、《山经》所有怪物,余不敢言也。"

(3)"案太史公言,《山经》、《禹纪》,虚妄之言。"

(4)"夫如是,邹衍之言未可非,《禹纪》、《山海》、淮南《地形》未可信也。"其中第一条材料也是单独谈《山经》,跟《史记》是否有"山海经"三字无关,可以不论。第二条材料是陆侃如引用的。表面看来最为可靠,跟《史记》原文只少了一个"之"字。似乎据此可以怀疑《史记》原文究竟是"山经"还是"山海经"。但是,其证据力不够。作为个人著述,《论衡》文字的可靠度是不及《史记》的。王充《论衡·自序》说:"家贫无书,乃游洛阳市肆,阅所卖书,一见辄能诵忆,遂通众流百家之言。"那么,他写作《论衡》时引用《史记》可能是依靠记忆的,其可靠度有限。这里还有一条反证:《论衡》向来没有好底本,各本颇有差异。《四库全书》本《论衡》这段话就是"山海经"。而《史记》各本均为"山海经"。这更加证明《论衡》里的引文不足以否定《史记》的相关文字。第三条材料不是完整引文,证据力不及第二条材料。第四条材料分别提到《禹纪》、《山海》和《淮南·地形》。这里的"禹纪"二字的位置相当于第二条材料中的《禹本纪》,"山海"二字相当于第二条材料中的《山经》——《史记》原文里的《山海经》。这条材料直接否定了第二条材料,可以作为《史记》原文就是《山海经》的证据。通过以上辨析,《论衡》中的四条材料或者跟《史记》无关,或者自相矛盾,无法证明《史记》中是否有"山海经"三字。陆侃如所用的《论衡》底本可能类似《汉魏丛书》本,上述四处都作"山经",没有见到其他版本。

第四,吴任臣《山海经广注》引郭延年《史通释》云:"《山经》,太史公已不敢言。尤袤定为秦书,疑信者半。"这段文字的前半部分只是转述司马迁的意思,未必完全准确。另外,后半部分关于尤袤的话则完全错误。我核查尤袤在刊刻《山海经传》所题之跋,原文:"《山海经》十八篇……其为先秦书不疑也。"尤袤所定年代是先秦,不是秦。由此可见,郭延年的引文不可靠,缺乏证据力。陆侃如说自己没有见到尤袤自己的文章,只是转引。但是,他前文同时转引了吴任臣《山海经广注》的话:"《汉志》《山海经》十三篇,尤袤定为先秦之书,非禹及伯翳所作。"这话跟郭延年相矛盾,陆有忽略反面证据之嫌。

综上所述,陆侃如使用的材料或者与《史记》无关,或者证据力不足,并且存在忽略反面证据的嫌疑,因此,其结论不可靠。这种使用"他书所引"来纠正原书的做法本身就不是一个可靠的方法。按照无罪推定、疑罪从无的现代法学原则,我们目前应该坚持司马迁《史记》此处提到的书名是《山海经》。

至于有人在陆侃如基础上推论司马迁时代《山经》、《海经》尚未合编,则更嫌推测过甚。

4.《山海经》在汉代社会的继续使用

尽管司马迁首次提到《山海经》书名,但是他对《山海经》的评价显然是负面的。由于司马迁在中国史学领域的权威地位,他的这一负面看法几乎成为后世一切批评《山海经》者的口头禅。不过,司马迁并没有完全否定《山海经》,只是对其中虚构的"怪物"敬而远之,并通过比较而批评了《山海经》中的地理内容不如《尚书》的相关内容可靠。他并未否定其中"怪物"以外的其他内容。这是我们应该注意的。

目前,还没有发现关于汉代人用《山海经》探矿、采矿的任何资料,但是,根据《山海经》本身对于矿产的叙述,估计其效果不可能令人满意。

《山海经》对于国内部分山川的记述还是比较真实的,仍然具有一定的实用价值。汉代人在治理黄河时,多利用《禹贡》中关于黄河的知识。其实,也有使用《山海经》的。据《后汉书·王景传》,东汉永平十二年(69),明帝准备修汴渠,特意召见王景。"问以理水形便。景陈其利害,应对敏给,帝善之。又以尝修浚仪,功业有成,乃赐景《山海经》、《河渠书》、《禹贡图》及钱帛衣物。"汉明帝在此时将这些具有地理性质的书籍和图画赏给王景,显然是给他治水作为参考的。次年夏,王景疏通了从荥阳到千乘海口的河道,治河成功。由此可知,在汉人眼中,《山海经》是具有实用价值的。此事对于后代支持《山海经》地理价值的学者有较大影响。可是,由于史料没有直接写明王景是否直接利用了《山海经》来治河,也有人怀疑朝廷赐给王景的《山海经》是否真能起到帮助作用。笔者借助于现代历史地理学的成果来加以说明。现代历史地理学家谭其骧曾经有一篇绝妙的历史地理学论文——《〈山经〉河水下游及其支流考》。《山经》本来没有直接描述黄河下游河道,但是,却描述了黄河下游的一系列支流。谭其骧通过研究《山经》所记录的黄河下游各个支流的入河口,把上述支流的所有入河口连点成线,从而考证出一条远古时代的黄河下游河道。这就证明了《山海经》所叙述水系的真实性,它在指导治河这个方面应该具有一定的实用价值。汉明帝赏赐给王景的《山海经》应该具有一定的实用价值。

综合本节所论,汉代社会对于实用地理知识的需要,部分地推动了《山海经》的流传,但是,实际应用的结果却暴露了《山海经》在科学性、准确性方面的欠缺。这是一个非常关键的变化,将引发《山海经》地理志性质的逐步淡化。

汉代学术主流是儒家经学,汉人对于《山海经》的看法主要受到经学的影响。即便司马迁主要是从史学立场,而非经学立场作出了自己否定性的评价,但是其结论与儒家"子不语怪力乱神"的经学立场暗合。所以,他的结论对于后来正统儒家经学反对《山海经》起了很大作用。

(二)汉代经学和刘歆对《山海经》的校定与研究

与政治上的大一统帝国相适应,汉武帝实行"罢黜百家,独尊儒术"的政策,儒家经学逐步成为社会政治、文化建设和学术研究的主导力量。

中国先秦典籍经过秦火,损失严重。《史记·太史公自序》说:"秦拨去古文,焚灭《诗》、《书》,故明堂石室,金匮玉版,图籍散乱。"汉朝建立之后,广收天下图书,古籍陆续复出。《汉书·艺文志》云:"汉兴,改秦之败,大收篇籍,广开献书之路。迄孝武世,书缺简脱,礼坏乐崩,圣上喟然而称曰:'朕甚闵焉。'于是建藏书之策,置写书之官,下及诸子传说,皆充秘府。"到了西汉末年,这些书籍又有亡散,于是政府重新大规模收求各种古籍,并开始系统整理。《汉书·成帝纪》云:"河平三年(前26)秋八月,光禄大夫刘向校中秘书,谒者陈农使求遗书于天下。"此时,刘向之少子刘歆也受命"与父向领校秘书,讲六艺、传记、诸子、诗赋、数术、方技，无所不究"(《汉书·刘向传》)。刘向、刘歆父子系汉高祖同父少弟楚元王刘交之后，为汉室宗亲。两个人都是经学大家。刘向主要治《穀梁传》，后来撰写《洪范五行传论》，上奏皇帝。刘歆领五经，倡导古文经学，具有划时代的影响。

此次有史以来最大的校书活动的目的主要是为了政治教化，不过它通过图书整理、分类和学术源流探讨，形成了一套完整的以儒家经学价值观为中心的文化知识体系和学术体系。这次图书整理活动，也正式拉开了《山海经》学术史的序幕。

1.《山海经》的校进过程

刘歆(约前53~23)，字子骏，汉哀帝建平元年(前6)因避哀帝(刘欣)讳而改名刘秀，字颖叔。他起初随父亲刘向领校中秘图书。在刘向去世后，刘歆就"复领五经，卒父前业"，独立执掌校书活动，完成父亲未竟之事业。刘向、刘歆父子领导的整个校书活动规模大，持续时间长，参与其事的学者甚多。《汉书·艺文志》云：汉成帝"诏光禄大夫刘向校经传、诸子、诗赋，步兵校尉任宏校兵书，太史令尹咸校数术"。这些人下面还有其他一些人协助，目前已知的还有刘歆、杜参、班斿、望等人。

至于直接参加《山海经》校定的人，目前有两条材料。第一是刘秀(歆)《上〈山海经〉表》的说法："侍中奉车都尉光禄大夫臣秀领校秘书言：校秘书太常属臣望所校《山海经》凡三十二篇，今定为一十八篇。"第二是幸存下来的当年校语。今本《山海经》第九、第十三卷末所署的"建平元年四月丙戌待诏太常属臣望校治，侍中光禄勋臣龚、侍中奉车都尉光禄大夫臣秀领主省"一语证明，他们是"臣秀"、"臣龚"和"臣望"。"臣秀"就是刘秀(歆)。我按照刘秀(歆)向刘姓皇帝上书时自称"臣秀"的惯例推测，"臣龚"即刘龚，"臣望"即刘望。而刘望是《山海经》的直接校定者。有一种说法认为"臣龚"是王龚，"臣望"是丁望，误。上述两条材料都谈到刘歆和刘望。但是，后一条材料又加了一个刘龚。两条材料之间略有抵牾。我估计，刘龚也是参加者，在校订稿中署了名。但是刘龚所做工作不多，因此刘歆在最后写《上〈山海经〉表》的时候，就忽略了他。

《山海经》完成校订的时间在此次校书活动中是比较晚的。由于《山海经》不属于儒家经典，其中大量的有关怪物的描述又和孔子"不语怪力乱神"的思想相违背，因此在经学家眼中，《山海经》的地位是不高的。除了淮南王及其门客这样的杂家之外的一般学者并不重视它。刘歆《上〈山海经〉表》称：东方朔、刘向分别根据《山海经》解答了异鸟和岩洞中出土的反缚盗械人，"朝士由是多奇《山海经》者，文学大儒皆读学，以为奇可以考祯祥变怪之物，见远国异人之谣俗"。可见在刘向以前，文学大儒是不看重《山海经》的。所以，其校定活动完成得相当晚。刘向河平三年（前26）开始校书，绥和二年（前7）去世。生前校书二十年，还没有做，或者还没有完成《山海经》的校定。《山海经》的校定一直到汉哀帝建平元年（前6）才告完成。而此时已经接替刘向领校秘书的刘歆（刚刚改名为刘秀）按照父亲生前校书的惯例，撰写了关于《山海经》的"书录"，随校定的《山海经》一同进呈皇帝，即署名为"刘秀"的《上〈山海经〉表》。这次图书校定工作使《山海经》第一次进入学术研究领域，成为学术研究对象。

南宋薛季宣主张《山海经》的校订时间是王莽时代。其《浪语集》卷三十《叙〈山海经〉》云："所谓臣秀，即刘歆也。歆以有新之朝更名，以应光武之谶。校雠之世，必当王氏时也。"刘歆改名的原因本是避哀帝刘欣的讳，跟光武帝刘秀无关。再说，刘歆公元23年被杀，他不可能预测到光武帝刘秀在两年后登基。所以，薛季宣的说法根据不足。

根据《上〈山海经〉表》，这次校定工作的详细过程是："侍中奉车都尉光禄大夫臣秀领校，秘书言校，秘书太常属臣望所校《山海经》凡三十二篇，今定为一十八篇。已定。"他们根据搜集到的三十二篇原文整理为十八篇。这个包括十八篇内容的定本《山海经》就是今传《山海经》的祖本。按照刘向《书录》中反映出来的整理儒经以外的诸子传记和其他图书的惯例，这三十二篇可能是各种本子的总篇数,经过删除重复定为十八篇。今本《山海经》行文中常有"一曰",显然是校订过程中刘歆依据其他本子所加的校语。

2.刘歆校定本篇目考

(1)古本三十二篇的问题

刘歆等人虽然为《山海经》定了各篇篇名,但是《上〈山海经〉表》没有详细说明校定本各篇的篇名目录及内容。所以,刘歆所谓的"三十二篇"、"十八篇"究竟如何,史无明载。而后代史志著录的《山海经》篇目往往彼此矛盾,这引起历代学者之间不少的争议,成为未来研究工作中的一个重要但又难以解决的问题。日本学者小川琢治《山海经考》曾经慨叹:"以今之《山海经》,而欲考唐晋之古文已有困难。况欲推究两汉时之简册,岂非难中之尤难者乎?"

毕沅《〈山海经〉新校正·山海经古今本篇目考》把《山经》中每一次山经都当做一篇,得二十六篇,加上《海外四经》、《海内四经》,得出总篇目数为三十四。所以,他认为《上〈山海经〉表》中的古本"三十二"是三十四之误。其他学者对于这个推测多表异义。就连赞赏他的篇目考证"最为精透"的小川琢治也认为这是大胆臆定。不过,袁珂却同意毕沅之说。他补充道:"四"籀文写作上下两个"二",刘歆表文中"四"可能也如此写法,因此而漫漶其一成为"二"。其说误。刘歆业已将《山海经》校订、隶定,其表断然不可能作籀文。

小川琢治认为:《五藏山经》各篇过长,在竹简时代将其中二十六篇(每"次"山经为一篇)合并为十三篇便于流传。《海外四经》、《海内四经》因为有图也每篇析分为二,得十六篇。加上《海内东经》结尾处误入的《水经》三篇,共三十二篇。"此《山海经》凡三十二篇之细目,谅可得最简单之说明矣。"事实上,小川的说法也存在问题。其各篇分合,没有任何版本证据。《水经》的误入也是在《隋书·经籍志》以后,根本不能用来证明刘歆校书所用的古本《山海经》。所以,现代学者一般认为刘歆所据之"《山海经》凡三十二篇"是各种版本的总篇数。张步天《刘歆〈山海经〉篇目之我见》根据经文中大量的"一曰"、"一云"、"或曰"等关于异文的表述,认为是刘歆依据三十二篇古本相互校勘的结果,并且逐一分析各篇涉及的异文。张说可信。但是,他一些具体推论过程有可疑之处,至于他得出的三十二篇总数则是包括了《荒经》以下五篇的结论,不可从。

(2)今本十八卷与刘歆十八篇的关系

当今传世的《山海经》版本众多,但是,各个版本之间除了文字略有差异之外,在篇目方面没有区别,均为十八卷。出现如此一致的情况,这和南宋尤袤所刻《山海经传》有很大关系。

尤袤(1127～1194)《山海经传跋》宣称得到刘歆定本十八篇,与今本十八卷全同。王应麟(1223～1296)《小学绀珠》卷四据此推论刘歆本云:"《山海经》十八篇,南西北东中山经为五篇。海内、海外、大荒三经南西北东各一篇,海内经一篇。注云(以下为小字):总十八篇。相传以为夏禹所记。汉志《山海经》十三篇。刘歆所校凡三十二篇,定为十八篇。"不少现代学者也持此论。但是,笔者考证,尤、王二人所见十八篇实际是宋人重编,待本书第三章详论。所以,从今本十八卷直接推测刘歆定本十八篇有失稳妥,也无法合理解释《汉书·艺文志》为何还有《山海经》十三篇之说。

(3)《汉书·艺文志》著录十三篇与刘歆十八篇的矛盾

班固《汉书·艺文志》沿袭刘歆的《七略》,二者涉及《山海经》篇目本来应该一致。但是《汉书·艺文志·数术略》中著录的《山海经》为十三篇,与刘歆《上〈山海经〉表》所称校定结果为"十八篇"不同。二者之间存在明显矛盾。

由于史料不全,对此矛盾,学术史上出现过各种推测。四库馆臣怀疑刘秀(歆)《上〈山海经〉表》是伪作。事实上,王充《论衡》和郭璞《注〈山海经〉叙》多次称引此表,所以这个怀疑不成立。毕沅把十三篇和十八篇的校定者分别归属于刘向和刘歆。现代甚至有人认为《汉书·艺文志》著录的十三篇《山海经》与今日《山海经》是同名异实的另一著作。吕思勉认为《汉书·艺文志》著录的《山海经》是"讲建设之书",而今日《山海经》是"方士之记录",二书偶然同名。吕思勉误解了形法家的含义,其说不可从。沈海波《〈山海经〉考》认为

《汉书·艺文志》著录的是《海经》十三篇,不包括跟所谓"考祯祥"无关的《山经》五篇。这个理解是有误差的,因为《山经》记录了很多怪物都具有预兆的性质。

为了展示学术史发展,我们回溯最早系统探讨《山海经》篇目问题的毕沅的看法。毕沅认为《艺文志》中的十三篇,是汉代刘向所合,相当于现代的《山经》五篇,加上《海外四经》和《海内四经》八篇。"班固作《艺文志》,取之于《七略》,而无《大荒经》以下五篇也。"他推测是刘秀(歆)增加了《大荒经》以下五篇,成为十八篇。其根据是明代道藏本《山海经目录》的《海内经》之下有注文"此《海内经》及《大荒经》本皆进在外",说明是刘秀(歆)校进时所增,只是外在于刘向所校的《山海经》十三篇。如果正确,这个说法可以弥合《艺文志》与《〈山海经〉表》的矛盾。但是,"进在外"三字颇不通顺,自我矛盾。笔者在国家图书馆核查南宋淳熙七年(1180)池阳郡斋尤袤刻本《山海经》为"皆逸在外","进"当为"逸"之形误。而且,刘向是否校过《山海经》并无证据;再者,班固为什么收刘向的旧校本而不收刘歆的新校本呢?

小川琢治认为刘秀(歆)并没有把《大荒经》和《海内经》一同校进。他引用日本版《山海经》(明版覆刻本)为"皆逸在外",故认定这个注说明刘秀(歆)校定的本子未收《大荒经》和《海内经》。这一点,当今学者多赞同。但是,小川琢治认为古本只是《山经》十三篇(理由已见上文),《海外》、《海内》附合于全书之后,为了炫耀价值而仍然沿袭古代篇目,班固著录时仍然沿用十三篇旧目。这个说法缺乏证据。但是他的《山海经古本篇目表》根据尤袤跋语(即《〈山海经〉后序》)提的宋代道藏本中《山经》十卷,加上《海外四经》、《海内四经》正好十八卷,推定了刘歆定本篇目。其说有理,为袁行霈、袁珂二位先生所接受。日本学者高马三良认为班固十三篇是《海外四经》以下十三篇,《五藏山经》是附加在《山海经》之上的分册。此说是从今本十八卷直接推测,有欠妥当。

袁行霈先生受小川启发,根据张金吾《爱日精庐藏书续志》所引尤袤跋语

（即《〈山海经〉后序》），怀疑宋道藏本"或即出自刘秀（歆）校本？"按照宋代道藏本中《山经》十卷，加上《海外四经》、《海内四经》正好十八卷。袁珂也根据尤袤《〈山海经〉后序》记录的宋代道藏本《山经》分十卷推测：刘歆校订本十八篇是《山经》十篇，加《海外四经》、《海内四经》各四篇。而《艺文志》中的十三篇本《山海经》可能是成帝时代尹咸校定的，其中把《山经》合为五篇，故总十三篇。两位袁先生的假设，似乎可以基本化解《汉书·艺文志》中所谓"十三篇"和《上〈山海经〉表》中"十八篇"之间的矛盾。

但是，为了弥合与《艺文志》十三篇剩余的一个小矛盾——《艺文志》是据刘歆《七略》，可是为何与《上〈山海经〉表》自相抵牾呢？于是，袁行霈先生假设刘向的部下尹咸还有一个十三篇的校本。笔者认为：尹咸虽然分工校定数术略，但是，在刘向生前未必完成了全部数术略校书工作，说尹咸完成了十三篇本的《山海经》根据稍嫌不足。而且，如果尹咸已经完成，为什么刘歆要重新校定？袁珂则以为《山经》各篇篇幅差异大，成册与翻检不易，故有新的分篇法（即刘歆的《山经》十卷分篇法）。为了这么一件小事而大费周折地重新校订，理由根本不充足。刘向刚刚去世（前7），尸骨未寒，而接替父亲工作的刘歆就抛弃父亲领导下完成的《山海经》校定本，重新校定，这恐怕是太不符合情理了。另外，《艺文志》依据刘歆《七略》，为什么不用刘歆校定本，而用尹咸校定本？袁珂以为是刘歆未敢改正刘向留下的《山海经》旧本篇目数而误，其理由更不充分。若刘歆敢于否定旧校本，焉有不敢改旧篇目之理？这些问题显然难以解决。袁珂此说不可从。

总结历代学者关于《汉书·艺文志》和《上〈山海经〉表》之间篇目矛盾的各种解决方法，大致有三种。第一种，否定其中一个。四库馆臣怀疑《上〈山海经〉表》，而现代人怀疑《汉书·艺文志》著录的是同名它书，他们都是采用否定其中一个的方法。第二种，假设十三篇本和十八篇本是不同人所校定。或者刘向和刘歆；或者尹咸和刘歆。可是，两种方法都不能很好地解决问题。第三种，认为双方都对，是王莽末年开始的兵火导致了刘歆十八篇散亡成十三篇,被班固著录。这似乎合理,但是散亡的是哪一部分呢? 为何没有留下痕迹? 而且此说建立在刘歆校定本中包括《大荒四经》和《海内经》基础上,也是不能服人的。

既要合理,又要有证据,两者缺一不可。这是建立学术真理必须兼顾的两个方面,否则就会出现过多的无谓争论,于学术发展无益。

(4)刘歆十八篇本的真面目

南宋学者薛季宣曾记录当时一种道藏本《山海经》的分卷情况。其《浪语集》卷三十《叙山海经》云:

古《山海经》,刘歆所上书,十三篇。内别五山,外纪八海。郭璞注集厘十八卷。其十卷,《五山经》;八卷,六,《海外》;二,《海内》、《大荒经》也。《五山》、《海外经》,端有条绪。《海内》、《大荒经》,汗漫有不可通者。是书流传既少,今独《道藏》有之。

薛季宣确定了宋代这个道藏本是郭璞注《山海经》十八卷,其中《五山经》十卷,《海外经》六卷,《海内经》、《大荒经》各一卷。他由此推论,《汉书·艺文志》著录的刘歆十三篇是"内别五山,外纪八海",即《山经》五篇,《海经》八篇。此说正确。但是,薛季宣认为,郭璞注本改为十八卷,是不正确的。

根据薛季宣、尤袤所言,宋代两种道藏本的《山经》部分都是十卷,但双方《海经》以下分篇不同。现存尤袤《山海经传》跋语其实涉及宋代流传的"十数种"版本。尤云:"三十年所见无虑十数本。参校得失,于是稍无舛讹,可缮写。"其中重要者有三种版本,现抄录如下:

始,余得京都旧印本三卷,颇踈略。继得道藏本。《南山》、《东山经》各为一卷。《西山》、《北山》各分为上下两卷。《中山》为上中下三卷,别以《中山东、北》为一卷。《海外南》、《海外东、北》、《海内西、南》、《海内东、北》、《大荒东、南》、《大荒西》、《大荒北》、《海内经》总为十八卷。虽编简号为均一,而篇目错乱不齐。晚得刘歆所定书。其南西北东及中山,号《五藏经》,为五篇。其文最多。《海内》、《海外》、《大荒》三经,南西北东各一篇,并《海内经》一篇,亦总十八篇。多者十余简，少者三二简。虽若卷帙不均，而篇次整比最古。遂为定本。

薛氏道藏本和尤氏道藏本是分别来自宋代三部道藏之中的两部，二者之间在分篇方式上有关联。尤氏道藏本《海外经》、《海内经》各分二卷，与薛季宣所见道藏本《海外经》六卷不同。薛氏道藏本把《海外经》分成六卷，又把《海内四经》合并到《海内经》中成为一卷（故薛文中不见《海内四经》），再把《大荒四经》合并为一卷。两种道藏本各自都凑成十八卷。笔者认为，薛氏道藏本是把尤氏道藏本的《海外经》二卷、《海内经》二卷分别分成三卷，合并为《海外经》六卷，因为尤氏道藏本中《海外东、北》、《海内西、南》很容易各自分开。然后合并《大荒四经》为一卷，《海内经》一卷，形成十八卷。

尤袤指责道藏本篇目错乱不齐，正反映了郭璞二十三卷注本出现以后，世人想恢复刘歆十八篇古本而乱改郭本分卷方法的情况。

尤袤所见第三种本子"刘歆所定书"十八篇并非刘歆原本。此本，王应麟（1223—1296）《艺文志考证》和《小学绀珠》也提到过。它只是宋人合并道藏本《山经》十卷为五卷，另加郭璞合编的《大荒四经》、《海内经》，恰好得十八卷。于是改卷为"篇"，声称得到了刘歆原本。其实，自从郭璞注把《山海经》改为分卷本以后，郭注一直与经文并行，根本不是所谓分篇本，更不是十八卷。因此，被尤袤作为定本而刻制的《山海经传》（即郭璞传注），其底本不可能是所谓真正的刘歆分篇本，而是宋人重编本。尤袤不察，遂被骗。但是，由于尤袤所见这个所谓"刘歆定本"正好凑足十八卷，分篇简洁、合理，使得世人长久以来头疼的恢复刘歆校定本原貌的企图终于"实现"。所以，这个本子一旦出现，加上尤袤鼓吹、刊刻（尤袤刻本十八卷又分三册，每册40多页，分量均衡，又是参酌所谓"京都旧印本三卷"而来。这是宋代雕版印刷技术发展之后的产物），遂成为新"定本"，流传至今。

如果前言不虚，那么，我们可以得出这样的结论：刘歆校定本十八篇是《山经》十篇，外加《海外四经》和《海内四经》八篇，总十八篇。班固不可能著录刘向或尹咸的"校本"（有学者假设尹咸校定过《山海经》是缺乏证据的，而且这种假设也没必要），而是著录的刘歆校定本。只是此前有人把十篇的《山经》根据五方山自然合并为五篇，总篇目也就成了十三篇，被班固著录。刘歆校定的十八篇定本，其实和班固《艺文志》著录的十三篇本只是分篇形式的差别，其内容则是相同的。它们都没有包括《大荒经》以下五篇。果真如此，那么困扰我们很久的《汉书·艺文志》和《上〈山海经〉表》之间篇目的所有矛盾就迎刃而解了。

(5)刘歆校定本十八篇不包括《荒经》以下五篇。笔者核对了《淮南子·地形训》中叙述的海外三十六国族名，其总数与《海外四经》所记三十七国一族基本一致，各国族的名字也最为接近，都是充满幻想色彩的。《大荒经》所记国名五十八，族名一；《海内经》所记国名十五，族名八，均与《淮南子》所引之数目和名字差距较大。所以，《淮南子》所述三十六国应该是引用《海外四经》，而非其他各篇。因此，当时的《山海经》中可能还没有收入《大荒四经》和《海内经》。王充在刘歆校定《山海经》之后，其《论衡·谈天篇》称大禹治水，"辨四海之地，竟四山之表，三十五国之地，鸟兽草木、金石水土，莫不毕载……"，也不言其他。所以，此时的《山海经》中可能仍然没有《大荒四经》和《海内经》。

另外，《海外四经》、《海内四经》结尾都有"建平四年"臣望和刘秀（歆）校录署名。这证明刘歆校定本包含它们。但是，《荒经》、《海内经》后面没有类似的话。毕沅用此证据说明《荒经》、《海内经》"皆进在外"，不当。这证据只能说明《荒经》、《海内经》当时没有被臣望和刘歆校定，没有进入《山海经》。

所以，刘歆校定的十八篇定本《山海经》实际只包含了《山经》、《海外四经》和《海内四经》，没有《荒经》以下五篇。当然，这并不意味着当时《大荒经》和《海内经》不存在，它们只是单篇另行于世，暂时未收入《山海经》而已。

总结关于刘歆校定本篇目的学术争议，笔者认为许多学者的思考往往限制在刘向、刘歆和班固三人身上，至多考虑一下郭璞所谓"十八卷本"，结果只能在十八篇、十三篇和《荒经》以下五篇和十八卷之间打转。这是不够的,因为郭注实际是二十三卷。而袁珂先生增加了郭璞二十三卷之参数,而且参考宋本,所以其推论结果明显较优,其证据(加上笔者补充的两条共三条)也较充足;虽然他受到毕沅影响,相信有刘向校本、相信《山海经目录总十八卷》为郭璞作,结论未臻尽善。篇目争议,必须全面综合考虑,才有望得到正确结论。

　　3. 在经学笼罩下的刘歆《上〈山海经〉表》

　　刘歆能够比较积极地领校《山海经》与经学发展所面临的问题和古文经学的出现有一定关系。

　　以董仲舒为代表的汉代经学出于政治需要,以阴阳五行观念为基础,发展了"天人感应"的神秘主义思想,宣扬祯祥变怪是天人感应的结果,是上天向人君显示自己的道德意志。其《春秋繁露·天地阴阳》云:"世治而民和,志平而气正,则天地之化精,而万物之美起。世乱而民乖,志僻而气逆,则天地之化伤,气生灾害起。"这个理论对于皇帝极权有所限制,在当时是具有正面作用的。但是,其神秘主义倾向也导致把客观的天地万物都当做体现儒家神学目的论的表现,各种怪物都被看做天意的体现。根据王充《论衡》:"董仲舒睹重常之鸟,刘子政晓贰负之尸,皆见《山海经》,故能立二事之说。"董仲舒阅读《山海经》,关注的也是其中怪物。目前,还没有发现董仲舒对《山海经》的进一步看法。

　　刘向、刘歆都是经学大家,也沾染了浓厚的神秘主义倾向。刘向青年时代迷信巫术,差点丧命。其《列仙传》又罗列大量所谓仙人的故事。在治经活动中,刘向也"好言灾异",所作《洪范五行传论》就是一个例证。《汉书·刘向传》云:"(刘)向见《尚书·洪范》箕子为武王陈五行阴阳休咎之应。向乃集上古以来,历春秋、六国,至秦汉符瑞灾异之记,推迹行事,连传祸福,著其占验。比类相从,各有条目。凡十一篇。号曰《洪范五行传论》。奏之。"刘歆也宣传阴阳灾异。王莽信符命,大力倡导谶纬之术,刘歆积极参与其中。《山海经》中怪物连连,许多都是具有祸福征兆性质的。如《西山经》中的狡,"其音如吠犬,见则其国大穰"。《中山经》中的独足怪鸟跂踵,"见则其国大疫"。这些很符合刘氏父子在经学倡言灾异方面的需要,所以,他们才会对《山海经》感兴趣。

不过,《山海经》言怪和汉代经学家言灾异的目的不同。《山海经》中许多怪物与祸福征兆无关;而那些具有祸福征兆性质的怪物也只是客观显现,并无特定的道德目的,与天意无关。而汉儒则持目的论,用怪物附会天意。例如,《山海经·海内北经》有驺吾(或作"驺牙"、"驺虞"):"林氏国有珍兽,大若虎,五采毕具,尾长于身,名曰驺吾。乘之,日行千里。"完全是客观叙述,无任何象征性。伏生《尚书大传》以为"仁兽"。司马相如所遗札书《封禅文》说天子"囿驺虞之珍群"。其《颂》则云:"般般之兽(指驺虞),乐我君囿;白质黑章,其仪可(嘉)【喜】;旼旼睦睦,君子之能。盖闻其声,今观其来。厥途靡踪,天瑞之征。兹亦于舜,虞氏以兴。"这里的驺虞已经成为"天瑞之征"。毛公甚至说它"食自死之肉,不食生物"。又说"有至信之德则应之"。驺虞这个普通动物,在汉儒那里成为一个神圣象征。宋人吴仁杰注意到《山海经》和汉儒谈论驺虞的方式不同,他评论道:"盖毛公欲傅会'仁如驺虞'之说,故尔。"与伏生、司马相如、毛公等大家不同,当时一般儒生并不认识《山海经》在经学方面的价值,仅以为言怪。所以,《山海经》的价值还有待于刘向、刘歆父子的阐释和宣传。

西汉末年,经学发展得越来越烦琐、陈腐。对此,年轻的刘歆是有所不满的,希望有所改良。刘歆校秘书之后,见到古文《春秋左氏传》,"大好之"。原本跟随刘向负责校理数术类著作的尹咸因为能治《左传》,就被刘歆调来一同改校经传。刘歆引用传文解经,在原有的章句训诂的基础之上发展出一套新的理论,"由是,章句义理备焉"(《汉书·刘歆传》)。从此,刘歆对于古文著作的兴趣就发展起来。《毛诗》、逸《礼》、《古文尚书》都是他感兴趣的著作。《山海经》当时也是古文——即用古文字书写,不是使用隶书书写。《上〈山海经〉表》说:《山海经》听写"皆圣贤之遗事,古文之著明者也"。所以,刘歆和望整理的《山海经》三十二篇原文都是用"古文"书写的,校理之后为十八篇,"已定",即经过"隶古定",成为用所谓"今文"(即隶书)书写的著作。在初步完成了基于古文经之上的经学理论之后,刘歆于建平元年(前6年,正好与《山海经》校定完成的时间相同)提出增立古文经(包括《左氏春秋》、《毛诗》、逸《礼》、《古文尚书》)于学官的主张,目的是纠正今文经学的弊端,推动经学进一步发展。由此可知,《山海经》的校定和刘歆建立古文经学的努力具有一定关系。

作为《山海经》学术史上第一篇专题文章,刘歆《上〈山海经〉表》简要而全面地提出了《山海经》研究的各种问题,包括时代背景、作者、篇名、价值功能等。这位经学大师努力在经学范围之内为《山海经》寻找立身依据,所以,他对于这些问题的解答显示出浓厚的经学色彩。

在《山海经》的时代背景和作者问题上,刘歆借用儒家经典中大禹的传说来加以论证。大禹是古代著名的神话传说人物。在儒家经典中,大禹被塑造为一位极其贤明的远古君主,地位与尧、舜并列。《尚书·吕刑》云:"禹平水土,主名山川。"《尚书·禹贡》云:"禹敷土,随山刊木,奠高山大川。"并详述大禹导山、导水、划分九州、确定物产贡赋等政治制度的功业。按照通行的看法,《吕刑》产生于西周穆王时代,而《禹贡》成书于战国时代,其中也有春秋时代的内容。《尚书》中"主名山川"和"奠高山大川"意思是大禹为天下山川命名。这和《山海经》对于山川的命名是一致的;而《禹贡》中确定物产贡赋又与《山海经》所记物产一致。最重要的一点是,《山海经·中山经》结尾直接叙述大禹对天下的总结。显然《山海经》作者也是假托大禹所作。于是,刘歆《上〈山海经〉表》就把《山海经》和《尚书》中的大禹传说联系在一起。

刘歆把《山海经》的写作背景放置在大禹治水上,"《山海经》者,出于唐虞之际。昔洪水洋溢,漫衍中国……鲧既无功,而帝尧使禹继之。禹乘四载,随山栞(刊)木,定高山大川。"又说:"禹别九州,任土作贡。"这一背景叙述,和《吕刑》、《禹贡》对于大禹事迹的叙述是完全一致的。而《山海经》的作者则被

山海经诠解

确定为协助大禹的益、伯翳等人：

益与伯翳主驱禽兽，命山川，类草木，别水土。四岳佐之，以周四方。逮人迹之所希至，及舟舆之所罕到。内别五方之山，外分八方之海，纪其珍宝奇物，异方之所生，水土草木禽兽昆虫麟凤之所止，祯祥之所隐，及四海之外，绝域之国，殊类之人。禹别九州，任土作贡；而益等类物善恶，著《山海经》。

刘歆显然发现了《山海经》所写内容和大禹君臣事迹之间的结构对应关系。在我们的远古历史传说中，也只有大禹君臣的足迹遍及四海内外。把《山海经》的写作与禹、益等圣贤联系在一起，和古代把《禹贡》著作权归于大禹一样，无疑将大大提高此书在经学时代的价值。所以，刘歆在上述论述之后得出的结论就是：《山海经》所写"皆圣贤之遗事，古文之著明者也。其事质明有信"。在他的说明中，清楚显示出《山海经》是一部自然与人文地理志，既真实又神圣。这样，他就打消了一般儒生对于《山海经》真实性的怀疑。刘歆把《山海经》与《尚书·禹贡》并列起来，既是经学时代的特殊需要，也是基本符合事实的。直到今天，这两部著作仍然被并列为中国古代地理学的两大高峰。

刘歆把《山海经》的写作归功于大禹君臣，被一般古代学者接受。王充《论衡》云："禹主治水，益主记异物，海外山表，无远不至。以所闻见作《山海经》。"赵晔《吴越春秋·越王无余外传》云："（禹）遂巡行四渎，与益、夔共谋。行到名山大泽，召其神而问之。山川脉理，金玉所有，鸟兽昆虫之类，及八方之民俗，殊国异域土地里数，使益疏而记之，故名之曰《山海经》。"赵晔完全接受了刘歆的看法，只是根据大禹治水传说的不同异文，把益的同伴伯翳换成了夔。北朝颜之推、宋晁公武、清毕沅、郝懿行等都持此说。

不过，由于大禹时代太遥远，而书中后代羼入因素颇多，所以怀疑《山海经》作者为大禹君臣的学者代代皆有。比如，唐代陆淳《春秋集传纂例》："啖子曰：……《山海经》广说殷时，而云夏禹所记。自余书籍，比比甚多。是知三传之义，本皆口传。后之学者乃著竹帛，而以祖师之目题之。"杜佑《通典》卷一七四云："《禹本纪》、《山海经》，不知何代之书。详其恢怪不经，疑夫子删诗书以后尚奇者所作。或先有其书,如诡诞之言,必后人所加也。"南宋尤袤、朱熹、明代王崇庆都否定大禹君臣的著作权。于是,关于《山海经》作者问题就演化为学术史上一个重要争论。

可是,《山海经》中存在大量的对于神怪的叙述,与正统儒学"子不语怪力乱神"的思想原则存在龃龉。作为一代大儒,刘歆必须正面解答书中怪物的意义,尽量减少与正统儒学的冲突。

他主要采用了两个办法。其一是把怪物的距离推远。刘歆说,益和伯翳记录了远方的怪物、奇人,为的是"类物善恶"——研究这些事物的真实性质,判断它们是善良的,还是有害的。按照这种说法,怪物、奇人出产于人迹罕至的远方或山海之间,自然禀赋不同。即使在中土之人眼中非常怪诞,但是实际上也是真实的。益和伯翳志怪的目的是要弄清楚事物的善恶性质,即对人类有益,还是有害。这样,益和伯翳这样的圣人言怪就合乎圣贤之道了。刘歆这种论说方法既是为《山海经》辩护,也是为汉代经学倡言灾异辩护。其二是利用儒家重视博学的原则,用近人的博学故事证实《山海经》。《论语》在"不语怪"原则之外,也十分重视博学的治学原则。孔子及其门徒不止一次讲:"君子博学于文,约之以礼。"对于博学君子,如子产,孔子也是赞扬的。因此,这个博学原则是可以利用来对抗"不语怪"原则的——孔子这两个原则之间暗含矛盾。按照刘歆的说法,汉武帝时代有人献异鸟,什么都不吃。东方朔根据《山海经》,不但叫出它的名字,而且正确说出了它应该吃的食物。果然,事情的结局正如东方朔所言。刘歆的另外一个例证是,汉宣帝时,在上郡从岩洞中发现反缚盗械尸体,不知何物。刘向根据《山海经》,解释说这就是因杀窦窳而被天帝反缚双手,关押在疏属之山的贰负之臣。刘歆利用这两个关于怪物的故事说明《山海经》所写怪物是真实的,所以,它具有经学和博物学价值——"……文学大儒皆读学(《山海经》),以为奇可以考祯祥变怪之物,见远国异人之谣俗。故《易》曰:'言天下之至赜而不可乱也。'博物之君子,其可不惑焉。"(《上〈山海经〉表》)

刘歆通过上述两个办法,试图证实《山海经》所记述的各种事物都是真实可信的。其论证在当时的效果是很大的。

正统的儒学虽然也有一定的神秘因素,但是主导倾向是遵循"子不语怪力乱神"思想原则的,汉代经学对此却有所背离。为了符合正统要求,汉儒必须证明他们所讲的灾异都是真实可信的。刘向发现"反缚盗械尸"和《山海经》关于贰负之臣的传说在形态上的相似,于是推论"反缚盗械尸"就是贰负之臣。这其实是用现在的事实去证明《山海经》中神奇记述的真实性。这个"证明"使得《山海经》中的怪异成了事实,那么谈论这些怪异就不再是"怪力乱神",不再违背儒学正统。所以,这件事才引起朝士们对《山海经》的关切,文学大儒们也争相阅读。他们针对《山海经》的"奇",专门作出"可以考祯祥变怪之物,见远国异人之谣俗"的肯定评价。其实,《山海经》中的"祯祥变怪之物"和"远国异人之谣俗"都是怪异性质的虚构。"远国异人之谣俗"或者还有一点域外风俗志的功能,"祯祥变怪之物"则主要是适合汉代经学家好言灾变的口味。

刘歆把《山海经》所写神怪归结为远古、远方之物,实际上是利用"天下之大,无奇不有"的观念,来消除人们对于《山海经》怪物的怀疑;同时兼用博学原则,回避史学、经学对于《山海经》语怪的责难。这种策略,取得了一定的成功,并为后世喜爱《山海经》的学者广泛采用。

经过这一番论证,刘歆把《山海经》中的地理因素和神怪因素都肯定下来。不过,这种论证毕竟是被动的,也不能完全摆脱正统儒学的责难。因此,刘向、刘歆父子虽然使《山海经》得到文学大儒们的一时关注,但是定本出现以后,在汉代并没有产生直接的大影响,也没有人注解它。故,郭璞《注〈山海经〉叙》说:"盖此书跨世七代,历载三千,虽暂显于汉,而寻亦寝废。"

随着社会发展,儒家、道家交替主导中国社会思潮。对于《山海经》中的超自然现象,"怪力乱神",各家争论不断。所以,如何评价"怪力乱神"、如何对待博学,一直是古代《山海经》研究中一个至关重要的问题,相关论辩贯穿了整个学术史。

（三）从"形法家"看《山海经》在汉代知识体系中的地位

《山海经》在汉代知识体系中的地位可以从刘歆《七略》（见于《汉书·艺文志》）所确定的《山海经》图书分类属性来探讨。

刘歆《七略》是我国第一部全国综合性图书分类体系。它是作者对于先秦至西汉学术文化的总结，全面展示了汉代知识体系，同时也体现了西汉时代以儒学思想为核心的学术观念。《七略》失传。根据班固《汉书·艺文志》记载，《七略》包括《辑略》、《六艺略》、《诸子略》、《诗赋略》、《兵书略》、《数术略》和《方技略》。其中《辑略》是总论，实际的图书分类只有后面六类。与经学的意识形态地位相适应，处于首位的是《六艺略》，其中收录儒家六经和《论语》、《孝经》以及小学著作。《诸子略》包括十家，也是以儒家为首。《诗赋略》收文学著作。《兵书略》收军事学著作。《数术略》收天文、历谱、五行、蓍龟、杂占和形法六类。《方技略》收医学和养生类著作。总之，刘歆《七略》以儒家经学为依据，全面系统地总结了古代学术文化，是汉代最完整的知识体系。

《山海经》在这个知识体系中处于何种地位呢？据沿袭刘歆《七略》的《汉书·艺文志》所载，《山海经》被归入数术略形法家。

数术略共百九十家二千五百二十八卷。"数术者，皆明堂、羲和、史卜之职也。"包括天文、历谱、五行、蓍龟、杂占和形法等六类，都属于研究大宇宙，即所谓"天道"或"天地之道"的学问。其中既有对于大自然的观察认识，也有占卜、望气、堪舆、择日的巫术迷信。天文学与占星术紧密相连，地理学与相地术、堪舆术相互依存。与数术略的情况相似，研究人类生命的学问则收入方技略，方技略同时包括医学、房中术和神仙养生术。这说明，当时的科学和巫术还混合在一起。这种知识形态体现了先秦时代中国人对于大自然的实际认识水平。

形法家，主要是所谓"相术"。其中包括六部书，即《山海经》、《国朝》、《宫宅地形》、《相人》、《相六畜》、《相宝剑刀》。李零把它们分成两类：一、相地形、相宅墓（类似于后世的看风水）。相当于形法小序中所谓的"大举九州之势，以立城郭室舍形"。二、相人、相六畜、相刀剑。相当于形法小序中所谓的"人及六畜骨法之度数，器物之形容"。笔者以为这割裂了形法家的内在统一性。虽然各书所写内容不同，但是《艺文志》把它们统一在"形法"一家之内，是有根据的。根据就是各家都是从外形和内在气质本性之间的关系来探讨自然万物。小序结尾说："犹律有长短而各征其声，非有鬼神，数自然也。然形与气相首尾，亦有有其形而无其气，有其气而无其形。此精微之独异也。"如果我们硬把形法家再细分为两类，那么《山海经》就会难以归类。因为，《山海经》的《山经》部分，既叙述山势水形，也叙述了许多禽兽、物产。其中《海经》部分更多的是远方异族。所以说，一部《山海经》既包含相地形的成分，也包括了相人、相畜、相物的因素。正如《海外南经》开头所说："地之所载，六合之间，四海之内，照之以日月，经之以星辰，纪之以四时，要之以太岁。神灵所生，其物异形，或夭或寿，唯圣人能通其道。"这里囊括了天地万物，把握这一切，就是要"能通其道"，也就是了解万物的气质本性。《艺文志》形法家小序结尾的话可以与此相互发明，作者的确通晓了形法家著作中的"道"——"非有鬼神，数自然也。"《山海经》就是一部"相"山海万物（包括人类）的著作，目的是通万物之道。

古人对于形法家的内在统一性是有所认识的。元吴澄《吴文正集》卷三〇《赠郭荣寿序》云：

或问："相地、相人一术乎？"曰："一术也。"吾何以知之？从《艺文志》有宫宅地形书二十卷、相人书二十四卷，并属形法家。其叙略曰："大举九州之势以立城郭室舍。"又曰："形人骨法之度数，以求其声气贵贱吉凶。"然则二术同出一原也。后之人不能兼该，遂各专其一，而析为二术尔。庐陵郭荣寿善风鉴，又喜谈地理，庶乎二术而一之者夫？二术俱谓之形法，何哉？盖地有形，人亦有形。是于各于其形而观其法焉。

看来，吴澄是认识到形法家各种知识的内在统一性的。

形法家的"相"万物，并非后代相面的"相"，而是对于事物的观察，通过观察了解事物。尽管由于当时社会总体气氛中巫术思想浓厚、科学水平低下而导致这种观察结论存在迷信成分，但是总体上来说，形法家的知识是属于客观知识范畴的。"非有鬼神，数自然也"就揭示了形法家知识的客观属性。《山海经》是相地、相人、相物的，把地理记录和"相"联系在一起，暗示了一种地理决定论的雏形。那么，《山海经》实际上就是当时人们心目中的自然地理学和人文地理学。只是由于当时知识形态的特殊性，以及地理学水平不高（没有独立，著作不多），只好采用了"形法家"的称呼。与此相似，《尚书·禹贡》在今天看来都是地理书。但是，在没有独立地理学的情况下也被归入六艺略（儒经）。

根据以上所论，《艺文志》对于《山海经》性质是形法家的看法，和刘歆《上〈山海经〉表》认为它是大禹君臣见闻记录——即自然与人文地理志的意见是一致的。这也和王景用《山海经》治理黄河的实践活动相互呼应。《山海经》列入数术略形法家，表明它在汉代被视为一种关于大自然的实用知识。这种科学限于当时人类的认识水平，记录并不准确，甚至还带有比较浓厚的巫术色彩。

后代学者往往不了解形法家的含义，以为《艺文志》把《山海经》十三篇归入形法家是失误。例如，明代焦竑云：（《山海经》）"入形法家非，改地里（理）。"至于毕沅《〈山海经〉古今篇目考》认为《山海经》"以有图，故在形法家"的说法，实为臆测。章学诚《文史通义》基本认为《汉志》形法家就是"后世地理专门书"，"地理则形家之言，专门立说，所谓道也。《汉志》所录《山海经》之属，附条别次，所谓器也"，"……地理与形法家言，相为经纬"。但是，又遗憾地表示："形法之家，不出五行、杂占二条，惟《山海经》宜出地理书专门，而无其部次，故强著之形法也。"这表明，章学诚在如何看待形法家言的属性方面摇摆不定。现代学者批评《艺文志》把《山海经》归入形法家"不恰当"，或直接把形法家（包括《山海经》）视为巫书，也都源于误解了"形法家"的真实含义，不了解当时的知识形态里科学与巫术是非常接近的,错误地以为"形法家"只是巫术迷信。

沈海波认为形法家的书都是"占卜书",而《山经》以记述地理物产为主,跟"考祯祥"绝不相干,因此《艺文志》形法家所收录的只是《海经》十三篇,不包含《山经》五篇。沈海波的说法对《山经》的理解不全面,忽略了其中存在很多具有祯祥意义的事物,例如《西山经》中的预示丰收的狡,《中山经》的预示瘟疫的跂踵;更割裂了《山经》和《海经》的统一性。

茅盾正确认识到《汉书》中"大举九州之势以立城郭室舍形"的形法家与《隋书》史部地理类之意相同,故有"自《汉志》以至《隋志》,中间五百多年,对于《山海经》的观念没有变更"的判断。不过,茅盾尚未认识到形法家所属知识体系与史部地理类所属知识体系之间的差别。其实,不仅刘歆、班固肯定《山海经》的写实属性,其前的刘安,其后的王充、赵晔,也都基本肯定这一点。汉代多数学者把《山海经》视为地理志性质的著作,虽然对其真实程度评价不一。由于当时没有独立的纯粹的地理学科,班固只好把它和其他著作归入"形法家"。随着知识形态和学术的演变,原本一体的知识分支开始分化。完全客观的地理学在魏晋以后逐步独立,出现了挚虞《畿服》、郦道元《水经注》等一大批地理学著作,齐时陆澄合160家地理著作为"地理书"。地理学著作成为整个知识系统中独立的一家。所以,到了《隋书·经籍志》编纂时代人们就顺理成章地把《山海经》纳入了"史部地理类"。而原来那些相书则被分别归入"五行""堪舆"等巫术性知识类别。这是中国古代知识形态的一次巨大变化和巨大进步。

当然历史上也有反对《山海经》入地理类的学者。《宋史·艺文志》把它归入"五行类"。那是不正确的。此后,胡应麟、四库馆臣正式判定《山海经》为小说家言。但是,此派观点颇遭批评。

不过,刘歆《上〈山海经〉表》和班固《汉书·艺文志》对于《山海经》作为地理志在政治军事领域的实用价值并没有直接的评价。在先秦时代和汉初,人们相信《山海经》记录了全国所有重要资源和交通要道，即所谓"天下要害"。但是，随着汉代疆域开拓，人们逐步认识到《山海经》所述地理与实际之间存在差距。书中所述矿产资源，也只是古人按照当时探矿技术的推测。日本学者伊藤清司《中国古代文化与日本·〈山海经〉研究》认为："《〈管子〉地数篇》、《山经》的探矿术似乎是充满咒术禁忌的神秘的东西。""……我们不能认为《山经》所记载的矿产资源全部具备了实际可以充分采掘的必要条件（埋藏量、矿质、地理位置、有无禁忌等），不能认为它已是国家财富和公私企业对象。"《山海经》的矿藏记录是靠不住的。因此，到了刘歆校书的时候，人们已经不大相信《山海经》的实用价值。这就是刘歆没有正面评价《山海经》政治实用价值的原因。

（四）经学衰微和王充的《山海经》研究

1. 传播范围的进一步扩大对于《山海经》社会功能的影响

随着《山海经》地理记录的可靠性普遍受到怀疑，东汉时代国家不再把《山海经》当作"藏宝图"看待，对于此类地理知识的垄断就被弃置了。于是，《山海经》的传播范围得到进一步扩大。根据刘歆《上〈山海经〉表》，到了西汉末年刘向时代，文学大儒都可以看《山海经》。而东汉时代，一些普通知识分子也都可以接触、研究《山海经》了。王充（27～约97），字仲任。入太学，从班彪学习。一生只担任过几次地方小官，主要从事私人著述活动。即《论衡·自纪篇》所谓的"充仕数不耦，而徒著书自纪"。其唯一流传至今的著作《论衡》对《山海经》进行了多方面的探讨。赵晔，字长君。东汉初年人，曾为县吏和犍为资中，一生主要从事学术研究和写作，属于下层士人。其《吴越春秋》详细叙述了大禹治水过程中如何指派益记录所见，形成《山海经》的过程。许慎（30—124）《说文》卷十三下云："劦，同力也，从三力。《山海经》曰：惟号之山，其风若劦。"今本《山海经·北山经》作："……鸡号之山，其风若飙。"《说文》又云："夷，从大，从弓。"段玉裁注云："惟东夷从大。大，人也。夷俗仁，仁者寿。有君子、不死之国。"看来,许慎对夷字的分析可能也是受《山海经》对夷人描写的影响。应劭,东汉末年人。他的《风俗通》云:"《山海经》曰:祠鬼皆以雄鸡。"看来,应劭也是读过《山海经》的。王逸《楚辞章句》屡次引《山海经》文字注解《楚辞》,世人皆知。

随着流传范围的扩大,《山海经》走出皇家秘藏,成为世人阅读的对象。这样,《山海经》就不再仅仅是记录国有资源的地理志(这方面的社会功能不断减弱),而且越来越成为满足个人爱好的读物。这些普通士人没有控制地理资源的野心和条件,他们是出于个人需要读《山海经》的。除了专职地理学家之外,一般人士看待《山海经》的眼光都会比较集中在书中那些虚构性的神怪方面。刘向时代的朝士和文学大儒们关注的都是其中的"奇"事,他们为的是当时经学言灾异的需要。后来,王充批判《山海经》所述神怪是虚构,也是针对当时人把虚构当真实的"虚妄"态度展开的。人们不再关注《山海经》的地理真实性,而是关注其所述神怪的真实性。《山海经》的地理志功能淡化了,而原本是自然包含在这部地理志之中、后来被司马迁特意提出的"神怪"内容逐步突显出来,成为《山海经》满足社会需要、发挥社会功能的新领域。社会功能的变化,自然影响到人们对《山海经》性质的认识。这一点在《山海经》学术史上发挥了重要影响。

2. 经学的衰微和王充对儒家经学的超越

西汉末年以后,由于利益关系,儒学内部所谓"今文经学"和"古文经学"之间的矛盾冲突愈演愈烈。刘歆在建平元年(前6)提出增立古文经于学官失败,后来凭借王莽的力量最终成功立于学官。但是,王莽很快覆灭。随着光武帝即位,今文经学再次成为主流。此后,今文经学与古文经学争斗不已,一直到汉章帝建初四年(79)的白虎观会议,双方争议不得不由皇帝亲自裁定是非。另外,经学的谶纬化倾向,使得一些正统经学家十分不满。东汉初年,大儒桓谭、范升、陈元、郑兴、杜林、卫宏、刘昆、桓荣、尹敏都反对谶纬之学,或对之保持冷淡态度。后来的王充更是尖锐批判神学目的论:"夫天无为,故不言灾变,时至,气自为之。"张衡甚至上书请求禁止谶纬思想。这些思想斗争,使得经学在章帝以后逐步走向衰微。而汉武帝独尊儒术以后曾经衰落下去的黄老思想重新发展起来。正如《颜氏家训·劝学》所云:"学之兴废,随世轻重。汉时贤俊皆以一经宏圣人之道,上明天时,下该人事,用此致卿相者多矣。末俗以来不复尔,空守章句,但诵师言,施之世务,殆无一可。故士大夫子弟皆以博涉为贵,不肯专儒。"

王充(27~约97)家族世有任侠传统,他虽然出身太学,但是不死守儒生章句之学,"淫读古文,甘闻异言"。王充认为博览群书是非常必要的,他说:"人不博览者,不闻古今,不见事类,不知然否,犹目盲、耳聋、鼻痈者也。"所以,凭借自己超群的记忆力以及独特的读书方式,他终于摆脱了一般俗儒的狭隘眼光,达到了"博通众流百家之言"的境界。其中,他对于黄老自然思想推崇备极。这样,他摆脱了儒家经学的束缚。可是,王充对于黄老思想中的神仙方术也是批判的。《论衡·道虚篇》专门批判学道方士的升仙之说。可以说,王充发展了自己独特的思想体系。这样,他就能够从比较客观的立场来重新审视《山海经》,从而推动了《山海经》学的发展。

作为汉代比较强调实际经验的思想家,王充对于汉代经学的僵化和神秘化提出了尖锐批评。他否定儒家五经的绝对地位,主张一切是非不能靠五经来定,而要以事实和理性加以审查检验。《论衡·语增篇》云:"凡天下之事不可增益,考察前后,效验自列。自列,则是非之实,有所定矣。"因此,王充能够摆脱儒家经学的笼罩,客观理性地对《山海经》加以研读,并将其结论运用到说理过程中。而我们要从王充的思想论辩中将有关《山海经》的内容剥离出来,加以研究。

3. 王充对于《山海经》内容虚实的辨析

王充重视博览兼通,更加重视亲身经历。对于基于实践的知识,他是非常肯定的。他认为《山海经》是出于禹、益的治水活动:"禹、益并治洪水,禹主治水,益主记异物。海外山表,无远不至,以所闻见作《山海经》。非禹、益不能行远,《山海》不造。然则《山海》之造,见物博也。"

在他心目中,只有跋涉全国,见物广博的禹、益才能完成《山海经》。对于这样一部著作的地理志性质,王充是十分赞扬的:"禹之治洪水,以益为佐。禹主治水,益之【主】记物。极天之广,穷地之长。辨四海之外,竟四山之表,三十五国之地,鸟兽草木、金石水土,莫不毕载……"因此,阅读《山海经》可以增进知识,解除疑惑。"董仲舒睹重常之鸟,刘子政晓贰负之尸,皆见《山海经》,故能立二事之说。使……董、刘不读《山海经》,不能定二疑。"

王充的上述结论似乎没有出刘歆的范围,只是用董仲舒的故事代替了东方朔的故事。东方朔,朝廷弄臣而已,而董仲舒是汉儒第一人。把东方朔换成董仲舒,这一置换是有意的。王充借此强调:博览此类书籍并非只是俳优小道,而是成就大家所必须。他说:"自武帝以至今朝,数举贤良……若董仲舒、唐子高、谷子云、丁伯玉,策既中实,文说美善,博览膏腴之所生也。使四者经徒能摘,笔徒能记,不见古今之书,安能建美善于圣王之庭乎?"并嘲笑明帝时代朝中百官居然无人知晓《苏武传》中官名"移多监",切中当时儒生徒事经学,知识浅薄的弊端。因此,王充根据自己博览兼通有利于成就大家的看法,高度评价了《山海经》在地理博物方面的认识价值。

王充思想的最大特点是"疾虚妄"。他本着黄老之学的自然观念,强调通过实践获得客观知识,否定虚构,否定儒家经学目的论,否定道教神仙术,对于东汉社会流行的各种虚妄观念进行了彻底清算。《论衡》中《书虚》、《变虚》、《异虚》、《感虚》、《福虚》、《祸虚》、《龙虚》、《雷虚》各篇对各种虚幻事物和观念逐一揭穿。王充虽然承认大禹和益造就了《山海经》,承认其基本内容的真实性质。但是,他对于《山海经》中存在的超自然因素(虚构因素)也分别进行了深入辨析。具体问题,具体分析,用经验事实和理性去加以论证。

《论衡》对于《山海经》中违反经验事实的内容做了批判。按照《山海经》中《大荒经》和《海外经》的记载,羲和生十日,十日每天在东方的汤谷中沐浴。汤谷上有扶桑树,十日中九个歇息在下边的树枝,一个在上边的树枝。每天一个太阳由阳乌背负，上天巡行。这些故事是远古时代流传下来的神话，是原始人对大自然的幻想性解释。但是，汉代百姓却认为这是真实的。"世俗又名甲乙为日，甲至癸凡十日，日之有十，犹星之有五也。通人谈士，归于难知，不肯辨明。"因此，王充出于消除虚妄的社会需要，展开辨析。他以阳燧取火为例，证明太阳是火。"……日，火也；汤谷，水也。水火相贼，则十日浴于汤谷，当灭败也。火燃木，扶桑，木也，十日处其上，宜燋枯焉。今浴汤谷而光不灭，登扶桑而枝不燋不枯，与今日出同，不验于五行，故知十日非真日也。"王充的辨析，主要用经验事实加以验证，同时也使用了当时五行思想的理论解释，可以说是事实与理论并用，达到了很高的思想水平。

尤其值得注意的是，王充对于《山海经》中虚构内容的批判完全是客观的，和正统儒家经学不言"怪力乱神"的价值取向毫无关系。

但是，这个"十日非真"的结论，使人怀疑"作《山海经》"的大禹和益，并且威胁到王充对于《山海经》价值的肯定。王充显然意识到这一危险，所以他进一步解释大禹和益记录十日的原因说："然则所谓十日者，殆更自有他物，光质如日之状，居汤谷中水，时缘据扶桑，禹、益见之，则纪十日。……仰察一日，目犹眩耀，况察十日乎？当禹、益见之，若斗筐之状，故名之为日。"这样就把十日神话解释为视觉的误差和记录的被误解，而不是禹、益故意作伪。《山海经》的写实性质也得到了保护。王充把虚构神话合理化的这一解释方法，在中国神话学历史上是源远流长的。上承孔子对于"黄帝四面"的曲解，下开清人毕沅《山海经新校正》用"似人而已"解释"人面鸟身"的先河。从神话学角度看，王充把十日神话产生的原因归结为特殊的天文现象，这是中国神话思想史上的第一次，意义重大。所以，清人陈逢衡在其《山海经汇说》中高度评价王充的这一发明："王充《论衡·日虚篇》所谓'十日似日，非实日也'，诚为卓见"！

当代中国神话学研究中这种合理主义的解释也屡屡出现，如王红旗等人。这也部分地表明了中国文化中理性主义的深厚传统。

王充的高度理性主义精神，不仅仅体现在对于神怪的否定，更体现在对于未知领域的探究过程中。王充依靠经验理性验证虚实的方法在对付那些超出当时人类认识水平的问题时，遭遇到巨大困难。"凡事难知，是非难测。"由于没有远洋航海活动，当时中国人对于东海以外的世界没有任何体验。因此，讨论邹衍所谓的"大九州"理论的虚实就非常困难。没有个人体验，他只能用人类已知最广博的经验记录《山海经》和《淮南子·地形训》去说明："案邹子之知，不过禹。……案禹之《山经》，淮南之《地形》，以察邹子之书，虚妄之言也。"可是，根据《史记》中张骞的经历，《山海经》所记昆仑山并不真实。东海之外，流沙以西，大禹没有涉足，从作为宇宙中心的天极在九州西北而言，则九州之外似乎还应该有土地。所以，王充说："夫如是，邹衍之言未可非，禹纪《山海》、淮南《地形》未可信也。"表面上看，王充没有做出任何结论，但是他在实践经验尚未达到彻底解决问题的时候，客观地把问题留待未来，这种实事求是的态度是符合现代科学精神的，非常可贵，值得珍视。

在有关《山海经》的论述中，王充也出现失误。以《论衡·龙虚篇》为例。龙是《山海经》中常见的神秘动物，能够上下于天，通常作为神和人的坐骑。蓐收、勾芒、夏后启、祝融、冰夷都是"乘两龙"。王充说："《山海经》言四海之外，有乘龙蛇之人。世俗画龙之象，马首蛇尾。由此言之，马蛇之类也。"限于当时的认识水平，王充认为龙是一种现实存在的动物。《论衡·别通篇》云："涉浅水者见虾，其颇深者察鱼鳖，其尤深者观蛟龙。"他用《山海经》中人能乘龙，加上世俗关于龙的画像来证明龙属于马、蛇一类的动物，因而不能上下于天："以《山海经》言之……以俗世之画验之……知龙不能神，不能升天，天不以雷电取龙，明矣。世俗言龙神而升天者，妄矣。"王充对《山海经》的引用不符合《山海经》关于乘龙的实际。《山海经》中祝融"兽身人面，乘两龙"，勾芒"鸟身人面，乘两龙"，冰夷人面，但居于深渊，他们都属于神，能升天。只有夏后启（开）是人。但是，《山海经》说这个夏后启（开）"上三嫔于天，得《九辩》与《九歌》以下"。显然夏后启（开）所乘之龙，也是能够上下于天的。因此，虽然《山海经》没有明言龙能飞，却是不言自明的。王充认为《山海经》中龙不能飞，是误读了其中关于龙的叙述,他没有认识到龙本身就是想象的产物。

王充对于儒家经学观念的突破,使他能够比较客观地评价《山海经》内容的真实与否,在当时的社会条件下具有重要意义。王充的思想对于魏晋时代玄学取代经学具有很大影响,他对《山海经》的认识也推动了后来的《山海经》研究。

总结《山海经》在汉代的遭遇,笔者认为:汉人是承认《山海经》的地理志性质的。司马迁也是按照地理志的要求来评价它的。由于其中地理叙述的不准确和多言神怪,人们对于其地理价值的评价并不高。汉代人最关注的是《山海经》中的神奇内容,无论是出于经学需要的刘歆肯定这些内容,还是反对经学的王充否定这些内容。这显示了《山海经》在后代社会所发挥的主要影响在于其中的神怪叙述。

二、魏晋时的《山海经》研究

(一)魏晋社会思潮与张华对《山海经》问题的回答

1. 魏晋社会思潮与《山海经》的影响

东汉后期以至魏晋时代激烈的权力斗争,使得士大夫们不得不远离政治,也就自然而然地渐渐远离了与政治扭结在一起的经学。他们向下强调个人生命,向上追寻宇宙终极本质,不再关注处于中间位置的社会政治。王弼根据老庄哲学发展出来的玄学理念,成为当时学术思想的核心。在这种社会思潮之下,人们对于世界、对于人生产生了新的认识。原本遭受儒家经学歧视的一些文化现象,如今都得到人们重新评价。人们依据新的价值观重新审视社会,审视古往今来的各种文化传统。例如,王弼注解《老子》第五章"天地不仁,以万物为刍狗"云:"天地任自然,无为无造,万物自相治理,故不仁也。"完全否定了汉儒自然观中的神学目的论,把大自然视为无目的的客观存在。这有助于魏晋人摆脱目的论束缚,他们可以单纯言怪,无须其具有任何目的性,不需要任何道德意义。

余英时《士与中国文化》认为,汉晋之际士大夫思想变迁的最直接的因素是"士之群体自觉,而其尤重要者则为个体之自觉"。东汉时代,选举制度引发产生的人物品评与清议,使个人的名声变得至关重要。为了出名,必须全力以赴。汉末著名品评家郭林宗就专以才性取人,而道德不再是主要考核对象。才性常常体现在其人的文章创作中,体现在其人独特的行为上。于是,像王充《论衡》这样的反对儒生,尊崇黄老思想的"革命性"著作,就得到蔡邕、王朗等人极大的喜爱,视为秘宝,以为谈资。最终,该书得以广泛流传。赵壹恃才倨傲,无往而不标新立异,结果名动京师。发展到魏晋时代,就逐渐使得循规蹈矩、亦步亦趋的儒生被世人鄙弃,特立独行的新型人物大受赞赏。以竹林七贤为代表的一批人物成为时代宠儿。善于清谈、发言玄远的王弼因为《周易注》、《老子注》成为玄学宗师。整个学术潮流从经学时代的通经致用,转移到玄学时代清谈玄理,神游物外。于是,好奇、好博成为时代风尚。神奇、玄远的《山海经》正好适应这样的时代要求。

另外,出于自我觉醒,东汉后期的士人开始高度关注个人生命。儒家有"舍生取义"的说法,但是,《后汉书·马融传》记载:马融曾经拒绝大将军邓骘的邀请。不料后来遭遇战乱饥荒,马融十分后悔,说:"古人有言,左手据天下之图,右手刿其喉,愚夫不为,所以然者,生贵于天地也。今以曲俗咫尺之羞,灭无赀之躯,殆非老庄所谓也。"生命被看做至高的价值。儒家强调忧国忧民,但是《古诗十九首》的作者们却发出"人生不满百,常怀千岁忧"的叹息,也是对既往的人生道路的否定。魏晋以降,士大夫们越来越重视个人生命。所以,养生、修道乃至于神仙之术就成为士大夫们十分关注的学问。神仙学,原本是一门古老的巫术。秦皇、汉武都曾经十分迷恋。但是,儒家经学不接受它,把它视为旁门左道。随着士大夫自我意识和老庄思想的发展,神仙术以其对于现实生活的超越和对自然生命的护持得到了正面肯定。曹操好长生不老术，招致不少方士(见曹植《辩道论》)。甘始、左慈、东郭延年等著名方士"皆为操所录，问其术而行之"(见《后汉书·方士列传》)。魏晋士人经常服用五石散以求长生。这样，原本属于江湖方士的神仙术就成为魏晋士大夫们青睐的正经学问。《山海经》中颇有一些原始的神仙不死观念，也正契合了魏晋士大夫们的新需要。

在这种情况下，以怪诞闻名的《山海经》终于得到了一个非常适合的传播环境。《山海经》内容遍及宇宙万物，上天入地无奇不究，是为博览者所必读；同时，书中囊括各种神怪，尤其是不死药一类的叙述，也令魏晋士人向往不已。于是，一大批高谈神怪的著作在《山海经》影响下陆续产生。

托名东方朔的《神异经》，被《四库全书总目提要》定为"当由六朝文士影撰而成"。此书分为东荒经、西荒经、南荒经、北荒经、中荒经、东南荒经、西南荒经、东北荒经和西北荒经等九篇，显然是模仿《山海经》之作。但是，其书略于地理，详于神异。书中把《山海经》的昆仑山、沃焦山、西王母、毛人、小人、苗民等内容一一引入，而加以发挥。难怪《四库提要》责难它"所载皆荒外之言，怪诞不经"。

托名东方朔的《十洲记》，又名《海内十洲记》，侯忠义《中国文言小说史稿》认为大约是东汉或六朝文人假托之作。书中借东方朔之口答汉武帝问，详述八方巨海之中祖洲、瀛洲、玄洲、炎洲、长洲、元洲、流洲、生洲、凤麟洲、聚窟洲等所谓"十洲"，并谈及昆仑山、蓬莱山、沧海岛等神山仙阙。书中对于上述仙境中的真人神官、奇草异木、珍禽怪兽的描写，内容多模仿《山海经》。其中尤多长生不老药，例如元洲五芝涧水、瀛洲玉醴泉、祖洲不死草、聚窟洲反生香等。后两者还能起死回生。这些内容和《山海经》中关于不死药的叙述是基本一致的。

署名郭氏的《洞冥记》，余嘉锡《四库提要辨证》认为是梁元帝撰，侯忠义《中国文言小说史稿》认为是东汉或六朝人的作品。此书鼓吹神仙之学，所谓

"洞冥"就是通过求仙,可以洞见幽远的哲理。全书杂记绝域遐荒所有之奇珍异宝,如祇国能照见鬼魅的金镜,鸟哀国服一粒可以千岁不饥的蓬和膏,还有所谓"却睡草"、"蹑空草"等等。

在迎合社会尚奇、尚博、求长生方面最成功的当数西晋人张华的《博物志》,而这部书和《山海经》的关系更加密切。张华(232～300),字茂先。自幼学业优博,图纬方伎之书,莫不详览,虽贵为太常博士、太子少傅、司空,进封壮武郡公,却好方术。出于神仙学和博物学需要,作者对于《山海经》异常熟悉。言地理,举凡昆仑、不周、四渎、八流,都引述《山海经》。言域外国族三十余种,主要来自《山海经》。言各地奇珍异宝,鸟兽鱼虫,像三珠树、不死树、赤泉、比翼鸟、虹等,也根据《山海经》。记述神宫仙人,连同《山海经》一些重要神话,如女娲补天、夸父逐日、精卫填海也一概收录其中。作为一个大儒、高官,却如此热衷于神仙方士之术,热衷于《山海经》中虚无缥缈的记述,实在是那个时代的社会潮流所致。

《玄中记》,又名《郭氏玄中记》。南宋罗苹首先指出郭氏应指郭璞。《玄中记》叙述方域奇闻、山川物产、精怪变化,往往用《山海经》中材料。例如伏羲、女娲、刑天、狗封氏、丈夫民、奇肱氏等。其中《狗封氏》一条的内容与《山海经·海内北经》中犬封国的记载完全一致,而与同时代《搜神记》、《水经注》所言不同,罗苹即据此确定作者就是郭璞。

其他神异小说还有王浮《神异记》、葛洪《神仙传》、王嘉《拾遗记》等。

陶渊明(365～427)《读〈山海经〉十三首》是读了郭璞《山海经注》、《图赞》和《山海经图》而发的感想。全诗重点在于求长生不死。写西王母,羡慕其"天地共俱生,不知几何年"。写三青鸟,则"我欲因此鸟,具向王母言。在世无所须,唯酒与长年"。第八首云:"赤泉给我饮,员丘足我粮。方与三辰游,寿考岂渠央?"第九首咏精卫、刑天,也是感慨:"徒设在昔心,良辰讵可待?"意思是徒然设下死后的结局,复活哪里可以盼得到? 所以,这组作品主要从升仙方面表现了当时人对于《山海经》的热爱。这组诗歌是《山海经》广泛流传的結果;而组诗的声名又反过来推动了《山海经》的进一步传播。历史上应和陶渊明组诗的作品有苏轼《和〈读山海经〉十三首》、元刘因《静修集·和〈读山海经〉十三首》、元郝经《陵川集·读〈山海经〉十三首》、明李贤《古穰集·读〈山海经〉十三首》、明黄淳耀《陶菴全集·和〈读山海经〉十三首》等。这些组诗反映了《山海经》在文学史上的深远影响。

由上述作品的出现可知，好异、好博、好长生的时代风气，使得《山海经》成为当时人至为喜爱的作品。

2. 张华《博物志》对于《山海经》问题的解答

魏晋士大夫不仅阅读，还深入研究《山海经》。

张华《博物志》卷一陈述其写作目的云："余视《山海经》、《禹贡》、《尔雅》、《说文》，地志虽曰悉备，各有所不载者，作略说。出所不见，粗言远方……博物之士，览而鉴焉。"的确，《博物志》对《山海经》中言而未详的事物做了补充说明。例如，《海外南经》有所谓"三株(珠)树"和"不死民……其为人黑色，寿，不死。"经文中没有说明为什么不死，如何不死。张华《博物志》卷一《物产》在简述三株(珠)树后，云："员丘山上有不死树。食之乃寿。有赤泉，饮之不老。"这正是进一步说明所谓"不死民"为什么得以不死。后来郭璞在注解《海外南经》中"不死民"时就照搬了张华的话："有员丘山。上有不死树，食之乃寿。亦有赤泉，饮之不老。"并被后来陶渊明《读〈山海经〉十三首》所沿用："赤泉给我饮，员丘足我粮。"又比如，《海外南经》有"周饶国，其为人短小冠带"。短小到什么程度？《博物志》卷二《异人异物》云："东海之外，大荒之中有大(小)人国焦侥氏，长三丈(尺)。《时(诗)含神雾》日(曰)东北极人长九丈(寸)。"郭璞注沿袭张华之说："其人长三尺，穴居，能为机巧，有五谷也。…《外传》云：'焦侥民长三尺，短之至也。'《诗合(含)神雾》曰：'从中州以东西(两)千万里得焦侥国，人长一尺五寸也。'"另外《海外南经》的三苗国、《海外北经》的无綮之国、《海外东经》的君子国等，张华都有较为详细的说明。此处从略。

张华《博物志》大量引述《山海经》并非掠美，而是为了有所总结。比如《山海经》说中国大地四周有四海。这可能是当时人基于古代神话的一种想象。顾颉刚认为《禹贡》写作时代已经认识到中国西方和北方没有海洋。但是，张华根据汉代霍去病北伐单于，至翰海（实为呼伦湖、贝尔湖）而还的史实，认为存在北海。他又根据张骞渡西海（可能是黑海），确定了西海的存在。张华对天地山川总格局进行的简略概括，是根据魏晋时代的天文地理学知识水平做出的。虽然不正确，但是代表了那个时代的实际科学知识水平。

张华对于《山海经》等书所记各种物产也进行了总结性分析，值得关注。《博物志》卷一《物产》云："地性含水土山泉者，引地气也。山有沙者生金，有谷者生玉。名山生芝、不死之草。……土山多云，铁山多石。""名山大川，孔穴相纳。和气所出，则生石脂、玉膏，食之不死。"这里所涉及的不死之草、石脂、玉膏都是出自《山海经》。

《海经》以下主要叙述奇形怪状的海外民族，多数来自传闻，历来怀疑者甚众。《山海经》的作者或编辑者大约也预感到这一点。故，《海外南经》开篇即云："地之所载，六合之间，四海之内，照之以日月，经之以星辰，纪之以四时，要之以太岁。神灵所生，其物异形，或夭或寿，唯圣人能通其道。"不过，《山海经》一般只对这些海外民族的外形做简单描述，并没有进一步说明其形状的产生原因。

《淮南子·地形训》依据地理决定论和阴阳五行理论对此进行了解释：

东方，川谷之所注，日月之所出。其人兑（锐）形小头，隆鼻大口，鸢肩企行；窍通于目，筋气属焉，苍色主肝；长大早知而不寿。其地宜麦，多虎、豹。南方，阳气之所积，暑湿居之。其人修行兑（锐）上，大口决眦（眦）。窍通于耳，血脉属焉，赤色主心；早壮而夭。其地宜稻，多兕、象。西方高土，川谷出焉，日月入焉。其人面末偻，修颈印行；窍通于鼻，皮革属焉，白色主肺；勇敢不仁。其地宜黍，多牦、犀。北方幽晦不明，天之所闭也，寒水之所积也，蛰虫之所伏也。其人翕行短颈，大肩下尻；窍通于阴，骨干属焉，黑色主肾；其人蠢愚禽兽而寿。其地宜菽,多犬马。中央四达,风气之所通,雨露之所会也。其人大面短颐,美须恶肥;窍通于口,肤肉属焉,黄色主胃;慧圣而好治。其地宜禾,多牛羊及六畜。

《淮南子》的五方顺序,与《大荒经》相同,保持着先秦时代的传统。《淮南子》对五方人种的外形、寿命与个性特征的描述,仍然不尽符合事实,但是,写实程度大大增加,与《山海经》所描写异族的奇异外貌差别巨大,可能是作者参考了汉代新获得的人种知识。

相比之下,《博物志》卷一《五方人氏》对各地人种的描述尽管极其简略,但是精确多了:

东方少阳,日月所出,山谷清。其人佼好。

西方少阴,日月所入,其土窈冥。其人高鼻、深目、多毛。

南方太阳,土下水浅。其人大口、多傲。

北方太阴,土平广深。其人广面、缩颈。

中央四析,风雨交,山谷峻。其人端正。

这里的方位顺序是东西南北中,是写十字的顺序,明显跟《山海经》的顺时针方位顺序(南西北东中,或东南西北)大不相同。而其叙述的内容相当准确地反映了天下民族的基本外貌特征。所谓东方指的是中国东部沿海,可能也包括朝鲜、日本等地。说东方人长相佼好,表明东部人和中原地区的汉族人非常接近,长相符合中原人的审美标准。所谓西方,大致指当今新疆及其以西地区。说那里的人民"高鼻、深目、多毛",显然符合当地白色人种的外貌特征。而所谓南方指的是五岭以南地区,说他们"大口、多傲",意思是嘴比较大,脾气急躁。这大致符合南方人种的特征。所谓北方,指蒙古及其以北地区。那里的人民面部宽广,脖子短粗,仿佛缩着脖子一样。这符合现代蒙古人种的典型特征。所谓中央地区,实际就是中原地区。说这里的人长相端正,其实就是以中原人自己的眼光看待自己,当然是完全正常。总体上看,张华对各地人种特征的描述基本符合实际。不过,张华这段文字对东部和中部的人种特征总结为

"端正"、"佼好",具有一定的"文化自我中心主义"色彩。

张华不仅描述了各地人种差异,而且用阴阳观念和地理特征解释了产生这些差异的原因。按照他的说法,东方属于少阳,即阳气初生之地,日月由此升起,同时其地山川清明,所以人长得漂亮。西方属于少阴,即阴气初生之地,日月由此下沉,同时土地辽远幽暗——这大概就是张华对西方人为什么"深目"的解释。南方属于太阳,即老阳,阳气过剩的地区。所以,南方人脾气急躁,口大。北方属于太阴,阴气过重,意味着当地寒冷,所以当地人都缩着脖子,最终导致脖子短。而当地土地极其平坦辽阔(这符合蒙古高原的特征),这大概就是张华对北方人种面部宽阔的解释。而中原地区,阴阳平衡,四季分明,风雨交会,山高谷深,所以人种长相端正。张华的上述解释并不科学。可是,他的探索在当时的思想条件下,是一个了不起的创造。

张华对五方人种的这些总结性研究正是对于《山海经·海外南经》开篇所提问题——"神灵所生,其物异形。或夭或寿,唯圣人能通其道"——的回答。他可以算得上是"能通其(指海外异族)道"的"圣人"了。因此,郭璞注《山海经》大量引用了张华的解说。

由此可见,当时好奇、尚博、求长生的风气推动了《山海经》的阅读和研究。张华的总结,以及后来郭璞的整理、注解《山海经》都是因应当时社会需求而进行的学术活动。

(二)郭璞对《山海经》的整理

1.郭璞

郭璞(276～324),字景纯,河东闻喜(今山西闻喜县)人。出身于寒门官僚家庭。《晋书·郭璞传》称:"璞好经术,博学有高才,而讷于言论。辞赋为中兴之冠。好古文奇字,妙于阴阳算历。"他追随一位精于卜筮的郭公,得授《青囊中书》九卷,于是通晓了五行、天文、卜筮之术,"禳灾转祸,通致无方。虽京房、管辂不能过也"。郭璞一生的主要社会活动是占卜吉凶,或施行法术,并以此为世所重。达官贵人乃至于皇帝遇到大事都请他卜筮。他总结占验的六十多个例子，作《洞林》。抄录京房、费直等人的卜筮著作，作《新林》十篇、《卜韵》一篇。又有《游仙诗》一组名于世。世人多目为道家人物。但是，郭璞思想的主流还是儒家。卜筮之术，是早期儒学的一部分。郭璞继承的是汉儒京房、费直的《易》学传统。由于青年时代所受的经学熏陶和异族入侵的现实，郭璞对政治表现出很高的热情，表现出儒家积极入世的一面。他"上忧国政，下悲小己"，希望东晋王朝振兴国力，收复失地。所以，温峤、庾亮欲讨伐将要反叛的王敦时，郭璞给出的占卜结果是"大吉"；王敦准备反叛时，让他占卜，结果是"无成"。因此，被王敦杀害。

郭璞才华横溢，诗赋俱佳。在语言文字学、史学、地理学各方面都取得了重要成就。据《晋书·郭璞传》记载：郭璞"注释《尔雅》，别为《音义》、《图谱》。又注《三苍》、《方言》、《穆天子传》、《山海经》及《楚辞》、《子虚》、《上林赋》数十万言，皆传于世"。还有《毛诗拾遗》、《夏小正注》等儒学著作。所以，宋吴棫《韵补》著录《山海经赞》时称赞郭璞道："晋之字学，璞最深。"据《隋书·经籍志》、《旧唐书·经籍志》，郭璞曾经注解或撰写《水经》三卷（或两卷），显示出郭璞的地理学修养。作为一位著名文学家，郭璞不仅为《山海经》作注，《新唐书·艺文志》记载，他还撰写了《山海经图赞》两卷、《山海经音》两卷。

由这样一位博学多才的大家研究、注解《山海经》，实在是学术史的幸事。因为他不仅能够很好地解释《山海经》，还能够充分代表当时社会风气和学术水平。

2.《大荒四经》、《海内经》与《山海经》的合编

(1)郭璞合编《大荒四经》、《海内经》入《山海经》考

关于《大荒四经》和《海内经》的来源，一般认为是古已有之的两种著作，至迟也是西汉初年完成的。

魏晋时代风尚，使得《山海经》成为热门话题。笔者认为，比郭璞稍早的张华《博物志》所引《山海经》二十五种域外国族，主要是引自《海外经》，个别来

自《海内南经》、《荒经》和《海内经》。可见张华读到了《山海经》十八篇和《荒经》以下五篇。《荒经》以下各篇进入《山海经》的条件成熟了。社会风尚促使郭璞重新整理这部古籍。郭璞对于《山海经》的整理主要体现在把《大荒四经》、《海内经》合编于《山海经》十八篇之中，并改篇为卷，成为二十三卷。

毕沅《山海经新校正序》认为《五藏山经》是大禹所作，《海外经》四篇、《海内经》四篇述于周秦，"刘秀（歆）释而增其文，是《大荒经》以下五篇也"。毕沅认为刘向整理的《山海经》是十三篇，为《汉书》著录。刘歆增收《大荒经》以下五篇，成十八篇。根据是明道藏本《总目录·海内经第十八》下"此《海内经》及《大荒经》本皆进在外"，毕沅注："此郭（璞）注欤？"毕沅对于"郭注"的猜测大概只有一个根据，就是该目录附在郭璞《注〈山海经〉叙》之后。此证据有误。看来，毕沅否定郭璞合编的说法主要是由于古今《山海经》篇目数量不同造成的推测。

今人张宗祥反对毕沅之说。张云：

……此书各经皆以南西北东为次，而《荒经》以下独否。说者以五篇为释经之外篇，古本别行，郭作传时并之。窃疑《海内经》当在《海内四经》以下，犹四山之有中山也。《海外四经》，又当在《海内经》之下，以接《大荒》。《大荒四经》，亦当以南西北东为次。则十八篇井然符合。此（指今本）必后人羼乱。安见刘、郭有所更并乎？

张说《海内经》当在《海内四经》之下，犹《中山经》在《四山经》之下，欠妥。中山位于中部，海内不可能有中。《山海经》言四海，只是讲四方异族而已，故不可能有中海。张又臆改《大荒经》以下五篇次序。其说不可从。

袁行霈先生正确批评了毕沅、郝懿行《大荒经》以下五篇是刘歆或后人注释《海外四经》、《海内四经》的说法。但是，袁先生认为《大荒四经》是原来《海外经》的一部分，《海内经》是原来《海内四经》的一部分。可能是因为刘歆嫌其文字重复错乱，或神话色彩过于浓厚而删除，为的是遵循儒家对于神怪的怀疑态度，"以求'质明有信'"。此说似可商榷。对比《大荒四经》、《海内经》和

《海外四经》、《海内四经》，它们的方位顺序完全不同，前二者是东南西北，后二者是南西北东，明显是两个系统的东西。至于神话色彩的浓厚程度，前后双方没有明显区别。甚至于在双方对于同一国族的描述中，《海外四经》、《海内四经》的内容反而更加荒诞，例如《大荒东经》君子国"其人衣冠带剑"，简略朴实；而《海外东经》君子国除此以外还有"食兽，使二大虎在旁。其人好让不争。有薰华草，朝生夕死"云云。所以，《大荒四经》、《海内经》并非是从《海外四经》、《海内四经》中删下来的。

笔者根据《隋书·经籍志》和《新唐书·艺文志》，认为郭璞注本原来是二十三卷，比刘歆十八篇本的篇目数多五卷，应该是郭璞增加了《大荒四经》和《海内经》。毕沅以后学者多根据明道藏本"此《海内经》及《大荒经》本皆进在外"，或南宋淳熙七年(1180)池阳郡斋尤袤刻本《山海经目总十八卷·海内经第十八》下云："此《海内经》及《大荒经》本皆逸在外"一语，认为是郭璞注文，由此推定篇目。误，此篇目是尤袤或他人所加。

《大荒四经》、《海内经》全是对于远方异族、神怪的叙述，比《山经》更加虚无缥缈，而且与《海外四经》、《海内四经》存在矛盾冲突和重复。若不是魏晋时代过于好博、好奇的风气，很难想象郭璞把它们编入《山海经》。

(2)郭璞注本篇目的争议与考证

由于郭璞时代书籍已经由刘歆时代的竹简改为纸卷，所以郭璞注本不再称篇，改称卷。由刘歆十八篇(《山经》十篇、《海外四经》、《海内四经》各四篇)，加上《荒经》以下五篇，扩大为二十三卷。至此，今本《山海经》的内容基本定型，只是今本的分卷方法和卷数尚未固定。

郭璞合编并传注的《山海经》篇目存在的第一个疑难点是二十三卷，还是十八卷，争议甚多。《隋书·经籍志》和《新唐书·艺文志》著录的郭传《山海经》均为二十三卷。但是完整的二十三卷本今已失传，连篇目也未留下。而《旧唐书·经籍志》著录为十八卷、南宋尤袤刻本《山海经传》中郭璞《注〈山海经〉叙》附录的总篇目也为十八卷，与今本同。

今查日本汲古书院编《日本书目大成》所收藤原佐世《日本国见在书目录》（唐贞观年间成书，日本明治年间抄本影印本）第二十一类"土地家"下首列"《山海经》二十一（三、）卷。郭璞注，见十八卷。《山海经（图、）赞》二卷，郭璞注。《山海经抄》一卷。《山海经略》一卷"。则唐代流传到日本的郭注《山海经》也同时存在二十一（当为"三"）卷本和十八卷本（以下简称日本古本）两种。

那么郭璞注本的原始面貌究竟是二十三卷，还是十八卷？这就成为一个问题。

对于这个二十三卷和十八卷的矛盾，《四库全书总目提要》认为："郭璞注此书，见于《晋书》本传。隋、唐二志皆云二十三卷，今本乃少五卷，疑后人并其卷帙以就刘秀奏中一十八篇之数，非阙佚也。"袁珂认为，郭璞采用刘歆校定的《山海经》十八篇本加上《大荒四经》、《海内经》成为这二十三卷，即《隋书·经籍志》和《新唐书·艺文志》著录的《山海经》篇目数。而《旧唐书·经籍志》收录的郭璞十八卷本《山海经》，亦即今日所传《山海经》十八卷所本，只是"为了凑合刘秀（歆）一十八篇之数，另行编排之后的面目"。此说甚好，但是，纯粹从数字推理，证据尚不足。而且，此说还意味着今本郭璞《注〈山海经〉叙》后附录的十八卷细目也是经过后人修改的，这一点似乎还有疑问。但是，笔者认为它其实是宋人所造，并不能否定袁珂上述推理。待下文详辨。

郭璞注本由于加上了《荒经》以下五篇，故作二十三篇，按照当时书籍形式发生变化，从简册变成卷子，所以把篇改称卷，故作二十三卷。但是，好古的人们颇不满意它和刘歆所谓十八篇之数的不合，又不明白郭璞增加了五篇，于是只好设法合并篇目，以凑合十八之数。凑合工作在唐代已经开始。《日本国见在书目录》同时著录二十三卷和十八卷两种郭注本。其后，五代后晋刘昫《旧唐书》也著录郭注十八卷《山海经》。宋代《崇文总目》（1041）著录本为"郭璞注十八卷"。北宋欧阳修主编的《新唐书》仍旧著录二十三卷本。但是，宋代三修道藏，其中至少两次皆收《山海经》，均为十八卷，只是分卷方法稍异。于是,在道藏本影响下,十八卷本逐步取代二十三卷本。

其实,宋道藏本《山海经》与今本十八卷本虽然卷数相同,但是具体的分卷方法完全不同。宋代有两种道藏本郭璞注《山海经》十八卷。其一,按照薛季宣《浪语集》所说,其中《五山经》十卷,《海外经》六卷,《海内经》、《大荒经》各一卷。其二,按照尤袤跋语所说,是《南山》、《东山经》各为一卷。《西山》、《北山》各分为上下两卷。《中山》为上中下三卷,别以《中山东、北》为一卷。《海外南》、《海外东、北》、《海内西、南》、《海内东、北》、《大荒东、南》、《大荒西》、《大荒北》、《海内经》总为十八卷。均与今本郭璞注十八卷的分卷方法不同。这是郭璞注《山海经》原始篇目研究的第二个疑难点。但是论者不多,可能是相关材料有些冷僻造成的。

宋代两种道藏本分《五山经》为十卷,符合刘歆当年校定的十八篇本中《山经》的数目(另有《海外四经》、《海内四经》等八篇)。但是它们的《海经》、《荒经》部分分卷方法混乱,而且每卷分量畸重畸轻,十分不合理。这表明,这些佚名的编辑者是为了凑合刘歆《上〈山海经〉表》所谓的十八篇总数而另行编排的篇目。

其中尤袤所见道藏本实际上保留了二十三卷本的残迹,也就是说,它的分篇方法相当于二十三卷本。即《南山》、《东山经》各为一卷。《西山》、《北山》各分为上下两卷。《中山》为上、中、下三卷。《中山东》、《中山北》各为一卷(具体所指尚不明)。《海外南》、《海外东》、《海外北》、《海内西》、《海内南》、《海内东》、《海内北》、《大荒东》、《大荒南》、《大荒西》、《大荒北》、《海内经》。

南宋《中兴书目》(1178年完成)著录的都是政府藏书,其卷三"地理类"云:"《山海经》十八卷:晋郭璞传,凡二十三篇,每卷有赞。"这个秘阁本表面分十八卷,实际却是二十三篇的本子,和日本古本、尤袤所见道藏本十分相似。尤袤《遂初堂书目》著录两种本子,其中"秘阁本《山海经》"当是此书,而"池州本《山海经》"是他自刻。

在《四库提要》和袁珂关于郭璞注本原为二十三卷的意见基础上,以为这种十八卷而内含二十三篇的本子正好反映了从实际的二十三卷本向十八卷本过渡的情况。

南宋初年,郭璞的二十三卷注本和无名的十八卷本仍然同时流传。郑樵(1104～1162)《通志·艺文略》"方物类"著录"《山海经》二十三卷,郭璞撰。《山海经》十八卷。《山海经图赞》二卷,郭璞注。《山海经音》二卷"。

由于宋道藏本的编排过于不合理,其后又有人合并《山经》十卷为五卷,重新编排出了今本十八卷的模样。这就是尤袤《山海经传》跋和王应麟《〈艺文志〉考证》和《小学绀珠》卷四所提到的所谓"刘歆所定本十八篇"。这种"十八篇"本分篇法和今十八卷本全同,所以它和刘歆十八篇本完全不是一回事。过去也一直未见。其出现时间大致在北宋中期以后,即人们经过多次重新编排郭注二十三卷为十八卷的试验之后。最迟是南宋尤袤刻书之时。笔者推测,可能是尤袤所根据之所谓"刘歆所定本"的作者,或者就是尤袤本人编定的。这样,前文留下的关于今本郭璞《注〈山海经〉叙》后附录的十八卷总目的疑问就解决了。它不是郭璞所作,不能作为郭璞注原作十八卷的证据。

今故宫博物院存元代曹善抄本《山海经》四册十八卷,可能抄自宋本。清乾隆年间所修《石渠宝笈》卷十有著录。周士琦以其第一册(《南山经》、《西山经》和《北山经》)影本比对郝懿行本,发现有五类证据显示此抄本优于明清各本。并因宋刻本与明本差异甚少而判定:"曹善这个手抄本决不是从宋刻本出,其所据祖本当为时代更早的写本。"笔者只读过《故宫周刊》发表的曹善抄本前三卷的照片,未见全书。根据张宗祥《足本山海经图赞》所引其卷次目录,笔者以为,此抄本十八卷分卷方法与今本全同,其祖本必是与尤袤所见"刘歆所定本"类似,其时代应该相互接近。至于其文字优于尤袤本,或许是尤氏刻本失于校刻不精所致。至于其有无《山海经目总十八卷》,待查。

明清时代《山海经》诸本中附录的《山海经目录总十八卷》,实际首见于尤袤刻本,标题原作《山海经目总十八卷》。尤袤刻本、明道藏本、明成化庚寅刻本、清毕沅本、郝懿行本每卷下还有对于经文和注文数字的详细统计。如《山海经目总十八卷》下有"本三万九百十九字,注二万三百五十字,总五万一千二百六十九字"。各卷皆有经文和注文总字数。如《南山经第一》下有"本三千五百四十七字,注二千一百七字"。《海内经第十八》下有"本一千一百十一字。此《海内经》及《大荒经》皆逸在外"等等。毕沅《山海经新校正》指出"总十八卷"下之注,"《玉海》有"。郝懿行《山海经笺疏》在此总目录下加注,云:"此《玉海》所校也……。"均误。尤袤在南宋初,王应麟是南宋末年人,后入元。笔者认为整个总目录是尤袤或尤袤所根据的所谓"刘歆所定本"作者所造,王应麟《玉海》只是转引尤袤刻本。这个详细统计数字包括了注文字数,当然不可能是郭璞自加,而是尤袤等人仿照班固《艺文志》著录本《中山经》末尾之"右《五藏山经》五篇,大凡一万五千五百三字"之例而加,以取信于人。加《总目》的客观益处是便于后人掌握经文遗失情况。另外,他们还加"此《海内经》及《大荒经》皆逸在外"十二字,是为了解决刘歆《上〈山海经〉表》中十八篇与《艺文志》著录十三篇之间的矛盾。这个"逸在外"的意思并不是指刘歆把那五篇"逸在外",而是指班固著录十三篇本《山海经》时把它们"逸在外"了。这样,就清楚地知道,毕沅把它理解为郭璞注文意指刘向未收《荒经》以下五篇,而刘歆重校"进在外"是错误的。其一误在于判定是郭璞注文,二误在于判定此文意指刘向。而现代学者认为它是郭璞注文意指刘歆未收《荒经》以下五篇而"逸在外"也不正确。其一误在于判定是郭璞注文,二误在于判定此文意指刘歆。后代一些本子也有不收该《总目》的,如清吴任臣《山海经广注》、汪绂《山海经存》。这表明有些注家并不认为该《总目》为郭璞所作。

尽管此十八卷本不符合郭璞注本原貌,也和过去的各种十八卷郭注本不同。但是由于它解决了长期困扰的与刘歆十八篇本数目不同的问题,分卷方法简洁明了,而且有经文、注文总字数的详细统计,更容易取信于人,因而被广泛接受。尤袤等人达到了成为新"定本"的目的。此后,晁公武《郡斋读书志》、陈振孙《直斋书录解题》所著录均为十八卷本。

而王应麟在《玉海》卷十五引《中兴书目》著录的中秘本"《山海经》十八

卷,晋郭璞注,凡二十三篇"一段话之后,却引用尤袤刻本对全新的十八卷总字数统计,大误,他混淆了这两种十八卷本。但王氏在其他著作,如《〈艺文志〉考证》和《小学绀珠》中都不提此十八卷二十三篇本,转而援用尤袤刻本所据的所谓"刘歆定本十八篇"。其中最能反映从二十三卷本向今日十八卷本过渡的过程。从此以后,尤袤所刻之十八卷本定于一尊,并一直流传至今。

相信《旧唐书·经籍志》和今本《山海经》中附录在郭璞《注〈山海经〉叙》之后的总篇目的学者则认为郭注《山海经》本来为十八卷,但是无法解答唐代以来多处关于郭注"二十三卷"的记载。清周中孚《郑堂读书记·山海经》把隋、唐二志所著录的《图赞》二卷、《音》二卷加上郭璞《注》得二十二卷,仿毕沅之例,怀疑"二十三"为"二十二"之误。周氏实是大误。

看来,郭璞没有吸取刘歆《上〈山海经〉表》未写明各篇篇名造成后世混淆的教训。他的注本篇次屡次遭人篡改。更有甚者,今本《山海经·海内东经》自"岷三江首"以下还窜入了《水经》内容。毕沅《山海经新校正》在《海内东经》结尾云:"右自'岷三江首'以下,疑《水经》也。《隋书·经籍志》云:'《水经》二卷,郭璞注。'《旧唐书·经籍志》云:'《水经》二卷,郭璞撰。'此《水经》,隋、唐二志皆次在《山海经》后,又是郭注,当即此也。"

书的命运在流传过程中是作者无法控制的。

回顾关于郭璞注本原始篇目的学术争论,以往人们往往只在隋、唐二志和所谓《山海经目录总十八卷》(即今本十八卷的来源)之间选择判断,少有全面考察唐宋以来郭注本篇目的整个发展历程。这就难免有片面之论。

(三)郭璞《山海经注》、《山海经图赞》和《山海经图》考

1.《山海经注》和《山海经图赞》考

由于《山海经》社会地位不高,刘歆校定之后,一直无人注释《山海经》。

但是,郝懿行《山海经笺疏叙》认为,郭璞以前有人注《山海经》。郝云:"……郭注《南山经》两引'璨曰',其注《南荒经》'昆吾之师',又引《音义》云云，是必郭已前音训注解人。惜其姓字爵里与时代俱湮，良可于邑。"笔者核对此三处引文。"璞曰"之一是解释《南山经》招摇之山"有草焉，其状如韭"，郭璞注云："'璞曰：韭，音九。'《尔雅》云：'霍山亦多之。'""璞曰"之二是解释《南山经》招摇之山的迷榖，"其状如榖而黑理"。郭璞注云："'璞曰：榖亦名构。名榖者，以其实如榖也。'"这两处"璞曰"可能都是引述朋友之语，未必是专门作注者。郭璞注《大荒南经》"昆吾之师"云："昆吾，古王者号。《音义》曰：'昆吾，山名，铣水内出善金。'"这里的《音义》可能是一本字典类著作。根据《晋书》本传云：郭璞"注释《尔雅》，别为《音义》、《图谱》。"所以，郭璞注解中所引的《音义》，可能就是郭璞自己的作品。郝懿行云："《音义》，未审何人书名，盖此经家旧说也。"郝说理据不足。

　　张华《博物志》对于《山海经》个别事物有所说明，并为郭璞引用在注解中。但是，张华是自己著作，目的不在注《山海经》。

　　到了郭璞时代，由于山川变化、地名沿革，很多东西已经无法读懂。郭璞云："盖此书跨世七代，历载三千，虽暂显于汉，而寻亦寝废。其山川名号，所在多有舛谬，与今不同。师训莫传，遂将湮泯。……余有惧焉，故为之创传，疏其壅阂，辟其茀芜，领其玄致，标其洞涉。"文中明确说自己是"创传"，可见郭璞是历史上第一个注解《山海经》的人。如果相信郭璞不是自吹的话，那么郭璞注中引述其他人的解释，则都不是专门解释《山海经》的。

　　《山海经注》是郭璞晚期著作，定稿时间不早于公元321年。现存最早版本是南宋淳熙七年（1180）尤袤池阳郡斋刻本《山海经传》。此本由中华书局1984年影印，比较易得。

　　除了传注之外，郭璞还创作了一组赞诗——《山海经图赞》，今传303篇。赞是一种文体，以赞美为主，也包括贬斥，是一种评论性文字。图赞，亦称画赞、图谱，是针对图画所作的赞。如顾恺之《魏晋胜流画赞》，即评论当时人物画。郭璞曾为《尔雅》作《图谱》。《隋书·经籍志》中《论语》类著录，"《尔雅图》十卷，郭璞撰"。如是，则图赞、画赞、图谱与图画的关系昭然若揭。笔者认为，郭璞《山海经图赞》所咏之图是郭璞或其友人作，考证见下文，此不赘述。《山海经图赞》（以下简称《图赞》），既有对所赞之物的描写，也有评论，可以视为郭璞阅读和研究这些来自《山海经》的各种事物的心得。

唐宋时代，《山海经》郭注与《图赞》一并流行。《隋书·经籍志》、《旧唐书·经籍志》、《新唐书·艺文志》在著录《山海经》郭注之后均著录郭撰《山海经图赞》二卷。由此可知，当时《图赞》是独立成书的。

但是在后来一些版本中，《图赞》被分别插入经文各卷之后。正如《中兴书目》所记载的秘阁本："《山海经》十八卷，晋郭璞传，凡二十三篇。每卷有赞。"既然是"每卷有赞"，可见原本独立的《图赞》已经散入各卷之中。故宫收藏元至正乙巳年（1365）曹善（仲良）抄本《山海经》，每卷有《图赞》，共303篇，所咏对象遍及《山海经》十八卷。曹善抄本的文字内容与宋刻本差异较多，应该是抄自一个宋代尤袤刻本之外的其他本子。曹善是书法家，此抄本被作为书法作品由私人收藏，清代入内府，编入《钦定石渠宝笈》，故流传不广，多数《山海经》学者未见，唯王世贞见之，并题跋于抄本中。

郭璞《山海经图赞》后来颇有亡佚。明代沈士龙、胡震亨校本《山海经图赞》收261篇，《补遗》14篇，共275篇。缺《大荒四经》与《海内经》部分的图赞。明代张溥《郭弘农集》卷二《赞》和《补遗》共收279篇。亦缺《大荒四经》与《海内经》部分的图赞。严可均《全上古三代秦汉三国六朝文》从各种类书、韵书辑得67篇，益以明道藏本《山海经》所收，共266篇，其中只缺《大荒南经》部分的图赞，以至连镇标《郭璞研究》认为《大荒南经》部分的图赞可能亡佚了。今人张宗祥《足本山海经图赞》收303篇，是一般可见的最好本子。

2.《山海经》古图与郭璞《山海经图赞》所咏之图考

《山海经》与图画的关系是学术史上一大问题。它主要包括《山海经》是否述古图之作，这个所谓"古图"是否存在及其性质，是全书都是述图之作还是部分篇章是述图之作，以及后代《山海经》各种版本所附插图与古图的关系等。

（1）《山海经》所述古图考

《史记·大宛列传》云："天子案古图书,名河所出山曰昆仑。"根据篇末赞语,"古图书"指《禹本纪》和《山海经》。果真如此,则汉武帝时代已经有《山海经图》。但是,它与《山海经》并存,不知是《山海经》所述之图,还是附录之图。因年代久远,不能确考。

刘歆没有谈及任何《山海经图》的问题。

欧阳修《读山海经图》诗云："夏鼎象九州,《山经》有遗载",不是很自觉地最早把《山海经》与禹鼎图联系在一起,引发后代一系列争论。

朱熹首先自觉认识到《山海经》部分内容有明显的述图痕迹(有关考论见第五章),由此,许多学者开始讨论《山海经》是根据何种古图而作,并出现多种假说。有朱熹"汉画"说、杨慎"禹鼎图"说、"《畏兽画》"说、陈逢衡"夷坚述图"说等。但证据欠缺,均不足信。而且《山海经》大多数内容不是图画。例如记录动物叫声的文字,"其音如婴儿","其名自訆","其音如谣"等,就不可能来源于图画。

郭璞注提及的所谓《畏兽画》不是《山海经图》,更不是《山海经》所述古图。郭注《西山经》之"嚣"、《北山经》之"孟槐"、《大荒北经》之"强良",均云"亦在《畏兽画》中"。马昌仪以为即《山海经图》。但是,宋人姚宽《西溪丛语》云："《大荒北经》有……强良,亦在《畏兽画》中。此书今亡矣。"他认为《畏兽画》是单独一书。饶宗颐肯定姚氏观点,认为"古人图画畏兽,正所以被除邪魅"。郭璞《图赞·强梁》云："仡仡强梁,虎头四蹄。妖厉是御,唯鬼咀魖。衔蛇奋猛,畏兽之奇。"可以为饶宗颐之说提供又一证据。所谓《畏兽画》虽然与《山海经》中神怪有重叠,但显然不能概括《山海经》中各种神怪,它不是《山海经图》,更不是所谓的《山海经》据以成书的古图。

毕沅认为《海外经》与《淮南子·地形训》叙述三十六国是述图之作。其《山海经新校正》在《海外西经》首句下注云："《淮南子·地形训》云'自西北至西南方',起修股民、肃慎民。正与此文倒。知此经是说图之词。或右行,则自西南至西北,起三身国。或左行,则自西北至西南,起修股民。是汉时犹有《山海经图》。各依所见为说,故不同也。"毕说所指之图是汉代尚流传的域外民族图。意思是《海外西经》是叙述古图之作,以右旋为顺序;而《淮南子》作者也见到古图,遂作《地形训》以叙述,但是采取了左旋的顺序。此说的根据似嫌不足。《海外经》其他三经都采用左旋顺序。如果是读图,为什么此经的作者们自己都不统一方向顺序?笔者以为是《淮南子》在引用《海外西经》时随意改变了方向顺序。

2001 年,北京师范大学刘宗迪博士学位论文《论〈海外经〉与〈大荒经〉与上古历法月令制度的关系》提出《海外经》和《大荒经》是"上古历法月令图",可备一说。

关于《山海经》部分篇章(即《海经》以下各篇)所述古图尚待进一步研究。

(2)《山海经》附图考

后来的《山海经图》都是成书以后所配。

郭璞注《南山经》招摇之山"有兽焉,其状如禺而白耳……其名曰狌狌",云:"禺似猕猴而大,赤目长尾……有说者不了此物,名禺作牛,图亦作牛形,或作猴。皆失之。"学者多据此言判定郭璞之前有《山海经图》,误。今本《山海经》中没有名"禺"的野兽。所谓"禺"、所谓似牛、似猴的图都不是《山海经图》,而是其他一些描写"禺"的著作中的图。

郭璞所作《图赞》凡 303 篇,其中多有 1 篇而同时赞数物的,故涉及对象总数近 400 种。它所针对的图才是当时存在的《山海经图》。从《图赞》内容看,这些图分别画了各种神奇事物,与《山海经》在上古时代的政治经济功能不符合。所以,这些图不是从上古时代流传下来的。否则,刘歆也应当提及此图。全面考察这些图赞的内容,笔者发现它们非常系统,遍及全经各卷,南宋《中兴书目》著录的秘阁本和故宫收藏的元代曹善抄本"每卷有赞"就是证据。而全经是郭璞完成的最后编纂,因此,可以推定:《图赞》所咏之《山海经图》是郭璞重新编纂《山海经》之后的作品,因此可能是郭璞或其合作者在《异兽图》之类影响下创作完成的,正如他完成《尔雅》注之后作《尔雅图谱》一样。

这部充满神奇怪物的《山海经图》画册的出现,更加证明了魏晋时代人们对于《山海经》中超自然神怪内容的狂热喜爱。《山海经》的文字叙述不能完全满足当时人的强烈需要,于是采用更加直观的图画来强化其阅读效果。图画是具有普及功能的。从《山海经》接受史来看,《山海经图》的出现表明世人已经普遍接受《山海经》,而且其接受方式是强调其神怪内容。《山海经》的性质正在社会接受过程中越来越倾向于神怪记录,越来越远离自然与人文地理志。所以,郭璞的《山海经》研究也不得不更加关注其中神怪与真实之间的矛盾。

3.郭璞《山海经注》、《图赞》和《山海经图》的合编

当时,郭璞《山海经注》、《图赞》和《山海经图》是彼此配在一起流传的。陶渊明读到了这个三合一的本子,非常喜爱它。何以见得? 其《读〈山海经〉十三首》云:"泛览《周王传》,流观《山海图》。俯仰终宇宙,不乐复何如?"可见陶渊明读到了《山海经图》。而仔细分析陶渊明诗句,笔者发现一些内容根本不是来自《山海经》,而是来自郭璞图赞。例如,《读〈山海经〉十三首》之四有"丹木生何许? 乃在密(峚)山阳。黄花复朱实,食之寿命长"。查《山海经》,丹木凡四见,均在《西山经》。其中三条在峚山,经云:"……峚山,其上多丹木,员(圆)叶而赤茎,黄华(花)而赤实,其味如饴,食之不饥。"又云:"玉膏所出,以灌丹木。丹木五岁,五色乃清,五味乃馨。食之已瘅,可以御火。"第四条在崦嵫之山。经云:"其上多丹木,其叶如谷,其实大如瓜,赤符而黑理。"经文中说丹木都没有助长寿的功能。郭璞也未加注文。陶渊明诗中所谓"食之寿命长"来自郭璞《丹木玉膏图赞》。《赞》云:"丹木炜烨,沸叶(沸)玉膏。黄轩是服,遂攀龙毫。眇然升遐,群下鸣号。"郭璞把黄帝升仙归功于服食了丹木、玉膏,所以,陶渊明根据郭《赞》,遂以为《山海经》丹木有助长寿之功。此证说明陶渊明必是见到了郭璞《图赞》。

陶渊明也读到了郭璞《山海经注》。例如,《读〈山海经〉十三首》之八云:"赤泉给我饮,员丘足我粮。方与三辰游,寿考岂渠央?"查《海外南经》有"不

死民……其为人黑色,寿不死"。经文无赤泉、员丘。郭璞注云:"有员丘山。上有不死树,食之乃寿。亦有赤泉,饮之不老。"郭注是引用张华《博物志》卷一《物产》云:"员丘山上有不死树。食之乃寿。有赤泉,饮之不老。"则陶渊明是用郭璞注。陶诗之二咏西王母云:"灵化无穷已,馆宇非一山。"查《山海经》中,西王母在《西次三经》、《海内北经》和《大荒西经》数次出现,所居之处分别是玉山、昆仑虚北和昆仑之丘。没有一处谈到其宫馆,反而玉山是"穴处",即在山洞中居住。郭璞《西王母图赞》未言其居处。而郭璞注《大荒西经》西王母时总结其住处,云:"西王母虽以昆仑之宫,亦自有离宫别窟、游息之处。不专住一山也。"陶渊明诗句与郭璞注类似,可见陶渊明是看了郭璞注而加的评论。此二证说明陶渊明所读《山海经》是郭璞注本。

根据以上考证,陶渊明所见《山海经》是郭璞《山海经注》、《图赞》和《山海经图》三者合一的本子。

至此,郭璞整理、诠释、增图、加赞的《山海经》全貌可见。郭璞对《山海经》的流传可谓居功至伟。毕沅仅仅根据郭注少言地理、多言奇异而批评郭璞不如郦道元贡献大,是一偏之见。

这部《山海经图》还流传到北方地区,《初学记·马部》曾引东晋张骏《山海经图赞》云云。张骏与郭璞同时,当是根据郭图而作。今张《赞》的绝大多数已佚,尚存的个别篇目与郭璞《赞》往往混淆。

(四)郭璞对《山海经》的综合性阐释

正当壮年的郭璞具有良好的文字学功底和古籍知识。郭璞不仅熟悉传世古籍,还能利用最新出土文献。晋武帝太康二年(281),汲冢出土大批竹简文书。郭璞利用其中《竹书纪年》和《穆天子传》中昆仑山和西王母的存在反驳司马迁对《山海经》的怀疑:"若《竹书》不潜出于千载,以作徵于今日者,则《山海》之言,其几乎废矣。"(《注〈山海经〉叙》)他还利用《竹书纪年》注解经文。如,《海内南经》苍梧之山"帝丹朱葬于阴",郭注:"今丹阳复有丹朱冢也。《竹书》亦曰：'后稷放帝朱于丹水'，与此义符。"郭璞还利用了同时代人的著作，例如张华《博物志》。《海外南经》有"厌火国"，《博物志》云："厌光（当为火）国民，光（火）出口中。形尽似猿猴，黑色。"郭璞注"厌火国"云："言能吐火，昼（尽）似猕猴而黑色也。"也是引用张华的说法。由于其博学和严谨的治学态度，郭璞在注解《山海经》时取得了巨大成就。

1. 版本校订和文字考释

《山海经》虽经刘歆等人整理隶定，但是其中依然存在古文奇字。加之名物历史变迁和长期流传造成的舛误，魏晋时代人已经无法顺利阅读了。郭璞注《山海经》必须先从版本校订和疏通文字开始。

郭璞参校了若干《山海经》版本，并在注文中用"一作"、"或作"等来作校语，和刘歆校语直接标在经文中不同。如《南山经》"堂庭之山"，在堂字下，郭注"一作常"。同经"赤鱬……可以已疥"，在疥字下，郭注"一作疾"。校对《西山经》怪兽"朱厌，见则大兵"时，郭注："一作见则有兵起焉。一作见则为兵。"《西山经》"蓇水"，郭注蓇字："音色。或作贲，又作菖。"这里，郭璞至少使用了三种版本。《海内北经》"帝尧台……在昆仑东北"，郭注"一本云：'所杀相柳，地腥臊不可种五谷，以为众帝之台'"。《大荒东经》"靖人"，郭注"……或作竫，音同"。《大荒南经》"禺虢"，郭璞注"虢，一本作號"。类似出校记之处尚多，此处不赘。

校对之后，郭璞对字义、字音进行了较为全面的注释。《山海经》多古字，有些连正统的字书也未收，普通人根本无法理解。如《南山经》九尾四耳怪物"猼訑"，郭注："博施二音。訑，一作陀。"根据毕沅考证：《说文》无此字词，《玉篇》有猼訑，"则郭本作訑云，或作陀，皆古字。"又如《南山经》怪兽"猾裹"，郭注："滑怀二音。"《山海经》又多俗字，如《南山经》怪鸟"鴢渠"，郭注："鴢，音彤弓之彤。"毕沅考证：《尔雅》、《说文》均作雕渠，并判定"鴢非古字，当为雕"。估计应该是俗字。《山海经》说此鸟"可以已曝"，郭注："谓皮皱起也，音邑驳反。"离开了郭璞注，是无法读通《山海经》的。有些极普通的字词，也是容易误解的。《山海经》记出金之山约140处。伊藤清司怀疑多数应是铜。其实郭璞注有更加准确的说明。《南山经》"枭阳之山，其阳多赤金"，郭注："铜也。"此山"其阴多白金"，郭注："银也，见《尔雅》。"

《山海经》涉及大量民俗内容，如日常生活习惯、民间医药卫生、俗信巫术等。由于长期从事卜筮活动，郭璞对于这些有相当了解。如《中山经》黄棘果实"服之不字"，郭注："字，生也；《易》曰：'女子贞，不字。'"由此可知，当时人把它视为可以不育的草药。《西山经》灌水"其中有流赭，以涂牛马无病"。郭注云："今人亦以朱涂牛角，云以辟恶。"《南山经》九尾狐"食者不蛊"，郭注："啖其肉，令人不逢妖邪之气。"

郭璞对于《山海经》中地理内容也有所考订。《北次三经》有盐贩之泽。郭注云："即盐池也。今在河东猗氏县。或无贩字。"盐池，古称解池，在今山西运城。有神话说这里是蚩尤被杀之地，故其水红色。实际是水中嗜盐菌造成。郭注得到郦道元《水经注》、郝懿行《山海经笺疏》、袁珂《山海经校注》的一致肯定。《中次六经》夸父山其北有桃林，郭注云："桃林，今弘农湖县阙（当作阌）乡南谷中是也。"此注得到后世注家一致肯定。昆仑山是神话之山，中国多种古籍都言说此山，其地理方位也各异。《山海经》昆仑二字凡二十一见，分别在《西山经》、《海内西经》、《海内东经》、《大荒西经》等。此山是中国神话第一圣山。但是，由于多种昆仑共存于经文中，致使后人混淆。郭璞认为经文作者知道这些昆仑山实际并非一山。《海内西经》有"海内昆仑之墟"，郭注云："言海内者，明海外复有昆仑山。"郝懿行《山海经笺疏》称赞郭注云：

海内昆仑，即《西次三经》昆仑之丘也。《禹贡》昆仑亦当指此。《海内东经》云："昆仑山在西胡西。"盖别一昆仑也。又《水经·河水》注引此经郭璞注云："此自别有小昆仑也。"疑今本脱此句。又荒外之山，以昆仑名者盖多焉。故《水经》、《禹本纪》并言昆仑去嵩高五万里。《水经注》又言晋去昆仑七万里。又引《十洲记》"昆仑山在西海之戌地，北海之亥地，去岸十三万里。"似皆别指一山。然则郭云海外复有昆仑，岂不信哉！

昆仑山作为神话圣山,各地人们纷纷将它附会于本地,或者后世学者将异族圣山附会为昆仑是正常现象。如果今日把所有昆仑混为一谈,那将陷入巨大的地理学困境。郭注、郝笺对于今人理解昆仑山的位置与性质帮助甚大。又例如,《山海经》有鲧化羽渊和鲧化㳇渚两种文字。后者在《中次三经》,郭注云:"鲧化于羽渊为黄熊。今复云在此。然则一已有变怪之性者,亦无往而不化也。"郭璞用鲧已经成怪,可以任意变化,来解释神话异文,是有神话思维背景的。这种说法也可以避免单纯的地理学解说在神话异文方面遭遇无所适从的困境。当然这种说法不符合神话学理论,而我们自然也不能苛求于他。

郭璞在注解过程中是非常严谨的。知之为知之,不知为不知。全书多处出现"不详何物"、"未详"等字眼。如《西山经》有吃人怪鸟罗罗,郭注云:"罗罗之鸟,所未详也。"同经"鸟危之山……其中多女床",郭注云:"未详。"存在如此多的未解之谜,当然令人遗憾。但是,郭璞在不解之处所做的提示,从反面说明:他已经注解的地方是值得信赖的。至少在他自己看来已经都是可靠的解释,决非"想当然"的推测。

由于地理志体例限制,《山海经》叙事过于简单。郭璞不得已对于其中一些名物的背景知识作了深度介绍。《海外西经》云:"丈夫国在维鸟北。其为人衣冠带剑。"郭璞注:"殷帝太戊使王孟采药,从西王母至此。绝粮,不能进。食木实,衣木皮,终身无妻。而生二子,从形中出,其父即死。是为丈夫国。"他用神话传说解释丈夫国的来历,为今天留下了丈夫国的一段民族起源神话。《太平御览》卷三六一引《玄中记》、卷七九〇引《括地志》关于丈夫国的记载都接受了这个解释。读者立刻明白:为什么这个远方世界的纯粹男性国家,竟然"衣冠带剑",与中国相似,因为双方有某种遥远的血缘关系。

当然,也有学者反对郭璞超越经文范围做解说。例如陈逢衡《山海经汇说》卷三《丈夫国》云:"'衣冠带剑'四字已写尽丈夫国形状,何容复赘一词。"又云:"郭氏添设,节外生枝,遂成奇怪。"陈逢衡批评郭璞是为了言怪,故意引申。其实,陈氏说法,并不符合经文实际。他的意思是经文中不存在超自然的内容,都是写实的。《山海经》的这些原文中的确不存在超自然描写,但是,《山海经》是地理著作,本身并非为了叙事,因此省略情节是正常的。但是,经文中"丈夫国"三字已经说明了这是一个单一性别的所谓"国家",正与"女儿国"相对立。因此,经文绝对不是无怪,只是比较省略而已。陈氏以个人先入之见,判定经文是纯粹写实,反对郭璞做引申解说,这是不对的。

《海外北经》叙述十日浴于汤谷,栖息于扶桑的神话。郭注引各种文献说明经文,并引《楚辞》、《庄子》、《淮南子》、《归藏》等书关于后羿射日的故事进行补充解说:"此云'九日居上枝,一日居下枝',《大荒经》又云'一日方至,一日方出。'明天地虽有十日,自使以次第迭出运照。而今俱见,为天下妖灾,故羿禀尧之命,洞其灵诚,仰天控弦,而九日潜退也。"今本《山海经》无后羿射日,但是唐代成玄英《庄子注》引《山海经》有。郭璞应该也见过比今本《山海经》更加完整的古本。他实际上用全部的材料来阐述神话中十日的正常秩序,以及正常局面被破坏后导致的射日结局之间的关系。其说翔实合理。没有对于《山海经》以及其他古籍的娴熟把握,是不可能达到这种水平的。郭注为后来《山海经》研究奠定了基础,后代学者几乎无不是从郭注开始研究的。

2. 对《山海经》真实性的全面肯定和意义阐释

郭璞沿袭旧说,仍然以大禹为作者。《山海经》被他视为三千年前已经"跨世七代"的"圣皇"之作,内容是"夏后之迹"。这里的"圣皇"、"夏后"均指大禹。

在远古时代,《山海经》内部的写实成分和虚幻成分之间是混融一体的。当时人们实际知识有限,所以写实成分和虚幻成分之间的矛盾并不突出。随着知识形态变化,汉代学者开始认为它们之间存在矛盾。司马迁强调其虚,刘歆强调其实。其实,简单肯定任何一方面而否定其他方面都会导致认识偏差。可是,学术并非一个纯粹的认知活动。作为社会一分子的学者无法摆脱时代环境,其研究结论也不能不带有时代色彩,并作为那个时代的思想代表而存在。郭璞生当魏晋,儒学衰而未死;玄学方兴未艾。他的《山海经》研究不可避免地具有那个时代的显著特征。既有儒学价值观与天人感应的内容,又有道家玄学的思想倾向,还掺杂道教的神仙术。其核心是肯定《山海经》中全部的超自然的存在及其价值。

(1)引证古籍肯定《山海经》的历史真实性

《山海经》中存在大量怪物和奇形怪状的民族,不断引起人们的怀疑与批评。诚如郭璞《注〈山海经〉叙》所云:"世之览《山海经》者,皆以其闳诞迂夸,多奇怪俶傥之言,莫不疑焉。"要想确定《山海经》的文化地位,在当时必须首先解决其历史真实性问题。

郭璞以当时新出土文献《穆天子传》与《史记》、《左传》对穆王的记述相互参证,说明《山海经》所言西王母、名山大川、奇珍异宝可与《穆天子传》对应,故皆为真实史料。痛诋谯周、司马迁等人的怀疑论"不亦悲乎","若竹书不潜出于千载,以作徵于今日者,则《山海》之言,其几乎废矣。"又引述东方朔辨识毕方鸟、刘向晓盗械之尸等旧典来进一步肯定。这种类似二重证据法的论述当然十分有力。不过,书中仍然存在《穆天子传》所不能证明的事物。所以,郭璞在注文中引了其他古籍证实神怪之物的存在。如《大荒东经》:"有司幽之国……司幽生思士,不妻;思女,不夫。"郭注云:"言其人直思感而气通,无配合而生子,此庄生所谓白鹄相视,眸子不运而感风化之类也。"《海外南经》贯匈国,郭注云:"《尸子》曰:'四夷之民有贯匈者,有深目者,有长肱者,黄帝之德尝致之。'《异物志》曰:'穿匈之国,去其衣则无自然者。'盖效此贯匈之人。"

(2)以道家玄学思想肯定奇怪之物的真实性

仅仅举例说明《山海经》内容是真实存在的做法毕竟只能部分地解决问题。要想彻底摆脱虚构的指责,根本上还是要用理论说明《山海经》里为什么出现怪物。针对这种情况,郭璞采用庄子"人之所知,莫若其所不知"的知识有限论来展开辩护。郭云:

夫以宇宙之寥廓,群生之纷纭,阴阳之煦蒸,万殊之区分。精气浑淆,自相溃薄。游魂灵怪,触像而构。流形于山川,丽状于木石者,恶可胜言乎?然则总其所以乖，鼓之于一响；成其所以变，混之于一象。世之所谓异，未知其所以异；世之所谓不异，未知其所以不异。何者？物不自异，待我而后异，异果在我，非物异也。故胡人见布而疑黂，越人见罽而骇毳。夫翫所习见而奇所希闻，此人情之常蔽也。

按照这种理论，人类知识是极其有限的，不可能全面认识世界，所有被人视为怪异的事物都是由于人类知识的相对性决定的。一切的"异"都被归结为世人的主观认识缺陷，这就从根本上取消了人们运用经验事实来判断真伪的权利。

《山海经》中存在一些自相矛盾的地方。如《大荒北经》夸父逐日渴死于道。下文又云应龙杀死夸父。这本是神话流传过程中自然出现的变异。《山海经》记录的各种神话异文之间出现矛盾，是很正常的。郭璞相信神话的真实性，对神话异文之间的矛盾只能用玄学理论加以解释："上云夸父不量力，与日竞走而死。今此复云为应龙所杀，死无定名。触事而寄，明其变化无方，不可揆测也。"又例如，《中次三经》云："南望墠渚，禹父之所化。"郭注云："鲧化于羽渊为黄熊，今复云在此。然则一已有变怪之性者，亦无往而不化也。"这两个例子，郭璞都是用神灵的超自然变化能力来解说神话异文之间的矛盾。当然不能被现代训诂学家接受。但是，郭注透露出来的神话思维可以使我们窥见远古人类对待神话变异的态度，很有启发性。毕竟郭璞在文化身份和文化心理方面比我们更加接近于宗教和神话。

限于注释文体的惯例，郭璞在《山海经注》里基本限于文字说明和引证同类事物，很少从理论上阐述其存在的理由。而在《图赞》中，郭璞对于各种奇怪事物往往有较为深入而系统的解说。他通常都用禀气不同对怪物奇人进行说明。《海外南经》有周饶国，或作"焦侥"。其人短小，只有三尺高，是典型的小人国。《海外东经》有大人国。郭璞《焦侥图赞》云："群赖（当为'籁'）舜吹，气有万殊。大人三丈，焦侥尺余。混之一归，此亦侨如。"意思是这两种人禀赋的自然之气不同，所以差距巨大。从自然之道来讲，二者是一致的。《中山经》有青耕鸟，"可以御疫，其名自叫"。又有跂踵鸟，"其状如鸮，而一足彘尾，其名曰跂踵,见则其国大疫"。对于这两种功能截然相反的怪鸟,郭璞《跂踵图赞》云:"青耕御疫,跂踵降灾。物之相反,各以气来……"《南山经》有怪羊名着慰,"其状如羊而无口,不可杀也"。无口而能活,而且杀不死的怪羊,在现实中是不可能存在的。但是,郭注云:"秉气自然。"意思是它靠自然之气存活,不仰赖于一般食物,当然也就杀不死了。《山海经》中存在不少形态怪异的神灵。郭璞对这些神灵的存在原因也用自然之气来说明。《海外西经》有三身国,一臂国。郭璞《三身国,一臂国图赞》云:"品物流形,以散混沌。增不为多,减不为损。阙变难原,请寻其本。"通过这些玄学解说,郭璞试图从理论上消除当时人们对于《山海经》中怪力乱神的怀疑。

至于圣皇(大禹)为什么要记录这些神奇之物,郭璞的解释是"圣皇原化以极变,象物以应怪。鉴无滞赜,曲尽幽情"。意思是大禹是根据自然之道通晓各种变化的原因,以充分掌握万事万物的深奥情愫。借助于古人心目中大禹的广博见闻和神圣地位,这种论说完全肯定了《山海经》内容。不过,郭璞笔下的大禹非常类似魏晋时代的博物之士,与《左传》王孙满所言铸鼎象物的目的明显不同。这个大禹当是郭璞出于时代需要而塑造的。

(3)运用道教思想论证《山海经》

《山海经》包含许多原始宗教的内容。如巫师、不死药等。汉代以后的道教往往借鉴其中内容。作为宗教,道教是承认超自然现象的。所以,郭璞也用道教神仙思想论证《山海经》的真实性。

《大荒西经》云:"有灵山。巫咸、巫即、巫盼(或作盼、盼)、巫彭、巫姑、巫真、巫礼、巫抵、巫谢、巫罗十巫从此升降,百药爰在。"郭注云:"群巫上下此山采之也。"下文又云:"西有王母之山、壑山、海山。"郭注云:"皆群大灵之山。"上述四山,郭璞以为都是灵巫活动的场所。袁珂以为:"采药"云云,实际是巫师的业余活动。把"升降"释为上下山,不确,当是上下于天,宣神旨、达民情。郭璞可能拘于魏晋习俗忽略了巫师主业,而强调其采药副业了。从而达到说服时人的目的。

《大荒西经》有寿麻之国，其人"正立无景（同'影'），疾呼无响。"郭注云："言其禀形气有异于人也。《列仙传》曰：'玄俗无景。'"玄俗是汉代河间人，刘向《列仙传》说他白日行走没有影子。这已经进入道教范围了。

《西山经》云："峚山……丹水出焉，西流注于稷泽。其中多白玉，是有玉膏。其源沸沸汤汤，黄帝是食是飨。"郭注云："《河图玉版》云：'少室之山，其上有白玉膏，一服即仙矣。'亦此类也。"郭璞认为服食白玉膏是黄帝登龙于鼎湖的原因。这是对《列仙传》关于黄帝铸鼎升天说的补充和发展，也是原始宗教在后代发展为神仙之术的一个证明。河伯冯夷是河神。《海内北经》写作"冰夷"。郭璞注："冰夷，冯夷也。《淮南》云：'冯夷得道，以潜大川。'即河伯也。"郭引述《淮南子》意见，认为冯夷是因为得道而成神，显然是神仙学的解释。

海外诸国是人们怀疑的重点之一。《大荒东经》云："有黑齿之国。帝俊生黑齿，姜姓，黍食，使四鸟。"郭注："圣人变化无方，故其后世所降育，多有殊类异状之人。诸言生者，多谓其苗裔，未必是亲所产。"帝俊原来是商人的上帝，后来转化为古帝王、圣人。郭璞用帝俊的奇异变化能力来说明何以其后裔是黑齿这个能使四鸟的国族，实际就把帝俊视为神仙人物了。

在上述注解中，郭璞把《山海经》中原始宗教活动都解释为魏晋道教神仙之术，用道教之说来证明《山海经》的真实性。

（4）以儒家天人感应说来解释经文，论证《山海经》的价值

董仲舒天人感应说影响巨大，信者众多。郭璞对之十分倾倒。《山海经》中多次出现九尾狐。有时候代表祥瑞，有时候是食人怪兽。《大荒东经》青丘之国"有狐九尾"。经文不言祸福。但是，郭璞注根据汉代一般看法云："太平则出而为瑞也。"可见他很相信祥瑞之说。《海外西经》肃慎之国"有树名曰雄常，先入代帝，于此取之"。经文"先入代帝，以此取之"，当是"先人代帝，于此取衣"。其含义可能是肃慎国的一种特殊登基仪式。郭璞注云："其俗无衣服，中国有圣帝代立者，则此木生皮可以衣也。"他用天人感应的思想方式，竟然把

肃慎国的树木附会到中国圣帝身上。《东山经》有一种怪鱼堪豫。郭注云："未详。音序。"另有怪兽蛉蛉，是洪水预兆。《堪豫鱼、蛉蛉图赞》云："堪豫蛉蛉，殊气同占。见则洪水，天下昏垫。岂伊妄降，亦应牒谶。"今本《山海经》中蛉蛉预示洪水，是古代巫术思想的反映，与天意无关。郭璞《图赞》强调的却是"岂伊妄降，亦应牒谶"。牒谶是汉人利用天人感应说发展起来的政治预言。按照这种论证，《山海经》中怪物可以作为观察政治优劣的标志。这和刘歆《上〈山海经〉表》所云"奇可以考祯祥变怪之物，见远国异人之谣俗"的意思是基本一致的。

(5) 以儒家政治理念解释经文

王弼的玄学是不反对儒家名教的，而是主张名教本于自然，自然与名教合一。如其《老子注》第三十八章云："自然亲爱为孝，推爱及物为仁也。"郭璞自己思想中也是玄学与儒学交织的。儒家一些基本理念，诸如"礼让"、"孝敬"、"忠贞"、"仁政"等，在郭璞《山海经》研究中得到了体现。

《海外东经》与《大荒东经》都讲到君子之国。一作"衣冠带剑，食兽，使二大虎在旁。其人好让不争。有薰华草，朝生夕死"。一作"其人衣冠带剑"。郭注后者云："亦使虎豹，好谦让也。"这是引用《海外东经》经文作解释。其《君子国图赞》云："东方气仁，国有君子。薰华是食，雕虎是使。雅好礼让，端（一作'礼'）委论理。"郭璞盛赞君子国国民高尚的道德风尚。其《中山经》部分的《嵊山图赞》云："邛嵊峻崄，其坂九折。王阳逡巡，王尊逞节。殷有三仁，汉称二哲。"这是郭璞针对嵊山九折坂发生的两件故事所作议论。王阳以身体发肤受之父母不可损伤为由，在巡视民情面对九折坂时，畏险而退，世人以为孝子。王尊则不畏艰险，知难而进。世人以为忠臣。郭璞同时称道这两位为"二哲"，是采用儒家价值观所做的判断。

他在注解《海外南经》狄山的帝尧、帝喾、文王墓地时说：

今文王墓在长安鄗聚社中。案：帝王家墓皆有定处，而《山海经》往往复见之者，盖以圣人久于其位，仁化广及，恩洽鸟兽。至于徂亡，四海若丧考妣，无思不哀。故绝域殊俗之人闻天子崩,各自立坐而祭醊哭泣,起土为冢,是以所在有焉。亦然(一作犹)汉氏诸远郡国皆有天子庙,此其遗象也。

这些墓地远至海外,而且往往复见,也是不易理解的。郭璞注以圣人恩及远方来加以说明是符合经文原意的,也符合古代社会普遍存在的文化自我中心主义观念。至于是否属实,则非实地探勘不得明之。类似情况还有。如《海内北经》:"帝尧台、帝喾台、帝丹朱台、帝舜台,各二台。台四方,在昆仑东北。"郭璞注云:"此盖天子巡狩所经过,夷狄慕圣人恩德,辄共为筑立台观,以标显其遗迹也。"又如《跂踵国图赞》所云"应德而臻,款塞归义"。也是强调其他国族向往华夏。类似之处甚多,此处不赘。

(6)对经文意义的一般性发挥

《山海经》叙述事物往往不加任何评价。如形天的描写,只说他被砍头后操干戚以舞,未言其目的如何。但是,郭璞《形天图赞》云:"仍挥干戚,虽化不服。"揭示了形天舞干戚的真实心理——决不屈服。后人都遵从郭璞的阐释。《山海经》对夸父的态度存在矛盾。一方面说他追上了太阳,一方面却说他"不量力"(见《大荒北经》)。《海外北经》对于夸父逐日未加评价。郭注云:"夸父者,盖神人之名也。其能及日景而硕(当为倾)河渭,岂以走饮哉!寄用于走饮耳。几乎不疾而速,不行而至者矣。此以一体为万殊,存亡代谢。寄邓林而遁形,恶得寻其灵化哉!"《夸父图赞》也称颂之:"神哉夸父,难以理寻。倾河逐日,遁形邓林。触类而化,应无常心。"常心,即普通人的心理。郭璞实际上批判了《大荒北经》所谓"不量力"的说法,高度赞扬了夸父的志向宏伟,神力无边。陶渊明《读〈山海经〉十三首》中"夸父诞宏志"云云显然得自郭璞的影响。今人更是普遍接受了郭璞的评价。

综观郭璞对《山海经》的论说,笔者以为他特别关注《山海经》中的虚幻内容。其对于虚构内容的一概肯定,是与当时社会追求神仙、倡言奇怪的风气有关的。所以,他的论证一方面是为《山海经》寻求更高文化地位,另一方面也是为当时雅好《山海经》之士寻找理据,做辩护。

　　郭璞的注解与发挥顺应了本来已经存在的社会公众对于《山海经》的神仙妖怪化理解,使之系统化、理论化。由于郭璞自身的地位,这种系统化和理论化的理解又极大影响了《山海经》在读者中的接受史,在学术史上影响至为深远。赞扬与批评之声不绝于耳。清人周中孚《郑堂读书记·山海经》云:"……此经自子骏(刘歆)表章于前,景纯(郭璞)注释于后,乃始大显于世,其功端有在也。"毕沅说《山海经》"明于晋。而知之者,魏郦道元也"。所谓"明于晋",是说郭璞注使得《山海经》被晋朝人完全理解并接受;但他也批评郭璞注过分强调神怪,导致晋朝人误解《山海经》,所以只有郦道元才是真正理解《山海经》的人。陈逢衡《山海经汇说》道光二十年序更是把《山海经》被社会正统忽视的责任主要归罪于郭璞。陈逢衡云:"然是书(《山海经》)之弃置不道,一误于郭氏景纯注。务为神奇不测之谈,并有正文之所无而妄为添设者。再误于后之阅者,不求甚解,讹以传讹。而此书遂废。"

　　郭璞对于《山海经》的文字解读和意义阐发的贡献在于使人们对于《山海经》的神怪化理解系统化、理论化,由此确定了《山海经》在中国文化史上的实际功能和实际影响的理论解读。但是,由于中国文化主流意识形态"不语怪力乱神"原则的限制,《山海经》的上述地位又是不高的。郭璞的功与过其实都在于此。不同学者从不同立场出发,就产生了对于郭璞功过的不同评价。

（五）郦道元《水经注》对于《山海经》的地理学研究

　　郦道元(?～527)从事《水经》注释,基本属于纯粹的地理学。所以,他在论及《山海经》时常常有客观之论。作为第一位主要从地理学角度研究《山海经》的学者,郦道元对于确定《山海经》地理学价值的贡献是巨大的。

　　1.郦道元对《山海经》地理研究的贡献

　　后世人普遍怀疑《山海经》的地理描写,作为地理学家的郦道元在其名著《水经注》里将《山海经》中的山水一一落实,这是一件意义重大的事。

　　首先,郦道元解释了《山海经》中地理记录不准确的原因:

《穆天子》、《竹书》及《山海经》，皆埋蕴既久，编韦稀绝，书册落次，难以辑缀；后人假合，多差远意。至欲访地脉川，不与《经》（指《水经》）符，验程准途，故自无会。

他把今本《山海经》的错误归罪于流传过程造成的散乱，是有一定道理的。今本《山海经》的确存在不少明显的乱简与佚失情形。郦道元的说法可以部分地打消世人对《山海经》中地理方位错误的指责。后世学者引用此言为《山海经》辩护者甚多。

其次，郦道元在《水经注》中直接称引《山海经》在一百一十次以上。一般情况下都是把《山海经》所言山川地理加以肯定，使之落实在现实之中。例如，在谈到安邑（在今山西运城）盐池时，郦道元引证多种书籍，云："今池水东西七十里，南北十七里，紫色澄淳，潭而不流。水出石盐，自然印成。朝取夕复，终无减损。……《山海经》谓之盐贩之泽也。"他用充分的事实肯定了郭璞当年对于盐贩之泽的注解。《山海经》有三条洛水，一入江，在四川；一入渭水，即所谓北洛水，在陕西；一入黄河，在河南洛阳。《中次九经》洛水源于女儿之山，入江。《水经》云："洛水从三危山……东南注之（指江水）。"郦道元注云："《山海经》不言洛水所导，《经》曰出三危山，所未详。"这是错误的，大约他遗漏了《中次九经》的话。《西次四经》有"白于之山……洛水出于其阳，而东流入渭"。《水经注》"渭水东过华阴县北"以下郦注云："洛水入焉。"正是指北洛水。但是，今本《水经注》遗失了《北洛水》部分，郦道元应该引述了《山海经》经文。《中次四经》有"釐举之山，洛水出焉。"《海内东经》有"洛水出（上）洛山，东北注于河。"《水经注》均以为是洛阳之洛水，十分正确。当然，郦道元对《山海经》地理的注释成就和《水经》本身与《山海经》的一致也有关系。

在昆仑山的注解中最能显示郦道元的成绩和局限。南北朝时代，佛学已经普及全国。时人的地理视野进一步扩大到南亚次大陆。于是，出现了一些佛学著作以印度神山附会昆仑山或以昆仑山为恒水（即恒河）之发源地的说法。释氏《西域记》云："阿耨达太山，其上有大渊水，宫殿楼观甚大焉。山，即昆仑山也。《穆天子传》曰:'天子升于昆仑,观黄帝之宫,而封封隆之葬。'……黄帝宫,即阿耨达宫也。"释氏把印度阿耨达山附会为昆仑山。康泰《扶南传》也把昆仑山当做阿耨达山,并说:"恒水之源,乃极西北,出昆仑山中,有五大源,诸水分流,皆由此五大源。"康泰把印度神圣之水——恒河的发源地附会为昆仑山。对于这些说法,郦道元根据古经所述方位进行了批驳:"余考释氏之言,未为佳证。……释氏不复根其众归之鸿致,陈其细趣,以辨其非,非所安也。"以下又引《山海经》和《淮南子》中关于昆仑山及其诸水的描写,总结道:"阿耨达六水,葱岭、于阗二水(指昆仑水系与阿耨达水系)之限,与经史诸书,全相乖异。"则昆仑与阿耨达两不相干,明矣。这或许应该使当代那些把昆仑山等同于阿耨达山的学者清醒。

由于郦道元的努力,我们可以对《山海经》所述地理有了较为清晰的认识。不至于因为无从了解其地理方位而误以为全是虚构。这对于我们把握《山海经》的真实性质是有巨大帮助的。后代研究《山海经》地理的学者无不以郦道元《水经注》作为基础,如吴任臣、毕沅、吴承志等。对于郦道元在《山海经》地理学研究中的贡献,毕沅赞赏有加:

《山海经》作于禹益,述于周秦。其学行于汉,明于晋,而知之者,魏郦道元也。

郦道元作《水经注》,乃以经传所纪、方土旧称,考验此经(指《山海经》)山川名号。按其涂(途)数,十得者六。始知经云东西道里,信而有征。虽今古世殊,未尝大异。后之撰述地里者多从之。沅是以谓其功百倍于(郭)璞也。

2.《山海经》地理学研究的困境

尽管郦道元的努力证实了《山海经》的地理学价值。但是,《山海经》毕竟不全是准确的地理考察记录,其中一部分完全是想象或传说之辞。郦道元企图把其中所有地名均一一落实,遇到了巨大困难。《水经注》云:

(盐)水出东南薄山,西北流径巫咸山北。《地理志》云:"山在安邑县(在今山西运城)南。"《海外西经》云:"巫咸国在女丑北,右手操青蛇,左手操赤蛇，在登葆山，群巫所从上下也。"《大荒西经》云："有灵山。巫咸、巫即、巫盼（或作盼、肦）、巫彭、巫姑、巫真、巫礼、巫抵、巫谢、巫罗十巫从此升降，百药爰在。"郭注云："群巫上下此山采之也。"盖神巫所游，故山得其名矣。谷口岭上，有巫咸祠。

这里显然把神话中的《海外西经》巫咸国登葆山和《大荒西经》灵山都落实为山西运城的巫咸山。其根据主要是三者方位均在西部，而此地山名、祠名均为巫咸。可是，三者地名差异巨大，未见任何沿革说明。巫咸国是神话国度，并不专属于某一个固定之地。《太平御览》卷七九〇引《外国图》云："昔殷帝大戊使巫咸祷于山河，巫咸居于此，是为巫咸民，去南海万千里。"这个神话与《山海经》中巫咸国是相近的，可是方位大不同。郦道元想把它们落实为运城一地，至多只是给我们提供了一种可能性结论。而事实上，古代关于巫咸的故事很多，神农、黄帝、尧、殷帝大戊、殷中宗之时都有巫咸，巫咸山得名于其中哪一位？《山海经》中巫咸又是哪一位？从神话学来讲，巫咸是神话人物，任何时代都可以有。如果想把它落实为一人一地，必然遇到无所适从的困境。不过，郦道元可能也认识到这一点，他在《伊水注》中云：

（禅渚）水上承陆浑县东禅渚，渚在原上，陂方十里，佳饶鱼苇，即《山海经》所谓"南望禅（尤袤本作'墠'）渚，禹父之所化。"郭景纯注云："禅，一音暖（尤袤本作'填'）。鲧化羽渊而复在此。然已变怪，亦无往而不化矣。"世谓此泽为慎望陂，陂水南流注于涓水。

文中所引郭璞注可以看出鲧化禅渚和鲧化羽渊两则神话异文得到了一种解说，但这是神仙学的解释——鲧因为有神通而产生多种结局。

对于各种古籍关于昆仑山的彼此矛盾的说法，郦道元也感到难以调和。如《十洲记》说昆仑在西海之戌地，北海之亥地，去岸十三万里；《水经》云"昆仑墟在西北，去嵩高五万里"；《神异经》又云昆仑有铜柱，即所谓"天柱"云云，郦道元曰："幽致冲妙，难本以情。万象遐渊，思绝根寻。自不登两龙于云辙，骋八骏于龟途，等轩辕之访百灵，方大禹之集会计，儒、墨之说，孰使辨哉？"这反映出地理学家企图把神话之山落实为现实山峰的努力遭遇到无法摆脱的巨大困境。

由于时代局限和个人疏忽,郦道元在注解《山海经》地理时也有失误。这和他过于看重地名相同而忽略其他因素有关,也和他主要从事《水经》注释,未对《山海经》进行全面系统的考察有关。详见本书第七章关于毕沅《山海经新校正》的评论。像《水经注》这样的皇皇巨著出现一些小错误,是可以理解的,瑕不掩瑜。

从方法论上总结郦道元对《山海经》的研究,笔者认为,单纯的地理学研究必须和神话学研究结合才能全面准确地理解《山海经》。地理学研究和神话学研究是《山海经》学不可或缺的两个方面。离开神话学而单纯从事地理学研究,就会面对郦道元曾经经历过的地理学困境;而离开了地理学而单纯从事神话学研究,就会出现象茅盾、郑德坤那样完全否定《山海经》的地理志属性的错误。现代学者往往如袁珂,忽略地理而专在神话学方面下功夫,也是容易出错的。由于现代学术分工的日益深入,地理学与神话学分属于自然科学和人文学,学者知识范围大都限于一隅,所以更应该警惕这方面的历史经验教训。

综观魏晋南北朝时代的《山海经》学,虽然有郦道元《水经注》关注了《山海经》的地理学价值,但是从时代总潮流看,当时人们关注的大都是《山海经》中神怪内容。这对于宋代道藏收录《山海经》和《宋史·艺文志》将《山海经》归入五行类,都有着一定的影响。

郭璞之后至唐代贞观年间,又有人作《山海经抄》一卷,《山海经略》一卷,内容不详。从书名估计,也属于抄本或注解之类,待查。

唐代《山海经》研究材料稀如星凤,只有杜佑《通典》对于大禹作《山海经》提出怀疑之论,陆淳《春秋集传纂例》引其师啖助的话涉及《山海经》,前文已述,不赘。还有李白、韩愈、白居易等人诗歌引用《山海经》内容。故本文不再详述唐人对于《山海经》的认识。下文直接讨论宋代《山海经》学。

三、宋代时的《山海经》研究

（一）宋代思想与学术的全面发展

宋代是社会经济和文化事业获得全面发展的时代。陈寅恪曾经评论说：赵宋一代是中国文化最为辉煌的时代。是为的论。

北宋时代社会思想比较宽松。宋真宗、宋徽宗都对道家思想有所偏爱。宋真宗大中祥符五年（1012），命张君房领修《道藏》，共4565卷。于天禧三年（1019）完成缮写，称《大宋天宫宝藏》。宋徽宗崇宁年间（1102～1106）重新校补，增至5387卷，称《崇宁重校道藏》。政和年间（1111～1118）设立经局，再次修校，增至5481卷，称《政和万寿道藏》。三修道藏，代表了道家思想在当时的巨大影响力。《山海经》也得以进入道藏。明代道藏收录《山海经》于太元部竞字号，也是沿袭宋代道藏的传统。徽宗甚至派宫廷画家绘制《山海经图》。这在很大程度上提高了《山海经》的社会地位，消弭了以往时代正统儒家对于《山海经》的抵制。在统治阶级的提倡下，社会大众的宗教信仰得到正常发展。谈论神怪，是十分常见的活动，并产生了许多志怪小说。其中著名者有徐铉（916～991）《稽神录》、吴淑（947～1002）《江淮异人录》、张师正（1016～？）《括异志》、郭彖《睽车志》、李石《续博物志》、洪迈（1133～1202）《夷坚志》、无名氏《海陵三仙传》等。这些作品主要讲鬼怪灵异、幽冥变化和因果报应，集中表现了佛教、道教的影响。在这种社会气氛下，宋代知识分子喜爱《山海经》者甚众。欧阳修、曾巩都有相关诗歌作品出现。《太平广记》更是大量采集了《山海经》中材料作为小说。所以，《山海经》在当时所处的社会环境是很宽松适宜的。

随着时间自然流逝，历经劫难保存下来的《山海经》作为中国文化元典之一的地位逐步得到确立。由于《山海经》在历史上不断产生影响，后代学者在探讨相关问题时即使不相信《山海经》也不得不引用它来说明问题。于是，《山海经》经常被学者引用于历史考据之中。赵与时《宾退录》卷七认为《山海经》祭祀山神之礼用米糈是后世道家设醮用米糈的来源，云："《山海经》虽不敢信为禹、益所著，然屈原《离骚》、《吕氏春秋》皆摘取其事，而汉人引用者尤多，其书决不出于张陵之后。则糈之用也，尚矣。"洪兴祖《楚辞补注》大量引《山海经》以注《楚辞》。

由于长期和平发展，社会大众的文化需求强劲，加之图书刊刻业发达，各种《山海经》和《山海经图》同时流传。尤袤在三十年间曾经见过"十数种"《山海经》版本。图书事业的发展极大推动了学术研究领域的全面发展，如自然科学（包括地理学）、历史学、语言文学在内的各种学术研究都有崭新成就。这为《山海经》研究突破郭璞的局限而出现新局面提供了必要的条件。以版本学为例，宋代各种公私书目为我们提供了《山海经》版本变化发展的信息，以及当时学者对于这种变化的解释。没有宋人的版本著录、研究与刊刻，我们是不可能了解《山海经》原始版本的面目的。前文论刘歆定本和郭璞注本篇目时大都依据宋代版本资料，此处不赘。尤袤根据多种版本互相校正，终于得到一个较好的校正本，刻为《山海经传》，从而成为今传十八卷《山海经》的标准版本。

以训诂学为例，宋代人对于郭璞注也有所突破。《山海经·海内北经》林氏国有驺吾之兽。郭璞注云："《周书》曰：'史林（今本《周书·王会篇》为央林）、尊耳（宋本郭注为酋耳）'。尊耳，如虎，尾参于身，食虎豹。《大传》以为侄（仁）兽。吾，宜作虞也。"郭璞不甚了解上古音，以为"吾"错了。但是，宋代训诂学有发展，宋人吴仁杰《两汉刊误补遗》就纠正了这个错误。吴云："建章之兽，长卿（司马相如）从《大传》，谓之驺虞。而曼倩（东方朔）从《山海经》，谓之驺牙（一作吾）。仁杰按：《山海经》本先秦古书，而《大传》乃是景帝世伏生所传。虞者，吾声之转；而吾有牙音。然则字当从《山海经》，而音从曼倩可也。"吴仁杰的观点完全符合现代古音韵学的结论。查唐作藩《上古音手册》，虞、吾、牙，皆为鱼部疑母字，皆平声，三字以音同而互相通假。所以，驺虞、驺吾、驺牙可以互换。郭璞注以为"吾，宜作虞也"的确是错了。薛季宣《浪语集》也批评："其(指《山海经》)所名山川已随世变，草木鸟兽非久存之物，神怪荒唐之说，人耳目所不到，郭氏所注，不能皆得其实。"

不过，宋人考据也有出错的时候。宋周必大《二老堂诗话·陶渊明〈山海经诗〉》记载：

> 江州《陶靖节集》末载，宣和六年(1125)临溪曾纮谓："靖节《读山海经诗》其一篇云'形天無千岁，猛志固常在'，疑上下文义不贯。遂按《山海经》有云'刑天，兽名。口衔干戚而舞。'以此句为'刑天舞干戚'，因笔画相近，五字皆讹。"

这是当时极其著名的一桩学术公案。多种著作皆引此事而加以肯定，如朱熹《朱子语类》卷一三八、洪迈《容斋随笔·四笔》卷二、邵博《闻见后录》卷一七和周紫芝《竹坡诗话》卷一。今人也多从曾氏此说，以为该诗同时赞扬精卫和刑天的抗争精神。但是，周必大反对曾纮意见："予谓纮说固善，然靖节此题十三篇，大概篇指一事。如前篇终始记夸父，则此篇恐专说精卫。衔木填海，无千岁之寿，而猛志常在，化去不悔。若并指刑天，似不相续。又况末句云：'徒设在昔心，良晨讵可待？'何预干戚之猛邪？后见周紫芝《竹坡诗话》第一卷，复袭纮意以为己说。皆误矣。"元人方回《桐江续集》卷十二《辨渊明诗》认为，曾纮改字后"辞意不相谐合。盖近世读书校雠者好奇之过也。予谓'形夭无千岁'为是，不当轻改"。笔者以为周必大、方回之言为是。文字考证之学直到清代才完全成熟。

但是，北宋王朝的覆灭，使得道教的社会影响力大为削弱，道教无法应对激烈、残酷的民族冲突。这为儒家经学的复兴提供了机遇。在经历了魏晋以来玄学、佛学、道教的轮番冲击而长期萎靡不振的局面之后，南宋时代儒学重新获得生机，并逐步成为主流意识形态。于是，"子不语怪力乱神"的教条也随之复活。薛季宣《浪语集》卷三十分析《山海经》有失传危险的原因时说："其所名山川,已随世变。草木鸟兽类,非久存之物。神怪荒唐之说,人耳目所不到。郭氏所注,不能皆得其实。而上世故实可供文墨之用者,前人采摘、称引略尽。则此书之垂亡仅在,固宜。"他还指责郭璞《叙》中"道所存,俗之所丧"的感叹是"不无称许之过"。朱熹严词批评《山海经》中的"荒诞"之言,以及世人对于此类内容的爱好。更有甚者,有的学者甚至仅仅根据这些就否定《山海经》作者。例如南宋王观国《学林》。其书卷六云:"《山海经》,不知何人作。其言皆九州之外,耳目之所不及者,颇怪而不可信。古之圣人作书如六经者,所以信于天下,后世以为常。经法,如耳目之所不及者,圣人固略而不论也。然则《山海经》者,非圣人之所作可知矣。"这说明,南宋时代儒家经学观念依然像紧箍咒一样束缚在《山海经》头上。而且,由于南宋经学不像汉代经学那样沉迷于天人感应的祯祥变怪,所以,他们对于《山海经》的贬斥比汉儒更加严重,以至于朱熹推测《山海经》是好事者仿《楚辞·天问》而作。

(二) 宋代道藏与《山海经》

道教是从中国固有的原始宗教逐步发展形成的。《山海经》中叙述的大量神灵构成了道教神灵的一部分,如黄帝、西王母等。所以,《山海经》在宋代进入道藏是顺理成章的事。

前文考证刘歆定本《山海经》篇目和郭璞注本《山海经》篇目时所引薛季宣《浪语集》、尤袤为《山海经传》所作之跋,证实宋代有两部道藏都收录了《山海经》,而且薛季宣《浪语集》所见道藏本还有《图》十卷,但是,二人都未言是何种道藏。由于宋代道藏均已佚亡,那么,关于当时《道藏》为什么收录《山海经》,《山海经》在其中处于什么地位等问题,我们都只能间接地加以考证。

《大宋天宫宝藏》的领修张君房《云笈七签》是在完成道藏编纂任务、进呈皇帝之后,"复撮其精要,总万余条,以成是书。其称《云笈七签》者,盖道家之言"。它实际是一部道教类书。其卷二为"混元",谈到对于《山海经》的认识。"古今言天者,十八家。爰考否臧,互有得失。则盖浑天仪之述,有其言而亡其法矣。至如蒙庄《逍遥》之篇，王仲任《论衡》之说，《山海经》考其理、舍，《列御寇》书其清浊。……义趣不同，师资各异。"所谓"考其理、舍"，指的是《山海经》说明了天的道理和大小。大致相当于《山经》结尾处的"禹曰：'……天地之东西，二万八千里，南北二万六千里。出水之山，八千里。受水者，八千里。出铜之山，四百六十七。出铁之山，三千六百九十。此天地之所分壤树谷也。'"《山海经》中对于日月出入之山，十日，夸父逐日，重黎绝天地通等关于宇宙初创时代的神话事件的叙述，无疑也符合张君房对于"混元"的认识——"混元者，记事于混沌之前，元气之始也"。所以，在张君房眼里，《山海经》是一部包含着宇宙开辟和天地之道的著作。这是道藏收录《山海经》的一个原因。

《云笈七签》在记述道教神灵时转引了不少《山海经》中的神怪，如黄帝、女娲等。因此，在张君房眼中，《山海经》是记述神灵奇迹的书。这是道藏收录《山海经》的又一个原因。

《山海经》是张君房首先收入道藏的。其后，另一部道藏也援例照收。笔者推测，第三部道藏应该也收录了。进入道藏，标志着《山海经》第一次正式获得神圣经典的地位。《山海经》的"经"字从此真正具有了神圣经典的含义。这是北宋时代道教高度发展的结果。

宋代道藏本还附录了梁武帝时期画家张僧繇所画《山海经图》，见下文考证。

（三）唐宋时期传世的各种《山海经图》考

郭璞以后，历代画《山海经图》者甚多。

唐张彦远《历代名画记》卷三《述古之秘画珍图》云："古之秘画珍图固多散逸，人间不得见之。今粗举领袖，则有……《山海经图》（六，又《钞图》一）……《大荒经图》（二十六）……《百国人图》（一）……"张氏所记《山海经图》作者不详。《大荒经图》、《百国人图》应该也是与《山海经》有关的图。情况不明,待考。

南宋孝宗淳熙五年(1178)完成的《中兴馆阁书目》(以下简称《中兴书目》)共提及三种《山海经图》,均为十卷。第一种是梁武帝时期张僧繇画《山海经图》十卷,"每卷中先类所画名,凡二百四十七种。其经文不全见"。笔者从此书后来的模本(即舒雅《山海经图》)是神怪奇异图来推测,张僧繇所画应该也是同类。张以善画闻名于世,而舒雅《山海经图》首载朱昂《进僧繇画图表》,由此可知张僧繇《山海经图》早已进入了宫廷,其艺术水准应该是很高的。但是,当时张画"其经文不全见",意思是画中说明文字残缺了。而南宋宫廷已无此图。

《中兴书目》又著录了北宋校理舒雅于咸平二年(999)根据皇家图书馆保存的张僧繇之图(已破损)重画的《山海经图》十卷,首载朱昂《进僧繇画图表》。舒雅之图在《崇文总目》、《通志》、《郡斋读书志》、《直斋书录解题》、《文献通考》均有著录,非常著名。王应麟(1223—1296)《玉海》卷十四云:"咸平《山海经图》:见后。"咸平《山海经图》,即舒雅《山海经图》。王应麟将它收入了类书《玉海》,今本《玉海》无,已佚。

《中兴书目》还著录了一部无名氏的作品:"《山海经图》十卷,首载郭璞序,节录经文,而图其物如张僧繇本。不著姓氏。"此图一直流传到元代,在《宋史》卷二〇六著录为《山海图经》十卷,郭璞序,不注姓名。

宋徽宗时代著名学者黄伯思曾见过《山海经图》。其《东观余论》卷下《跋滕子济所藏貘图后》云:"按《山海经图》:'南方山谷中有兽曰貘。象鼻,犀目,牛尾,虎足。人寝其皮辟温(当为"瘟");图其形辟邪。嗜铜铁,弗食他物。'昔白乐天尝作小屏卫首,据此像图而赞之,载于集中。今观此画,夷考其形。与《山海图》、《乐天集》所载同。岂非白屏画迹之遗范乎?"今本《山海经》与《图赞》均无貘。但是,白居易所见《山海经》中尚有,其《貘屏赞》小序直接引《山海经》曰:"南方山谷中有兽曰貘。象鼻,犀目,牛尾,虎足。人寝其皮辟温(瘟);图其形辟邪。"黄伯思又引述,想必当年确有其文,而后来佚失了。郭璞注《尔雅·释兽》"貘，白豹"曰："貘似熊，小头，庳脚，黑白驳。能舐食铜铁及竹骨，骨节强直，中实少髓。或曰：'豹白色者，别名貘。'"与白居易所见《山海经》、黄伯思所寓目之《山海经图》所引文字有差异。黄伯思所引《山海经图》有文、有图，但是其文不是郭璞《图赞》那样的韵文，而是《山海经》中原有的散文，可见此图与陶渊明所见之郭璞图已经不同。可能是属于张僧繇图系列的。

南宋薛季宣见过两种《山海经图》。其《浪语集》卷三十《叙山海经》讨论道藏本《山海经》所附录之图云：

又《图》十卷，文多阙略。世有模板张僧繇画《山海经图》，详于道藏本。然，道藏所画，不出十三篇中。模本画图有经未尝见者。按：《五山经》，山多亡轶。意僧繇画时，其文尚完。不然，后人傅托名之，不可知也。不敢按据模本，姑以《道藏》经图，参校缮写，藏之于所。传疑"有曰"、"一曰"、"或作"之类，皆郭注之旧。云"一作"、"图作"者，今所存也。

其中道藏本"《图》十卷，文多阙略"，与《中兴总目》著录的张僧繇本同，那么这个道藏本所附的《山海经图》可能是真正的张僧繇图。而所谓模板张僧繇所画之图，就是《中兴书目》著录的无名氏《山海经图》。薛季宣发现模板画的时代在后反而图画更多，甚至超出经文范围，遂对之产生怀疑。薛推测：世人见道藏本之图，内容均在《山海经》中，就假托张僧繇之名，故意多画一些经文所没有的东西，以冒充古老。因此，他小心地选择了道藏本之经文和插图加以保存。

另外，著名画家郭熙的儿子郭思也有《山海经图》。据元夏文彦《图绘宝鉴》云："郭思，熙（郭熙）之子，亦善杂画。崇观（宋徽宗年号崇宁、大观）中应制画《山海经图》。其中瑞马颇得曹汉遗法。"但，此图未见著录。宋徽宗爱好道家思想，自称道君皇帝。他没有陋儒们的思想束缚，指派宫廷画家作《山海经图》，倒是合乎情理的。

上述《山海经图》都是神怪图。但是，古代著录的《山海经图》并不都是怪物图，也有山川地理图。宋人郑樵《通志》卷六十六艺文略"方物类"著录舒雅

《山海经图》十卷；又在卷七十二的"地理图"类中著录《山海经图》，无撰者。从其分类位置看，这部《山海经图》应当是地理图，不是怪物图。

《宋史》卷二〇六《艺文志》著录郭璞《山海经》十八卷，郭璞《葬书》一卷，《山海图经》十卷，无撰者。这个十卷本《山海图经》当是舒雅《山海经图》。

此后，这些古老的《山海经图》都亡佚了。

今日所见之古图均为明清以后所画。如明蒋应镐《山海经图》、王崇庆《山海经释义》插图、胡文焕《山海经图》，清吴任臣《增补绘像山海经广注》插图、汪绂《山海经存》插图等，均无《图赞》附录。清毕沅《山海经》学库山房图注本、郝懿行《山海经笺疏》插图有部分《图赞》，民国八年（1919）上海锦章图书局的《山海经图说》是每图加赞的。为简洁，不复具论。

历史上出现的各种《山海经图》以及《山海经》部分篇章对于事物静态形象的描述到宋代引发了学者们对于《山海经》和图画之间关系的讨论，这促进了对于《山海经》本身认识的深入，成为《山海经》学术史的一个重要组成部分。

（四）宋人论《山海经》和禹鼎图之关系及作者

欧阳修《读山海经图》诗最早把《山海经》与禹鼎联系在一起。其诗云：

夏鼎象九州，《山经》有遗载。空濛大荒中，杳霭群山会。

炎海积歊蒸，阴幽异明晦。奔趋各异种，倏忽俄万态。

群伦固殊禀，至理宁一概。骇者自云惊，生分孰知怪。

未能识造化，但尔披图绘。不有万物殊，岂知方舆大。

全诗叙述图中各种神奇事物禀赋不同，动静不一。主题思想是其形虽怪，道理相同，正足以说明世界之大。可见，欧阳修所见这部《山海经图》画的是奇兽异物。张祝平《宋人所论〈山海经图〉辩正》把欧阳修诗中夸饰的背景描述误解为图中全部是山川地貌，认为此《山海经图》是"山川地貌全景图"，否定欧阳修所见之图为奇兽异物。其说有待商榷。

诗中所谓夏鼎，见于《左传·宣公三年》王孙满对楚子之言："昔夏之方有德也，远方图物，贡金九牧。铸鼎象物，百物而为之备，使已知神物。故民入川泽山林，不逢不若，魑魅魍魉，莫能逢之。"晋杜预注："禹之世，图画山川奇异之物而献之。使九州之牧贡金，象所图之物著之于鼎。图鬼神百物之形，使民逆备之。"这个传说也是基于大禹治水。其内容与刘歆以来关于禹、益治水并创作《山海经》的说法具有内在一致性。欧阳修看到了这一点，诗中说《山经》保存了夏鼎的部分遗迹。这暗示了《山海经》乃是对于夏鼎图的描述。

南宋薛季宣对此也有相同认识。其《浪语集》卷三十《叙山海经》引述《左传》关于铸鼎的文字后，云："《山海》所述，不几是也？"不过，薛季宣认为《山海经》绝对不是先秦有夏遗书，批评刘歆"直云伯益所记，又分伯益、伯（一作柏）翳以为二人，皆未之详。考于《太史公记》，则汉西京书，非后世之作也。《山海经》要为有本于古，或秦汉增益之书"。

到了明代，杨慎《注〈山海经〉序》认定《山海经》与禹鼎图有关，发展出完整的"禹鼎图"假说。清毕沅、郝懿行、今人余嘉锡、袁珂也不同程度地同意此说。

宋人对于《山海经》作者有不同认识。晁公武《郡斋读书志》卷八列《山海经》为地理类之首，认为是大禹制。尤袤《山海经跋》对此有怀疑，云："《山海经》十八篇，世云夏禹为之，非也。其间或撰启及有穷后羿之事。汉儒云：'翳为之'，亦非也。然屈原《离骚经》多摘取其事，则其为先秦书不疑也。"但是，朱熹则连"先秦书"的说法也否定了，他推测《山海经》是汉人"缘《天问》而作"，并得到陈振孙等人支持，待下文详述。

（五）朱熹的《山海经》研究

1. 对《山海经》的一般评价

朱熹作为南宋第一大儒，虽然有着经学立场的偏见，但是他对于《山海经》的认识还是比较全面的。既注意到《山海经》中的神怪叙述，也没有忽视其中的地理志内容。

通过研究,朱熹对于《山海经》中《山经》部分是基本肯定的。《朱子语类》卷一百三十八中有弟子询问《山海经》的问题。朱熹回答:"一卷说山川者好。如说禽兽之形,往往是记录汉家宫室中所画者。如说南向、北向,可知其为画本也。"这是对于《山经》地理描述的总体肯定,也批评关于禽兽形状的记录并非事实。由于当时学者尚未了解《海内东经》结尾部分是后世羼入的《水经》内容,所以朱熹对于《海内东经》此部分内容也给予了肯定。"浙江出三天子都,在其东……右出《山海经》第十三卷。按:《山海经》唯此数卷所记颇得古今山川形势之实,而无荒诞谲怪之词。……此数语者,又为得今江浙形势之实。但经中浙字,《汉志》注中作渐,盖字之误,石林已尝辨之。"(《朱子全书》卷五十)

但是,儒家经学的立场使朱熹对于《山海经》中那些"荒诞谲怪"的内容非常不满,对于世人忽视其中真实地理内容而偏好怪异内容的态度也全然否定。"然诸经(师)皆莫之考。而其他卷谬悠之说,则往往诵而传之。虽陶公(陶渊明)不免也。"(《朱子全书》卷五十)这里把他平时喜爱的陶渊明也一并加以批评,可见其态度之严厉。当洪兴祖引用《山海经》中鲧窃息壤遭祝融诛杀的情节注解《天问》时,朱熹更加恼怒:"祝融,颛帝之后,死而为神。盖言上帝使其神诛鲧也。若尧舜时,则无此人久矣。此《山海经》之妄也。"朱熹不顾古籍中各种祝融神话之间彼此矛盾的实际存在,用其一否定其他,是非常武断的。这种武断不符合他在学术研究中一贯的冷静态度。可能因为其经学立场在其中产生了影响,才使他如此动怒。

2.《山海经》是模仿《天问》的"述汉家宫室图之作"

朱熹是很早关注《山海经》和图画关系的一位学者。他发现了《山海经》部分叙述文字具有明显的述图痕迹。他在《记〈山海经〉》云:"(《山海经》)记诸异物飞走之类,多云'东向',或云'东首',皆为一定而不易之形",所以推测《山海经》为"本依图画而为之,非实记载此处有此物也"。《朱子语类》卷一百三十八答弟子问云："(《山海经》)如说禽兽之形,往往是记录汉家宫室中所画者。如说南向、北向,可知其为画本也。"说禽兽之形者,《山海经》各篇皆有。而"东向"、"东首"、"南向"、"北向"者多在《海经》、《荒经》。如《海外西经》说:"开明,兽身,大类虎而九首。皆人面,东向,立昆仑上。"如《海外北经》说共工之台:"台四方,隅有一蛇,虎色,首冲南方。"朱熹所谓的"一定不易之形",就是指经文中此类类似画面的静态描写。这一发现有助于理解经文内容,非常重要。后世学者论及《山海经》与图的关系,都是在朱熹发现的基础上展开。王应麟《王会补传》称赞朱说"得其实"。明人胡应麟《少室山房笔丛正集》卷十六赞扬朱熹的发现,云:"甚矣,紫阳之善读书也! 即此文意之间,古今博雅所未究,而独能察之。况平生精力萃于经传者可浅窥乎?"

朱熹推测《山海经》描写的禽兽之形"往往是记录汉家宫室中所画者",显然是由于注解《楚辞》而受到王逸注的启发。王逸《楚辞章句》,认为《天问》是屈原见"楚有先王之庙及公卿祠堂,图画天地山川神灵,琦玮僪佹,及古贤圣怪物行事","因书其壁,呵而问之",遂成此诗。《朱子语类》卷一百三十八云:"古人有图画之学,如《九歌》、《天问》皆此其类。"汉代的确流行在壁上作画的习惯,如武梁祠、如墓穴画像。故,朱熹说《山海经》是记录图画,不为妄测。可是,朱熹把年代弄错了。绝大多数学者一般认为《山海经》是先秦古书,所本之古图更应该是先秦时代的。

一反自古以来学术界认为《山海经》早于《楚辞》的共识,朱熹认为《山海经》是汉人因《天问》而作。其《楚辞集注·楚辞辩证》卷下云:

大抵古今说《天问》者,皆本此二书(指《山海经》、《淮南子》)。今以文意考之,疑此二书本皆缘解此《问》而作。而此《问》之言,特战国时俚俗相传之语,如今世俗所谓僧伽降无之祈、许逊斩蛟蜃精之类,本无稽据。而好事者,遂假托撰造以实之。

朱熹还具体考证中运用此假说进行推论:

(《天问》)"启棘宾商"四字,本是"启梦宾天"。而世传两本,彼此互有得失，遂致纷纭不复可晓。盖作《山海经》者所见之本"梦天"二字不误，独以宾、嫔相似，遂误以宾为嫔而造为启上三嫔于天之说，以实其谬。王逸所传之本"宾"字幸得不误，乃以篆文"梦天"二字中间坏灭，独存四外，有似"棘"、"商"，遂误以"梦"为"棘"，以"天"为"商"，而于注中又以列陈宫商为说……（洪兴祖）且谓屈原多用《山海经》语，而不知《山海》实因此书而作。

朱熹完全颠覆了王逸以来用《山海经》注解《楚辞》的传统。此假说主要凭借推理，并无事实依据，但是在南宋时代盛行。陈振孙《直斋书录解题》卷十五评朱熹此论云："至谓《山海经》、《淮南子》殆因《天问》而著书，说者反取二书以证《天问》，可谓高世绝识，毫发无恨者矣！"其卷八《山海经十八卷》条又云："……而朱晦翁则曰：'古今说《天问》者皆本此二书（指《山海经》与《淮南子》）。今以文意考之，疑此二书本皆缘解《天问》而作。'可以破千载之惑！"马端临《文献通考》卷二百四照抄陈氏溢美之辞。朱熹、陈振孙、马端临都是宋代大家，却共同坚持一个无根假说，由此可见当时学术界爱好"以理论断"的学风。明人胡应麟不察，也赞同此论。其《少室山房笔丛正集》卷十六云："始，余读《山海经》，而疑其本《穆天子传》，杂录《离骚》、《庄》、《列》，傅会以成者。然以其出于先秦，未敢自信。载读《楚辞辩证》云'古今说《天问》者，皆本《山海经》、《淮南子》。今以文意考之，疑此二书皆缘《天问》而作。'则紫阳已先得矣。"不过，胡应麟相对谨慎，断定《山海经》是"战国好奇之士取《穆天子传》，杂录《庄》、《列》、《离骚》、《周书》、《晋乘》以成者"。比朱熹的汉人所作说相对较早一些。

朱熹的假说得到后世一些辨伪学者的支持，如清人姚际恒《古今伪书考》、崔述《崔东壁遗书·夏考信录》等。崔云：《山海经》"书中所载，其事荒唐无稽，其文浅弱不振，盖搜辑诸子小说之言而成书者。其尤显然可见者，长沙、零陵、桂阳、诸暨等郡县名，皆秦汉以后始有之，其为汉人所撰明矣"。但是，多数学者不赞同朱熹这一假说。清吴任臣《读〈山海经〉语》云："周秦诸子，惟屈原最熟读此经。《天问》中如'十日代出'、'启棘宾商'……皆原本斯经。校勘家以《山海经》为秦汉人所作,即此可辨。"鲁迅《中国小说史略》云:"以(《山海经》)为禹、益作者固非,而谓因《楚辞》而造者亦未是……"则学术变迁之一斑于此可以窥见矣。

余嘉锡《四库提要辨证》基本支持王逸注解《天问》的说法,并推论道:"疑古先王之庙及公卿祠堂其所画者,即《山海经》图也。但朱子又谓《山海经》反因《天问》而作,则其意与王逸异矣。"余嘉锡的推论颇得当代学者赞同。吕子方《读〈山海经〉杂记》几乎是反朱熹之论而用之:"《山海经》是楚国先王庙里壁画的脚本。"于是,认识又重新回到《山海经》早于《楚辞》的学术传统中。

(六)宋人对于《山海经》地理志性质的怀疑

由于魏晋以后地理学的长足发展,特别是唐宋两代对于全国土地的大规模勘察、丈量,以及唐《元和郡县志》、宋《太平寰宇记》、《元丰九域志》等书的编纂成书,宋人地理学知识已经相当充分。而其历史地理学尚未充分发展,所以,尽管多数学者依然视《山海经》为地理书,但是有些学者则根据其当代地理观念,开始以怀疑的目光打量《山海经》。

陈振孙《直斋书录解题》卷八地理类著录《山海经》十八卷。但是,他转引司马迁评语认为《山海经》不真实,又引朱熹之语,认为是"缘解《天问》而作",暗示此书非地理志,故云:"古今相传既久,姑以冠地理书之首。"马端临《文献通考》赞同其说。

郑樵(1104~1162)《通志》卷六十六将《山海经》列入"方物类",与《神异经》、《异物志》并列。郑樵是把《山海经》当做专门叙写远方怪物的著作,显然也在怀疑其地理记述的真实性,而且暗示它是志怪之作。此事开了明代胡应麟定《山海经》为"志怪之祖"说法的先河。

王应麟(1223~1296)对《山海经》的地理学描述也不全信。但是,王氏考虑到地理山川的历史演变,并不认为《山海经》内容与当前真实地理之不相符合的原因都是经文失真造成。他的看法比较折中,态度也不那么偏激。其《通鉴地理通释·自序》云：

言地理者难于言天，何为其难也？日月星辰之度终古而不易，郡国山川之名，屡变而无穷。……《虞书》九共，先儒以为《九丘》，其篇轶焉。传于今者，《禹贡》、《职方》而止尔。若《山海经》、《周书·王会》、《尔雅》之《释地》、《管氏》之《地员》、《吕览》之《有始》、《鸿烈》之《地形》，亦好古爱奇者所不废。

因此，王应麟在注解渭水、鸟鼠同穴山等处时，皆注明古今地名变化，并引《山海经》及郭璞注作证。他的历史地理学成就得到《四库提要》的良好评价："其中征引浩博，考核明确。而叙列朝分据、战攻，尤一一得其要领，于史学最为有功。"

宋代去古未远，郭璞《山海经注》、《图赞》和《山海经图》尚有保存，并为学者寓目。这保证了宋代《山海经》学在考据方面的重要价值。如果没有宋代道藏本《山海经》的存在及薛季宣、尤袤等人的记述，我们根本无法解决刘歆定本《山海经》十八篇与班固著录《山海经》十三篇之间的矛盾。同样，没有宋人对于《山海经图》的记录，我们也很难了解郭璞之后此类图画的社会影响力。

宋人没有留下一部能够代表他们对于《山海经》全面认识的注本，是一件令人惋惜的事。

四、明代时的《山海经》研究

（一）明代社会和学术的世俗化倾向

明人学术自清代乾嘉以后饱受学界讥刺，"无根"、"肤浅"、"空疏"都是用来批评明代学术的词汇。这实际上是用乾嘉时代的学术价值观要求明代学术，在很大程度上误解了明代，贬低了明代学术成就。笔者本着同情之心看待明代学术、看待明代《山海经》学。

明代社会世俗化倾向明显。商业社会迅速发展,市民阶层崛起,社会文化需求十分旺盛。适应这种社会需求,《山海经》各种刻本纷纷出现。目前已知的刻本有正统年间(1436~1449)道藏本,成化四年(1468)北京国子监刻本,嘉靖十五年(1536)潘侃前山书屋刻本,嘉靖年间翻刻宋本,万历十三年(1585)《山海经·水经》合刻本等。另外,为适应通俗阅读的要求,还出现了蒋应镐、武临父绘图的《山海经图绘全像》十八卷,胡文焕《山海经图》和嘉靖年间刻本王崇庆《山海经释义》十八卷,万历二十五年(1597)尧山堂刻本《山海经释义》十八卷、《图》二卷,万历四十七年(1619)大业堂刻本《山海经释义》十八卷、《图》二卷,刘会孟《评山海经》等。这些刻本的大量出现,特别是绘图本的出现,无疑使《山海经》进一步深入到社会各个阶层之中。

明代儒家思想相对比较宽松。尽管有人依然反对《山海经》言怪,但是连国子监也带头于成化四年(1468)刊刻《山海经》郭璞注,理由是"永为士大夫博学之助"。这是利用孔子的博学原则来对抗"不语怪"原则,借以肯定《山海经》。由于首刻错误较多,后来还重加编校,于成化六年(1470)再次刊刻。明代道教比较发达,特别是明成祖朱棣以后各帝都重视道教。明英宗正统年间重新编纂了道藏,其中也收录了《山海经》。而且正统道藏本时代早,校刻精,故为后来毕沅、郝懿行等学术大家所采用。

由于商业社会、市民社会的逐步发展,社会资源不再垄断于官府。知识分子也不必走经学"学而优则仕"的独木桥,部分人转而依赖商业社会、市民阶层,自己独立谋生存、求发展。因此,其学术趣味、学术内容都随着其生活方式的改变而大为变化。明代《山海经》研究比较强调其文学性。杨慎把《山海经》看做优秀古文,"如山珍海错"。王崇庆甚至把《山海经》完全视为文学寓言。他们的解说很少艰深、烦琐的考据,普通人都可以读懂,体现出一种世俗化倾向。这是和当时社会的世俗化潮流分不开的。

从经学的学术传统而言,宋儒已经偏重义理,而忽视章句。明人继续沿袭宋人传统,倡言义理,少有考据。学者可以根据自己内心的需要而发议论。这决定了此时的学术完全可以无所依傍,多发个人臆想的特点。明代《山海经》学的两个大家王崇庆和杨慎都是如此。过去学界对于王崇庆、杨慎的《山海经》研究评价不高,大多是受乾嘉学派的影响,用考据学的标准去要求明代学术,而不是本着同情心,从明代人自己的价值观念出发来展开研究。这是不大符合现代学术史观的。其实,学问不一定都要从训诂中来,义理也是学问的源头之一。清人搞考据自有道理;明人讲义理,也自有道理。拿清人考据学的标准要求明人,明人自然不合格;而反过来,用明人义理的标准要求清人,清人一定都是呆子。所以,合理的学术史观还是以相对主义、多元化为根本,用明人的标准对待明人;用清人的标准对待清人。不过,明人也有考据。如杨慎的《山海经补注》就有一些考据;而胡应麟《少室山房笔丛》对《山海经》有更多的考据,且取得了不少成绩,对清代四库馆臣有一定的影响。

明代《山海经》研究开始走上全面发展的道路。已知注本有杨慎《山海经补注》一卷、王崇庆《山海经释义》十八卷、刘会孟《评山海经》十八卷等。它们分别在文字训诂、义理诸方面对《山海经》有所阐发。另外还有朱铨《山海经腴词》一卷,专门研究如何在文学创作中运用《山海经》的美妙言辞。其他学者如王世贞、胡应麟、朱长春等也都对《山海经》性质和意义发表了各自独特的意见。这是前代从未有过的学术盛况。本文重点探讨其中影响较大的王崇庆、杨慎和胡应麟的《山海经》研究。

(一) 王崇庆《山海经释义》的正统立场和"寓言说"

——附说刘会孟《评山海经》

王崇庆(1484～1565),字德徵,号端溪子,大名府开州人,曾任南京吏、礼二部尚书。有《五经心义》,《周易议卦》,《山海经释义》十八卷,《图》二卷。

《山海经释义》现在所见最早版本藏于北京大学图书馆。其自序落款时间是"明嘉靖岁丁酉夏六月丁未",即嘉靖十六年(1537)。王重民《中国善本书提要》定为嘉靖间刻本。又有万历二十五年(1597)蒋一葵尧山堂重刻本,十八另外,还有万历四十七年(1619)大业堂刻本,1995 年齐鲁书社影印,收入《四库全书存目丛书》子部第 245 册,比较易得,但书页有残缺。

1. 王崇庆的正统立场及其思想矛盾

王崇庆的封建正统思想非常浓厚。根据董汉儒介绍,他立朝若干年,每以忠义自许。"九夷八蛮,际蟠所极,莫不欲其归于总理,使圣明之化无远弗届。其为释,非无意也。"这种正统思想被贯彻在他的《山海经释义》中。

他从儒家正统立场出发,要求所有著作必须有助于教化,并以此为标准衡量《山海经》。王云:"《山海经》何为者与? 是故.以之治世,则颇而不平;以之序伦,则幻而鲜实;以之垂永,则杂而寡要。恶在其为经也。"他对《山海经》与儒家六经同称为"经"是非常不满的。既然如此,他本来是不应该研究《山海经》的。根据其《序〈山海经释义〉》自述的写作目的,王崇庆是考虑到《山海经》传世既久,其中也有一些内容合乎道理,为避免未来出现"异言出而教衰,邪音奏而雅亡"的局面才作《释义》的,以纠正郭璞注"弗信理而信物,不语常而语怪"的问题。这是王崇庆为自己做《释义》的一种自我开脱。赵维垣《山海经释义跋》也为王崇庆找理由:

古人有言云:"六合之外,圣人存而不论;六合之内,圣人论而不议。"今观端溪之释,窃思考亭夫子(指朱熹)每于六经注述之暇,楚词、农圃、医、卜、稗官小说,亦罔不究竟。斯殆天人之学,豪杰之才也乎? 考亭夫子、端溪,其道一也。

可是,《山海经》毕竟不是儒家经典,有些内容可能与儒家正统思想一致,但许多内容与儒家正统思想相抵触。于是,王崇庆《释义》在具体评论中时而加以肯定,时而加以严厉批评。其对待郭璞的态度也呈现出自我矛盾。他在《序〈山海经释义〉》中一面说"吾将奇其人而伟其博",一面又指责郭"弗信理而信物,不语常而语怪"。这些都表现出王氏内心情感和理智的冲突。

这种自相矛盾的做法在《山海经》学术史上不止王崇庆一个。《四库全书总目提要》指责《山海经》"多参以神怪之名"。但是,作为总纂的纪晓岚自己却在其《阅微草堂笔记》中大言神怪。而且记载嗣诚谋英勇公狩猎时见到过一个无头人,以乳为目,以脐为口,乘马射鹿,纪晓岚认为这就是《山海经》中的刑天。又说乌鲁木齐山中的小人红柳娃就是《山海经》中的靖人。纪晓岚对《山海经》的评价也存在自相矛盾。

这样看来,王崇庆不是在注解《山海经》,而是让《山海经》为自己所用。用董汉儒的说法:"宇宙间至不齐者,物。顾以一心剂量之,非公(王崇庆)释经也,乃经释公也。"董汉儒是肯定王崇庆做法的。看来,这种对待《山海经》的自相矛盾态度是封建时代正统知识分子常见的问题。笔者认为,其根源在于儒家正统价值观反对《山海经》语怪,而作者个人的心理又需要《山海经》使自己暂时超脱尘世,于是就形成了内在冲突。

2. 敷陈义理的评论方式

宋、明两代学者轻视章句,好言义理。王崇庆《山海经释义》除了引述郭璞注以外,基本没有自己的文字训诂,主要篇幅都是根据所谓义理进行评论。所以,与其说《释义》是《山海经》注本,不如说是《山海经》评论集。这在《山海经》学术史上是有体例创新意义的。而且,王氏几乎是每段皆有评语,释义数量非常之大。所以,我们不能用考据学标准去要求王崇庆,而应该从书评的角度来看问题。

王崇庆使用生活常理判断《山海经》内容的真伪。如《南山经》猨翼之山,有怪蛇、怪兽、怪木等,不可以上。王云:"山既不可以上,则凡怪蛇、怪木与所谓怪鱼,又何从而见之? 不可见,则何由而知之。凡此,自相矛盾而不可信者也。"《南山经》招摇之山有迷榖,据说"佩之不迷"。王评论道:"且人之智愚,性也。气质可化,学也。而曰:'迷榖,佩之不迷。'则凡地之近彼者,皆化为聪间矣乎? 理之所必无也。"王又根据水獭可以两栖而判断《南山经》鲑鱼能够"陵居"无可怀疑。解释鸟鼠同穴山"疑亦物之异种同处一穴,相驯而不相忌耳",倒是平实而合理。王崇庆还根据北方较南方冷的事实判断《北山经》冬夏有雪的情形"非妄也",符合实际。这种从所谓常理推断事实的做法一般只能得到某种可能性,虽然有正确的时候,但是并不很可靠。

王崇庆对于长生不死、死后变形之类的内容自然也都予以批驳。如解说《大荒南经》不死国云:"自古皆有死,而有不死国乎?夫以国而不死,则是肆欲而无复忌惮矣。"解说《海外北经》夸父神话云:"夸父逐日犹精卫填海,喻人之不量力,可也;而以为诚有是,则误矣。"

对于《山经》涉及的各种奇形怪状的山神,王崇庆一概否定:

凡山川之灵气能兴云雨、济万物皆神也。仲尼曰:"气者,神之盛也。"审若是,然后知有形者非神也。夫古有望于山川之祭,谓其有功于民也。然则此所谓鸟身而龙首,疑亦兽之怪欤?记者未明物理,遂以为神,过也。(《南次一经》山神)

凡异物,小人以为神,君子以为怪。……惜乎,愚俗惑于淫祀而莫救也。(《南次二经》山神)

作者急切的以儒学教化大众的心态表露无遗。他以儒家的神学观念为正统去否定其他神学观念,代表了当时一大批儒家知识分子普遍的牧民心态。

身处高位,王崇庆的统治者意识是非常强烈的。他常常用统治术来判断《山海经》内容是否合乎所谓"大义"。《山经》记载大量物产资源,王崇庆在《西山经》莱山条下,云:"凡草木鸟兽,莫山川为多。王者承天命而纲纪万物,莫此为大。昔舜咨四岳,命虞人以掌山泽,盖帝王赞化育之大端。宜其不敢忽也。"他认为《山经》结尾处概述天下山川资源时只言铜铁,不及金银是防止争斗,防止战争。这是大致符合《山海经》原始意义的判断。统治术也包含着十分黑暗的内容。《大荒南经》有"盈民国,於姓,黍食"。此条,古人无注。王崇庆以为是寓言,把盈理解为饱,把"於"理解为"欲",把"黍"理解为老鼠,故其《释义》云:"盈民,饱民而满其欲者也。"解说非常新颖。但是,王进一步说:"夫饱民而满其欲,愚莫大焉。其斯以为愚乎?凡士之不能报国爱民,皆所谓窃禄也。去鼠窃几何哉!黍(鼠)食之叹,宜矣。"满足百姓的欲望,为什么被王崇庆斥为"愚莫大焉"？其实这里就是王崇庆追求的统治术。一旦百姓满足了，君王就无法驱使他们为自己所用。士大夫用饱民的方法治国，反而害了君主和百姓。所以，这样的士大夫在王崇庆看来就是窃取俸禄的老鼠。王崇庆所表达出来的这种"大义"实际是驱使百姓、以百姓为君王工具的统治术。

治道是包括道德教化的。《南山经》青邱之山有兽，类狐而九尾，吃人。但是人吃了它则可以不受蛊毒。王崇庆从教化的意义出发评论道："兽相食且人恶之，况九尾类狐者能食人乎？然曰：'食者不蛊。'则又言人之食兽也。夫人与兽相食，是大乱之道也。按经究实，防微杜渐。为世道计者，何可忽与？"王说未免求之过深了。

3. 寓言说

王崇庆出于寻找《山海经》教化价值的需要，把《山海经》许多内容都解释为寓言。这是一种出于道德目的的文学解读方式。他的这个假设，不仅涉及如何评价具体叙事单元，还将关系到如何判断《山海经》作者和创作目的，所以，比较重要。

王崇庆的"寓言"说主要针对《荒经》以下。《山海经释义》卷十四云："海内、海外，即大荒在矣。而又列大荒与？故知《大荒》寓言也。故，寓言当以意会也。"

按照这种意会的方法，他解释《大荒东经》"小人国，名靖人"一句，云："小人，靖人也。其刺恶者婉矣。形之大小而论，非旨也。"小人国，是世界各国神话传说常有的一种异域想象。王崇庆解释为讽刺小人，一个根据是其人短小，但主要根据是其名称"靖人"。靖人，即净人，指寺院中担负杂役的俗人，地位低下。王在文学解读的自由范围之内大胆假设"小人国"是出于讥讽小人的目的而想象出来的寓言。《大荒东经》又有"大人之市，名曰大人之堂。有一大人踆其上，张其两耳"。郭璞注其中"大人之堂"云："亦山名，形如堂室也。大人时集会其上，作市肆也。"王崇庆从中读出了微言大义："既谓之市，又谓之堂，然则市道行国，无政矣。且谓'踆其上。张其两耳'，夫小人而据高位，方且肆其私察以为毒。尚足以为政乎?"这是王崇庆根据自己的价值观解读出来的内容,由于合乎其观念而得到他的肯定。至于《大荒西经》"开上三嫔于天,得《九辩》、《九歌》以下",由于描写了给天帝贡献美色而违背了王崇庆的神圣观念,遭到他严厉批判:"岂有是哉! ……知《开筮》、《竹书》之传乱道惑世,莫此为甚。噫,此(指《山海经》)岂其流派也与?"王崇庆读出的寓意,都是关乎道德的,显示出作者强烈的道德关切。

王崇庆用意会的方法又从《荒经》中读出了秦汉之际的一系列政治斗争。《大荒北经》夸父逐日是有名的神话。夸父焦渴难耐,饮河不足,"将走大泽,未至,死于此。应龙已杀蚩尤,又杀夸父。乃去南方处之。故南方多雨"。王《释义》云:"(秦始皇)沙丘之崩,其未至而死。与'应龙杀之',其汉代秦与?'南方处之'、'南方多雨',汉火德王与? 除秦苛法,王泽其深与? 若夫昆仑而又继之以岳山,高也。其汉高之隐名与? 不然,是为舜词。"《大荒北经》烛龙,王《释义》云:"以烛龙目之开闭而为昼夜,寓言若是,屡矣! 秦汉之兴亡,大略可见。"类似例子还有对于继无民的解释等等。把寓言附会到历史上,超出了文学自由解读的限度。猜测之辞过多,恐不足据。

既然这些所谓"寓言"包含秦汉历史,那么《山海经》或者至少是《荒经》的作者就只能是汉代人了。故王崇庆云:

考之建平,盖汉哀帝世。刘向之孙曰龚者,号称笃信而济之博通,盖汉史之尤出也。其管领是书,果出先代,宜有辩证;或参以己意,亦当平反。而一时修撰如秀辈,故皆无闻焉。是庄、列寓言之妄,汉晋皆踵之乎?

由于这个假说的可靠论据太少,后来学者未见支持者。

把《山海经》解释为寓言的情况还见于刘维《山海经策》。刘维,生卒年待考。清吴任臣《山海经杂述》引述了刘维的看法:

至若经言贰负之臣,帝梏之疏属之山,桎其足,缚其两手,至汉宣帝时犹验。此足为二心之臣戒。有蜮民之国,射蜮是食。为鬼为蜮,则不可得。射而食之,此可为邪民戒。丰次(应为"沮")玉门、日月所入;倚(应为"猗")天苏门，日月所生。羲和之国，浴日；天虞浴月。日月，君象也，而浴之，此可为夹辅日月者劝。此即无是事，而理故足信，况经备载之乎？

刘维同样从《山海经》中读出了道德与政治寓意。可见，王崇庆的寓言说是有一定普遍性的。

4. 世俗化的解说方式

王崇庆与杨慎大致同时，但是双方经历大异，思想差距甚远。所以，其《山海经释义》在许多方面与杨慎《山海经补注》迥然相异。但在世俗化解说方式方面双方倒是颇多一致之处。

《山海经释义》没有任何精深的文字考证和史料说明，基本都是用浅显的道理和现实性关切来议论经文。对于《山海经》的文学价值，作者主要从寓言角度、道德立场做了解说。偶尔也有纯粹的艺术感悟。如《西次三经》不周山条下，《释义》云："细玩此书，不独善纪而已。如所谓'浑浑泡泡'、'其实如桃'、'黄华赤树'、'食之不劳'。皆纪事中寓韵读者。"这里不仅肯定《山海经》的叙事技巧，还肯定其中包含音韵之美。这的确是一个发现。当代学者萧兵在《山海经文化寻踪》中指出《山海经》有乐园情结，凡是叙述乐园的文字，往往包含韵语。这印证了王崇庆的发现。

5. 刘会孟《评山海经》

刘会孟，生平无考。其《评山海经》十八卷的内容仅见清人吴任臣《山海经广注》转引了约四十条。这些被引用的材料主要是地理解说，也有一些是名物训诂，还有类似王崇庆《山海经释义》的评论。

地理解说的条目最多。例如，《西山经》轩辕之丘，刘会孟曰："今新郑县，古有熊氏之国。"《北山经》谒戾之山，郭璞注云："今在上党郡涅县。"刘会孟云："今在泽州高平县。"《北山经》燕山多婴石。郭注曰："言石似玉，有符彩婴带，所谓燕石者。"刘会孟云："今此石出保定满城县。语云，鱼目混珠，燕石乱玉。"刘会孟通常都是用明代地名进行解说，通俗而实际。

名物训诂类的例子，如《东山经》："……絜钩，见则其国多疫。"刘会孟曰：

"海凫毛见则天下大乱,斯鸟亦海凫类。"《海外北经》务隅之山,帝颛顼葬于阳。郭注云:"颛顼,号为高阳,冢今在濮阳,故帝邱也。一曰顿邱县城门外广阳里中。"刘会孟云:"此招魂葬衣冠之所,非濮阳帝邱也。"

被吴任臣引用的评论类条目很少。例如,《海外西经》刑天神话,刘会孟云:"律陀有天眼,形天有天口。"《西山经》鹿台之山有凫徯鸟,"其名自叫也,见则有兵"。刘会孟云:"鸟人面者,非大美则大恶。其美者频伽,大恶者凫徯。"刘会孟对《海内北经》驺吾(一作虞)兽的评论是:"五色烂然为婆罗花,五色毕具为驺虞兽,皆禀五行之精者。唐太和元年有白虎入重峰观,即驺虞也。又永乐二年,周王畋钩州获驺虞。宣德四年,滁州来安石固山获二驺虞,献之朝。群臣皆赋咏之。夏原吉《赋序》云:'貌目虎身,白质黑章,修尾逾目。不食生,不践草。'与《埤雅》所载同。"

根据刘会孟书名估计,其《评山海经》应该以评论为主。可是,吴任臣为什么引用这么少呢?笔者以为主要是因为吴任臣《山海经广注》体例所限,未能充分引用而已。正如吴氏对王崇庆《山海经释义》的态度一样,只引用地理与训诂,不引评论。这样,我们就无法全面了解刘会孟《评山海经》的真实面目了。

总的看来,《山海经释义》开创了评论式的《山海经》研究方法。作者主要从儒家正统的道德观念,和统治阶级的政治立场立论,代表了明代某些知识分子对于《山海经》的认识。但是,其"寓言说"在自由解读《山海经》方面还是具有启发意义的,它代表解释《山海经》经文的多种可能性之一。尽管可能不符合《山海经》原始意义,但是王崇庆把《山海经》完全当做文学作品进行解读,按照接受美学的观点,这也是可以接受的。而我们从王崇庆的"寓言说"中,可以了解明代儒生的精神风貌——不重考据,强调义理。

王崇庆这种评论式的注解方式,自然不入清代考据学诸公的法眼。《四库全书总目提要》评价其书云:"是书全载郭璞注。崇庆间有论说,词皆肤浅。其图亦书肆俗工所臆作,不为典据。"所以,《山海经释义》被列入存目书。这种所谓"肤浅"的指责一部分原因在于《山海经释义》本身的世俗化倾向,另一部分原因则在于四库馆臣的考据学眼光。

(三)杨慎解读《山海经》的跨文化视野和文学眼光

杨慎(1488～1562),字用修,号升庵,新都(今属四川)人。其父杨廷和为内阁首辅,本人又少负才名,正德六年(1511)殿试第一,授翰林修撰。嘉靖时代任经筵讲官。嘉靖三年(1524)因为参与"议大礼"而触怒皇帝,谪戍云南永昌卫,从此在云南度过余生。杨慎一生跌宕起伏,见多识广。学问广博,从金石之学,到民歌童谣,无所不用其心。又勤奋笔耕,著述弘富,《明史》推为第一。

从全国政治文化中心北京贬谪到边疆云南的三十八年生活,对杨慎的人生态度和治学方式发生了重大影响。他的思想观念和文学趣味发生了重要变化,所以能够关注长期遭受正统文人漠视的《山海经》,并给予高度评价——"六经如五谷","《山海经》如山珍海错"。由于喜爱《山海经》,喜爱古人用韵语纪异物,杨慎曾经模仿郭璞《山海经图赞》而创作《异鱼图赞》,其中也收录了郭璞关于鱼类的个别图赞。他对于刘歆、郭璞的工作,也给予了充分肯定。其《注山海经序》云:"汉刘歆《七略》所上,其文古矣。晋郭璞注释所序,其说多矣。此书之传,二子之功欤?"而他最重要的《山海经》研究成果——《山海经补注》,完成于1545年,并于1554年刊刻,收入《杨升庵丛刻十四种》。后来多种丛书收录此书。中华书局1991年据《艺海珠尘》本排印,比较易得。

杨慎《山海经补注》和其他相关著作,如《丹铅总录》、《丹铅余录》、《续录》、《摘录》、《息壤辨》等,都对《山海经》有所解说。其对于《山海经》研究的贡献是多方面的。

1. 文字训诂的进展

杨慎爱好古文字,曾有《奇字韵》、《古音骈字》等著作。扎实的文字音韵学功底,使他对于《山海经》文字的解读也有一些独到见解。例如,《中山经》

暴山多"麆"。郭璞无注。杨《补注》云为"麂"。袁珂《山海经校注》采纳了此说。《海外东经》玄股国其人"食鸥",郭注:"鸥,水鸟也,音忧。"杨慎补充说明道:"鸥,即鸥。"此说符合《说文》的解释。朱骏声《说文通训定声》云:"鸥,今作鸥。"看来,杨慎的说明是正确的。《北次三经》有太行山,郭注:"行,户刚反。"杨慎《丹铅余录》卷二云:"《山海经》太行山,一名五行山。《列子》作大形。则行本音也。"意思是太行山之"行",本音应该是五行之"行"。这种说法颇有道理。

《海内经》有"洪水滔天,鲧窃帝之息壤,以堙洪水"。郭璞注云:"息壤者,言土自长息无限,故可以塞洪水也。《开筮》曰:'……伯鲧乃以息石、息壤以填洪水。'汉元帝时,临淮徐县地踊,长五六里,高二丈。即息土之类也。"后来者多从郭说,以息壤为天帝手中神土。罗泌《路史》云,楚国有地名息壤,该地土壤能够生长,所以鲧用这种土堵塞洪水。但是,杨慎《息壤辨》认为这种说法是"眯目而道"。他据汉儒旧注认定"壤"又名息土,无块、柔软、肥沃、赤色,可以耕种,故云:

《山海经》所云"鲧窃帝之息壤",盖指桑土稻田可以生息,故曰"息壤"。土田皆君所授于民,故曰"帝之息壤"。鲧之治水,不顺水性,而力与水争。决耕桑之畎亩,以堙淫潦之洪流,故曰:"鲧窃帝之息壤,以堙洪水。"

杨慎批评旧注:"古书传之言,本自明且昭,而解者翳且晦。此类多矣。"此说有独到的合理成分,得到后人赞扬。不过,由于单纯文字训诂本身的局限,杨慎之说实际是用现实性的息壤取代了神话性的息壤。从神话学角度看,似乎有合理主义之嫌,与《山海经》、《开筮》的息壤神话有一定距离。

2. 以亲身见闻确认《山海经》中许多自然知识的真实性

杨慎比较肯定《山海经》中的写实部分。他常常用实际经历来加以说明,而不是靠翻故纸堆,靠闭门玄想。如鸟鼠同穴山(今名鸟鼠山),《尚书》、《山海经》皆有,是渭水发源地。《尚书》"导渭自鸟鼠同穴"一语之孔氏传云:"鸟鼠共为雌雄,同穴处。此山遂名。"郭璞注《山海经》则据《尔雅·释鸟》详细而客观地说明了鵌鸟和鼵鼠共处一穴的自然奇观,未言共为雌雄的传闻。可是有些经学家缺乏自然知识,怀疑这种现象的真实性。如宋代蔡沈《书集传》(后世简称《蔡传》)云:"同穴,山名。《地志》云:'鸟鼠山者,同穴之枝山也。'《孔传》曰:'鸟鼠共为雌雄,同穴而处。'其说怪诞不经,不足信也。"蔡沈为了否定鸟鼠同穴这样的自然奇观,竟然把鸟鼠同穴山分为两座山,一座叫"鸟鼠山",另一座叫"同穴山";甚至煞有介事地宣称"鸟鼠山"是"同穴山"的"枝山"——一条支脉。而杨慎注《山海经》引证陕西人和目击者见证,的确存在鸟鼠同穴山。他批评《蔡传》:"宋人作《书》传,乃以鸟鼠为一山,同穴为一山。意欲附于不语怪,而不知其妄可笑也。"杨慎的批评一针见血。

贬谪云南的经历更加丰富了杨慎关于大自然的见闻,曾有《云南山川志》、《滇候记》和《滇产记》等著作记录当地山川、气候和物产。所以,其《山海经补注》增加了一些郭注不详的事物。如《南山经》亶爰之山的野兽"类"。经文云:"其状如狸而有髦,其名曰类。自为牝牡,食者不妒。"郭注云:"《庄子》亦曰:'类自为雌雄而化。'今貆猪亦自为牝(当为雌)雄。"貆猪就是豪猪。所谓"自为雌雄",即雌雄同体。当是古人见到豪猪体多长刺难以配合所产生的传闻。验之现代动物学,则无据。杨慎注云:"今云南蒙化府有此兽,土人谓之'香髦'。……再考此兽类明,盖种无异同,雄亦类雌,雌亦类雄。类字之义愈益可明。"蒙化在今云南楚雄彝族自治州。这是他在云南的见闻,并推想其命名的由来。最近生物学家郭郛《山海经注证》认为类就是大灵猫,这种动物雌雄外表不易区分。可见杨慎对类兽的注解是正确的。又如,《西次二经》松果之山的濩水有螐渠鸟,"其状如山鸡,黑身赤足"。郭注云:"螐渠,音彤弓之彤。"杨慎注云:"螐渠,即鸀渠。南中通海县有之,名曰鸀鸡。旧注音彤,谬。"鸀渠是一种水鸟,符合经文描述。通海县在云南,这材料当是杨慎得自流放地。后来毕沅指出《尔雅》、《说文》均作雒渠,看来杨慎把螐渠解释为鸀渠,是正确的,古代的确有两种名字。但是,杨慎指责郭注有误,以为"音司",不知何据。《北次三经》天池之山"有兽焉,其状如兔而鼠首,以其背飞,其名曰飞鼠"。郭注云:"用其背上毛飞。飞则仰也。"飞鼠,即鼯鼠。经文描述其飞翔不准确,郭注更是想象之辞。杨慎云:"云南姚安(今大姚县)、蒙化有之。余亲所见也。其肉可食,其皮治难产。"《南山经》洵水注于阏之泽,"其中多芘蠃"。郭注云:"紫色螺也。"杨慎云:"螺色白。磨之则紫文生。余亲见之。"云南的见闻使杨慎《补注》在了解《山海经》的自然知识方面有了一定进展。而这是那些一般读书人不可能有的经历,一般注家不可能有的见识。

3.跨文化视野下的《山海经》奇异民族

由于两地民族文化差异巨大,杨慎在云南显然经历了跨文化的过程,即从唯一的汉族文化跨入其他民族文化。

一生只经历一种文化的人很容易局限于母文化的价值观,并以之为唯一价值尺度判断其他一切事物,从而陷入所谓"文化自我中心主义"的泥坑。经过跨文化历程的人则可能摆脱这种单一价值观念,形或多元化的文化立场。杨慎长期生活在云南,了解其他民族生活方式较多,并对当地少数民族历史与文化比较尊重。在其著作中多有记录。其《云贵乡试录》云:"恒言目滇曰遐域。……稽古滇域,非遐也。青阳,黄轩之封壤也。黑水,玄禹之导迹也。……故滇文之蔚也,实彰圣代文治之广矣、大矣!"杨慎虽然不能完全摆脱汉族文化自我中心主义的褊狭,但是毕竟形成了跨文化的学术视野。这在杨慎《山海经补注》对异民族的注解中是有显示的。

他用异民族的文化注解经文。《海内北经》记录犬封国"有一女子方跪进杯食"。郭璞注:"与酒食也。"意思是女子正跪着给人进献酒食。杨慎认为是给丈夫进酒食。进酒食还要下跪,似乎不可思议。杨注云:

今云南百夷之地,女多美。其俗不论贵贱,人有数妻。妻妾事夫如事君,不相妒忌。夫就妾宿,虽妻亦反服役之,云重夫主也。进食、更衣,必跪,不敢仰视。近日,姜梦宾为兵备,亲至其地。归,戏谓人曰:"中国称文王妃后不妒。百夷之妇,家家文王妃后也。"跪进杯食,盖纪其俗。

杨慎强调的是云南土著"妻妾事夫如事君",以此说明犬封国习俗的现实合理性。故云《山海经》"（女子）跪进杯食，盖纪其俗"。但是，又由此联想到中国文化中妻妾嫉妒的问题——杨慎从跨文化的视角反思中国文化。中国汉族古代同样实行多妻制，随之而来的是不可避免的妻妾矛盾，即所谓嫉妒。用中国古代生活经验看待《山海经》中犬封国，看待云南土著习俗，似乎是天方夜谭。杨慎认为：土著是依靠高度尊崇男性的方法，消灭了嫉妒。他显然在设想着通过进一步提高汉族男性地位而解决多妻制给汉族家庭与社会带来的嫉妒问题。

《海外南经》有"神人二八连臂，为帝司夜于此野"。郭注云："昼隐夜现。"杨慎云："南中夷方或有之。夜行逢之，土人谓之'夜游神'。亦不怪也。"这些神人本来被视为怪物，可是杨慎以云南土著民族对夜游神的信仰，说明它们并非怪物。由于迷信，杨慎注《大荒西经》"风道北来，天乃大水泉。蛇乃化为鱼，是谓鱼妇"时云："今南中百夷能以术咒尸为鱼而食之。"这不符合经文，也不真实。

《山海经》多言异族为中国上古帝王之后裔。如《大荒东经》云："有黑齿之国。帝俊生黑齿，姜姓，黍食，使四鸟。"郭注云："圣人变化无方，故其后世所降育，多有殊类异状之人。诸言生者，多谓其苗裔，未必是亲所产。"明显是从神仙学观点作发挥。杨慎云："盖赐之姓，而别其种类。相传既久，彼后世自以为圣帝之苗裔也。如今云南木邦孟养之夷云'天皇帝是我兄之类。'"这种注解可能不很适合黑齿国，但其原理是比较接近事实的，用在其他异族是可以的。所以，杨慎注《大荒南经》"三身之国，姚姓，黍食"时列举许多国族的姓氏，并云："夷狄岂有姓哉！盖禹锡土姓，而罩及四裔也。《书》所谓'声教讫海。'此亦可证。今南中夷人有合国同一姓者，其遗俗乎？"杨慎的说法明显比郭注之说为优。

由于饮食是人类文化的最基本方面，《山海经》对于异族的饮食习俗是很关注的，常常有所谓"黍食"、"食谷"、"食兽"、"食木实"之类的描述。郭璞对于《山海经》中各异族的饮食习俗往往从神仙学角度解释。如《大荒东经》云：

山海经诠解

"中容人食兽、木实,使四鸟。"郭注云:"此国中有赤木、玄木,其华、实美。"又如,《大荒东经》"有芮国,黍食。"郭注云:"言此国中惟有黍谷也。"这可能是受经文本身神异色彩的影响,部分地反映了《山海经》作者们对异族的想象。杨慎则从实际方面作说明。前文所引三身之国的注文云:"黍食,言犹火食也。……其曰:'食木叶'、'食鱼'、'食木实',《王制》所云'不火食'也。"火食、不火食,即熟食、生食。这在原始民族中是作为文明程度标志使用的。《山海经》中《北次首经》末云:"其山北人皆生食不火之物。"郭注:"或作皆生食而不火。"经文多次提到有许多国族黍食。黍是古代中国主要食物之一,需要蒸煮而食。杨慎注"黍食"是火食,基本符合事实。异族吃黍,当然是和中国文化程度接近的意思。而食木叶、食兽等"不火"者,自然被古人视为远离人类文明的族群。所以,王崇庆《山海经释义》云:"其曰北山人食不火之物,是生食也。盖洪荒之初,民固有茹毛饮血者矣。"杨慎的注解能够摆脱神仙观念,揭示了《山海经》饮食观念的事实一面,非常珍贵。

4. 对"禹鼎图说"的继承与发展

宋人已经开始关注大禹铸鼎传说与《山海经》创作之间的关系。在杨慎完成《山海经补注》之前,黄省曾(1490～1540)《〈山海经〉、〈水经〉合序略》也提及《山海经》与禹鼎的关系:"古《山海经》十八卷,亦宇中之通撰也。粤溯往牒,则远方图物,夏鼎之铸象也。聂耳雕题,汤令之备献也。白民黑齿,成王之作《会》也……"

杨慎《升庵集》卷二《〈山海经〉后序》正式把它发展为一种假说:

《左传》曰:昔夏氏之方有德也,远方图物贡金九牧,铸鼎象物。百物而为之备,使民知神奸,入山林不逢(逢)不若。魑魅魍魉,莫能逢(逢)之。此《山海经》之所由始也。神禹既锡玄圭,以成水功,遂受舜禅,以家天下。于是乎收九牧之金,以铸鼎。鼎之象则取远方之图。山之奇,水之奇,草之奇,木之奇,禽之奇,兽之奇。说其形,著其生,别其性,分其类。其神奇殊汇,骇视惊听者,或见或闻;或恒有,或时有,或不必有,皆一一书焉。盖其经而可守者,具在《禹贡》；奇而不法者，则备在九鼎。九鼎既成，以观万国。同彼象而魏之，曰使耳而目之。脱辀轩之使、重译之贡，续有呈焉。固以为恒而不怪矣。此圣王明民牖俗之意也。夏后氏之世虽曰尚忠，而文反过于成周。太史终古藏古今之图。至桀焚黄图，终古乃抱之以归殷。又史官孔甲於黄帝姚姒盘盂之铭，皆缉之以为书。则九鼎之图其传固出于终古、孔甲之流也。谓之曰：《山海图》。其文则谓之《山海经》。至秦而九鼎亡，独《图》与《经》存。晋陶潜诗"流观山海图"，阮氏《七录》有张僧繇《山海图》，可证已。今则经存而图亡。后人因其义例而推广之，益以秦汉郡县地名。故读者疑信相牪。信者直以为禹益所著，既迷其元；而疑者遂斥为后人赝作诡谲，抑亦轧矣。

杨慎把传说中大禹铸鼎象远方之图物解释为专门表现奇山、奇水、奇草、奇木、奇禽、奇兽中"奇而不法者"（即不合常理者）；把其中"经而可守者"（即合乎常规者）的文字叙述归为《禹贡》；而把奇异不法者的文字叙述归为《山海经》。而铸鼎的目的则被他归结为开启民智。九鼎图像来自远方连续不断贡献的各种奇异物产图，相关叙述文字，即《山海经》。夏朝太史终古、黄帝史官孔甲之类的史官保存了九鼎原图和《山海经》，并一直流传下来。

　　按照这个假说，大禹与《山海经图》、《山海经》的关系是间接的，大禹只是开创了一个传统，历代史官依照这个传统陆续接受远方之图并分类记述远方贡物，才形成《山海经图》和《山海经》。这就既保持了大禹和《山海经图》、《山海经》的关系，同时也解答了唐人杜佑以来对于大禹作《山海经》的怀疑。所以，杨慎既不同意《山海经》的作者就是大禹和益，也不同意此书为后人伪造。用他自己的话就是："信者直以为禹益所著，既迷其元；而疑者遂斥为后人赝作诡撰，抑亦轧矣。"言辞犀利，是杨慎一贯的文风。

　　杨慎这个假说使古老的"禹益说"获得了新生命。他用禹、益传说重新肯定了《山海经》内容的真实性。即便是"奇而不法"的怪物，并且不一定存在，也是来自远方图物，并非空穴来风。所以，这个假说在以后的学术史上影响巨大。古代的胡应麟、毕沅，现代的马昌仪等许多学者都在杨慎假说基础上讨论

《山海经》和《山海经图》。

为了证明这个假说,杨慎在对于《海经》以下的注文中指明了一些文字是描述的九鼎图像。如《海外北经》共工之台"有一蛇,虎色,首冲南方"。杨慎注云:"首冲南方者,纪鼎上所铸之像。虎色者,蛇斑如虎。盖鼎上之像又以彩色点染别之。"《海外东经》"竖亥右手把算,左手指青丘北"。杨慎注云:"亦指铸像也。"

不过,现代学者怀疑夏代初年的铸造技术能否铸造出图案如此复杂、内容如此众多的成套的写实性图像。另外,所谓远方贡图也未见于刘歆记述,是否真实还有待证明。《山经》记录了大量的动物叫声,这是绝不可能来自图像的。由此看来,杨慎的假说并不十分可靠,其解释力是有限的。

5. 对《山海经》的纯文学的解读

由于云南远离文化中心,狭隘的经学"不语怪"传统对他失去了效用;而相对开明的"君子博学"传统在他身上得到全面体现。杨慎的学术观念比较世俗化,常常从纯文学角度欣赏《山海经》。在好友聚会谈论《文选》、《山海经》时,有一位官员声称空暇时只看六经。杨慎半开玩笑、半认真地说:"六经,五谷也。岂有人不食五谷者乎? 虽然,六经之外如《文选》、《山海经》,食品之山珍海错也。徒食谷而却奇品,亦村瞳之富农苛诋者,或以赢犊老羝目之矣。"与杨慎有同样爱好的张愈光听说杨慎此论后,大加赞扬:"观《文选》如食熊膰,极难熟而味隽永。观《山海经》如食海味,必在饫醉之后。枵腹则吐之不纳也。"杨慎及其好友都是从纯文学方面欣赏《山海经》的,六经自然无法比拟。

人们通常只是欣赏《山海经》的故事内容,无人关注其笔法,甚至常常慨叹经文过于简陋。杨慎认为其中不少地方可以当做古文范本。《北次二经》之首:"在河之东。其首枕汾,其名曰管涔之山。"杨慎注云:"《山海经》皆先书山名。此山独变文,亦奇笔也。"《东山经》:"竹山錞于江。"杨慎注云:"錞于江,形如錞也。与管涔之山'其首枕汾'用字相类。"《大荒北经》言烛龙"其瞑乃晦,其视乃明。风雨是谒,是烛九阴,是谓烛龙"。杨慎云:"三'是'字,古文法,奇之又奇。"这三处都是从经文叙述文字的技法上出注,与一般注家大异其趣。杨慎盛赞《山海经》文字技法。《北山经》:"白沙山,广圆三百里,尽沙也。"杨慎引述欧阳修《醉翁亭记》开篇名句"环滁皆山也"的炼字经过,云:"(欧阳修)可谓简而奇。然《山海经》已有此语。……学古文者,岂可不读古书乎?"这对揭示《山海经》的文学价值是有意义的。

杨慎还专门指出一些文学名篇与《山海经》的关系。他注教水,点明是杜甫《石壕吏》所言石壕,今名干壕铺。注黄帝派应龙、魃战胜蚩尤,则指明是阮籍诗句"应龙沉冀州,妖女不得眠"用典出处。此类注虽然很少,但是有助于我们按图索骥了解《山海经》的文学影响。

肯定《山海经》文学价值的不止杨慎、王崇庆。王世贞题曹善抄本《山海经跋》称:"《山海经》最为古文奇书。"胡应麟虽然认为《山海经》是周末文人之作,但是对其文学价值评价甚高:"……叙述高简,词义淳质,名号倬绝,自成一家。"这些评论反映出明代文坛对于《山海经》的热爱。正是在这种文学气氛中,朱铨的《山海经腴词》应运而生。

朱铨,生卒年失考。长沙人,善画能诗。其《山海经腴词》一卷有多种本子,最早是崇祯十七年(1644)刻本,藏国家图书馆。该书是一部协助作诗文的工具书。朱铨有感于《山海经》词语怪诞,常人无法卒读。所以,"兹编《腴词》,化异为常,既释见罽骇毳之惑;因难见巧,并有珠联璧合之奇。庶令读者采用。觉古如紫文金简,不致怪如牛鬼蛇神矣"。书中把《山海经》里的鸟兽虫鱼、矿藏、故事编成对偶,以方便作诗文者使用。如"妪山有鸡谷,丰山有羊桃"、"鼓钟之山有焉酸草茂三成之叶,招摇有迷穀木开四照之花"等等。虽然没有什么学术价值,但是从中可以看出明代不少文人是把《山海经》作为文学工具的,和杨慎等人赞扬《山海经》的文字之美有异曲同工之妙。

6. 学术取向的世俗化倾向

受明代社会与学术世俗化趋势的影响,杨慎比较重视世俗社会,关注民间文化,曾经编有《古今谚》、《古今风谣》、《俗言》等。他的《山海经补注》甚至直接引用民间谚语。如注解《南山经》猨翼之山云:"猨岂有翼哉! 言此山之险而难登,猨亦须翼。谚所谓'胡孙愁'也。"他注解反景为夕阳西下之时影子的方向发生反转,并引谚语"日没胭脂红,无雨必有风"形容晚霞。

他的《山海经》研究的世俗化倾向主要体现在以亲身见闻确认经文中许多自然知识,而不是沿袭古老学术传统翻故纸堆;体现在用世俗的、人人易于接受的文学观点来看待《山海经》;体现在用浅显的道理和语言来进行阐释。正如周爽《山海经补注跋》所云:"余获是编(指《补注》),真帐中之异书,海外之奇作。然敷文析理,不事艰深。人望之而难,读之而易。知(当为"直")视韩子之解老,子玄之注庄。"这种学术世俗化倾向后来遭受清代考据学诸公责难,其实并不公允。

总体上看,尽管杨慎《山海经补注》内容不是很多,只有一卷,但毕竟是郭璞以后较早研究《山海经》的专书。而其中对《山海经》研究的贡献是多方面的。过去学界往往只关注杨慎对于禹鼎图假说的继承与发展,反而忽略了杨慎在文字训诂、自然知识、跨文化视野和学术世俗化倾向等方面更加实在的贡献,其结论难免有些偏颇。例如,毕沅云:"今按杨慎所注,多由蹈虚,而非征实,其于地理全无发明。"杨慎确实对《山海经》山川地理较少关注,但是风物知识还是不少的,毕沅说他"多由蹈虚"有失偏颇。

(四)胡应麟定《山海经》为"古今语怪之祖"

胡应麟(1551~1602),字元瑞,号石羊生,又号少室山人,浙江兰溪人。受王世贞推引登上文坛,为末五子之一。曾经考据杂说多种古籍,收入《少室山房笔丛》正、续二集,其中考论《山海经》的内容比较丰富,对后学的影响较大。

由于胡氏观点在一定程度上受到王世贞的影响,为了充分了解胡应麟学术思想的来源,需要先介绍一下王世贞对《山海经》的看法。

王世贞(1526~1590),嘉靖、万历年间的文坛领袖。他曾经收藏元人曹善抄本《山海经》,并题跋其上。其《跋》云:

《山海经》最为古文奇书。至曼倩之名毕方，子政之识贰负，皆于是取衷。而国师公(指刘歆)《后序》直以为大禹、伯益著。惟司马子长亦云："《禹本纪》、《山海经》所有怪物，余不敢言。"盖亦疑之，而未能决也。贞窃以为不然。经内语，如西望大泽，后稷所潜。稷之称后，追自周始耳。南望撢诸(当为蝉诸)，禹父所化。禹宁忍纪父化也？狄山，文王葬其所。注即周文王也。有易杀王亥，取仆牛。注引殷王子亥淫于有易，见杀也。又成汤伐夏桀于章山，克之。及禹生均国，均国生役采，役采生循鞈之类，不可枚举。岂禹本经不传，或简略非备，而周末文胜之士为傅会而增饰者耶？

王世贞列举了《山海经》中存在的大量商代和周代的历史内容，以此判定刘歆提出的《山海经》直为"大禹、伯益"之书的说法过于简单化。他批评司马迁只是怀疑此书而未敢确定。为此，王世贞罗列了《山海经》中存在的大量商周时代的内容判定今本《山海经》不可能是大禹、伯益之书。但是，王世贞并没有走到全面否定此书的极端立场。他假设存在一个原始《山海经》，即文中所谓的"禹本经"，推测今本《山海经》乃是周代末年文人学士对原始《山海经》大加增饰的结果。当然，这个所谓"禹本经"在他眼里也不是大禹之作。王世贞在《弇州四部稿》卷一五八云："夏禹、伯益作《山海经》，有长沙、零陵、桂阳、诸暨、郡县……颜氏以为后人所羼，非本文也。然《山海经》、《本草》、《尔雅》，恐亦非禹、神农、周公作。"

胡应麟用来论证《山海经》创作年代的主要证据来自王世贞。但是，胡应麟援用《山海经》包含的商周历史内容彻底否定"禹益说"，并且进一步论证"《山海经》称禹、益，实周末都邑簿也"。

1. 定《山海经》为"古今语怪之祖"

虽然也承认《山海经》是"都邑簿"，即地理志之一种，但是，胡应麟更加强调《山海经》的主要内容是语怪。胡云："《山海经》，古今语怪之祖。刘歆谓夏后、伯翳撰，无论其事，即其文与《典》、《谟》、《禹贡》迥不类也。"他从内容和文字风格两个方面否定《山海经》与《尚书》中《大禹谟》和《禹贡》存在相似。

"盖是书(指《山海经》)也,其用意一根于怪。所载人物、灵祇非一,而其形则若魑魅魍魉之属也。"在《少室山房丛笔正集》卷十九,胡应麟又云:"《山海经》专以前人陈迹附会怪神,而读者往往不能察。"于是,列举了《山海经》中"开(即启,避汉景帝讳改)上三嫔于天"是本《离骚》、《天问》之说而讹者,困民国的王亥故事是根据《穆天子传》而说怪等十几个例子,证明《山海经》是专门述怪之作。

这种说法,符合《山海经》中存在虚幻内容的事实,可是忽略了《山海经》同时存在着许多写实性内容。其实,《山海经》中有些地理记录与《禹贡》是可以相互对照的。不过,明人历史地理学知识有限,直至清代四库馆臣依然如此,可能难以判断《山海经》的真实属性。而《山海经》在明代社会发生影响主要依靠其文学虚构。这是胡应麟忽略《山海经》地理志属性而强调其"志怪之祖"属性的重要原因。

胡应麟的说法后来直接启发了清代四库馆臣对于《山海经》属性的认识,他们把《山海经》从地理类退置于"小说家异闻之属"。胡氏的观点还间接地影响到现代学者,如茅盾等人判断《山海经》为神话著作,可以说是影响深远。

2. 批驳《山海经》"禹鼎图"说,断定是周末文士之作

胡应麟对于杨慎的各种学术观点多有批判。曾有《丹铅新录》八卷、《艺林学山》八卷专驳杨慎。杨慎的《山海经》"禹鼎图"说,自然也未能幸免。

胡应麟的文化历史观念是:时代越古老,书籍内容越平实可信;奇怪之说都是本于古事夸饰而成。而《山海经》多怪物,其创作年代自然遭到他的怀疑。其论《穆天子传》与《山海经》之关系就是本于这样的历史观念:"《穆天子传》……其叙简而法,其谣雅而风,其事侈而核。视《山海经》之语怪,霄壤也。"于是,《山海经》的写作年代就被推定在《穆天子传》之后。这种历史观念在现代人看来是存在问题的,包含神怪的材料有可能更加原始,而雅正的材料反而可能较晚。但是在古代,胡应麟所遵循的历史观一直是正统学者遵循的共同思想原则。

那么，《山海经》究竟是在什么时代、什么条件下创作的呢？

胡应麟认为："古人著书，即幻设必有所本。《山海经》之称禹也，名山大川，遐方异域，固本治水作贡之文。至异禽、诡兽、鬼蜮之状，充斥简编。虽战国浮夸之习，乃《禹贡》则亡一焉。而胡以傅合也？"问题是《山海经》既有本于写实的"治水作贡之文"，又有幻想的志怪之语，二者如何结合在一起，颇让胡应麟疑惑。这种疑惑在他读到《左传》王孙满对楚子纵论禹鼎之语时，顿时消除了：

此书盖周末文人因禹铸九鼎图象百物使民入山林川泽备知神奸之说，故所记多魑魅魍魉之类，而于禹为特详。

偶读《左传》王孙满之对楚子曰：'昔夏之方有德也，远方图物贡金九牧，铸鼎象物，百物而为之备，使民知神奸。故民入川泽山林，魑魅魍魉莫能逢之。'不觉洒然击节曰：'此《山海经》所由作乎？'盖是书也，其用意一根于怪。所载人物、灵祇非一，而其形则若魑魅魍魉之属也。考王孙之对，虽一时辨给之谈，若其所称图象百物之说，必有所本。至于周末《离骚》、《庄》、《列》辈，其流遂不可底极。而一时能文之士因假《穆天子传》之体，纵横附会，勒成此书，以傅于图象百物之说。意将以禹、益欺天下后世，而适以诬之也。自此书之行，古今学士但谓非出大禹而已，而未有辨其本于穆满之文者。尤未有察其本于王孙之对者。区区名义之末，诚非大体所关，然亦可见古今事理，第殚精索之。即千载以上，无弗可穷也。作者有灵，其将为余绝倒于九京也哉！

在他看来，《山海经》与禹鼎的关系是间接的，只是与王孙满谈论禹鼎的话有关，是周末能文之士读了《左传》所记王孙满谈论禹鼎的话而故意附会的，与真实禹鼎无关。这对于杨慎的假说是一个重大的打击。

基于上述理由，胡应麟非常赞赏朱熹《楚辞辨证》关于《山海经》是"缘《天问》而作"的假说。但他认为朱熹只注意到《山海经》与《天问》的关系，考虑不周。所以，胡应麟又补充云：

然《经》（指《山海经》）所纪山川神鬼，凡《离骚》、《九歌》、《远游》、《二招》中稍涉奇怪者悉为说以实之,不独《天问》也。而其文体特类《穆天子传》。故余断以为战国好奇之士取《穆王传》,杂录《庄》、《列》、《离骚》、《周书》、《晋乘》以成者。

胡应麟的假说比朱熹严谨许多,立论也经过比较严格的论证,比如从文体到内容详细对比《山海经》与《穆天子传》,以确定双方关系。因此他十分自负其说。"自非熟读诸书及此经(指《山海经》)者不易信也。后世必有以余为知音者。"胡的说法受到后世一些辨伪学者的支持。

基于这样的结论,胡应麟全面批驳了刘歆、赵晔关于《山海经》作者的说法。这是唐人杜佑以来关于"作者非禹、益之说"的最系统论证。

回顾明代各位学者对于《山海经》的阐述,笔者以为当时《山海经》主要以文学面目发挥社会影响,一般人多从文学立场看待此书,并对其文学价值加以评论。这是明代《山海经》学发展的基础。

明人思想比较活跃。王崇庆思想保守,但是学风却自由,其《山海经释义》颇有创新见解。它开创了以现实眼光评论《山海经》的新方法,展示了自由解读的新可能,也保留了明代社会观念的活标本。杨慎《山海经补注》在文字训诂、名物解说以及"禹鼎"说等方面颇有进展,尤其是他的跨文化视野在古代《山海经》学历史上独树一帜。胡应麟的考据学研究也比宋代朱熹有了较大进展。刘会孟对于《山海经》地理内容的研究有了一定进展。可惜刘会孟著作失传,我们无法全面评价其在《山海经》地理学研究方面的进展。这些都是值得关注的。所以,笔者认为明代《山海经》学已经粗具规模。

一般明代学者轻考据(像胡应麟那样的考据式研究比较少)、重义理,所以,明代人对于《山海经》原始性质的理解还不够深入。

五、清代时的《山海经》研究

（一）清代社会与考据学的主流学术地位

清廷入关之后，在文化政策上基本沿袭明制，崇儒重道。清廷为了使自己对华夏的统治合法化，在维护中国文化正统、倡导儒家经学方面比以往朝代更加积极。而经学一直有考据和义理两种方式，不同时代的学者对于二者各有偏重。汉儒重章句，即考据。宋儒、明儒偏重义理。清初学者多认为理学空疏之风是导致明朝亡国的重要原因。所以顾炎武、王夫之都反对陆王之学，修正程朱之学；黄宗羲反对程朱之学，修正陆王之学。针对理学衰微不振和民间学者反对宋学的潮流，康熙一面批驳理学空疏，一面继续倡导经学，实际效果就是倡导朴学。胡渭、何焯、阎若璩等考据大家分别受到康熙、雍正的礼遇和褒奖。所以，到了乾嘉时期，学界发展到全面反对宋学。如惠栋指责宋儒不重训诂是"宋儒不识字"，而宋儒重义理是空疏无本——"汉有经师，宋无经师；汉儒浅而有本，宋儒深而无本"。《四库全书》的编纂者多为考据学者，其编辑原则明显倾向于考据学。其《凡例》云：

> 说经主于明义理，然不得其文字之训诂，则义理何自而推？论史主于示褒贬，然不得其事迹之本末，则褒贬何据而定？……今所录者，率以考证精核、辨论明确者为主，庶几可谢彼虚谈，敦兹实学！

这样，宋、明以来的儒学新发展就被中断，重新恢复的是所谓"汉学"传统——以训诂考据为基础的儒学。考据学成为清代学术的主流，这对《山海经》研究具有很大影响，将涉及《山海经》的真实性问题、基本性质问题和具体解说方式。

由于考据学的需要，读类书、读杂书一时成为时尚。崔述（1740—1816）对此颇为感慨：

　　一二才智之士，务搜揽新异，无论杂家小说、近世赝书，凡昔人所鄙夷而不屑道者，咸居以为奇货，以傲当世不读书之人。曰：吾诵得《阴符》、《山海经》矣；曰：吾诵得《吕氏春秋》、《韩诗外传》矣……公然自诧于人，人亦公然诧之以为渊博；若《六经》为藜藿，而此书为熊掌、雉膏者然，良可慨也！

尽管崔述认为《山海经》荒唐无稽，并根据其中有秦汉郡县名而判断"其为汉人所撰明甚"。但是，潮流所向，崔述根本无法阻挡学界对于《山海经》的热情，在很多领域都出现了与《山海经》有关的讨论。

　　随着考据学获得学术主流地位，《山海经》的许多问题都在考据学的范围里展开讨论。例如，关于《山海经》的历史地理学价值问题，即真实性问题，往往是在《禹贡》注本中体现出来。《禹贡》和《山海经》都是上古地理学著作，不过，前者因为叙述平实、政治意义突出，所以一直是儒家经典；而后者则因为不雅正而地位卑微。但是，由于上古史料缺乏，注解《禹贡》常常需要用《山海经》中的材料。南宋蔡沈作《书集传》多用《山海经》的材料说明《禹贡》。在《山海经》尚未遭到普遍怀疑的时代，这样做似乎没有问题。但是，随着考据学的发展，清代治《禹贡》的学者之间却就此展开了激烈争论。

　　胡渭承认《山海经》是先秦书，个别材料有助于理解《禹贡》，却批评它的叙述没有明确位置，无从测验，所以主张不能用《山海经》注解经典。其《禹贡锥指略例》云："《山海经》、《越绝》、《吕氏春秋》、《淮南子》……等书所言禹治水之事，多涉怪诞。今说《禹贡》，窃附太史公不敢言之义，一切摈落，勿汙圣经。"顾栋高《尚书质疑》直接批评蔡沈用《山海经》注解《禹贡》的做法。但是，作《禹贡会笺》的徐文靖却支持蔡沈的做法，他认为："……《禹贡》与《山海经》犹《春秋》内、外传也。《禹贡》之山水多具见于《山海经》。以禹之经解禹之书，其不致有讹误也，明矣。故《会笺》于《山海经》所引为多。"尽管他把《山海经》当做大禹所作书不甚妥当，但是，凭心而论，徐文靖引《山海经》注解《禹贡》的做法还是有道理的。

争论并没有到此为止,徐文靖的做法遭到强调考据的四库馆臣批评:"惟信《山海经》、《竹书纪年》太过。是则僻于好古,不究真伪之失耳。"四库馆臣基本采取胡渭的立场,承认《山海经》是古书,却认为它的内容不可信。《四库全书总目提要》评《山海经》云:"书中序述山水,多参以神怪。……案以耳目所及,百不一真。"于是,他们将《山海经》定性为"小说之最古者耳",并将它从史部"地理类"转到子部"小说"类,大大降低了《山海经》在知识体系中的地位。考据学本来是讲证据的,但是在当时历史地理学不发达的条件下难以找到直接证据肯定《山海经》的地理学真实性,四库馆臣就否定其地理志属性是比较鲁莽的。所以,余嘉锡认为这是由于"其时治之者未精耳",毕沅等人的著作就证明了《山海经》绝非虚构。余嘉锡批评四库馆臣的做法是"自我作古,率尔操觚者矣"。

所以,从总体上看,清代学术思想是比较保守的。

不过,清代社会为学术研究提供了良好的物质条件。第一,清初康熙、雍正、乾隆三朝,社会稳定富足,工商业发达,图书印刷高度发展,为学术研究的繁荣奠定了基础。第二,清代疆域比明代扩大许多,中央政府稳定地控制着全国,乃至所有边疆地区。为了加强统治,清政府于康熙年间仿照元、明两代先例大修《一统志》,此后一直到嘉庆年间屡次修订,客观上使得学者可以方便地获得可靠的全国地理知识,有利于揭开《山海经》的地理之谜。所以,清人吴任臣、毕沅、郝懿行、吕调阳、吴承志等人在注解《山海经》时都对其中地理内容,尤其是边远地区的地理,多有比较确实的说明。

现在已知的清代《山海经》版本非常之多,研究著作也大大超过以往。如吴任臣《山海经广注》、汪绂《山海经存》、毕沅《山海经新校正》、郝懿行《山海经笺疏》、周绘藻《山海经补赞飖读》、吕调阳《五藏山经传》、《海内经附传》、吴承志《山海经地理今释》、陈逢衡《山海经汇说》、俞樾《读山海经》等等。本书选择吴任臣、汪绂、毕沅、郝懿行、陈逢衡和俞樾等六家做解说。

（二）吴任臣《山海经广注》的考释

吴任臣（？～1689），原名志伊，字征鸣，一字尔器，又字任臣，号托园。后以字行。仁和（在杭州市）人。学问广博，经史乐律天文历法皆通。其《山海经广注》刻于康熙六年（1667）。柴绍炳《山海经广注序》云："同邑吴志伊任臣极溯源流，为《杂述》一卷。又于郭注外搜而讨之，为《广注》十八卷。又取舒绘本，次第增订为图象五卷，都为一部。书成，属余为之序。"北京大学藏康熙六年原刻本无《杂述》。而乾隆五十一年（1786）金阊书业堂刻本《增补绘像山海经广注》有柴氏序，有吴氏自序和《读山海经语》、《山海经杂述》、《山海经逸文》等，内容最完整。《四库全书》收录《广注》，比较易得。但是，四库本无图，无《杂述》。

《四库全书总目》对其评价是：

是书因郭璞《山海经注》而补之，故曰《广注》。于名物训诂，山川道里，皆有所订正。虽嗜奇爱博，引据稍繁，如堂庭山之黄金、青邱山之鸳鸯，虽贩妇佣奴皆识其物，而旁征典籍未免赘疣。卷首冠《杂述》一篇，亦涉冗蔓。然掎摭宏富，多足为考证之资。所列逸文三十四条，自杨慎《丹铅录》以下十八条，皆明代之书所见，实无别本。其为稗贩误记，无可致疑。至应劭《汉书注》以下十四条则或古本有异，亦颇足以广见闻也。旧本载图五卷，分为五类，曰灵祇，曰异域，曰兽族，曰羽禽，曰鳞介。云本宋咸平舒雅旧稿，雅本之张僧繇。其说影响依稀，未之敢据。其图亦以意为之，无论不真出雅与僧繇，即说果确实，二人亦何由见而图之？故今惟录其注，图则从删。又前列引用书目五百三十余种，多采自类书，虚陈名目，亦不琐录焉。

这个评价是比较高的，所以《四库全书》只收录了郭璞注本和吴注本，明代注本一个未收。由于这个评价相当全面，又比较公允，向来为学界所普遍称引。

1.遵循注经传统，不加任何评论

从郭璞开始，在《山海经》注解中是尽量不加评论的，个别需要抒发的议论都放在《图赞》里。但好言义理的王崇庆《山海经释义》尝试了评论。后来，刘会孟大约也沿袭王的做法。

吴任臣生当明末清初，其《广注》一书摒弃评论，专在文字考释、名物训诂。其书多引旧注，包括王崇庆、刘会孟的注；但是对于王、刘的评论文字几乎完全抛弃不用，甚至直接予以否定。例如，《大荒南经》云："有山名曰去痊。南极果，北不成，去痊果。"郭注云："音如风痊之痊，未详。"后面八字的含义不清。吴任臣案语云："皆山名，二合、三合语也。王崇庆《释义》谓：'去痊者，去志也。去志不果，知进而不知退也。'以为寓言，谬矣。"由于广引旧注，所以，《广注》的体例有些类似集注。

吴注解经文不加评论的做法，恢复了古代注释家的传统，也基本符合后来乾嘉考据学的规范。这可能是《四库全书》收录其书的重要原因。毕沅、郝懿行对《山海经》的校订、注释是受到他的一些影响的，不少材料直接来自《广注》提供的线索。

不过，吴任臣当时考据学没有全面发展，他的某些做法也不够完善。比如，他虽然参照了不同版本，但是竟然没有说明自己依据的底本是哪一个，更不提校本的名字。出校记只是用"一作"来说明，没有考订，显然对于版本校正工作不是很重视。这和毕沅、郝懿行的做法是不同的。

2. 确定考证《山海经》地理的若干原则

元、明、清三代大修《一统志》，提高了一般学术界的地理学知识水平。连刘会孟《评山海经》这部本意似乎并非注释之作的书都有大量的地理说明文字，应该也是利用这些资料的结果。而吴任臣学问渊博，又专心于注释，自然利用更多，行文中直接引用《一统志》的地理资料大约三十处。引用更多的还是《水经注》，如《北山经》敦水，吴注云："任臣案，《水经注》敦水导源西北少咸之山南麓。东流迳三合县故城南。"又如婴侯之水，吴注云："任臣案，《水经注》滱水又会婴侯之水，北流注于氾水。……《一统志》曰：婴涧水，今在平遥县东三十里，即婴侯水也。"

　　明、清时代,利玛窦、艾儒略、南怀仁等欧洲传教士带来了欧洲人的自然科学知识,其中包括不少世界地理知识。如艾儒略的《职方外纪》、南怀仁的《坤舆图说》等。这些欧洲地理书籍对于中国学人有一定的震动。吴任臣思想比较开明,所以在《广注》中引用了这方面的资料。如《海外南经》周饶国,吴注云:"《职方外纪》曰:'欧罗巴西海有小人国,高不二尺,跨鹿而行。鹳鸟尝欲食之。'"《海外东经》毛民之国,吴任臣注云:"《职方外纪》南亚墨利加之南为智加人,遍体生毛。"《海外北经》一目国,吴注云:"今亚细亚之西北,欧罗巴之东有一目国,见《两仪玄览图》。"尽管这些内容并非真实的地理知识,但是,它提供了进行比较神话学研究的资料。从总体上看,吴任臣只是采取为我所用的态度从欧洲地理书籍中选择一点材料,并没有接受其世界观。

　　吴任臣对于《山海经》山川地理的注释在数量上大大超过以往。而且,他的《读山海经语》还总结了研究《山海经》地理的若干原则:

　　读《山海经》者,须识道里有远近,曩今不同名。《西经》劳山非齐地,劳山入洛。弱水非合黎弱水,青邱国非南山青邱,儋耳民非交州儋耳,不周、昆仑有海内外之分,浮玉一山有江南、北之异。

吴强调道里远近,强调古今不同名,对于纠正一些望文生义的地名注释是非常有益处的。

　　他把经文中计算道里的方式总结为三种。其一是直接以首山开始数,其二是随地计程,其三是"诠次不伦"的情况。如大夏国、月支之国都是西北方的国家,却记录在《海内东经》。对于这些有问题的内容,吴任臣也主张不能臆断,"故为阙疑,以俟君子",态度相当严谨。

　　他对山川道里和古今异名的重视,为未来的《山海经》地理研究打下了良好基础,并对汪绂、毕沅等人的相关研究发挥了影响。

　　3. 对比《禹贡》、《山海经》,重申"禹益书说"

　　通过全面了解《山海经》的地理真相,而古人眼中,全国地理又是和大禹分不开的,于是吴任臣就获得了重新思考"禹益书说"的基础。

此前，杨慎曾经对比过《禹贡》和九鼎内容（按照杨的观点，《山海经》由此而来）的关系，认为前者记"经而可守者"，后者记"奇而不法者"。刘维的《山海经策》对比《禹贡》、《山海经》，提出了一个新假说：

　　盖《禹贡》为地平天成、归告成功而作，是已成之书也。是故以冀、兖、青、徐、荆、扬、豫、梁、雍定州以上中下，错综定赋，其辞确。《山海经》为随山刊木创造经行而作，是未成之书也。故止以南、西、北、东、中定方隅，而州则未定。以海内外、大荒定梗概，以鸟兽草木金玉人物纪珍怪，而赋则未定，其辞详。……大抵君子道其常，达人观其变。语其正，则尽在《禹贡》；语其变，则概之《山经》。

刘维认为《山海经》是大禹治水过程中的未完成著作，而《禹贡》则是治水之后的著作。而陈一中《蛙蝇子·论山海经》则认为："……《山海经》为《禹贡》剩文。"其说有异，但目的都是把《山海经》与最为神圣的《禹贡》相提并论。

　　吴任臣《读山海经语》主要对比《禹贡》、《山海经》的叙述次序，认为《禹贡》是出于山势而从西北开始导山；而伯益《山海经》则是根据所谓"形法家"（即堪舆）的地脉从南而转，确定以南山开始。《禹贡》以江、河为界，又各分南北；《山海经》则随地气右行之说，按南西北东中的次序。言下之意，《山海经》与《禹贡》是各有所用的。柴绍炳《山海经广注序》借用吴的观点称《山海经》"盖是《禹贡》之外篇，《职方》之附庸耳"。于是，《山海经》既能用来稽古，兼能用以格物。吴任臣自序引用各种先秦古籍与《山海经》存在一致内容为证，云："遂览旁通，鸿纤毕贯，则《山海经》实博物之权舆，异苑之嚆矢也。"

　　这些看法是对古老的"禹益书说"的发展，是对否定派的驳斥。吴云："先秦诸子，惟屈原最熟此经。……校雠家以《山海经》为秦汉人所作，即此可辨。"四库馆臣一面指责《山海经》地理内容百不一真，一面却收录如此肯定其地理内容的《山海经广注》，似乎有些自相矛盾。

　　吴任臣作为清代第一个《山海经》注家和研究家，在资料汇集方面下了很大功夫。郭璞注、杨慎注、王崇庆注、刘会孟注无不网罗，同时还搜集了大量涉及《山海经》的研究资料,内容十分丰富,甚至过于庞杂而遭受四库馆臣和毕沅批评。但是,这些对于后来研究者是非常有用的。另外,他重视考据的注解方式,以及对地理考释等方面的原则性意见也得到后代学者的赞成,奠定了清代《山海经》考据研究的基础。

(三)汪绂及其《山海经存》

汪绂(1692～1759),初名烜,字燦人,号双池、重生,江西婺源人。清代儒学思想家。青年时代,家境贫寒,母亲染病而亡,父亲飘荡不归,无以托身,只得到江西景德镇画瓷为生。根据余龙光《双池先生年谱》记载,汪绂二十四岁之后,开始在福建、安徽等地坐馆教读。一生不事举业,完全依靠著书立说、传道授业为生。

汪绂天资聪明,治学勤奋,故学问异常广博,著作宏富。有《易经诠义》、《书经诠义》、《诗经诠义》、《春秋集传》、《礼记章句》、《礼记或问》、《参〈读礼志疑〉》、《孝经章句或问》、《乐经律吕通解》、《乐经或问》、《读〈阴符经〉》、《读〈参同契〉》、《读〈近思录〉》、《读〈读书录〉》、《儒先晤语》、《山海经存》、《理学逢源》、《诗韵析》、《物诠》、《六礼或问》、《读〈困知记〉》、《读〈问学录〉》、《琴谱》、《医林纂要探源》、《戊笈谈兵》、《六壬数论》、《大风集》、《九宫阳宅》、《诗集》、《文集》等,总数超过二百卷。虽然学问如此汪洋恣肆,但是汪绂的思想核心是理学。根据《汪先生行状》记载,他曾经告诉弟子:"自有知识以来,未尝辍书。然三十以前于经学犹或作或辍。三十以后,尽焚其杂著数百万言,而一于经。研经则参考众说,而一衷于朱子。"由于儒学成就巨大,汪绂死后被祔祀于紫阳书院。

汪绂的很多书稿生前未能刊行,去世之后由其主要传人余元遴(字秀书)刊刻其书,才使得其学渐渐为世所知。这部《山海经存》的手稿大约不是其主要著作,长期保存在余元遴家未刊。一百多年后,余元遴的玄孙余家鼎与赵展如等共同募资,陆续刊刻了《山海经存》、《戊笈谈兵》等。其中《山海经存》刊行于光绪二十一年(1895),为石印本,由此才为世人所知。而当时正值清末乱世,学问一道乏人问津,《山海经存》也就几乎湮没于红尘狼烟之中了。杭州古籍书店 1984 年影印此本,流传渐广。

但是,原书各卷内部所分页码在影印时有残缺,难以使用;影印时也没有为全书统一加注新页码。本节所引《山海经存》,皆出此影印本。为简洁,只引其篇名,不注卷次和页码。

1.《山海经存》的版本特征与写作时代

由于是后人所刊,汪绂《山海经存》刊本存在两个比较大的疑问。

其一,本书分卷方法比较奇特,九卷十八篇三十九部分。《五藏山经》各占一卷,共五卷。《海外四经》、《海内四经》分别为卷六、卷七。《大荒四经》为卷八。《海内经》为卷九。其实际内容与其他各本没有多大差异,其十八篇相当于今之十八卷。所谓"十八篇"不过是声称接近刘歆旧本而已。可是,汪绂为什么要把十八篇合并为九卷? 他根据的底本是什么? 不详。

其二,汪绂《山海经存》手稿在刊印前已经残缺。时曼成为《山海经存》所作《跋》云:"考其(指汪绂手稿)图,较吴氏、郝氏本为尤详。顾缺六、七两卷,明经(指余家鼎)有遗憾焉。与其友查子圭(字美珂)绘以补之。"仅从这段文字看,《山海经存》手稿只是缺了六、七两卷的图画。其实,这两卷的经文、注文都缺失了。《山海经存》刊本第六卷开篇"海外南经第六"以下有刊印者按语:"谨案,汪氏原题九卷而阙卷之六、卷之七。案次分卷,当以《海外四经》为卷之六,《海内四经》为卷之七。今谨遵毕氏校正本补录经文及郭传,并节采毕说以便参考。更为补图于各经之后。"刊本第七卷开篇"海内南经第十"以下有注云:"原阙今补。"很明显,六、七两卷经文、注文都是用毕沅《山海经新校正》代替的。那么,这两卷的原稿究竟是汪绂未完成,还是已经完成而在后来流传过程中遗失了? 按照常理,汪绂既然把前后各卷都完成了,还把各卷合并,总题"九卷",不太可能遗漏了六、七两卷。即使跳过这两卷不注,经文总应该存在。可是,《山海经存》刊本的经文、注文都采用毕沅本,可知此书手稿的六、七两卷是流传中丢失了。时曼成为什么只说缺失了六、七卷的图画？他作为保存手稿的余家鼎的朋友，写跋文对余家保存手稿一百多年赞美有加，因此无法明说手稿遗失了两卷，只能含糊其辞地说丢失了两卷的图画。

今《山海经存》刊本包含独立画面一百九十四幅。各图均为无背景之线描图画。由于各幅画面所画多种怪物、奇人、神灵往往集中在一个画面，而每幅画面所包含的怪物、奇人、神灵的数目从一个到五个，参差不齐。按照画面上独立存在的怪物、奇人、神灵统计（成对出现者，只计一次），《山海经存》一共画了四百三十二种事物。分别附在三十九部分之后。除去卷六、卷七他人补绘之图五十三种之外，汪绂实际手绘插图三百七十九种。由注释者亲自插图，他可能是第一位（郭璞注本的图是否是亲自绘制不能确知）。这和他早年在景德镇画瓷有直接关系。虽然有一些是参照前人插图所绘，但是，也有部分是他自己以意为之的，其中体现了他对经文的理解，因而具有一定的参考价值。

这部著作的成书时间不能确知。余龙光《双池先生年谱》把它定为写作时间不可考者。时曼成《山海经存·跋》推想此书当为汪绂的早期之作："……汪先生工绘事，贫，佣于江西景德镇画瓷。禀规矩，寡言笑。时方居丧，食蔬断肉，市侩群讪侮之。间为诗歌以见志，同人以为谤，不合而去。此殆当时所涉笔者欤？"这个推断所包含的理由只有两个。其一，作者当时正在画瓷，而书中颇多插图；其二，作者当时落落寡欢，孤独寂寞，可能借《山海经》而排遣郁闷。这些理由缺乏说服力。时曼成自己也是推测的口气，并不十分肯定。

我认为《山海经存》应该成于汪绂后期。理由有二。首先，按照《汪先生行状》的记载，汪绂"三十以后，尽焚其杂著数百万言，而一于经"。《清史稿·儒林传》称："绂自二十后，务博览，著书十余万言，三十后尽烧之。"既然《山海经存》书稿传下来了，自然是三十岁之后的著作，断不可能是二十四岁之前从事画瓷时候所写。其次，《山海经存》的注解，实际上参考了很多古今图书。而这恐怕不是一个穷困的画瓷工人所能具备的条件。因此，我觉得应该是他成名之后、教书之余而写作的。至于作者亲自操笔做画，为《山海经》做插图数百幅,大概也是当年积累的画技,正好用来消遣。

2. 以格物致知的立场看待神怪问题

《清史稿·儒林传》云:汪绂"……自《六经》,下逮乐律、天文、舆地、阵法、术数,无不究畅。而一以宋五子之学为归"。而刘师培《汪绂传》认为他兼治汉学、宋学,但归于宋学:"双池先生明于心物二元之说,故物理、心理均窥其深,殆能守朱子之学者。"作为徽派名儒,汪绂治学一本于朱熹格物致知之说。他的《山海经》研究也是站在格物穷理的立场上展开的。为此,我们必须首先了解汪绂关于格物致知的思想,才能更好地理解他研究《山海经》的基本学术立场。

汪绂《理学逢源》卷一释"格致"之意云:

人之有生,与物同原。而人受天地之中,故吾心自备万物之理。有物则有事,而吾心自有通乎万事之知。但此心之知,是体统固然。而不从事事物物上印证过来,则无以尽知之量。……知孝弟者,吾心之灵也。不知所以孝弟,物有未格也。于是,于事物、日用、载籍、闻见间,日日讲求其所以事父事兄而尽孝尽弟之道,则格物以致知也。天下之物,莫不有理。

汪绂又云:"有志格物,无物无理,随处目睹耳闻,手持足践,皆吾穷理之学,岂独经书?"在他看来,宇宙间万事万物都体现着规则和道理,即"有物有则",即"无物无理"。格物,就是要探索事物包含的大道至理。致知就是把人类内心先天具备的万物之理逐一验证于外在事物。要实现全面的知识,认识万物之理,必须彻底研究一切事物。因此,任何事物都应该,也必须充当格物致知的对象,而不限于经书。儒家《六经》之外,乐律、天文、舆地、阵法、术数,甚至日常生活一切见闻、经历等,都可以用来探索天理。

于是,研究《山海经》之类的数术之学就不仅仅是聊备一格的博物之学的需要,更是探索天理,实现全面认知的需要,是理所当然。汪绂的论说,比过去治《山海经》的儒者以"君子博物"原则为自己辩护更加有力。这基本打破了传统儒学"子不语怪力乱神"原则对于研究《山海经》之类著作的限制。其书

山海经诠解

《山海经》的历代研究

名《山海经存》透露出重新肯定《山海经》价值的意思。可以说，朱熹的"格物致知说"的确为汪绂突破"子不语怪力乱神"的戒律提供了助力。

在这种理论支持下，汪绂针对各种超自然内容提出了一种非常独特的解说。《易传》云："仰以观于天文，俯以察于地理，是故知幽明之故。原始反终，故知死生之说。精气为物，游魂为变，是故知鬼神之情状。"汪绂解释道：

幽明、死生、鬼神，夫人而知之者。而所以幽明之故，死生之说及鬼神之情状，则习焉而莫之察。非观察之深者，不足以与知之也。一阴一阳之谓道，继之者善，成之者性。显诸仁，藏诸用。生生之谓易，成象之谓乾，效法之谓坤，阴阳不测之谓神。以此仰观俯察，而幽明之故可知；原其始以反于终，而死生之说可知；一阴一阳送（当为"迭"）为屈伸聚散，而鬼神之情状可见矣。如是，则异说不足以摇之，知之至也。

按照他的说法，只要认真观察，深入思考，就可以明白幽明、死生和鬼神之道，任何异端邪说都不能使之动摇。

汪绂认为人们过分执著于神怪有无，是导致迷惑的原因：

学者于物怪、神奸，既惑而不能不信，然又不敢全信，故只得委之无穷，付之以不可知（引者按语：郭璞《注〈山海经〉序》正是这样做的）。然疑念既生，终被神怪牵惑，谓之不敢全信，已是深信之矣。故人贵穷理。穷理者，非穷此神怪有无之理，只是穷究自己身心性命之理。身心性命之理，果能真知其本源，则神怪自不足惑。若乡（向）神怪穷究其有无，则终身只是惑也。

他认为一味探求神怪存在与否的问题，只能使人永远迷惑。为了摆脱这种困境，汪绂主张：神怪存在与否是一个次要问题，真正重要的是探索宇宙万物本身所隐含的，同时也存在于人类内心的"身心性命之理"。弄清了这个根本道理，回头再看神怪，神怪就不足以使人疑惑了。

既然神怪有无的问题成为次要问题，那么，汪绂在处理《山海经》各种神怪的时候所面临的压力就一下子减轻了。他声称："物怪神奸，不必尽无。但性命之原可知，则有之亦不足骇。顾好异者从而张皇之，则惑人愈甚。"因此，汪绂处理《山海经》各种怪物的时候，没有什么禁忌。

第一，推定《山海经》部分神怪是读者误解经文造成的。

《南次二经》柜山有怪鸟："其状如鸱而人手……其名曰鴸。"汪绂注云："人手，谓其足如人之手也。"《海内经》记述远方奇异国民："有钉灵之国，其民从膝以下有毛，马蹄善走。"汪绂注："其人多毛，以皮为足衣，如马蹄而便走，即后世之靴是矣。非真马蹄也。"《西次三经》云："……钟山，其子曰鼓。其状如人面而龙身。"郭璞注："此亦神名，名之为钟山之子耳。其类皆见《归藏·启筮》。《启筮》曰：'丽山之子，青羽人面马身。'亦似此状也。"汪绂不同意鼓是神，其注云："盖钟氏之君之子也。曰如人面而龙身者，盖其身体手足夭矫，有似于龙耳。"经过汪绂的合理化解说，上述怪鸟、奇人和神灵都成了正常的事物。

《海内经》云："洪水滔天。鲧窃帝之息壤以堙洪水，不待帝命。帝命祝融杀鲧于羽郊。"郭璞注云："息壤者，言土自长息无限，故可以塞洪水也。《开筮》曰：'滔滔洪水，无所止极。伯鲧乃以息石息壤以填洪水。'"郭注得到学界普遍认同。但是，汪绂反对郭注："息，生也。言废生物之土地，以塞洪水，所谓'汩陈五行，绩用弗成'也。不待帝命，所谓'方命圮族'也。旧说迂怪不通。"他把超自然的息壤解释为现实的田土，于是鲧的神话就变成符合《尚书·洪范》和《尚书·尧典》记录的鲧的历史传说了。

在汪绂眼里，《山海经》的部分神怪是读者错误理解经文造成的。那么，俗儒责怪《山海经》"语怪"的理由就被他部分地消解了。

第二，推定一些神怪为作者夸张乃至于虚构的荒谈，同时肯定荒谈具有独立价值。

《大荒东经》云："有波谷山者，有大人之国。"这是流传很广的巨人传说，自古以来屡屡出现于各种典籍。有些记载比较写实，有些则极度夸张。例如，汪绂注引《河图玉版》云："从昆仑以北九万里，得龙伯国人，长二十丈，生万八千岁乃死。从昆仑以东，得大秦人，长十丈，皆衣帛。从此以东十万里，得中秦国人,长一丈。"汪绂云:"案西域有大秦国,然无所谓长十丈人者。地毬(即地球)不过九万里,又乌所谓数十万里者耶?"他依据史料和西学地球知识,判定《河图玉版》关于大秦人长十丈为虚构。于是,所谓龙伯国人长二十丈也就不攻自破了。《大荒东经》又云:"有小人国,名靖人。"这是大人国的反面。汪绂注云:"《含神雾》云:'中州以南四十万里得僬侥国人,长一尺五寸。东北有人长九寸。'……案:国朝闽提督某得二僬侥人,畜之槛中,长尺许,食以果实。然其头大身小,殊类猿猴耳。以为有技巧、谷食,殆未然也。"他用现实中的所谓"僬侥人"没有技能,不吃五谷,只吃果实而推断它们类似于猿猴,不是真正的人类。进而推定历史上的很多小人国故事都是虚构。他总结道:"《外传》云:'僬侥人长三尺,短之至也。长者(指大人国之类)不过十丈,数之极也。'斯言近之,其余皆荒谈也。"

判定为荒谈,并不意味着完全否定,这是汪绂跟一般儒生不同之处。《大荒东经》云:"汤谷上有扶木,一日方至,一日方出,皆载于乌。"汪注云:"荒谈,甚无稽!却甚有趣!"所谓"甚无稽",是根据事实进行的科学判断。所谓"甚有趣"则是基于审美情感而做出的判断。这种观念实际上承认荒怪之谈具有不依赖于道德的独立价值——一种审美意义的价值。在此基础上,汪绂一面判断鸐、钉灵国民的形状是读者误解,大人国、小人国是作者虚构,另一面却在自己的插图中依然按照他所批判的神怪模样作画。

表面上看,汪绂的做法自相矛盾。实际上,他的解说代表着理性判断;而其图画则代表着情感愉悦。这是两个完全不同的领域,本来就不需要强求一致。汪绂对神怪的美学价值的肯定,具有极其重要的理论意义,即使当代学人也未必都能正确对待神怪问题。

第三,肯定神怪存在的理由与道德价值。

正统的儒家并不笼统地反对超自然事物,对符合道德规范的超自然事物,称之为"天地正神",并加以肯定。这就是所谓的以神道设教。他们只是排斥有悖道德的其他超自然事物,并贬称之为"怪力乱神",为"物怪、神奸"。汪绂在排斥了他眼里的虚构神怪之后,对其余鬼神的存在进行了肯定,即便这些神怪被夸张地描述过。例如,《大荒东经》有无角独足怪牛夔,"黄帝得之,以其皮为鼓。橛以雷兽之骨。声闻五百里,以威天下。"汪绂注云:"雷兽,即雷泽中神也。《孔子家语》云:'山木之怪、夔石之怪。'后人所谓'山中木客'、'独脚山魈'、'独脚公'、'铁鬼使',皆此类也。此特夸张其神耳。"对于经文所说的用雷兽骨敲夔皮鼓,声闻五百里,汪绂认为过于夸张了。同时,他又判断雷兽就是雷泽之神,而夔也和后代记录的"山中木客"、"独脚山魈"等属于同类——肯定了它们的存在。

汪绂肯定神怪,跟传统儒家以神道设教思想基本是一致的。其《参〈读礼志疑〉》云:"然愚谓:'神之格思,不可度思,矧可射思!'塞满天地,固无非鬼神。……天地间物,有其妙用,则有其神焉。赖其利用,则报以祀焉。"在汪绂看来,天地鬼神是普遍存在的。只要物有所用,就有神。仰赖于这些事物有利于满足人类需要,所以,人类就要用祭祀来报答其中的神灵。这样,作者不但为神的存在提供了理由,也为人类信仰神灵提供了道德依据。

汪绂《参〈读礼志疑〉》又云:

天地鬼神,莫非实理。一阴一阳之谓道,天地以二气生人、生物,而此理即寓其中。故形气魂魄之身灵妙无端,而仁孝慈爱恭敬之良,亦动于中而不能自已。随感而发,各有当然之则。是则天道之至教也,圣人修道之教,修此而已。

按照汪绂的说法,天地鬼神都是包含实在道理的。阴阳二气造物、生人之时,道理就化入其中——天地人神包含同样的道理。所以,具有形气魂魄的身体无比奇妙,道德良心自然生发。这就是天道的最高教化。圣人掌握了这个道理,就可以按照天道教化百姓了。汪绂依照阴阳哲学从天地人神之中"格"出共通的天道,从而消解了神怪的非道德、非理性特征。有了这样的理论根底,神怪不但不构成对儒家思想的威胁,反而是一种助力。这就是汪绂敢于突破"子不语怪力乱神"原则的根本原因。

汪绂作为儒学思想家从审美和道德两个方面肯定了有关神怪的超自然叙

3.《山海经存》在文字训诂方面的成就与缺陷

汪绂在训诂方面的学术风格接近于宋儒,常常以己意解经,创见颇多,但是也难免有臆断之处。不过生当康乾之世,考据学日渐风行,相对于宋明两代的注家而言,汪绂还是比较注重证据的。因此,《山海经存》在训诂方面大致介乎宋明旧学与乾嘉新学之间。

秉承宋儒以意解经的传统,汪绂在注解《山海经》时通常都是直接解说,很少说明证据出处。这种注释体例是不够严谨的。他在引用前人观点(例如郭璞注、杨慎注)的时候,一般也不加说明。我们需要比对前人观点,才能判断哪些部分是他自己的见解。他的这些做法可能跟当时考据学的规范还不完善有关。后来的毕沅、郝懿行都是先出郭璞注,然后自己加按语;引文出处也一一注明。当然,汪绂这种做法容易犯错误,但是并不影响他对《山海经》文字的部分解说的正确。例如,《西次四经》有:"……刚山,多柒木。"郭璞未注,汪注云:"柒即漆字。"毕沅注:"当为桼。"桼是古漆字,似乎比汪注更严谨,但是求之过深,反而失当。《西次四经》云:"……英鞮之山、上多漆木……"《北次三经》云:"……京山,有美玉,多漆木……"这两个例证说明,《山海经》的"漆木",不必写成"桼木"。毕沅之注好古太过。"柒"和"漆"是相通的。《广韵》则说"柒"是"漆"的俗字。所以,汪注是正确的,并被学界普遍接受。又如,《北次三经》云:"又西四百里,曰乾山,无草木,其阳有金、玉,其阴有铁而无水。"汪注:"据此,则乾当音干。"汪绂根据此山没有河流而排除了"乾"字的另外一个读音。袁珂《山海经校注》和张步天《山海经解》都采用了汪注。

汪绂对待神怪的思想比较开明,相关注解往往能够接近事实。例如,《中次三经》云:"南望墠渚,禹父之所化。"郭璞曾经用玄学理论加以解释,见本书第三章第四节。郭注虽然可以启发我们认识神话思维的特点,但是,作为训诂,毕竟不符合科学原则,与事实也有很大距离。而汪绂注云:"《左传》言,鲧化黄熊,入于羽渊。而又云在此,世之随处而附会以为古迹者类似此也。"把鲧神话异文中化身的两个地方解释为不同地区人们的附会。汪绂此注是符合历史事实的。

渊博的礼学功底，使得汪绂对《山海经》的山川祭祀之礼有十分翔实的解释。他初步意识到《山海经》时代存在山岳等级制度。例如《西山首经》末尾有"华山，冢也。其祠之礼太牢。"郭注云："冢者，神鬼之所舍也。"郭可能是从冢为坟墓之大者推论它是神鬼停留之处，根据不足。其他山都有山神居住，都享受祭祀，为什么绝大多数不称冢？汪绂注云："冢，犹冢宰、冢子之冢。言以华山为宗也。"冢宰是周代官名，六卿之首。冢子是长子。华山称冢，是强调其地位之高。另外，《中次五经》云："升山，冢也，其祠礼：太牢，婴用吉玉。"汪注云："以升山为尊。"华山、升山被称为冢，都享受太牢，代表着它们在山岳等级制度中地位的崇高。这是汪绂的一个重要发现。不过，对山岳等级制度中被称为"帝"和"神"的两个等级，汪绂依然沿用郭注，可见他对《山海经》山岳等级制度的认识还是初步的。后来的郝懿行、俞樾将在这方面有更大进展。

《五藏山经》各位山神的形状稀奇古怪，大体是采用人、鸟、兽、龙四者的不同部分进行两两组合的结果。汪绂认为祭祀仪式上代表山神的尸要打扮成这种形状。《南山首经》十位山神，"其神状皆鸟身而龙首"。汪注云："其神之状，盖祭山之尸为此状。如《周礼·方相氏》'蒙熊皮，黄金四目，执戈扬盾'，及蔡邕谓'祭蜡迎猫者，为猫尸；迎虎者，为虎尸'之类是也。"上古祭祀，由祭者装扮成神灵接受祭品，这个代表神灵的人就是"尸"。因此，要举行祭祀山神的仪式，就必须详细了解该山神的形象，这样尸才能准确地扮演山神。由此，我们可以理解为什么《五藏山经》共26条山系，其中19条都描述了该山系诸山神之形状。而《西山首经》、《西次四经》、《东次四经》、《中山首经》、《中次三经》、《中次五经》、《中次六经》等7条山系未言山神形状，当有脱文。后来祭祀礼仪不断演化，直接用文字牌位来代表神灵，尸就被取消了。因此，后世人也很难理解为什么《山海经》要详细描写山神的形状。汪绂注给我们很大的启发。

　　基于对古代祭祀山岳之礼的全面把握,汪绂能从《山海经》经文十分细微的地方发现某些重大问题。例如他判断此书为东周之作就是从《中次六经》"岳在其中"推论出来的。详见下文。

　　但是,以意解经,或者单单凭借细读文本进行训诂是很容易出错的,博学如汪绂者也不例外。《西山首经》云:"华山,冢也。其祠之礼,太牢。羭,山神也。"汪绂《山海经存》注云:"言其山之神,羭为羊属。"把羭解释为华山之神,汪绂断句有误。也完全不符合《五藏山经》所有山神形象的惯例——均为人、鸟、兽、龙四者之间的两两组合。其实,羭山,应该是该经所叙述之"羭次之山",汪绂失于校勘。

　　他有时候会把正确的郭璞注给弄错。例如,《西山经》有"又西二百五十里,曰騩山,是錞于西海,无草木,多玉。"郭璞注:"錞犹隄埻也。音章闰反。"隄埻,就是堤坝。郝懿行进一步解释郭璞注云:"盖埤障之义。"其实,郭璞注用的是其引申义,即界限、边界之意。騩山錞于西海,意思是騩山是西海的边界。但是,汪绂却认为:"錞犹蹲也。"他把"錞"释为蹲踞、坐落之意。表面看,汪注似乎更贴切一些。因此,袁珂极力赞同:"汪说于义近之,錞盖蹲字假音也。""錞"字又见于《北次二经》"敦题之山……是錞于北海",袁又引汪注以释之,以为"尤洽"。可是,汪绂此说没有依据。首先,錞,通"准"。《新书·孽产子》有:"夫錞此而有安上者,殊未有也。"清孙诒让《札迻》云:"錞,当读为准。《说文·土部》云:'埻,射臬也。读若准。'是錞、埻、准三字声近字通。"由此可见,袁珂说錞是蹲字的通假,释音有误。郭璞注是正确的。而汪绂解释所用的"蹲"字在上古音为文部从纽平声,跟錞无关,完全是他根据下文进行的推测。其次,即使上述两处汪注勉强能读通,但是却无法解释《中次七经》"婴梁之山,上多苍玉,錞于玄石"。苍玉如何"蹲"在玄石之上?袁珂云:"錞,汪绂释为蹲,引申固亦有依附之义也。"这个引申义实在讲不通。可惜,郭璞也未能贯彻他对錞字的正确解释,把这里的錞解释为:"言苍玉依黑石而生也。"语意虽通,但是依然是无根之谈。其实,这个錞字仍然通"准",意思是婴梁之山的苍玉,跟玄石十分接近。

4.汪绂在《山海经》地理研究方面的贡献

汪绂不是一个单纯求学的学者,他治学非常强调实用。刘师培《南北学派不同论·南北考证学不同论》云:"婺源汪绂,兼治汉学、宋学,又作《物诠》一书,善于即物穷理,故士学益趋于实用。"其《医林纂要探源》、《戊笈谈兵》分别研究医学、兵学就是明证。

其中完成于康熙五十八年(1719)的《戊笈谈兵》集中展现了作者在天文、地理、军事、儒学、数术等方面的造诣。其第四卷《宇内舆图》搜罗了历代全国地图和分区地图数十幅,他甚至还搜罗了一些外国地图,包括两幅西方最新传入的世界地图(分为东西两半球)。其第五卷《形势沿革》纵论天下地理大势、历代建都沿革和疆域变化,可见作者对于全国历史地理、当代地理熟稔于心。

如此深厚的地理学、历史地理学知识积累,为汪绂研究《山海经》的地理内容打下了良好基础。

由于古今山水名称变迁,很难把《山海经》中的山水一一落实。现代历史地理学家们也只能根据仅有的若干可靠山水按照方向、距离推论其他各山。可是,《山海经》记录的方向、里距往往不可靠,因此,探索《山海经》地理是极其困难的,以至于现代历史地理学家之间往往为判定各山位置争论不休。所以,要全面判断汪绂《山海经存》的历史地理学贡献完全超出我的能力。这里只能例举汪绂在这方面的若干成功之处。

《西次三经》云:"又西北三百七十里,曰不周之山。……临彼岳崇之山,东望泑泽,河水所潜也,其源浑浑泡泡。"郭璞注泑泽为蒲昌海,即今日新疆之罗布泊。那么不周山也就位于新疆了。但是,汪绂注云:"……此不周山,当在张掖、酒泉间,尚在玉门之内。其泑泽未是蒲昌海也。西宁之西自有青海。然谓河水所潜,亦误。此书荒远错乱,不可尽据也。"现代历史地理学家谭其骧认为郭注有误,不周山应该在甘肃天祝县之毛毛山。汪绂注大致正确。《中次八经》云:"又东五十里曰衡山。"汪绂注云:"此当是颍州之霍山。一名天柱山。

汉尝祀以为南岳。若湖南衡州之衡山南岳则不在中山之南列矣。然天柱山去光山已不远,此乃相悬千里。此书道里之远近多难据也。"现代历史地理学家张步天《山海经解》也判定此山为霍山。

尽管汪绂对《山海经》一些具体山水的判断有错误,但是,他对《五藏山经》大致地域范围的判断是正确的。例如,他在《南山经第一》之下注:"所载大概皆南海以北,大江以南之山川。"与谭其骧的结论"(《南山经》地域范围)包括今浙闽赣粤湘五省地,不包括广西、贵州、云南等省,也不包括广东西南部高、雷一带和海南岛"基本一致。汪绂在《西次二经》开篇注云:"《西山经》之首,皆渭南之山。此第二经则渭北之山也。"谭其骧认为《南山首经》"……相当今陕西渭水南岸华山和秦岭山脉诸山"。双方再次取得一致。汪绂总结《西山经》云:"此三经之山大略在金城以西,张掖、酒泉、燉煌以极于回纥、土番(蕃)之境之山也。"也与谭其骧的结论基本一致。

当代历史地理学家张步天对汪绂注《山海经》的地理学成就极表肯定,其《山海经解》(上、下)即以《山海经存》为底本,大量引用汪绂的注解。

5. 否定"大禹书说",推论《山海经》作于东周

古代学者多把《山海经》作者归为大禹,或其部下益。汪绂透过经文分析,否定了这一观点。

《五藏山经》结尾:"禹曰:天下名山,经五千三百七十山,六万四千五十六里,居地也。……封于太山,禅于梁父,七十二家。得失之数,皆在此内,是谓国用。"汪绂注云:"言古之封禅者七十二君也。《管子》亦云然然。……此必非禹之言也。"根据古史传说,大禹之前无论如何也没有七十二位君主举行过封禅。此段话语当然不可能出自大禹。

汪绂熟知古代祭祀山岳之礼。上古时代,天子望祭天下名山大川。所谓"望祭",就是遥望而祭。《尚书·舜典》云:"望于山川,遍于群神。"孔传:"九州名山大川、五岳、四渎之属,皆一时望祭之。"《礼记·王制》云:"天子祭天下名山大川……诸侯祭名山大川之在其地者。"而《中次六经》云:"凡缟羝山之

首,自平逢之山至于阳华之山,凡十四山,七百九十里。岳在其中,以六月祭之,如诸岳之祠法,则天下安宁。"汪绂注云:"此条无中岳,而曰'岳在其中',盖以洛阳居天下之中,王者于此以时望祭四岳,以其非岳而祭四岳,故曰岳在其中;此殆东周时之书矣。"汪绂这个判断可以为现代那些强调《五藏山经》描述洛阳附近各山最为详实从而判定全书作于东周的学者提供一个新证据。

汪绂《山海经存》的成就是多方面的。可惜,作者生不逢时,《山海经存》出版太晚,毕沅、郝懿行等名家都未能见到。其人其书未能在古代《山海经》学术史上发挥应有影响。

(四) 毕沅《山海经新校正》的地理学阐释

毕沅(1730～1798),字纕蘅,一字秋帆。年轻时曾问学于惠栋、沈德潜等名家。乾隆二十五年(1760)进士一甲第一名,历任陕西巡抚、陕甘总督、湖广总督等。从政之余,坚持读书治学,经史、小学、金石、地理,无所不通。又广交学人,钱大昕、邵晋涵、章学诚、洪亮吉、孙星衍等先后出入其幕下。著作有《山海经新校正》、《吕氏春秋新校正》等。

毕沅《山海经新校正序》落款时间为乾隆四十六年(1781)。其文云:"沅不敏,役于官事,校注此书,凡阅五年……。"由此推定,毕沅于乾隆四十一年开始校注此书,其间由于公务繁忙,全书写作历时五年,最终完成于乾隆四十六年。《山海经新校正》(以下简称《新校正》),有多种版本,有浙江书局本、二十二子本、学库山房本等。学库山房本有插图一百四十四图。上海古籍出版社据浙江书局本影印的郭璞注、毕沅校《山海经》比较常见。

1.《山海经新校正》是他人代笔吗?

关于此书作者,一般认为是毕沅。但是,刘师培在《清儒得失论》中明指毕沅、阮元"均以儒生秉节钺……从政之余,兼事掇拾、校勘之学……吴越之民争应其求,冀分笔札之资以自润。既为他人著述,故考核亦不甚精",并说毕沅门下代笔者有汪中、孙星衍、洪亮吉等。刘师培认为是孙星衍(1753—1818)为毕沅写的《山海经新校正》:"星衍杂治诸子,精于校勘(曾刊刻《孙子》、《吴子》、《司马法》、《六韬》、《穆天子传》、《抱朴子》诸书,又为毕沅校《墨子》、《吕氏春秋》、《山海经》,明于古训,解释多精)。"刘师培的这一说法没有详细论证,未知其根据所在。

《新校正》的作者是孙星衍吗?当时,毕沅担任陕西巡抚,开府西安。年轻的孙星衍是毕沅的幕僚。孙星衍于乾隆四十八年(1783)做《山海经新校正后序》的地点就是毕沅陕西节院的长欢书屋。他对《山海经》也非常熟悉,又长于训诂之学。按照清代有些附庸风雅的达官贵人喜欢让幕僚为自己代为著作的习惯,孙似乎有为毕沅做此书的可能。

但是,孙星衍本人明确肯定了作者是毕沅,而不是自己。其《山海经新校正后序》开篇即言:"秋驲先生作《山海经新校正》。"其后行文之间,对此书夸赞有加,迹近阿谀:"其《五藏山经》,郭璞、道元不能远引。今辅其识者,奚啻十五?恐博物君子无以加诸。"又云自己计划为《山海经》做地理图注,因无暇而罢。自己的《山海经音义》二卷也因见到毕沅之书而焚烧。假如《新校正》是孙星衍代毕沅做,那么上述表示就是故意欺骗,同时兼自我吹捧。另外,代笔之作,主客双方讳莫如深,避之犹恐未及,而这篇《后序》竟然反复申说,很不合情理。

作为"当事"另一方的毕沅,明确说《新校正》是自作。全书行文格式,每段经文之后,首引郭璞注,其后为自注。而自己的注文都写明"沅曰"。如果全书是孙氏代笔,而序言为毕沅自做,那么毕沅的上述做法就是蓄意欺诈,实在跟风雅无关——代笔而不明言自作,尚可附庸风雅。假如连这篇《序言》都是代笔,是不是造假太甚,画蛇添足了?

基于以上理由,我以为刘师培的"代笔之说"可能是耳食之言,不足凭信。

目前《山海经》学界普遍认为《新校正》为毕沅所作。

又及:和《山海经新校正》一起被刘师培归于孙星衍名下的《吕氏春秋新校正》,目前学界依然认为是毕沅所作。

2.篇目考证与文字校注

《山海经》是逐步成书的,古今篇目变化较大。毕沅最早系统地考证《山海经》的篇目问题,开辟之功,学界颇有好评,影响深远。本书在刘歆部分、郭璞部分已经详论,此不复赘言。需要特别提出来的是,毕沅当初毕竟只是提出问题,并假设了解决方法。例如,他注意到刘歆校定本十八篇和《汉书·艺文志》著录之十三篇本有矛盾,于是假设全面负责整理中秘书的刘向校定了十三篇本。毕沅的这个假设,当然很有启发性。但是,今天看来证据不足。有些现代学者把毕沅的假设当做事实来用,提到十三篇本就说是刘向整理的。这是不够谨慎的。

毕沅《新校正》的第二项工作是校正经文。由于《山海经》性质的特殊,传世本一直没有经过很好的校正。包括现存最早的尤袤刻本,其中误字比比皆是。毕沅用当时所见古本作为底本,参校时代较早的明代正统年间道藏本和其他本子,以及他书引文,历时五年,完成了对于经文的校正。

由于古本为三十二篇,而刘歆校为十八篇,所以毕沅认为十八卷卷名皆刘歆所题。毕沅认为经文中有后代混入的话。如《西次首经》末尾“烛者,百草之未灰,白席采等纯之”,毕校云:“此亦周秦人释语,旧本乱如经文。今别行。”《中山经》末尾“此天地之所分壤树谷也”等五十二字也被毕沅视为周秦人释语。《海外南经》“一曰南山在结匈东南”。毕校云:“凡一曰云云者,是刘秀校此经时附著所见他本异文也。旧乱入经文。当由郭注此经时升为大字。今率细书而以郭传分注。”对此,孙星衍《后序》非常赞同,认为:“可与戴校《水经》并行不倍。”毕沅最重要的校正是指出:《海内东经》最后自“岷三江首”以下,均为误入的郭璞注《水经》。此段文字完全写水,与《海经》惯例不合,毕说正确。

对于文字讹误,毕沅校正了不少。如,《海内南经》有“伯虑国……一曰相虑”,毕沅校云:“相字当为柏。伯虑,一作柏虑也。”这是根据上下文意推理而得。又如,《西次二经》龙首之山有“苕水”,毕沅校正云:“苕当为芮。形相近,字之误也。《周书·职方解》云：'雍州，其川泾纳。'《周礼》作芮。今芮水出陕西陇州西北七十里龙门洞，俗称黑水河，北流入甘肃华亭县界。《初学记》引此作若。若、纳、芮三字声亦相近。"袁珂同意此校。像这种情况复杂的，就必须参考典籍来校订。再如，《南山经》基山有鸟，"其状如鸡而三首、六目、六足、三翼，其名曰鵸鵌"。郭注："鵸鵌，急性。敞孚二音。"旧本经文"鵸"作"鹝"，郭注"鵸孚"作"敞孚"。道藏本作"尚付"、"敞孚"。毕沅根据《广雅》、《玉篇》所云鵸鵌鸟的形状、名字发音而改正。后来郝懿行同意毕说，袁珂引《太平御览》卷五十引文正作鵸鵌，证明毕沅之校是正确的。而《中次五经》苟床之山上的"䄎鸟……食之已垫"。郭注"垫"云："未闻。"毕沅校认为，虽然《玉篇》引此作"亡热"，但是，因为郭注"未闻"，说明当时古本已作"已垫"。《玉篇》引文不一定正确。毕沅在"亡热"的启发下，深入追究："《九经字样》云：'霑，音店，寒也。《传》曰：'霑隘。'今经典相承作垫，则垫又痁字假音。"那么，经文"已垫"实际应该是"已痁"，但是，他没有注意到《九经字样》引《说文》有误，则是一个小失误。

毕沅有些校正不准确。如《南山经》"糈用稌米"，郭璞注云："糈，祀神之米名。"《说文》只是说："糈，粮也。"郭璞可能是根据王逸注解《离骚》所云："糈，精米，所以享神。"毕沅却认为经文有误："糈当为褙。《说文》云：'褙，祭具也。'郭说非。"《山海经》各本俱作"糈"，郭注有根据，毕校恐不妥当。

毕沅对《山海经》文字的注解有不少进展。如《海外南经》讙头国，一曰讙朱国。毕注云："朱、头，声相近。古假音字。"我们根据现代音韵学的研究成果，朱，侯部章纽平声。头，侯部定纽平声。二字韵部同，而章纽、定纽均为舌音，发音部位接近。由此可知，毕说是正确的。

清代文字音韵学有较大发展，毕沅利用其中关于古今音转的理论解决了一些文字问题。比如，《西次三经》之首崇吾之山有兽，"其状如禺而文臂，豹虎而善投，名曰举父"。郭注云："或作夸父。"毕沅注"善投"云："谓攫人也。投字以殳为声，攫字以矍为声，皆相似。举父之名亦以此。"又注"举父"云：

"即《尔雅》玃父也。郭云或作夸父。《尔雅》寓属云：'玃父善顾。'《说文》云：'玃，母猴也。攫，持人也。'玃、举、夸，三音相近。郭注二书不知，不知是一。盖不知音转耳。"今查《上古音手册》，矍在铎部见纽，玃谐音矍，当同。举在鱼部见纽，夸在鱼部溪纽。铎部、鱼部相近，章炳麟甚至直接合并二部为一个鱼部。而见纽、溪纽也相近。所以，玃、举、夸三字的确相近。毕沅纠正了郭注的错误。

但是，毕沅运用音转理论也有过分随意之处，很多地方使用"一声之转"来解释。比如，《南山经》泿水有芘蠃。郭注云："紫色螺也。"毕注云："芘蠃，即《夏小正》云蜄者，蒲卢也。芘蠃、蒲卢，音相转。"蒲卢，古代也有写作蒲芦、蒲蠃的。芘是脂部帮纽字，蒲是鱼部并纽字，仅仅声纽相近。蠃属歌部来纽，卢属鱼部来纽，声纽全同，但韵部不同。所以，毕注以为芘蠃、蒲卢之间存在音转，是过分大胆了。而且，即使可以音转，但是蜄是蛤属，芘蠃是螺，差异巨大。毕注欠妥。后来，郝懿行通过校订经文，纠正了这个错误。

3. 毕沅注的历史地理学成就

毕沅学问渊博，其《新校正》参阅了大量古今地理志。其中主要依据《水经注》，兼及九经笺注、史家地志、《元和郡县志》、《太平寰宇记》、《通典》、《通考》、《通志》及近世方志。同时，毕沅身为陕西巡抚，陕甘总督，又经历过西北地区战争，十分熟悉西北山川，所以常常使用亲身经历加以验证。孙星衍《山海经新校正后序》云："先生（指毕沅）开府陕西，假节甘肃。粤自崤涵以西，玉门以外，无不亲历。又尝勤民，洒通水利，是以《西山经》四篇、《中次五经》诸篇疏证水道为独详焉。"由于以上两个方面的原因。毕沅注解《山海经》最大的贡献在于缕清了其中许多地理学问题，这就是他所做的第三项工作——"考山名水道"。

毕沅考订《山海经》地理，是从全经总体把握的。所以，他特别注重各山川的方位道里，即相互位置，并不仅仅以地名相同为证。他对于郭璞注在这方面的错误是严厉批判的：

今观其注释山水,不按道里,其有名同实异。即云某地有某山,未知此是非。又《中山经》有牛首之山及劳、滴二水,在今山西浮山县境,而妄引长安牛首山及劳、滴二水。霍山近牛首,则在平阳,而妄引潜及罗江、巩县之山。其疏类是。

对于郦道元《水经注》的错误也有纠正。《中次七经》有:"鼓钟之山,帝台之所以觞百神也。"郭注云:"举觞燕会则于此山,因名为鼓钟也。"其下郭注有佚文九字,毕沅《新校正》根据《初学记》引文补云:"今按:其山在伊阙西南。"可是,郦道元《水经注》云鼓钟山在山西:

《山海经》云:"孟门东南有平山,水出于其上,潜于其下。"又是王屋之次,疑即平山(在山西临汾县西)也。其水南流,历鼓钟上峡⋯⋯南流历鼓钟川,分为二涧。一涧⋯⋯今无复有水。一水历冶官西,世人谓之鼓钟城。城之左右,犹有遗铜及铜钱也⋯⋯《山海经》曰:'鼓钟之山,帝台之所以觞百神。'即是山也。

毕沅以为:郦道元所云之山——山西垣曲县鼓钟山与道里不合,应该是《中次一经》的鼓镫之山。锺与镫,形近、音近而讹变。而且,该山有冶炼遗迹,正好证实"古者冶铜于此。《(山海)经》言'多赤铜',信也"。而鼓钟之山是河南陆浑县西南三十里之钟山,与郭注佚文相合。这样,才能和《中次七经》鼓钟之山前面的休与之山道里一致。按照经文,休与之山在河南灵宝县,东三百里是鼓钟之山,不可能在山西。毕沅的地理考证是符合吴任臣提出的地理考证原则的。

其地理考证总结见于《新校正自序》:

《南山经》其山可考者,惟㠁山、句余、浮玉、会稽诸山。其地汉时为蛮中,故其他书传多失其迹也。《西山经》其山率多可考。其水有河、有渭、有汉、有洛、有泾、有符禺、有灌、有竹⋯⋯皆雍、梁二州之水,见于经传。其川流沿注,至今质明可信也。《北山经》皆在塞外,古之荒服。经传亦失其迹。而有泑泽及河原可信。《北次三经》以下,其山亦多可考。其水有汾、有酸、有晋⋯⋯皆冀州之水，见于经传。其川流沿注，又至今质明可信者也。《东山经》其山水多不可考，而有泰山、有空桑之山、有泺水、有环水，是为青州之地也。《中山经》起薄山，是禹所都，故其山水之名尤著。水有渠猪、有涝、有潏……是皆豫州之水。《中次八经》起景山，有睢、有漳、有沱。《中次九经》有緜洛之洛、有汶江、南江、北江………是皆荆州之水，见于经传。其川流沿注。又至今质明可信者也。

正因为确证了《山海经》所记地理的真实性，而大禹又是古史传说中"定高山大川"的圣人，所以，毕沅《山海经新校正序》重申："《山海经》作于，禹益。"

毕沅论证《山海经》为禹益之书的证据还有一条，那就是《五藏山经》的祭山礼仪。《南山经》之末云："凡䧿山之首，自招摇之山，以至箕尾之山，凡十山。二千九百五十里。其神状皆鸟身而龙首。其祠之礼……"毕沅注："《夏书》云：'奠高山大川。'又云：'九山刊旅。'又云：'荆岐既旅。'又云：'蔡蒙旅平。'《孔丛子》云：'子张问：《书》云奠高山，何谓也？孔子曰：牲币之物，五岳视三公，小名山视子、男。'盖奠山之礼具乎此经。是真禹益之书也。"其《山海经新校正序》又云："孔子告子张，以为'牲币之物，五岳视三公，小名山视子、男。'按此经云，凡某山至某山，其祠之礼，何用何瘗，糈用何，是其礼也。"

不过，考虑到《山经》和《海经》的差别，毕沅的"禹益书说"把《海经》排除了。他认为："《五藏山经》三十四③篇，实是禹书。"《海外经》四篇、《海内经》四篇，是周秦人所述禹鼎图的内容，鼎亡于秦，而人们所说著于册，即之。《大荒经》以下五篇是刘歆解释《海外经》四篇、《海内经》四篇的产物。

其实，地理记录的准确、全面，以及祭山仪式的古老，都不能直接证明《山海经》是大禹和益的作品。毕沅判定《山经》为禹书的直接根据是："《列子》引夏革云，吕不韦引《伊尹书》云，多出此经。二书皆先秦人著。夏革、伊尹又皆商人，是故，知此三十四篇为禹书无疑也。"

伊尹之事，年代过于久远，难以征实；而《列子》则已经被证明是六朝伪书。所以，尽管毕沅对自己的"禹益书说"言之凿凿，仍难以为今人接受。

4. 对《山海经》图的考证

毕沅认为《海外四经》和《海内四经》是周秦时代叙述禹鼎图的产物,而《荒经》以下五篇是刘歆解释前者之作,实际也是禹鼎图的间接产物。这比杨慎把全部《山海经》都归为禹鼎图进步了,因为《山经》内容恐怕禹鼎是无法全面表现的,其文的述图痕迹也不明显。

他还认为刘歆是根据汉代《山海经图》增释的《荒经》以下五篇,而汉图已经与禹鼎图有差异。根据是其中有成汤、有王亥仆牛等内容。这是有一定道理的。

但是,他认为汉图也是郭璞、张骏《图赞》吟咏的对象。恐不确。笔者前文已论,郭璞《图赞》三百零三篇,涉及《山海经》全书各篇,不可能是汉图。

毕沅还考证了张僧繇图和舒雅图。毕沅的工作是当时对于《山海经》图最全面的考证。

5. 毕沅的“无怪物说”和正统的《山海经》研究观念

毕沅如何对待《山海经》中怪物描写呢?难道也是真的吗?这是所有古代《山海经》学者不得不面对的问题,这个问题不解答好,就无法肯定《山海经》在经学时代的价值。对此,他在《自序》中提出了一种合理主义的假说,全面否定经文有怪。

《山海经》未尝言怪,而释者怪焉。《经》说鸱鸟及人鱼,皆云人面。人面者,略似人形。譬如,《经》云鹦母(《西山经》经文中为“鹦鹉”)、狌狌能言,亦略似人言。而后世图此,遂作人形。此鸟及鱼,今常见也。……举父……是既猿猱之属。……(郭璞)又不知其常兽,是其惑也。以此而推,则知《山海经》非语怪之书矣。

经文注解中也贯彻了这种假说。例如《南山经》英水有赤鱬,“其状如鱼而人面”。毕沅注云:“凡云人面者,皆略似人形。”《西山经》云:“西王母,其状如人,豹尾虎齿而善啸。蓬发、戴胜。”毕沅云:“经云此者,见其民俗如文身、雕题之属耳。俗遂以为神人也。”又云:“戴胜,言其民俗尚此饰也。”这样一来,毕沅更加坚信《山海经》的真实性。所有的怪物都被归罪于后人的误解。他的目的实际是为了回避经学对于《山海经》言怪的责难，提高其社会地位。不过，笔者以为毕沅的合理主义解说并不能完全消除《山海经》中的怪物，如多足、多首、多尾、多眼、独足、独尾、独眼之类，还有鱼而鸡足、鱼而陵居、羊而无口之类，均未见其解说。对于海外民族的奇形怪状也没有解说。所以，毕沅消除怪物的努力并不彻底，对自己的假说也没有进行全面证明。

作为乾嘉时代学者，毕沅的正统观念很强。他确信《山海经》是"禹益书"以后，就完全把它等同于神圣经典，要求一切研究都必须像对待儒家经典一样尊重，坚持古字，反对俗字、新字，不允许有怀疑，也不允许有其他解释。

对于历代肯定"禹益书说"的学者，他一概支持。像郑玄注《尚书》、伏虔注《左传》用《山海经》等。他承认刘歆"可以考祯祥变怪之物，见远国异人之谣俗"和郭璞"不怪所可怪，则几于无怪矣；怪所不可怪，则未始有怪也"的论述"足以破疑《山海经》者之惑"。但是，毕沅又觉得二人都未能充分了解《山海经》的地理志性质，所以，批评他们"皆不可谓知《山海经》者"。而全面肯定《山海经》地理志性质的郦道元自然成为毕沅最赞赏的《山海经》学者。

对于怀疑《山海经》的学者，毕沅则加以否定。他说：疑此经"自杜佑始"。虽未明言批驳，而贬义自见。

基于清代考据学强调征实的原则，毕沅对于杨慎注提出批评："杨慎所注，多由蹈虚而非征实。其于地理，全无发明。"

对于吴任臣《山海经广注》，则批评引书太滥："任臣则滥引《路史》、六朝唐宋人诗文，以及《三才图绘》、《骈雅》、《字汇》等书以证经文。"这些书史料价值不高，文字错误也较多，所以，毕沅云："任臣所注多在于斯，经之厄也。故无取焉。"这种批评比《四库提要》严厉得多。这可能和毕沅对自己著作的高度自信有关。

从总体上看，毕沅《新校正》非常大气，这可能和他的个人气质与身份有关。毕沅《山海经古今篇目考》称自己完成了三件工作。其一是考证篇目，其二是考证文字，其三是考证山名水道。细读《新校正》全书，作者的确在上述三方面都作出了贡献，标志着清代《山海经》考据学研究取得了重要进展。这当然归功于作者的博览群书和广泛经历。他在校注中引证书籍非常挑剔，全是正统著作；引文也非常精练，绝无冗言。和那些炫耀博学者大不相同。毕沅的学术成就和学术气度使得《新校正》成为《山海经》研究史上一部里程碑式的著作。后来，郝懿行作《山海经笺疏》正是在毕沅《新校正》基础上展开的，而且引用了其中不少成果。

（五）郝懿行《山海经笺疏》的文字订讹与注释

郝懿行（1757～1825），字恂九，号兰皋。嘉庆进士，官户部主事。潜心著述，深于训诂。主要有《易说》、《书说》、《春秋比》、《春秋说略》、《竹书纪年校正》、《山海经笺疏》、《尔雅义疏》，还有《穆天子传》的注解。

郝氏于嘉庆九年（1804）完成《山海经笺疏》。嘉庆十四年（1809）由仪征阮元琅嬛仙馆首次刊刻。阮元题序。全书十八卷，附《图赞》一卷、《订讹》一卷。光绪年间，据其遗稿而刻的所谓"郝氏遗书本"《山海经笺疏》（以下简称《笺疏》）质量上乘，由顺天府府尹游百川进呈光绪帝。光绪七年上谕："即著留览。"上海还读楼于光绪十三年校刊重刻。正文内容同琅嬛仙馆刻本，但增加了《上谕》、游百川《奏折》、蔡尔康《校刊山海经笺疏序》、江标《重刻山海经笺疏后序》和宦懋庸《校栞山海经笺疏序》。巴蜀书社1985年影印此本，方便易得。光绪十七年（1891）上海五彩公司石印《钦定郝注〈山海经〉》即翻印郝氏遗书本，并加了插图。

学界公认《笺疏》是清代《山海经》学之翘楚。当时学界领袖阮元《刻山海经笺疏序》云："吴氏《广注》征引虽博而失之芜杂。毕氏校本于山川考校甚精，而订正文字尚多疏略。今郝氏究心是经，加以笺疏，精而不凿，博而不滥。粲然毕著，斐然成章。"游百川上郝氏遗书本之《奏折》云："……（郝氏）事刊疏缪，辞取雅驯。既富搜罗，复精辨覈。可谓殚心典籍，无愧通方。"《笺疏》在文字订讹、训诂和史实考证诸方面都达到了乾嘉时代考据学的最高水平。

1. 精审的文字订讹

郝懿行和毕沅一样，主要用当时白云观所藏道藏本《山海经》来校订经文（但双方所用底本不同），同时利用其他各种比较正式的典籍，如《尔雅》、《说文》、《广雅》、《太平御览》等书征引文字互校，非常严谨。他的校正范围不仅包括经文，也包括郭注，甚至用正确的经文校正其他书籍引文的讹字。为醒目，郝懿行把全书校正结果重新收集，编为《订讹》一卷附于书后。

郝懿行所用底本有优于毕沅本之处。如，《南次二经》之首柜山有兽，"其状如豚"。郝案："毕氏本豚作反，讹。"又如，《海外西经》形天，毕本作"形夭"。毕校云："旧本俱作形天，案唐《等慈寺碑》正作形夭。依义，夭长于天。始知陶潜诗'形夭无千岁'千岁则干戚之讹，形夭是也。"毕说不当。郝懿行底本作"形天"，郝案："《淮南子·地形训》作形残。天、残，声相近。或作形夭，误也。《太平御览》五百五十五卷引此经作'形天'。"现代学者一般接受郝氏之说。

郝懿行恪守注经不改本字的传统，与毕沅先改后校的做法大不相同。其《山海经笺疏叙》云："凡所指摘，虽颇有依据，仍用旧文，因而无改，盖放郑君康成注经不敢改字之例云。"这既是郝氏的严谨，也是乾嘉考据学规范日趋严格的反映。

由于毕沅已经在校正经文上取得不少成就，所以，郝懿行常加以援引。如《北次三经》鸡号之山，郝案："《说文》、《玉篇》引此经，并作惟号之山。"与《新校正》同。对于毕校过分简单处，也做了补充。如《南山经》之首穋山，毕沅只引了任昉《述异记》作"雀山"，而此显系误字。郝懿行加引《文选》注《头陀寺碑》作"鹊山"，使人更加容易理解"䧿"字实为"鹊"之古字。《南次首经》有鹕鸺鸟，毕沅校订为鹠鸺。郝懿行同意毕说。但是，郝懿行进一步指出：郭注："鹠鸺，急性也"仍然有讹误。郝云："《方言》曰：'憋，恶也。'郭注云：'憋怤，急性也。'憋怤、鹠鸺，字异音同。然则此注当云：'读如憋怤，急性。'今本疑有脱误。"阮元说郝氏"精而不凿"，的确如此。

对于毕沅《新校正》的误校，郝懿行多加纠正。如，《南次首经》英水多赤鳙。郭注："音儒"。毕沅以为鳙当为"鯛"，音而。郝案："儒，盖儒字之讹。藏经本作儒。"由于道藏本作儒，如果郭注不误，则经文鳙字无误，而毕沅推测误。《南次二经》洵水"多芘蠃"。郝案："郭云：'紫色螺，即知经文芘当为茈之讹也。古字通以茈为紫。《御览》引此经，芘作茈。"其实，《东次首经》激水"东南流注于娶檀之水，其中多茈蠃"。郝案："蠃当为蠃字之讹。茈蠃，紫色螺也。"这可以证明郝校正确。郝校可以纠正毕沅释芘蠃为蒲卢的错误。

对于底本比较明显的误字，郝懿行也有据理出校的情况。《南次首经》祝余草，郭注："或作桂荼。"郝案："桂，疑当为柱字之讹。柱荼，祝余，声相近。"

郝懿行还利用正确的经文校正其他书籍的引文。如《西次四经》中曲之山有驳，"白身黑尾"。郝案："《尔雅疏》引此经作身黑二尾，误。"此类不少，但与《山海经》研究关系较远，不复赘言。

郝懿行对于全书文字总数和《山经》各卷道里均有详细统计和校正。如《南山经》末尾"右南经之山志"下，郝案："篇末此语，盖校书者所题，故旧本皆亚于经。"经文云："大小凡四十山，万六千三百八十里。"郝案："经当云凡四十一山，万六千六百八十里。盖传写之误也。今检才三十九山，万五千六百四十里。"

凡此种种，可见郝懿行在校正经文方面做了极其细致的工作。

但是，毕竟当时古书难得，郝懿行未见宋元本，因此他的文字订讹工作仍然存在一些失误。周士琦《论元代曹善手抄本〈山海经〉》用故宫收藏的《石渠宝笈》著录之曹善抄本的一部分（《南山经》、《西山经》和《北山经》）比对郝校，指出了郝校臆断之处有八。笔者无意责怪郝懿行，因为毕竟超出常人力所能及的范围了。而且，周士琦所指出的第一条"臆断"即前文引述的"右南经之山志"校语，曹氏抄本未低一格。但是，笔者用尤袤刻本的影印本核对，的确低一格，说明郝校并非臆断。

容肇祖在《〈山海经〉研究的进展》一文中评论："郝懿行的优点，在于取吴任臣、毕沅两家之长，而加以精密的校勘。……其妻王照圆为之覆校，其用力之勤，实为难得。故有此书，而《山海经》校勘之能事毕矣。"是为的论。

2. 通达而严谨的训诂

郝懿行和郭璞一样，对于名物训诂十分感兴趣，曾有《宝训》、《海错》、《燕子春秋》、《蜂衙小记》等著作。《尔雅》、《说文》耳熟能详，晚年《尔雅义疏》更是有史以来最好的《尔雅》注本。而郭璞曾注《尔雅》、《方言》等。所以，郝懿行对于郭璞的学术背景非常熟悉，常常能指出郭璞《山海经》注文的来历。如《西次四经》劳山多茈草，郭注："一名茈萸，中染紫也。"郝案："茈草，即紫草。《尔雅》云：'茈萸，茈草也。'是郭所本。"所以，郝懿行对于郭注讹字和失误之处往往一目了然。如《南次首经》青丘之山有兽"如狐而九尾"，郭注："即九尾狐。"郝懿行引郭璞注《大荒经》九尾狐是太平祥瑞为证据，说明此处吃人的"如狐而九尾"的怪兽并非真正九尾狐。用郭注反驳郭注，以子之矛，攻子之盾，可谓十分有力。

对于郭注的错误多有纠正。例如，前文谈到汪绂已经发现郭璞注解《西山首经》"华山，冢也"有误，主张"冢"表示山岳地位的尊贵。郝懿行没有读过汪绂《山海经存》，但是他把相关各山联系起来进行总体分析，得出了类似的结论："此皆山也，言神与冢者，冢大于神。……郭以冢为坟墓，盖失之。"《中次九经》共十六座山，各山祭祀之礼不同。经云："文山、勾欄、风雨、騩之山，是皆冢也。其祠之：羞酒、少牢具、婴毛一吉玉。熊山，席也，其祠：羞酒、太牢具、婴毛一璧。"郭璞注："席者，神之所冯止也。"郝懿行按语："席当为帝。字形之讹也。上下经文并以帝、冢为对，此讹作席。郭氏意为之说，盖失之。"郝懿行对《山海经》山岳等级制度有了更加全面的认识，这是学术史的一个重要进步。

对于郭注不明的地方，郝懿行加注十分详尽。如《西次三经》西王母"司天之厉及五残"。郭注："主知灾厉、五刑残杀之气也。"郭注"厉"为灾厉，不很确切。把五残解释为"五刑残杀"的缩略语，则完全不对。他大概是用后来的"五行观念"把西方看作"刑杀之气"的代表而得出的结论。事实上，《山海经》

中并没有完整的五行观念。毕沅《山海经新校正》注"厉"为鬼："厉，如《春秋传》'晋侯梦大厉'也。"但是，毕沅没有解释"天之厉"是什么，天上有鬼吗？更没有说明"五残"究竟是什么东西。

郝懿行对此段经文所加案语如下：

厉及五残皆星名也。……《月令》云："季春之月，命国傩。"郑注云："此月之中，日行历昴，昴有大陵，积尸之气。气佚，则厉鬼随而出行。"是大陵主厉鬼。昴为西方宿，故西王母司之也。五残者，《史记·天官书》云："五残星出正东。……"《正义》云："五残，一名五锋。"出则见五方毁败之征，大臣诛亡之象。西王母主刑杀，故又司此也。

主要意思是西方的昴星宿包括了一组星辰，就是大陵星。这个星名就是大坟墓的意思，大陵之中又有一颗积尸星。由此可见，这里就是天上的厉鬼之气聚集的地方。这些气一旦逸散，厉鬼就会出现在大地。所以，大陵星决定着厉鬼们的活动——"主厉气"。而西王母在西方，因此，应该主管西方的某些星宿。她是通过掌握西方昴宿中的大陵星中的厉鬼之气而掌管厉鬼的。郝懿行对于"五残"的解释纠正了郭璞的错误。他把"天之厉"解释为天上的"厉鬼"，也是合理的。不过，他推定"厉"和五残一样都是星名，则不可信，因为古代天文学中没有这么一个"厉星"之名。

可惜的是，郝懿行受郭璞影响太深，在部分纠正了郭注的错误之后仍然主张西王母主管刑杀。因此，郭注的这个错误一直延续到现代学者。茅盾等学者忽略了郝懿行的发现，仍然根据郭注推论《山海经》中的西王母为可怕的刑罚之神，完全割裂了西王母形象在历史演变中的内在统一性。

郝懿行也利用音韵学知识作注。如《北次三经》"凡北次三经之首自太行之山至于无逢之山"，郝案："无逢，即母逢也。母、无，古音同。"这样就解释了与前文"母逢之山"的矛盾。《海外南经》周饶国，郝案："周饶，亦僬侥，声之转。又声转为朱儒。"郝懿行比毕沅慎重，所以这方面失误较少。

对于《山海经》的地理学考证，郝懿行基本沿袭毕沅《新校正》，偶有创见。

如《南山经》招摇之山在西南方,毕沅云:"《大荒西(当为东)经》曰有招摇山,融水出焉,即此。"方位有误。郝懿行引《吕氏春秋·本味篇》高诱注云:"招摇,山名,在桂阳。"比较合理。

郝懿行坚守笺注传统,客观注解,不做主观发挥。他摒弃先验立场,既不拔高,也不贬低。完全依照经文出注,实事求是。至于经文是否言怪,是否真实一概不论。所以,像毕沅那样的"人面,略似人而已"之类的解说在郝氏注中完全没有。

3. 郝懿行对《山海经》的总体看法

郝懿行《山海经笺疏叙》较全面地阐述了他对作者、时代、篇目、性质等问题的看法。但是,郝基本沿袭毕沅的看法,创见不多。

例如,郝坚持大禹作书假说。他承认书中有一些周代以后的内容。例如:"《经》称夏后,明非禹书;篇有文王,又疑周书。"又如:"《经》'倭属燕'者,盖周初事欤?"可是,他从总体上还是强调《五藏山经》是大禹之书,上述内容只是羼入的后人文辞,不可据之而疑经。因此,对于书中虚幻因素,郝懿行根据禹鼎传说而推定是大禹为了"俾民不眩",故云:"……后之读者,类以夷坚所志,方诸《齐谐》,不亦悲乎?"由此可见,郝对于《山海经》作者的看法十分传统。难怪陆侃如批评他思想"顽固"了。

另外,郝懿行认为《山海经》是地理志,原来是图文配合的,而这个古图应当标注着山川道里。这和毕沅观点相近。可是,最早著录、整理《山海经》的刘歆未言此书有图,而后代学者据以言"《山海经》古图"的郭璞注所提之所谓古图只是一些异物,并没有古代地图的痕迹。那么,所谓《山海经》古图的存在其实是一个很虚的假说。

总的看来,郝懿行《山海经笺疏》主要成就是文字校订和训诂。根据郝氏《山海经笺疏叙》统计,《笺疏》共"创通大义百余事,是正讹文三百余事"。这一成就的确代表了那个时代考据学的一流水准。

以毕沅、郝懿行为代表的考据学研究在《山海经》学术历史上取得了空前成就,树立了一种典范。后来学者很难在校订和训诂上超过他们,必须另辟蹊径。

(六)陈逢衡《山海经汇说》的合理化解释

陈逢衡(1778～1855),字穆堂,江苏江都人。此人风流倜傥,拒绝仕进,一生读书著作。他读书毫无功利心,所以不大关注正统的经学、史学。按照他自己的说法:"经学宏深,史学浩博,略一窥测,杳无津涯",自己"惟取世人厌弃不阅之书,寝食其中"。主要著作有《竹书纪年》(1813)、《逸周书补注》(1813)、《穆天子传补正》(1843)、《山海经汇说》(1845)和《博物志疏证》等。由于作者远离学术主流,又绝意仕途,所以不大为学界关注。

《山海经汇说》(以下简称《汇说》)含90条笔记,总为四卷,刻于道光二十五年(1845)。此后,一直无人提及。近年赵宗福开始高度评价其书,认为其著作体例近乎专著,分量重,多创新之见,一些方法与结论和现代学术接近。笔者认为,陈逢衡主要受毕沅、郝懿行等人的影响,认定《山海经》为写实之作,在此基础上做了一些合理主义解说,有创见,对现代神话学研究有一定的参考价值。

1.《汇说》的目的与方法

自毕沅纵论《山海经》为地理书并做合理主义解说之后,学界颇有肯定。陈逢衡道光二十年(1840)《自序》基本秉承了毕沅的观点:"因念《山海经》一书,蕴埋剥蚀,咸目为怪异而不之睹,为可惜也。然,是书之弃置不道,一误于郭氏景纯注,务为神奇不测之谈,并有正文所无而妄为添设者。再误于后之阅者,不求甚解,讹以传讹,而此书遂废。"其核心观点在于《山海经》是可信之书,而怪物之谈都是郭璞注和后人误读造成的,这和毕沅观点十分接近。

为了证明《山海经》的写实性,他采取直读经文的方法来取证。道光二十年《自序》云:"余不揣固陋,平心澄虑,但见《山海经》本文明白通畅,全无怪异之处。"而后,又参考吴任臣、毕沅、郝懿行注来批驳郭注。对于旧注承袭郭注

为说之处,陈逢衡遂一一加以驳斥。其道光二十三年《自序》又总结为四条方法:

一曰离合其句读。于事之当分属者,则分之;于事之当联续者,则合之。庶眉目分清,一望可见。一曰展玩前后体例、书法以为证据。一曰止读经文。以经辟注,如土委地,不解自明。一曰按之情理,征之往籍,以观其会通。往往有出人意计之外,可与古人相视而笑者。以是解书,宜无误矣。

其核心方法是两个。其一是直读经文,其二是按之情理做合理主义解说。

其实,毕沅《新校正》已经开始用合理主义方法消除《山海经》的怪物描写。但是,陈逢衡显然认为毕沅做得不够。所以,《汇说》用了大量篇幅来消除经文中的怪物。毕沅重点在奇怪动物;而陈逢衡重点在奇人。

陈在解释《海外南经》羽民国时云:"'身生羽'三字不可泥。犹《海外东经》毛民国身生毛。短则为毛,长则为羽耳。郭谓能飞不能远,误矣。又谓是卵生,于经文外添设,更误。"《海外南经》有不死民,陈云:"夫食之乃寿,饮之不老,亦谓其可以长生尽年,因而谓之不死。非真不死也。"其《西王母》条云:

胡应麟不信《山海经》,故以虎齿豹尾为疑。考《纬书》云:"伏羲方牙,一曰苍牙。"《白虎通》云:"帝喾骈齿。"则虎齿之状,亦若是而已。不过极言其大耳,非有异焉。……西王母之豹尾,盖是取豹尾以为饰,而非真有尾如豹也。

其《形天操干戚而舞》条云:

……以乳为目、脐为口,是其图状如此。操干戚而舞是与帝争神时形状。盖因其无首,故画一被戮后之形天以为戒。非谓断其首犹活也。此是后人按图增饰而附会其说之语,故曰乳为目、脐为口。其实无有是事。若谓断其首犹活,则葬之常羊之山者又何人乎?郭注是为无首之民,则是无首犹活也。不可为训。

这里借用了《海经》是解图之作的说法,把形天神话的产生归结为读图失误。其他,如三首国、三身国也都被释为读图失误。

上述合理化解释的说服力并不强。陈逢衡又罗列了《山海经》所有药用植物记录、诸国姓氏记录和占验记录等材料,以强调《山海经》的写实性质。他的这种做法依然有以偏概全之嫌。

由于《山海经》原文简略,有些情节的确不清,所以存在多种解释的可能。陈逢衡强调向写实一面理解,而郭璞着重向虚幻方面理解,双方的对立就无法避免了。意气十足的陈逢衡痛诋郭璞:"郭氏添设,节外生枝,遂成奇怪。后人目《山海经》为伪书,而不知《山海经》本不如是也。……吾愿天下读《山海经》者,只读正文,删去郭注可也。"至此,我们就彻底明白为什么陈逢衡《自序》要求"止读经文"了,他的目的是"以经辟注"——排斥郭璞注。在他眼里,郭璞歪曲了《山海经》。其实,《山海经》本身同时存在写实与虚幻两部分内容。郭璞注存在一些过分求怪的倾向,但是毕竟较好地揭示了《山海经》的虚幻内容。陈逢衡根据自己的假说全面否定郭注,就显得过分极端了。

2."夷坚说"是对"禹益说"的修正

陈逢衡反对《山海经》作者"禹益说"。他根据《列子·汤问》谈到鲲鹏时的一句话——"世岂知有此物哉?大禹行而见之,伯益知而名之,夷坚闻而志之",认为夷坚所闻、所志就是《山海经》。其《〈山海经〉是夷坚作》条云:

其前五篇(指《山经》),或系大禹、伯益所遗留简策,夷坚从而述之,故无甚怪异。其下篇次所述,则皆夷坚手订,按图而记者也。厥后又有周末战国时人续录之语,故征及文王葬所与汤伐桀之事。今一概连接成文,致后人之疑议。兹订为夷坚所作,则凡书中记禹父之所化与夏后开等事,无庸疑议。或谓夷坚是南人,其书留传楚地,至屈子作《天问》时多采其说而问之,实通论也。故自《海内东经》以上俱以南西北东为次,居然可见。至《大荒经》则以东南西北为次,显是另一人手笔。

陈氏此说主要为了解决《山海经》中存在大禹以后的史实与"禹益说"之间的矛盾,以避免世人怀疑。但是陈所据《列子》本身可疑,而且原文只是谈鲲鹏,不是谈《山海经》,因此,陈逢衡的"夷坚说"只是对于"禹益说"的一个主观化修正,恐不足凭。

3. 对《山海经》天文内容的解说

杨慎《补注》曾列《山海经》中日月出入之山,存而未论。陈逢衡比较关注《山海经》中天文学内容,并进行了解说。其《〈山海经〉多纪日月行次》条云:"《大荒东经》言日月所出者六,盖各于一山测量其所出之度数,以定其行次也。……《大荒西经》言日月所入者七,盖各山皆设有官属,以纪其行次。然后汇而录之,以合其暑度,如今时各省节气不同是也。"四季之中,太阳升起和降落的位置是不同的。陈逢衡认为这些山是古人观察记录太阳运行轨迹确定季节之用。这个结论与现代天文学史研究结论基本一致。这是一个比较突出的成果,使我们得以了解《荒经》这十四座山峰的性质和功能。

其《九日居上枝一日居下枝》和《一日方至,一日方出》讨论十日神话。对于十日之说,王充《论衡》曾经提及百姓以十天干为十日,并指出神话中的十日并出并非真正的十个太阳,而是天文观测中的幻象。陈逢衡对王充观点的两个层次进行了更加深入的讨论。

首先,他引证《左传》中的"十日"是十天干。在此基础上,他认为:"夫所谓九日一日者,乃仪器之象,即甲乙丙丁戊己庚辛壬癸也。如当甲日,则甲日居上,余九日居下。乙日则乙日居上,余九日居下。推之十日皆然。周而复始,所以记日也。……夫尧时十日,特其仪象耳。"生活中的十日是天干,那么神话中的十日又是什么呢? 陈逢衡《一日方至,一日方出》条讨论十日神话:"实与《海外东经》所云'有大木,九日居下枝,一日居上枝'一鼻孔出气。此即司仪器之人所执掌。然《山海经》图象不能运转,故画一日方至,一日方出之状,以形容之耳。其云载于乌者,非谓日中有乌也,谓写此十干之字,标立于乌之上,以象其飞升。"陈逢衡借助于朱熹提出的《山海经》是记述古图之作的假说,把经文中的十日神话解释成叙述《山海经》古图的人理解图画有误。

其次,陈在《论衡》基础上推论神话中的十日是"皆蒙气凝结,为日光所射,故有似众日耳"。这和当代一些神话学家用天文幻象解释神话的做法如出一辙,可谓陈氏创新之论。

通过以上论证,陈逢衡说明十日神话不可信。所以,他推论尧时不存在十日并出的妖异情形,羿射十日更属子虚乌有。又据今本《山海经》无射日情节痛批郭璞用羿射十日神话注解经文是"纠缠不已,若全未睹《山海经》者"。所以,陈氏解说实际仍然是在传统的合理主义范围内设法消除《山海经》的怪物描写,批驳郭璞解说,而与现代神话学研究方法存在本质区别。

当然,陈逢衡在当时条件下能有如此见识,并部分地揭示了某些神话产生的具体背景,实属不易。

(七)俞樾《读山海经》的新境界

俞樾(1821~1907),字荫甫,号曲园。曾任河南学政,罢官后专心著述,四处讲学,是清代后期著名考据学大师,一代名儒。其《俞楼杂纂》收有多种读书笔记,其中包括《读山海经》。此书共计36条,排列次序完全依照经文顺序,属于笔记体的专书考据之作。不过,此书具体写作时间不详。

俞樾解《山海经》有两个特点。

首先,强调文义通达。一般注家往往只关注被注文字的含义,较少关心全文是否文义通畅。《南山经》"多蝮虫",郭注:"虫,古虺字。"学者多从郭说。但是,俞樾按:"《说文》:'虫,一名蝮。''蝮,虫也。'是蝮与虫同物。既云蝮,不必言虫矣。疑古本止作多蝮,或本作多虫,而写者误合之耳。"俞氏从文义重复认定经文有误。《西次四经》诸次之水"是多众蛇"。《水经注》引此文为"象蛇"。毕沅《山海经新校正》根据当地不出产大象的事实而认为《水经注》引文有误。郝懿行《山海经笺疏》则列举各种版本均为"众蛇",以此推定《水经注》引文有误。而俞樾认为:象蛇即《北山经》之鸟名,"毕氏误以象蛇为二物,以其地无象谓当为众蛇。既云多,又云众,不辞矣"。不辞,就是不成话,不通。俞樾用《水经注》引文来否定传世《山海经》经文的做法,不符合考据学的一般原则。但是,考虑到经文"多众蛇"实在不通,考虑到《水经注》在古代知识体系中崇高的地位,那么,俞樾的说法还是有价值的。《海内南经》有建木"其叶若罗"。郭注:"如绫罗也。"俞樾按:"下文'其实如栾,其木若蕳,则此罗当读为萝。……郭以绫罗说之,与下二句不一律矣。"这些案语非常强调把握经文文意的通达流畅。不通,则有误。这种校正方法当然都属于理校,在没有直接版本依据时只能作为参考("象蛇"一条有《水经注》引文为证,可以完全肯定)。但是,俞樾对于经文文理的高度敏锐和深入体察使他的校正达到了很高水准,令人惊叹。

其次,兼通古人义例。一般注家埋头注经,很少能全面把握古书义例和古人思路。《中次七经》半石之山有嘉荣,"服之者不霆"。郭注:"不畏雷霆霹雳也。"俞樾按:"不畏雷,不得但言不霆。"因为《西山经》《中山经》都有"服之不畏雷",这是惯例。所以,俞樾判断郭注有误,经文中"霆"字当为"姪"字之假借字。姪,一种妇科病。

最能显示俞樾考据学境界的是他对于各山地位和祭祀之礼的研究。《山海经》中常言某山"冢也"、某山"帝也"、某山"神也",或某山"席也"。分散各处,郭注往往把它们解释为神灵停息之地,于义未达。汪绂、毕沅偶有解说,也无通论。郝懿行对此有了比较全面的认识,部分地纠正了郭璞之误。但是,郝未能系统总结这一套山岳等级制度。俞樾全面考察了《五藏山经》中各山的地位、相互关系和相关祭礼,从中总结出《山海经》作者对于各座山岳的地位有一套比喻性的称呼。其中,帝最高,次为冢,再次为神(或魁)。帝如天帝,冢如君,神如臣。他从阅读古籍的经验出发,认为这是上古时代人们的习惯。而古人确定的对于帝、冢、神的祭礼分别是太牢、少牢和百牺。有了如此全面深入的认识,俞樾解释《五藏山经》各个相关问题时直如高屋建瓴。例如,《西山经》云:"华山,冢也。"郭注:"冢者,神鬼之所舍也。"而俞樾云:

下文"翰山,神也",两句是对文。冢,犹君也,神,犹臣也。盖言华山为君,翰山为臣。此乃古语相传如此。……冢、君连文,冢亦君也。至神为臣,亦见《国语·鲁语》。……此经冢、神对言,乃古语之仅存者。后人不通古语,宜不得其旨也。

俞樾还根据上述通例来校正经文之误。《中次九经》云："熊山，席也。"俞樾按：

(郭)注曰："席者，神之所冯止也。"愚按：郭说望文生训，未得古义。……此经言文山、勾檷、风雨、騩之山，是皆冢也。则亦当云熊山神也。乃变文言席，义不可晓。据下经"堵山，冢也"、"騩山，帝也"，疑此席字亦帝字之误。冢也、神也，则冢尊于神；冢也、帝也，则帝又尊于冢。盖冢不过君之通称，而帝则天帝也。古人属辞，初无一定之例，而其意仍相准耳。

这和郝懿行当年的初步解说是一致的。

根据同样的道理，俞樾又纠正了《中次十二经》一处错误。经云："洞庭、荣余山，神也。其祠：皆肆瘗，祈酒太牢祠，婴用圭、璧十五，五采惠之。"他认为此"神"字当为帝。因为其祭礼用太牢，而同经其他称冢的各山皆是少牢之礼——《中次十二经》："凡夫夫之山、即公之山、尧山、阳帝之山，皆冢也。其祠：皆肆瘗，祈用酒，毛用少牢，婴毛一吉玉。"这个校正是有道理的。俞樾总结道："古人制礼，秩然不紊。此文于冢用少牢，神用太牢，非其例矣。神为帝误，以是明之。"

常人以理校经是颇有风险的。但是，俞樾学问渊博，才华横溢，可与古人神游。在充分了解了古人义例之后，他的上述校正就显得非常确实。高超的学力使得他对《山海经》的解读达到了出神入化的境地。

不过，作为正统的经学大师，俞樾对于《山海经》的语怪是不以为然的，认为那些内容皆是"不经"之辞。所以，他解释《大荒西经》"帝令重献上天，令黎卬下地"神话的时候就出现问题。俞樾按："献，读为仪。……盖献与仪古音同也。……卬当作彐，隶变作卬。遂与卬我之卬无别。俗又加手作抑。《广雅释诂》：'抑，治也。'……然则'令重献上天'者，令重仪上天也。仪之言仪法也。'令黎卬下地'者，令黎抑下地也。抑之言抑治也。"按照这种解释，重、黎绝天地通的神话就成了重、黎分别掌管天地事物，成了历史。把神话历史化，本是儒家传统。但是，这不符合《山海经》神话的事实。

《读山海经》从数量上看，不过区区三十六条笔记而已，但是，创见甚多，解决了不少疑难。可惜这位大师在《山海经》上所用心力有限，《山海经》还留下了许多问题等待解决。

六、近现代的《山海经》研究

晚清时期随着中西方激烈碰撞带来的中国惨败的结局，中国学者面前第一次出现了一个既令人羡慕，又令人嫉恨的文化参照体系。随着"西学东渐"的盛行于世，数千年一统的文化价值观念，丧失了独尊地位，并逐步陷入彻底崩溃。处于文化体系顶端的思想与学术观念发生剧烈变化，中国进入了新的文化创造时期。《山海经》在传统文化语境下长期遭人诟病的神怪内容在新的文化语境中、在和西方文化的比较中获得了新的价值。《山海经》进入文化圣殿的最大障碍——"语怪"——被彻底扫除了。

《山海经》的史学价值、地理学价值以及科学价值得到重新肯定。现代考古学的出现，以及殷墟甲骨文的出土，证实了《山海经》的一些"神话"实际是上古历史。王国维《古史新证》用殷墟卜辞、《周易》与《山海经》相互印证说明了商王世系中王亥的故事，故云："虽谬悠缘饰之书如《山海经》、《楚辞·天问》……其所言古事亦有一部分之确实性；然则经典所记上古之事，今日虽有未得二重证明者，固未可以完全抹杀也。"王亥在《山海经》中并非重要人物，仅仅根据这条材料还不足以全面肯定《山海经》的史料价值。王国维自己也只是说其史料价值不能完全抹杀，他对《山海经》的总体评价还是"谬悠缘饰之书"，依然以怀疑为主。当时学界更是未能普遍接受此书。而胡厚宣用甲骨文四方风名、四方神名和《尚书·尧典》、《山海经·大荒经》中相关资料对照，说明三者中的四方神、四方风是一脉相承的。故胡厚宣对《山海经》的结论是："并非荒诞不经之作，而确实保留有不少（着重号是笔者所加）早期史料。"胡的观点在当时学界颇受重视。后来研究四方风的学者,如陈梦家、于省吾、李学勤等,无不援引胡的看法。于是,《山海经》的史料价值得到更加全面的确认。而历史地理学的发展,特别是谭其骧对《五藏山经》所述上古地理的全面研究,使得《山海经》的地理学价值再次得到肯定。本书开篇已引,此处不赘。而郭郛最新出版的《山海经注证》则主要从生物学角度考证其中动植物知识的虚实。根据该书《前言》,此书落实了其中约300种动物,160种植物等。其中一些考证非常有价值。例如,《中次三经》蝉渚多仆累、蒲卢。郭璞注:"仆累,蜗牛也。《尔雅》云:蒲卢者,螟蛉也。"毕沅认为郭注误,蒲卢当为蜃。郝懿行支持毕说:"《尔雅》之蒲卢,非水虫也,郭氏引之误矣。以蒲卢为螟蛉尤误。"但是,郭郛认为螟蛉是稻苞虫,生活在水生植物叶上。蜗牛、螟蛉均在水生植物上生活,而不是直接生活在水中。这正符合经文所云二物生活在蝉渚之上的事实。郭郛纠正了毕沅、郝懿行的观点,重新肯定了郭璞注。

通过各学科的共同努力,《山海经》的真实性方面就得到了全面的落实,它进入文化圣殿的最后障碍也扫除了。

由于《山海经》既有真实性一面,又有虚幻性一面,考古学、史学、地理学、生物学都只能说明其真实性一面,而无法说明其虚幻性一面,因而这些学科不能全面揭示《山海经》的主要文化意义。《山海经》在中国现代文化体系中最重要的、不可替代的价值是作为上古神话宝库的意义,因此,《山海经》在现代的最大价值是由神话学论证的。故,限于篇幅和笔者学养短长,在现代部分,本书只讨论现代神话学对于《山海经》的研究。

(一)价值观的改变与《山海经》文化地位的上升

在西方文化的两大传统——古希腊文明和基督教文明——中,神话一直占有崇高的文化地位,神话是西方文化的重要经典。尽管基督教反对异教神灵,反对作为信仰的古希腊神话,但是基督教的上帝故事其实也都是神话。究其原因,主要在于西方文化把超自然的神灵视为价值本原。而基督教的正统观念中,现实的圣人只是由于坚信神灵而获得世人崇敬,圣人本身并不是神。这与中国文化崇拜人间圣贤,并把他们崇拜为神的历史传统大异其趣。

晚清学者在接触西方文化时,很容易把中西双方的文化经典加以比较,引以为同类,并引用西方价值观重新评价中国文化、重新塑造中国文化。蒋观云那篇奠定了中国现代神话学基础的短文《神话、历史养成之人物》云:"一国之神话与一国之历史,皆于人心上有莫大之影响"、"神话、历史者,能造成一国之人才。"而且认为神话是比历史更早的产物。这显然是参照西方价值观念得出的结论。而随着疑古思潮的兴起,传统价值观所赖以存在的古史系统被摧毁,神话的地位就愈加崇高。所以,在中国传统语境中不登大雅之堂的神怪之谈不仅走上了与古史同样神圣的地位,甚至逐渐超过了古史——按照古史辨学派的理论,神话比古史系统的时代更早,中国的古史系统是远古神话被历史化的产物。观察此时代各种谈论神话的言论,词义之中无不包含着强烈的肯定意义;并且与传统时代的"神怪"~词所暗含的贬义截然相反。鲁迅《中国小说史略》云:

昔者初民,见天地万物,变异不常,其诸现象,又出于人力所能以上,则自造众说以解释之:凡所解释,今谓之神话。神话大抵以一"神格"为中枢,又推演为叙说,而于所叙说之神,之事,又从而信仰敬畏之,于是歌颂其威灵,致美于坛庙,久而愈进,文物遂繁。故神话不特为宗教之萌芽,美术所由起,且实为文章之渊源。

神话获得如此崇高地位,这当然是中国文化转型的显著标志之一。随着神话地位的肯定,传统学术加在《山海经》头上的"语怪"恶谥已经涣然冰释。在新的文化语境中,作为包含神话最多的中国古代典籍,《山海经》越来越得到人们的普遍关注。

（二）学理的引入与现代《山海经》学的展开

1. 进化论的历史观念和文学史发展模式

对于在中国有着深厚历史积累的《山海经》学来说，要彻底改变《山海经》的文化地位仅仅是价值观改变而没有更深一步的学理探讨和证据搜集，那是不可能的。蒋观云虽然赞扬神话，却并未深入研究中国神话，也没有把《山海经》视为重要的神话材料。他的《中国人种考》只是用简单的动物进化知识把《山海经》中的怪异解释为被读者误解的史实："《山海经》者，中国所传之古书。真赝糅杂，未可尽据为典要。顾其言，有可释以今义者。如云长股之民、长臂之民，殆指一种类人之猿。"刘师培也同样，其《〈山海经〉不可疑》云："《山海经》所言皆有确据，即西入动物演为人类之说也。""《山海经》成书之时，人类及动物之争仍未尽泯。此书中所由多记奇禽怪兽也。"简单的西学知识，并没有直接推动现代《山海经》学的产生。《山海经》是在进化论的历史演进理论以及由此奠基的文学史发展模式的支持下，最终登上了高居文化史、文学史之首的"神话之渊府"宝座的。鲁迅、茅盾等人把进化的历史观念和文学史发展模式引入《山海经》研究领域，从而彻底改变了传统《山海经》学的研究模式，奠定了现代《山海经》神话研究的基本格局。

评价古籍，历史观念非常重要。以进化论为特征的西方现代历史观念对于《山海经》学的影响是十分重大的，因为它和古代《山海经》学所依据的历史观念截然相反。

中国传统的历史观总是着重于评价不同时代的道德水平，而且美化不可知的古代，贬斥历历在目的现实，于是其总的历史观主要是退化的。儒家总是"法先王"，道家总是向往远古时代的自然淳朴。古代《山海经》学秉持这种历史观念，自然难以理解《山海经》语怪的真相。古代学者总是以为最古的经典应该是平实雅驯的，《山海经》中的神怪都是后代的语怪者就故实而夸饰、铺张以成怪。例如，胡应麟就认为《山海经》是"战国好奇之士取《穆王传》，杂录

《庄》、《列》、《离骚》、《周书》、《晋乘》以成者"。这样,《山海经》中的神怪内容实际上被看成了对于历史事实的故意歪曲,其写作年代也就自然被推得较晚,甚至于全书被当做后人伪作,其文化价值和文化地位因而也大打折扣。

而来自西方的进化论历史观念认为,人类社会与文化是不断演化的,并且在演化过程中得到不断提高。其一般发展模式是从野蛮、迷信,到文明、科学。鲁迅参照这种进化的历史观念,根据《山海经》"所载祠神之物多用糈(精米),与巫术合",判定此书"盖古之巫书"。鲁迅的观点虽然在《山海经》性质的判断方面有一定偏差,但是,他确定了此书年代的古老,其影响十分深远。同样是根据这种从神性到人性、从野蛮到文明的文化发展模式,鲁迅《中国小说史略》在讨论神话和传说时得出结论:"迨神话演进,则为中枢者渐近于人性,凡所叙述,今谓之传说。"这种神话演进的模式后来被总结为规律,在中国神话学界达成一致意见。例如,潜明兹《中国神话学》云:"……神性神话→人性神话→英雄神话……这后三种神话发生的顺序,在研究者中似乎未见分歧,因为这一模式早在本世纪四十年代闻一多的名篇《伏羲考》问世时,已成为众所公认的神话发展、演变规律。"所以,根据这种历史观念,多神怪正说明《山海经》内容原始,决非后世好事者伪造。这方面,吕子方《读〈山海经〉杂记》的看法最为明确:"一般说来,原始材料比较粗陋杂乱,晚一些的材料在前人基础上加工美化了,条理比较细密。"故,"书(指《山海经》)中那些比较粗陋艰懂和闳诞奇怪的东西,正是保留下来的原始社会的记录,正是精华所在,并非后人窜入"。按照这种进化的历史观点,传统学术否定的"语怪",是真正原始的材料;传统学术中多所肯定的所谓"雅驯"之词反而是较晚时代产生的。吕子方还根据这一原则,在对比了屈原作品和《山海经》之间三十二组相似内容之后,发现屈辞比《山海经》文句更加美化了。因此,他确定是屈原引用了《山海经》,而不是相反。明人胡应麟等说《山海经》乃取材于《离骚》、《天问》而来,这等于说,《山海经》是取高度美化了的文辞变成粗陋记载的一部书。果真如此,《山海经》怎么能够受到秦汉文人学者的那般重视呢?按人类文化的发展程序来说,也是无法理解的。

茅盾的进化历史观也很明显。他根据西方人类学知识把神话的"不合理质素"（即所谓野蛮、迷信、怪异的因素）解释为原始思维、原始文化的反映，并且指出这些"不合理质素"随着文明进化而逐步地被改造，"于是本来朴野的简短的故事，变成美丽曲折了；道德的教训，肤浅的哲理，也加进去了"。根据这种历史发展模式，茅盾认为，《楚辞》中的神话材料已经很优美，与《山经》比较，是更后历史历程中的产物。所以，茅盾批评陆侃如定《山经》为战国之作太晚了，应该是东周之书。基于同样的道理，茅盾认为《山海经》中"豹尾虎齿"、"蓬发戴胜"的西王母比《穆天子传》中的西王母更原始，而后者又比《汉武内传》中的西王母古老。茅盾批评陆侃如误解《海内外经》后的校订人刘歆是该经作者，尤其是忽视了《山海经》中昆仑、西王母的原始性质，和《淮南子》中相关内容的神仙化之间的差距，误以为《海内外经》是西汉时代著作。茅盾断定："故就西王母一点而观，适足证明《海内外经》的时代不能后于战国，至迟在春秋战国之交。"茅盾认为《荒经》、《海内经》时代较晚，但是不会晚于秦统一以前。

有了鲁迅、茅盾等人根据进化论历史观而做的证明，《山海经》作为中国文化元典的地位遂得以确立。故袁珂说："《山海经》是保存中国神话材料最多的一部古书，虽然也很零碎，却比较集中，并不十分散乱，是它的优点之一；所有神话材料，都接近神话的本来面貌，篡改的地方绝少，是它的优点之二。有此两个优点，所以我们研究中国神话，必须先从此书着手……"进化论的历史观念解决了传统《山海经》学中关于雅驯与怪异之间、人事与神迹之间孰先孰后的难题，从而肯定了《山海经》所述神话内容的历史真实性（不是故事本身的真实性）。

2.历史真实性观念的改变

真实有两种。其一是事实的真实；其二是心理的真实。神话虽然充满虚幻，但是它所反映的原始时代心理却是真实的。《山海经》的地理与历史记录中有一些是事实的真实,而那些在今天看来属于虚幻的内容也反映了当时的真实心理状况。

传统《山海经》学所讲的真实都是指狭义的事实描述,要求文中一切内容都必须是真实发生的。贬斥者指责《山海经》"语怪"、"百不一真"是从书中神怪内容不是对事实的客观叙述出发的;辩解者则力图从不同角度说明书中所写均为客观事实。但是,现代学术所探讨的《山海经》的历史价值则不仅仅在于书中所写是否是对于历史事实的叙述;而且更在于此书对于叙述者本身真实心理的反映。《山海经》所含的神怪因素或出于信仰者的无意识虚构,或出于文学家有意创作,当然都不是狭义的事实描述。所以,从《山海经》真实传达了作者思想的角度看,这些虚构内容又都是当时精神的如实反映。所以,《山海经》即使记述了许多超现实的事物,但是它仍然是真实的。

这样,《山海经》的真实性就无需仰赖其叙述本身是否是现实存在,无需仰赖其地理志属性是否彻底。茅盾批评某些古代学者把《山海经》当做实用的地理书,也反对另一些古代学者把《山海经》看做"小说":"他们不知道这特种的东西所谓'神话'者,原来是初民的知识的积累,其中有初民的宇宙观,宗教思想,道德标准,民族历史最初期的传说,并对于自然界的认识。"这种具有远为宽泛的史实概念的史学研究,打破了传统《山海经》研究的狭隘史学话语霸权,更进一步深化了《山海经》的历史意义。为此后对于《山海经》的全面文化研究开辟了广阔的道路。

茅盾、郑德坤对于《山海经》地理志属性的否定,影响很大。他们完全从单一的神话学立场来看待《山海经》,这也歪曲了《山海经》的实际性质。其结论与现代历史地理学的研究结论全然违背,是不足为训的。

3.古今小说概念的转换

宋人郑樵《通志》把《山海经》与《神异经》、《异物志》并列为"方物"类著作,已经开始把它当做志怪了。明胡应麟和清四库馆臣正式把《山海经》确定为"语怪之祖"和"小说之最古者"。小说家言,即街谈巷议之类,内多无稽之谈。所谓"语怪"云云,所谓"小说家异闻之属"云云,都是把《山海经》当做志怪小说看待。尽管古代小说概念与今日小说概念不同;但是古代志怪小说的概念与现代虚构小说概念之间的转换是顺理成章的。这样,《山海经》的神话内容进入文学史的条件就成熟了。茅盾《中国神话研究 ABC》最能显示《山海经》如何从"小说家言"转化为"神话记录"的过程。茅盾认为中国古代没有"神话"概念,所以古代学者一直把《山海经》理解为地理书,陈陈相因。茅盾盛赞胡应麟:

大胆怀疑《山海经》不是地理书的,似乎明代的胡应麟可算是第一人。

胡应麟说《山海经》是古今语怪之祖,是他的卓见。他推翻了自汉以来对于此书之成见,然而尚不能确实说出此书之性质……清代修《四库全书》,方正式将《山海经》放在子部小说家类了。这一段《山海经》的故事,就代表了汉至清的许多学者对于旧籍中的神话材料的看法。他们把《山海经》看作实用的地理书,固然不对,他们把《山海经》视为小说,也不算对。他们不知道这特种的东西所谓"神话"者,原来是初民的知识的积累……

鲁迅《中国小说史略》不仅把《山海经》列入小说史的开篇,而且探讨了《山海经》的文学史影响,指出署名东方朔的《神异经》、《十洲记》都是模仿《山海经》之作。后来的文学史基本都把《山海经》作为最重要的神话记录和志怪小说鼻祖加以叙述。由于这已经是常识,此处不赘。

1932 年,郑德坤的长篇论文《〈山海经〉及其神话》曾经总结现代神话学对于《山海经》的一般研究结论:"西洋的文化东渐后,中国的学者纷纷以整理国故,保存固有文化为己任。整理古代神话当然也是这大工作中的一部分。他们研究的结果以为《山海经》是一本重要的神话记载。"

至此,《山海经》被一批现代学者确定为神话著作,而不是地理志,或其他。

4. 袁珂对《山海经》的神话学解读

袁珂将现代神话学对于《山海经》的解说全面贯彻、落实在经文的解读之中。由于《山海经》原本是一部远古时代的地理学著作,出于某种目前尚无法完全确定的因素而包含了大量的神怪内容，并以此闻名于世。袁珂秉承鲁迅观点，认为《山海经》是一种巫书，故其中多有神灵及其祭祀仪式之描述。在全力研究《山海经》神话的时候，袁珂不像茅盾、郑德坤那么极端，他不完全否定《山海经》的地理志属性。其《山海经校注·序》云："《山海经》非特史地之权舆，乃亦神话之渊府。"但是，他又认为"史地之权舆"是虚的，是神话处在多学科综合体混沌形态中带有神话色彩的史地形象。只有神话才是《山海经》的本质，所以号称"神话之渊府"。所以，袁珂完全从神话学立场解读《山海经》，基本忽略了其中的地理因素。

不过，从神话学角度研究《山海经》存在困难，因为《山海经》中完整的神话叙事只有夸父逐日、刑天舞干戚、精卫填海、黄帝蚩尤之战、后羿射日、鲧治水、大禹治水等。其他都只是片段。而古代旧注受传统史学影响，务实者多，务虚者少。虽然郭璞、杨慎曾经从神怪方面有所解说，但是颇受正统学者非议。现代神话学欲全面论证《山海经》的神话价值，必须从神话角度重新阐释它。作为中国 20 世纪最著名的神话学家和《山海经》专家，袁珂承担了这一任务。其《山海经校注》是清代以后第一部完整的《山海经》注本，专门从神话角度解释此书。

如《海内经》云：建木"其实如麻，其叶如芒，大皞爰过，黄帝所为"，其中"大皞爰过"一句，郭璞、郝懿行都解为庖羲经过树下。袁珂参考《淮南子·地形训》"建木在都广，众帝所自上下"，并取《山海经》其他神巫上下于天的内证，说明实际应是庖羲上下于天的意思，并判断建木就是古代神话中的天梯。

又如，《大荒西经》中"帝令重献上天，令黎卬下地"一句，谈的是重、黎绝地天通。此事，古代正统经典或把"天地"解释为天神与地祇，或解释为天神与百姓，把"绝地天通"解释为断绝天神与地祇、百姓与神灵之间的沟通。《尚书·吕刑》云：蚩尤作乱，苗民弗用灵（命），以致无辜百姓被杀，社会道德沦丧。"（上帝乃）命重、黎绝地天通。"正义云："重即羲，黎即和。尧命羲和世掌天地四时之官，使人神不扰，各得其序。是谓绝地天通。言天神无有降，地祇不至于天,明不相干。"《国语·楚语》也涉及此事:"昭王问于观射父曰:'《周书》所谓重、黎实使天地不通者何也? 若无然,民将能登天乎?'对曰:'古者民神不杂……及少昊之衰也。九黎乱德,民神杂糅……颛顼受之,乃命南正重司天以属神,命火正黎司地以属民,使复旧常,无相侵渎,是谓绝天地通。其后,三苗复九黎之德,尧复育重、黎之后,不忘旧者,使复典之。以至于夏、商,故重、黎氏世叙天地,而别其分主者也。"昭王的怀疑是有神话背景的,但是被观射父否定了。观射父把绝地天通解释为重、黎分掌天地,使神、人关系恢复旧常。但是,三国韦昭注云:"言重能举上天,黎能抑下地,令相远,故不复通也。"韦氏似乎同意昭王的看法。但,他们的意见并不为正统经学家们同意。郭璞《山海经》注一贯被视为"好言怪异",但是郭注前文云:"古者人神杂扰无别。颛顼乃命南正重司天以属神。命火正黎司地以属民。重寔上天,黎寔下地。献、邛,义未详也。"袁珂大约受到《国语》昭王问和韦昭注的启发,把"献"解释为"举",把"邛(卬)"解释为"印","印"即是"抑",讹误为"邛(卬)"。于是,《山海经》中绝地天通就是人不能上下于天。

经过袁珂的努力,《山海经》中绝大部分的神话片段都得到了系统化的神话学解说。《山海经》作为文学经典的神圣地位在现代学术史上最终得以确定。现代所有的《中国文学史》都把《山海经》作为保存中国神话最多的经典看待。

5. 对《山海经》神话的其他解读

台湾学者杜而未《山海经神话系统》撇开经文中古代地理和历史文化问题,专门研究其中神话和宗教问题。他认为:《山海经》不是地理书,书中地理描写全是神话。他推论:"经中的月山、月神、以及无数的草木鸟兽虫鱼等都是一个神话系统,都属于一个月山神话的范畴。"他提出这种观点的起因是人类学资料中常常有各种月亮神话,所以,当他发现《山海经》中有光山、涿光之山、谯明之山、员山、"员丘"时,就认定:"山是光、员的,所以是月山。"经文中"颛顼死即复苏",被解释为"颛顼是将消失之月,颛顼自己复苏,或复苏者是颛顼之子,都指的是新生的月亮,或新生后渐渐发展起来的月亮(上弦)"。又根据后代其他书所云毕方鸟主寿,推测此鸟为"下弦月形"。按照这种解释,《山海经》绝大部分奇异内容都被看做对于月相的神话描写。杜而未的说法可能是受到国际学术界的太阳神话理论和月亮神话理论的启发。在杜而未看来,《山海经》中"山川的道里数偶有几处与实际相合的,这定是古代作者在神话中偶然利用了些实际上的情形,但总是少数的。反过来说,也可能有些实际的山川,从《山海经》取了名称的"。在历代否定《山海经》地理属性的各种说法中,杜而未的说法是最极端的。其说曾经一时轰动,但是由于作者回避历史地理问题,所以证据缺乏,今已逐渐失去学术影响。

张岩认为《山海经》是对于原始社会的象征性描写,实际上是力图超越所谓的神话表象,探索其背后的真实历史,即把《山海经》神话复原为古代历史。为简洁,此处只以其对于《山经》的分析为例。他首先假定《山经》"……鸟兽鱼虫的基本成分,是指天子级政权下属的原始群体的图腾徽号以及图腾祭牲等。……其中的草,是指为一些原始群体所拥有的作为宗教性献祭物的草。其中的木,主要是指一些原始群体的社木"。然后由此推出一个结论:《山经》作为一个连山和连水的结构,同时也是一个原始政权的结构。其中四百四十七座山就是上古文明政权结构中四百四十七个相同级层的政权单元。由于其基本假定是空言无据的,所以其结论不可靠。

随着月亮神话理论的衰微和图腾理论在世界学术界的被抛弃,以及 20 世纪 90 年代以后中国学术界的成熟,此类完全推测性的理论已经很难为当代学人接受了。

(三)把西方文化参照系引入《山海经》研究的学术合法性问题

当我们为现代《山海经》学摆脱了古代正统思想的束缚、获得长足进展而欢欣鼓舞的时候,是否冷静地注意到:随着《山海经》作为中国神话第一经典地位的确立,又一种新的学术话语霸权也逐渐形成了。在神话学界,《山海经》学术史上所有肯定《山海经》的人都成为功臣，而批评者则沦为非毁经典的罪人。这促使笔者对于中国现代学术引入西方文化价值观评论中国经典的研究方法提出质疑。

《山海经》在现代文化体系中的经典地位主要是由神话学引入西方文化参照系而确定的。这种重新阐释经典的学术活动充满了意识形态的热情。梁启超、蒋观云、鲁迅、茅盾、袁珂，几乎都是怀着重建中国文化的雄心从事于神话和《山海经》研究的。所以，当他们发现现有的西方学术术语、价值观和研究模式可以直接用来"发现"《山海经》新价值的时候，马上全面接受，并据以塑造了《山海经》的经典地位。

从新文化运动的立场来看，从学术的"经世致用"目的看，现代的《山海经》神话学研究无疑是成功的。它确立的学术研究范式至今依然发挥着作用。在新文化的话语体系中，由于内在价值观的直接支持，这种研究范式简单易行，所以很快风靡学界。《山海经》作为神话经典的地位的确立，从中国新文化建设的实际需要看，当然是合法的，因为在以西方文化作为参照系的中国现代文化体系中的确需要一部集中进行超自然叙事的经典。否则，中国现代文化体系就将陷入先天不足的局面，无法与西方文化体系平等对话、沟通，无法在西方文化霸权之下建立我们的文化自信。在这方面，《山海经》的神话学研究的确出色地完成了自己的文化使命。

但是，从纯学术的"实事求是"目的来看，《山海经》的神话学研究存在着一些弱点，其学术合法性存在一些疑问。

首先，直接引入西方文化的价值观和研究模式来评价中国传统文化典籍是一种跨文化的比较研究。这种研究应该对其比较基础加以深刻清理才能付诸实践，否则容易导致误解，这也是现代人类学竭力主张文化相对主义的原因。西方文化的价值观和研究模式是以该文化的历史实践为基础的，而中国传统文化的历史实践与之存在很大差别。直接引入西方观念而不顾双方历史实践之间的差异，结果当然无法确保其研究成果的科学价值。例如，现代学者抛弃中国古代正统儒学"不语怪力乱神"的旧价值观，以西方观念评价《山海经》神话的崇高价值，是一种全新的研究策略。但是，如果无人注意所谓"语怪"在中国古代文化体系之中的确没有起到希腊神话、基督教神话在西方文化史上所起到的那种巨大作用，那就无从正确理解古代《山海经》学的许多问题。这里仍然存在着关于套用其他文化模式时的合法性问题。希腊神话、基督教神话的地位是以其在历史上真实发生的影响为依据的。古代希腊人的确对于奥林匹斯诸神崇拜有加，中世纪欧洲人对于上帝也忠诚不二。中国《山海经》神话内容在古代被贬斥为"语怪"，也和它当时实际的社会功能相一致。《山海经》的最初意义是自然与人文地理志。而在历史上，它虽然也起到一定的地理志功能，受到一些地理学家的赞扬，但是一般情况下，《山海经》都是被人们当做谈资存在的。《山海经》对屈原有巨大影响，不过从《天问》看，屈原并不相信其中神话。被视为《山海经》神话的文学史影响重要例证的还有陶渊明《读〈山海经〉十三首》，以及后代文人的一系列唱和之作。可是陶渊明实际上是把《山海经》当做隐居生活中的一个消遣而已，所以，《其一》云："泛览周王传，流观山海图。俯仰终宇宙，不乐复何如？"《其十》在引述了精卫、刑天"猛志固常在"以后，感慨的却是"徒设在昔心，良晨讵可待？"意思是徒然设下死后的想法，复活哪能盼到？或者是徒然设下雄心，何时才能实现理想？无论哪一种理解，都是怀疑的态度！并非是发奋，不过语怪而已。研究者通常只引用前四句来证明神话影响，但都放弃后四句。这种做法表面上只是忽略了作者谈论神话的语境，实际上是故意忽略了神话在中国古代文化体系中的实际作用。志怪小说是《山海经》神话影响的又一例证。现代社会对于小说十分重视，志怪小说的地位也提高了。可是，志怪小说，包括所有"小说"在中国古代文化体系中地位一直不高。上述各种高度评价《山海经》神话意义的学说，都是直接引入西方神话学价值观来评价中国神话必然发生的理论与研究对象之间的价值错位现象——在他们看来，中国古代对神话评价太低，仿佛大多数古代学者都是不懂神话的，误解神话的。今天的学者如果对此种价值错位现象缺乏自觉,就容易厚诬古人。引入异文化模式需要首先思考双方的可比性基础,否则其合法性就值得怀疑。现代学者出于建设中国新文化的目的,几乎都无暇顾及对这一套来自西方人类学的新学术模式进行反思,只是一味地套用。当然,这并不意味着其研究成果的完全无效,只是其研究结论的科学性应该受到质疑,其作为真理的意义是相对的,而不是绝对的。

又例如,现代学者抛弃了中国传统历史观,直接套用进化论的历史发展模式,否定胡应麟关于"《山海经》专以前人陈迹附会怪神"的论断,认定《山海经》的语怪是一种原始性的表现。这当然是一种发展,取得了一定的成功。但是,普遍模式不能代替具体研究。在没有足够的具体实证说明《山海经》的语怪的确早于古史系统之前,这种研究只是以一种模式代替了另一种模式而已,尽管其中一种模式看起来也许比另一种模式更好一些。因为:从理论上来说,古史有可能从神话演变而来,正如古史辨学派所云;神话也有可能从历史生发而来,正如潜明兹先生所云。学术界过于迷信古史辨学派的理论,对于潜明兹的研究不够重视,这是不恰当的。在针对具体问题进行研究时,不能只有一般逻辑推理,还必须有具体证据。这是学术研究应该坚持的原则。

总的看来,对于《山海经》所展开的神话学研究在很大程度上是一种社会文化潮流。《山海经》作为"神话之渊府"经典地位的确定是在中国文化现代化潮流之下进行的一种文化重建。所以,其学术活动的意识形态色彩相对较浓,其客观性的学术反思色彩较淡。

没有足够的学术自觉,就无法深入理解任何一种学术模式的内在依据。其研究深度必然受到限制,并因而陷入学术创新能力的缺乏。当这种学术模式陷入危机的时候,也就无法摆脱危机。

(四)结语

本书对《山海经》的流传历史进行了概略性的考察,针对《山海经》的性质、作者和篇目等重大疑难问题进行考证,提出了自己的看法。在尽量可靠的基础上对历代学者的《山海经》研究，即《山海经》学术史进行了全面研究和评论，并总结了各历史阶段《山海经》研究的学术特点。

《山海经》是周代一部自然与人文地理志。由于当时知识形态的特殊性造成其中含有大量超自然的内容，呈现出客观知识和主观想象混合的复杂情况。而秦汉以后的中国社会结构和知识形态发生巨变，开始出现完全真实的地理著作《河渠书》《地理志》等。到南北朝时代，地理学完全成熟、独立。后世独立的地理学与《山海经》时代的地理学之间存在巨大矛盾。而身处这个对立面之中的学人们，困扰于自身观念和认识对象之间的矛盾冲突，力图用自己的智慧去发掘、认识《山海经》的性质、价值和意义。

古代《山海经》学一直受到儒家思想的强烈影响。孔子的不语怪原则和博学原则交替发生作用，使得学界一直处于矛盾、对立之中。否定《山海经》的学者，往往强调《山海经》中的虚幻因素，坚持不语怪。而肯定者则竭力强调其中的写实因素，即使承认有怪，但是也从君子博学的原则予以辩护。

以《汉书·艺文志》为代表的一派学者肯定《山海经》的地理描述，把它视为地理志第一。代表人物有郦道元、《隋书·经籍志》作者、王应麟、吴任臣、毕沅、吴承志、陈逢衡和现代的顾颉刚、徐旭生、谭其骧、郭郛等。这一派学者在多数情况下居于主流地位。然而，《山海经》的实际地理学价值受到自然变迁和人文历史沿革的影响，不能很好发挥作用，从而限制了此派的学术影响力和社会影响力。

以刘歆《上〈山海经〉表》和郭璞《山海经注》为代表的一派学者全面肯定《山海经》所有内容均为事实。如刘安、东方朔、刘向、张华、郭璞、杨慎、毕沅等。其中刘歆、杨慎、毕沅等人主要根据大禹治水传说立论肯定。毕沅把《山海经》中怪物全解释为读者的误解。而张华、郭璞多从道家思想立论肯定。他们即使承认《山海经》存在怪物，也多从儒家"君子博学"的原则为其辩护。

另一些学者则根据《山海经》的想象内容而判定全书"百不一真"，并从儒学"不语怪"的教条出发而程度不一地持否定态度。如王崇庆、胡应麟、四库馆臣等。但是,随着明代叙事文学的发展,小说渐渐得到肯定。胡应麟称《山海经》为"古今语怪之祖",并非全盘否定。

现代神话学者也强调《山海经》的虚幻内容。但是,他们是从神话学立场重新肯定神怪描写在当时社会条件下的合理性和思想真实性。如茅盾、鲁迅、袁珂等。这些学者虽然立场不同,但是都有意无意地忽略了《山海经》的地理志功能。表面上似乎失之偏颇,实际上反映了《山海经》在秦汉以后社会真实发生的主要影响在于其中神怪。《山海经》地理学意义的影响力,远远不及其志怪称奇意义的影响力。

历代学者实际上是根据各自时代的条件与需求,以及个人学术专长与偏爱,分别针对《山海经》中真实与幻想相互交织的情况而设论。一部《山海经》学术史实际上成为中国社会与思想发展历程的一个侧面的记录。巫术神道、儒家经学、道家玄学和神仙学、文学、现代西方哲学、社会学都在《山海经》学术史上留下了各自的印记。《山海经》在历史上先后被视为形法家书、地理书、道教经典、小说书、巫书、神话集、月山神话书、民俗志书、氏族社会志、地理志兼旅行指南、百科全书等等。这些评价是历代学者根据所处时代的社会思潮和《山海经》在当时的实际影响所作的判断。当然,各种解说都自有其道理,有其存在的合理性;不过从实事求是的立场看,有些解说是比较符合《山海经》原始性质的,有些则只是针对其部分内容设论,难免有些偏差。这种教训是值得当今学者认真汲取的。

一部《山海经》在中国文化发展历史上凭借其多方面的内容,因应不同时期的社会需求,发挥了多方面的影响。《山海经》对中国文化的发展具有多方面的影响力。中国历史上第一奇书的称号,非《山海经》莫属。

第三章　《山海经》原典鉴赏

南山经第一

　　《南山经》是《山经》部分的开始。《山经》部分的内容写实较多,所记述的山川河流、物产、动植物,虽然有很多我们也不知其详,但是相当一部分现在仍有,或从其他文献中可以找到依据和线索。

　　《南山经》主要包括三大山系,重点记述这三大山系的地貌矿藏和珍禽怪兽,以及各大山系的山神祭祀等情况。三大山系共有大小四十座山脉。蜿蜒一万六千三百八十里。

　　在第一山系中,鹊山上有神草祝余,人吃了它不会感到饥饿;杻阳山上有怪兽鹿蜀,它会吟唱;柢山上有神鱼鲑鱼,它长着翅膀,人吃了它可以预防疾病;青丘山上有神鸟叫灌灌,人们佩带它就不会受蛊惑。

　　在第二山系中,长右山上有形似猿猴却长着四只耳朵的野兽长右,它的出现预示这个地方会发生大水灾;尧光山中有形状像人却长有猪那样的鬣毛的野兽猾褢,哪个地方出现猾褢,哪里就会有繁重的徭役。

　　在第三山系中,丹穴山上有凤凰,它是吉祥的象征,它的出现意味着天下将会太平安定;仑者山上有神树白䓘,人吃了不会感到饥饿,还可以消除疲劳。

　　从上面所述神奇的动植物的特点我们可以看出,远古的先民们开始利用大自然,利用这些物种,更好地生活。

一、南山一经

【导读】

《山海经》原书无"南山一经"之标题,此系后人所加,目的是与下面的"南次二经"、"南次三经"相统一,并方便读者在阅读时检索。在"西山经"、"北山经"、"东山经"、"中山经"中,也分别加了"西山一经"、"北山一经"、"东山一经"、"中山一经"之标题。

南山一经共记述了招摇山、堂庭山、猿翼山等九座山,宪翼水、英水、汸水等七种水体。几乎所有山的位置都难以确考,但它们大致在今广东、广西、福建境内。

在南山一经中,最吸引人眼球的除了随处分布的黄金、白玉外,就要数那些形状奇特、功能神异的动植物了。如有一种名叫猼訑的兽,形状像羊,有九条尾巴,四只耳朵,眼睛长在背上,人们若佩带上它的皮毛,就会无所畏惧;有一种名叫鹖鴞的鸟,形状像鸡,长着三个脑袋,六只眼睛,六条腿,三只翅膀,人吃了它的肉后就不会再感到困倦;有一种名叫迷穀的树,形状像构树,有黑色的纹理,它的花发出的光芒可以照亮四周,人们把它佩带在身上,就不会迷路;……它们与我们的常识大相径庭,有人或会斥之为怪诞、荒谬,但是,最好还是让我们暂时抛弃成见,去慢慢欣赏《山海经》向我们展示的那个瑰丽而奇异的世界吧!

䧿山　招摇山

【原文】

《南山经》之首曰䧿山。其首曰招摇之山,临于西海之上,多桂,多金玉。有草焉,其状如韭而青花,其名曰祝余,食之不饥。有木焉,其状如榖①而黑理,其华四照,其名曰迷榖,佩之不迷。有兽焉,其状如禺②而白耳,伏行人走,其名曰狌狌③,食之善走。丽𪊽之水出焉,而西流注于海,其中多育沛,佩之无瘕疾④。

狌狌

【注释】

①榖:构树,其树皮可用来造纸。

②禺:一种长尾猕猴。

③狌狌:猩猩。这里指传说中一种长着人脸,并且能通晓往事却不能预知未来的野兽。

④瘕疾:中医所指的一种腹中结块的病,即现代人所说的蛊胀病。

【译文】

《南山经》记述的南山第一列山系名称䧿山。䧿山最西头的山名叫招摇山,它濒临西海。山上生长的树种多为桂树,并且蕴含有大量的金属矿物和玉石。山上生长有一种草,形状很像山韭,但开着一种青色的小花。这种草名叫祝余。人若吃了这种草就没有饥饿感了。山上生长有一种树木,形状很像构树,但木纹是黑色的,并且放射出一种能照耀四方的光芒,这种树木名叫迷榖。人若将这种东西佩带在身上就不会迷路了。山上还有一种野兽,长相很像猕猴,但长着一双白色的耳朵,它时而爬行,时而像人一样站立行走,这种

狌狌　清·汪绂图本

野兽名叫狌狌,人若吃了这种野兽就会变得非常善跑。招摇山上流出一条小河,名叫丽麐,河水向西流入西海。河中盛产一种名叫育沛的东西,若将这种东西佩带在身上可以免受蛊胀病之苦。

堂庭山

【原文】

又东三百里,曰堂庭之山,多棪木①,多白猿②,多水玉③,多黄金④。

【注释】

①棪木:一种乔木,果实状如苹果,颜色变红后即可食用。

②白猿:亦作白猨、白蝯。白猿指白毛的猿。

③水玉:古时对水晶的别称,也叫作水精。

④黄金:这里指黄色的沙金或金矿。

白猿

白猿　明·蒋应镐绘图本

【译文】

由招摇山往东三百里有座山,名叫堂庭山,山上树种主要是棪木,动物主要是白猿,山上还蕴藏着大量的水晶和金矿。

猨翼山

【原文】

又东三百八十里,曰猨翼之山,其中多怪兽,水多怪鱼,多白玉①,多蝮虫②,多怪蛇,多怪木,不可以上。

【注释】

①白玉:白色的玉,亦指白璧。

②蝮虫:传说中的毒蛇名,也被称为反鼻虫,其颜色红、白相间,如同绶带纹理,大的体重据说可达一百多斤,鼻子上长有针刺。"虫"为"虺"的本字,虺是指上古的一种毒蛇。

怪蛇

蝮虫　明·蒋应镐绘图本

【译文】

由堂庭山再往东三百八十里有座山,名叫猨翼山,山上有很多怪兽出没,水中有很多奇形怪状的鱼,山上还有很多的白色玉石、反鼻虫以及奇形怪状的蛇、树木,猨翼山过于陡峭,人是无法上去的。

杻阳山

【原文】

又东三百七十里,曰杻阳之山,其阳多赤金①,其阴多白金②。有兽焉,其

怪蛇

状如马而白首,其文如虎而赤尾,其音如谣,其名曰鹿蜀,佩之宜子孙。怪水出焉,而东流注于宪翼之水。其中多玄龟,其状如龟而鸟首虺③尾,其名曰旋龟,其音如判木,佩之不聋,可以为底④。

【注释】

①赤金:黄金。这里指尚未提炼过的赤色金矿。

②白金:这里指尚未提炼过的白色银矿。

③虺:传说中的毒蛇。

④底:同"胝",即茧子,指手掌或脚掌因长期摩擦而长出的厚硬死皮。

【译文】

由猨翼山再往东三百七十里有座山,名叫杻阳山,山的南坡蕴藏有丰富的

鹿蜀

鹿蜀　明·胡文焕图本

旋龟

旋龟　明·蒋应镐绘图本

赤金矿,山的北坡蕴藏有丰富的白金矿。山上有一种野兽,身形像马,头是白色的,身上的斑纹像虎斑,尾巴是红色的,鸣叫的声音如同人唱歌,这种野兽名叫鹿蜀,与之相处有利于繁衍子孙。这座山还有奇怪的小溪,向东流入宪翼水中。这条小溪中有很多黑红色的乌龟,身形像乌龟,却长着鸟一样的头和毒蛇一样的尾巴。这种龟名叫旋龟。它鸣叫的声音像劈开木头所发出的声响,佩带了它可防治耳聋,还可以防治脚底生茧。

柢山

【原文】

又东三百里(曰)柢山,多水,无草木。有鱼焉,其状如牛,陵居①,蛇尾有翼,其羽在鮏下②,其音如留牛③,其名曰鯥,冬死而夏生④,食之无肿疾。

【注释】

①陵居:居于高地或深谷。

②鮏:同"胠",指两腋之下的部分。

③留牛:兽名。即牦牛或犁牛。

④冬死:冬眠,也叫冬蛰。某些动物对不利生活条件的一种适应,冬季僵卧在洞里,血液循环和呼吸非常缓慢,神经活动几乎完全停止,如同死了一样。

鯥鱼

鯥鱼　清·汪绂图本

【译文】

由杻阳山再往东三百里有座山,名叫柢山,山上有很多水流、水洼,但却不生草木。水洼中生长有一种鱼,身形像牛,生活在深山谷的水中,长有蛇一样的尾巴,还长有一对翅膀,羽毛生在两腋的下边,它鸣叫的声音像犁牛一样哞哞地叫。这种鱼名叫鯥,它喜欢在冬季蛰伏,而在夏季到来时才出来活动。人若吃了这种鱼就可以防治痈疽疾痛。

亶爰山

【原文】

又东四百里,曰亶爰之山,多水,无草木,不可以上。有兽焉,其状如狸而有髦①,其名曰类,自为牝牡②,食者不妒。

类

类 明·蒋应镐绘图本

【注释】

①狸:指狸子,即野猫、山猫。髦:毛发中的长毫,这里指头发。

②牝:指鸟兽中的雌性,这里指雌性器官。牡:指鸟兽中的雄性,这里指雄性器官。

【译文】

由柢山再往东四百里有座山,名叫亶爰山,山上水很多,但却不生长草木。这座山十分险峻,是无法登上去的。山上生长有一种野兽,身形像野猫,但头上长有头发,这种野兽名叫类,一身同具雌雄两性,人若吃了它的肉,就不会产生妒忌心。

基山

【原文】

又东三百里,曰基山,其阳多玉,其阴多怪木。有兽焉,其状如羊,九尾四耳,其目在背,其名曰猼訑①,佩之不畏。有鸟焉,其状如鸡而三首、六目、六足、三翼,其名曰鹝鸺,食之无卧②。

猼訑

【注释】

①猼訑:传说中的兽名。

②卧:指睡觉。

【译文】

由宜爰山再往东三百里有座山,名叫基山,山的南坡蕴藏着丰富的玉石,山的北坡生长有很多奇形怪状的树木。山上有一种野兽,身形像羊,但长着九条尾巴和四只耳朵,而眼睛却长在后背上,这种野兽名叫猼訑,如果披着它的皮就可以不怕任何东西。山上还有一种鸟,形状像鸡,但却长着三个头、六只眼、六只脚和三只翅膀,这种鸟名叫鹖鴒,谁要吃了这种鸟的肉,就可以不知疲倦,不思睡眠。

猼訑 清·毕沅图本

青丘山

【原文】

又东三百里,曰青丘之山①,其阳多玉,其阴多青䨼②。有兽焉,其状如狐而九尾,其音如婴儿,能食人,食者不蛊。有鸟焉,其状如鸠③,其音若呵,名曰灌灌,佩之不惑。英水出焉,南海注于即翼之泽。其中多赤鱬④,其状如鱼而人面,其音如鸳鸯,食之不疥⑤。

【注释】

①青丘之山,古山名。《五藏山经传》卷一:"青丘在藏地日喀则城之西南四百馀里,萨布楚河所出之卓尔木山也。萨布水象人跂足窥井,故名青丘。"

②青䨼,就是丹青,是一种很好看的颜色,可以用来制作涂料和染料。

灌灌

③鸠,指斑鸠,一种体形像鸽子的鸟。

④赤鱬,指娃娃鱼,属两栖动物,四只脚,长尾巴,会上树。以下《西山经》、《中山经》也有叙述。

⑤疥,指疥疮。

九尾狐　清·汪绂图本

九尾狐　清·汪绂图本

【译文】

从基山再往东三百里的地方,有座山叫青丘山。山的南面盛产玉石,山的北面盛产青䨼。山中有一种怪兽,它的形状与狐狸很相似,却长着九条尾巴,它的声音与婴儿啼哭一样,这种野兽会吃人。人们如果吃了它的肉就可以避邪防妖。山中还有一种鸟,它的形状像斑鸠,它啼叫起来像是人们在相互呵斥,这种鸟的名字叫灌灌,人们如果佩带这种鸟的羽毛就不会受蛊惑。英水是从这座山流出,向南流入即翼泽。水中有很多赤鱬鱼,这种鱼的形体与普通鱼一样,但是长着人的面孔。它发出的声音如同鸳鸯在叫,人们如果吃了这种鱼肉就不会生疥疮。

箕尾山

【原文】

又东三百五十里,曰箕尾之山[1],其尾踆[2]于东海,多沙石。汸水[3]出焉,而南流注于淯[4],其中多白玉。

龙身乌首神

龙身乌首神　明·蒋应镐图本

【注释】

①箕尾之山,古山名。《五藏山经传》卷一:"箕尾,箕山之尾也,山在今拜的城西南。"

②踆,通"蹲",蹲居。

③汸,《五藏山经传》卷一:"有龙前河西南流会努金刚山水,北注赤水,其形长方,故名汸。"

④淯,与蠹古音相近,《五藏山经传》卷一:"努金刚水形圆,似孕妇腹,故名淯。"

【译文】

从青丘山再往东三百五十里的地方,有座山叫箕尾山,山的尾部坐落在东海中。山中有很多沙石。汸水从这座山流出,向南一直注入淯水,汸水中有很多白色玉石。

总观

【原文】

凡䧿山之首,自招摇之山以至箕尾之山,凡十山,二千九百五十里。其神状皆鸟身而龙首,其祠之礼:毛①用一璋玉瘞②,糈③用稌④米,一璧,稻米,白菅⑤为席⑥。

【注释】

①毛,古代祭祀时所用的有毛的牲畜,如猪、羊、牛、马、鸡等。下文有"毛用一鸡"、"毛用一犬"等说明用哪一种牲畜。

②璋,玉器名,状如半圭。瘞,埋,埋葬。

③糈,祭祀用的精米。

④稌米,稻米,粳米。

⑤白菅,茅草的一种,叶片细长,很坚韧,可以用来制作扫帚。

⑥席,郝懿行注:"席者,藉以依神。"也就是降神所用的席子。

【译文】

纵观南山第一山系鹊山，从招摇山到箕尾山，一共十座山，二千九百五十里。这些山的山神都长着鸟的身子龙的脑袋。人们祭祀的礼仪是：将祭祀的牲畜和璋玉一起埋在地下，祭祀用的米是稻米，还用一块璧玉和稻米作贡品，供奉山神的坐席是用茅草编织的席子。

【鉴赏】

当你阅读完南山一经时，闭上眼睛，任凭思绪穿越时光隧道，来到四千多年前的华夏大地的南方，你会看到有一支考察队正在穿行于山林之中；他们跋山涉水，走走停停，指指点点，看到什么就如实地记录下来……例如，考察者在本章第3节猨翼山考察时记述了自己的观感"不可以上"，因为那里有许多怪兽、怪蛇、怪鱼、怪树。

令我们惊讶的是，这支活跃在四千多年前的考察队，他们的工作很有章法，每到一处，都要记录下当地的山名，相关的地形地貌地名（地望）、水系、矿产、植物、动物、人神活动，以及特殊物产的用途、特殊人神的威力，而且还要测量出下一座山的方位和距离的里数。《五藏山经》所说的"里"的长度，尚无准确的考证，多数情况下一里约在500米以内；可以参考的是，周、秦、汉时的一里等于415.8米，清光绪时一里等于576米，从1929年至今一里等于500米。

南山一经即南方第一条山脉的考察记录，共记述有9座山、4条河流、6处地望、12处矿物、6处植物、16处动物，其中有几种特别有趣的奇异动物。

第4节杻阳山的鹿蜀，它是样子初看起来很像是斑马，古人称斑马为虎文马，据说明朝末年还曾出现在中国闽南一带。不过，"鹿蜀"的"蜀"字意思是马头蚕，据此鹿蜀应该是一种像马的鹿，亦即马鹿，准确说鹿蜀是一种栖息在南方的马鹿。更有力的证据是，斑马从未闻有"宜子孙"的功效，而马鹿的鹿茸则是名贵中药材，而且产量很高，鹿胎、鹿鞭、鹿尾和鹿筋也是名贵的滋补品，它们确实具有"宜子孙"药效。在《山海经》中,凡是说"食之"如何的动物、植物,无论它们怎么样的奇形怪状,通常都是自然界真实存在的生物。

马鹿是仅次于驼鹿的大型鹿类,因为体形似骏马而得名,栖息于非洲、欧洲、北美洲和亚洲,目前在我国北方和喜马拉雅山地区也有分布。《史记·秦始皇本纪》中"指鹿为马"的故事里的动物主角很可能也是马鹿。

杻阳山还有一种奇异的动物旋龟。据报道,在一夜大雨之后的 2002 年 7 月 30 日,吉林市出现一只怪龟,据目击者称怪龟宽约 10 厘米,身长近 20 厘米,尾长约 15 厘米,爪子和尾巴布满鳞片,头呈三角状,两个鼻孔十分纤细,嘴与老鹰相似,上颚的喙呈弯曲状,非常坚硬,舌头上还隐有一条红线,怪龟背负坚硬外壳,壳上隆起三条脊梁,整个背部有 36 个锥型棱角,或谓即旋龟。

第 6 节亶爰山的类"自为牝牡"、"食者不妒",意思是这种动物同时拥有雌雄性器官,能够自我交配繁殖;因此,人如果吃了类的肉,就能够克制"性嫉妒"。据此可知,当时的人们为了克服"性嫉妒",已经找到治疗这种心理毛病的药物了。我们知道,自然界并不存在同时拥有雌雄性器官、能够自我交配繁殖的哺乳动物,那么古人为什么会对类这种动物产生"自为牝牡"的误解呢?一种可能是因为类的雌雄个体之间的差异非常小,人们很难分辨出雌类和雄类;用达尔文的话来说,就是"类"这种动物的"性选择"特征不明显。

第 7 节基山的鹧鹑鸟"三首六目"、"六足三翼"、"食之无卧",意思是鹧鹑鸟有三个头、六只眼睛,六只足、三个翅膀,人如果吃了鹧鹑鸟的肉,就能够不犯困。我们知道,自然界并不存在"三首六目"、"六足三翼"的鸟,那么古人为什么会对鹧鹑鸟产生这样的误解呢?一种可能是,因为鹧鹑鸟是一种不睡觉或很少睡觉的鸟,人们就把它想象成有三个头,可以轮流休息;进而又相信人吃了这种鸟的肉,到了夜里仍然能够精神抖擞不发困。另一种可能是,鹧鹑鸟是家庭观念特别强的鸟,雌鸟每次只生一枚卵、孵出一只雏鸟,雌鸟和雄鸟都承担哺育雏鸟的工作,它们总是在一起不分离,于是古人就误以为鹧鹑鸟"三首六目"、"六足三翼"了。不管是哪一种可能,都表明当时的人经常有夜间活动,因此才需要这种驱除瞌睡虫的药方。

第8节的青丘山在《山海经》里是一座非常重要的山,或者说是一处具有特殊意义的地理标志点,因为这里与帝禹时代的国土资源考察活动有关,此外青丘山的九尾狐也是一种具有特殊文化内涵的动物。所谓九尾狐"能食人",通常都理解为九尾狐能吃人,这种解释是错误的。因为《五藏山经》记述其他食人兽时都说"是食人",唯独这里用"能食人";可知九尾狐"能食人"的意思是九尾狐能够给人送来珍异的食物,人吃了这种食物就能够不中邪。事实上,在中国古代传统文化里,九尾狐是一种祯祥之物,它的出现意味着天下太平、子孙昌盛;在汉代石刻画像砖上,九尾狐常与白兔、蟾蜍、三足乌并列于西王母座旁,属于四瑞之一。据此推断,九尾狐可能是一种尾巴特别蓬松的赤狐,也可能是由巫师装扮成的神狐。

在南山一经这个区域里的居民,供奉祭祀的山神或祖先神是鸟身龙首之神,表明此地人的祖先是由鸟图腾和龙图腾的部落结合而成的;该神的造型或者是塑像,或者是由巫师装扮。祭神时要用带毛的动物,与玉璋一起埋入地下。此外,还要把精美的糯稻米和一枚玉璧,陈列在白菅草编织成的席子上,供神享用。璋状如半圭,璧为薄片状圆环,它们分别象征天和地,以及男性祖先和女性祖先,属于中国古代最常见的礼器。

由于年代久远,南山一经(包括整部《五藏山经》)也给我们留下了许许多多的疑问。例如,这支考察队为什么不是一座山挨着一座山进行考察记录,而是相隔几百里考察一座山?他们是根据什么标准选择考察记录这些山的?

进一步说,南山一经的起点,同时也是《南山经》和《五藏山经》起点的招摇山,它究竟在哪里?这都是令读者和研究者深感迷惑的地方,也是最令人对《山海经》着迷的问题之一。不过,这个考察起点问题的解决,仅仅凭对南山一经的解读是远远不够的,而必须通过对《五藏山经》地理方位的整体解读,才能够得到准确的或比较接近准确的答案。尽管如此,有一点是值得注意的,这就是《五藏山经》以《南山经》开篇,可以表明帝禹时期的地理方位概念,是以南方为上的。

二、南次二经

【导读】

在《山海经》的南、西、北、东、中五篇山经中,除了每篇山经的第一系列山称为"南山经之首"、"北山经之首"、"东山经之首"等外,其余系列的山都采用"……次……经"的格式,如"南次二经"、"东次三经"、"中次六经"等等。那

么,它们都代表什么意思呢? 对此,学者们歧见迭出。以"南次二经"为例,有的学者认为,这里的"次"有停留、居住之意,因此,"南次二经"即人们居住在南方的第二系列山;有的学者认为,"南次二经"即南方之山经第二条考索路线;有的学者认为,"南次二经"中的"经"应作"山","南次二经"即南方第二列山系。我认为,"南次二经"中的"次"应表示次序,因此,"南次二经"即南山经中的第二经。

　　南次二经共记述了十七座山,其中大部分在今浙江境内,一部分在今湖南境内。能知道确切方位的山有两座,一为浮玉山,一为会稽山。这些山上生长着狸力、长右、猾怀、蛊雕等怪兽,它们或天生没有嘴,或长着人一样的手,或长着四只耳朵……均属匪夷所思之怪物。

柜山

【原文】

　　《南次二经》之首,曰柜山,西临流黄,北望诸毗,东望长右。英水出焉,西南流注于赤水,其中多白玉,多丹粟。有兽焉,其状如豚①,有距②,其音如狗吠,其名曰狸力,见则其县多土功。有鸟焉,其状如鸱③而人手,其音如痹,其名曰鴸④,其名自号也,见则其县多放士。

狸力　清·汪绂图本

鴸　明·胡文焕图本

【注释】

①豚:指小猪。

②距:鸡爪。特指雄鸡爪后突起像脚趾的部分。

③鸱:一种凶猛的鸟。指鹞鹰、老鹰、鸢鹰。

④鴸:传说中的鸟名。为帝尧之子丹朱所化。传说帝尧将天下禅让给帝舜,其子丹朱不服,于是与三苗国人联合起来,起兵抗议,帝尧便派兵将他们打

败,丹朱羞愧难当投南海自尽,死后化为鵸鸟。

【译文】

《南次二经》中记述的南山第二列山系的最西头,是柜山。柜山西邻流黄国,北边是诸毗山,东边是长右山。英水就发源于此山,并向西南流入赤水。英水中有很多白色的玉石,还有很多的细丹砂。柜山山中有一种野兽,身形像小猪,但脚后跟长着距,叫声像狗吠。这种野兽名叫狸力。哪里出现这种野兽,哪里的人们就将遭受很繁重的劳役之苦。柜山山上还有一种鸟,形状像鹞鹰,但却长着一双像人手的脚,它之所以发出的声音像痹一样。这种鸟名叫鵸。它之所以有这个名字,是因为它天天发出"朱"的叫声。哪里出现这种鸟,哪里就要有很多人被流放发配。

长右山

【原文】

东南四百五十里,曰长右之山,无草木,多水。有兽焉,其状如禺而四耳,其名长右,其音如吟,见则郡县大水[1]。

【注释】

①大水:指洪水、洪灾。

【译文】

由柜山再往东南方向四百五十里有座山,名为长右山,山上不长草木,有很多水。山上有种野兽,形状像长尾猿,长着四只耳朵,名为长右,长右发出的叫声像人长长的叹息,哪里出现这种野兽,哪里就会有洪灾。

长右

长右　清·汪绂图本

尧光山

【原文】

又东三百四十里,曰尧光之山,其阳多玉,其阴多金。有兽焉,其状如人而彘鬣①,穴居而冬蛰②,其名曰猾裹,其音如斫木③,见则县有大繇④。

猾裹

猾裹　明·胡文焕图本

【注释】

①彘:指大猪。鬣:指牲畜身上的鬃毛。

②冬蛰:冬眠。

③斫木:伐木,这里指砍削木头的声音。

④繇:通"徭",指徭役。

【译文】

由长右山再往东三百四十里有座山,名叫尧光山,这座山的南坡蕴藏有丰富的玉石矿产,山的北坡蕴藏有丰富的金矿。山上有一种野兽,其身形像人,但却长看猪鬣,住在洞穴里,多大要冬眠,这种野兽名叫猾裒,它发出的叫声就好像砍削木头的声音。哪里出现这种野兽,哪里就会出现繁重的徭役。

羽山

【原文】

又东三百五十里,曰羽山①,其下多水,其上多雨,无草木,多蝮虫。

【注释】

①羽山:山名,舜杀鲧之处。传说火神祝融曾奉黄帝之命,将治水不利的大禹之父鲧在羽山处死,也有说鲧是因治水不利而被帝舜杀死在羽山的。

【译文】

由尧光山再往东三百五十里有座山,名叫羽山,山下多水流、水洼,山上经常下雨,却不生长草木,山上还生长有很多的蝮虫。

瞿父山

【原文】

又东三百七十里,曰瞿父之山,无草木,多金玉。

【译文】

由羽山再往东三百七十里有座山,名叫瞿父山,山上寸草不生,山中还蕴藏有丰富的黄金和玉石矿产。

句余山

【原文】

又东四百里,曰句余之山,无草木,多金玉。

【译文】

由瞿父山再往东四百里有座山,名叫句余山,山上寸草不生,山中蕴藏有丰富的黄金和玉石矿产。

浮玉山

【原文】

又东五百里,曰浮玉之山,北望具区,东望诸毗。有兽焉,其状如虎而牛尾,其音如吠犬,其名曰彘,是食人。苕水①出于其阴,北流注于具区②。其中多𧑐鱼③。

【注释】

①苕水：水名。在今浙江省境内。

②具区：古泽薮名，即太湖。又名震泽、笠泽。

紫鱼

③紫鱼：鲚鱼，也叫"凤尾鱼"。体侧扁，头小而尖，尾尖而细，银白色。

【译文】

由句余山再往东五百里是浮玉山，这座山北边可以眺望到太湖，东边可以眺望到诸毗水。山上有一种野兽，身形像虎，但长着一根牛尾。它的叫声像狗吠，它的名字叫彘，是一种吃人的野兽。这座山的南坡有一条小溪流出，这条小溪名叫苕水，向北流去，最终流进太湖。苕水中生长有很多的紫鱼。

成山

【原文】

又东五百里，曰成山，四方而三坛①，其上多金玉，其下多青雘。閟水出焉，而南流注于虖勺，其中多黄金。

【注释】

①坛:土筑的高台。

【译文】

由浮玉山再往东五百里有座山,名叫成山,这座山有四面山坡,且像三层土台重叠堆砌上去的,山顶蕴藏有丰富的黄金和玉石矿产,山脚有很多可作颜料用的青䕉。山间有条阂水流出,向南流入虖勺河,水底有丰富的金矿。

会稽山

【原文】

又东五百里,曰会稽①之山,四方,其上多金玉,其下多砆石②。勺水出焉,而南流注于湨。

【注释】

①会稽:山名。在浙江绍兴。相传夏禹大会诸侯于此计功,故名会稽山。一名防山,又名茅山。

②砆石:碔砆,一种形状像玉的石头。

【译文】

由成山再往东五百里有座山,名叫会稽山,这座山有四面山坡,山顶蕴藏着丰富的黄金和玉石矿产,山脚多为碔砆石。山间有条名叫勺水的水流流出,向南流入湨水。

夷山

【原文】

又东五百里,曰夷山。无草木,多沙石。溟水出焉,而南流注于列涂。

【译文】

由会稽山再往东五百里有座山,名叫夷山。山上寸草不生,沙石很多。山间有条水流出,名叫溟水,这条水向南流出,最终流入列涂水。

仆勾山

【原文】

又东五百里,曰仆勾之山。其上多金玉,其下多草木。无鸟兽,无水。

【译文】

由夷山再往东五百里有座山,名叫仆勾山。山上蕴藏有丰富的金矿和玉石矿,山脚草木繁茂。山中没有鸟兽,也没有水流。

咸阴山

【原文】

又东五百里,曰咸阴之山。无草木,无水。

【译文】

由仆勾山再往东五百里有座山,名叫咸阴山。山上既没有草木也没有水。

洵山

【原文】

又东四百里，曰洵山，其阳多金，其阴多玉。有兽焉，其状如羊而无口，不可杀也，其名曰𤝜。洵水出焉，而南流注于阏之泽，其中多茈蠃①。

𤝜

𤝜　清·汪绂图本

【注释】

①茈蠃：茈，通"紫"。蠃，通"螺"。茈蠃即紫螺。

【译文】

由咸阴山再往东四百里有座山，名叫洵山。山的南坡蕴藏有丰富的金矿，山的北坡蕴藏有丰富的玉石矿产。山中有一种野兽，身形像羊，它虽没长嘴巴，却不会饿死，这种野兽名叫𤝜。山间有一条名叫洵水的小河，向南流入阏之泽，洵水中有很多的紫螺。

虖勺山　区吴山

【原文】

又东四百里,曰虖勺之山①,其上多梓、柟②,其下多荆、杞③。滂水出焉,而东流注于海。

又东五百里,曰区吴之山,无草木,多沙石。鹿水出焉,而南流注于滂水④。

【注释】

①虖勺之山,古山名。《五藏山经传》卷一:"虖勺之山,今仙霞岭。虖,虎食兽作声也;勺,爪之也。虖勺之水象之,故山受其名,即今文溪水矣。又名滂水。"

②梓,梓树,又名花楸、水桐,落叶乔木。柟,楠树,常绿乔木,常见于我国南方,是珍贵的建筑材料。

③荆、杞,荆:牡荆,落叶灌木,果实黄荆子可作药用。杞:即枸杞,落叶灌木,果实枸杞子,可作药用。都属野生灌木,带钩刺,所以常被人们认为是噩木。

④滂水,古水名。《五藏山经传》卷一,"滂者,大风吹雨旁溅也。"

【译文】

从洵山再往东四百里的地方,有座山叫虖勺山,山上有许多的梓树和楠树,山下有许多牡荆和苟杞。滂水是从这座山流出,然后向东流入大海。

从虖勺山再往东五百里的地方,有座山叫区吴山,山上没有花草树木,遍地都是沙石。鹿水是从这座山流出,然后向南流入滂水。

鹿吴山

【原文】

又东五百里,曰鹿吴之山[①],上无草木,多金石。泽更之水[②]出焉,而南流注于滂水。水有兽焉,名曰蛊雕,其状如雕而有角,其音如婴儿之音,是食人。

蛊雕

蛊雕 明·胡文焕图本

【注释】

①鹿吴之山,古山名。《五藏山经传》卷一:"西天目山以西南。北与大江分水,西与区吴分水,皆鹿吴也。山在杭州于潜县北,其水曰桐溪,水凡合十一源南注滂水,其形肖鹿。"

②泽更之水,《五藏山经传》卷一:"泽更水即徽港。更,木燧也;泽,摩也。水东南至严州淳安县西折向东流六十馀里,至县城南而南折,有武强溪水出其东折处之西南,冻流少南,左受二水,环曲而北注之,象执燧仰其掌,故曰泽更。其水又东至府治南,东注滂水也。"

【译文】

从区吴山再往东五百里的地方,有座山叫鹿吴山。这座山上没有花草树木,盛产金属矿物和玉石。泽水是从这座山流出,然后向南流入滂水。水里有一种水兽,名叫蛊雕,它的身形与普通的雕一样,但是它头上有角。它的叫声与婴儿的啼哭声一样,这种水兽是会吃人的。

漆吴山

【原文】

东五百里,曰漆吴之山①,无草木,多博石②,无玉。处于东海,望丘山③,其光载出载入,是惟日次④。

龙身鸟首神

龙身鸟首神　清·汪绂图本

【注释】

①漆吴之山，古山名。《五藏山经传》卷一："漆吴，尾卷如漆，今镇海东金塘也。"

②博石，一种色彩斑斓的石头，可用作工艺品。

③丘山，古山名。《五藏山经传》卷一："丘山，舟山也。"

④日次，太阳落下。次，停留、休息的意思。

【译文】

从鹿吴山往东五百里的地方，有座山叫漆吴山，山上没有任何花草树木，山里有很多可以用做围棋子的博石，山上不产玉石。漆吴山地处东海之滨。向东望去可以看见一片起伏的丘陵，远处有若明若暗的光芒，这里是日月升起和降落的地方。

总观

【原文】

凡南次二经之首，自柜山至于漆吴之山，凡十七山，七千二百里。其神状皆龙身而鸟首。其祠：毛用一璧①瘗，糈②用稌③。

【注释】

①璧，这里是指一种圆形的玉器，正中有孔，是古代举行朝聘、祭祀等礼仪时常用的器物之一。

②糈，祭祀用的精米。

③稌，米，稻米，粳米。

【译文】

纵观《南次二经》这一山系，从柜山到漆吴山，共有十七座山，沿途七千二百里。这里的山神都是龙身鸟头。人们祭祀山神时，将祭祀的牲畜与玉璧一起埋在地下，祭祀的米用粳米。

【鉴赏】

南山二经的考察记录者，特别标出了南山二经第一座山柜山与周围地形地貌的方位关系，即"西临流黄，北望诸毗，东望长右"；而且这里所用的"望"字，反映出考察者是站在山顶远望，来测量方位与距离的（与山的高度和能见度有关）。遗憾的是，考察者没有说明南山二经与南山一经彼此之间的方位关系，无疑这将增加我们今天考证南山二经乃至《南山经》地理方位的难度。好在南山二经记述了会稽山、太湖（具区）、东海等地名，据此可以推断其区域大体位于今日的浙江省及其周边地区。

南山二经共记述有 17 座山，9 条河流，15 处地望，24 处矿物，6 处植物，10 处动物，其中还有几种特别有趣的奇异动物。本章第 3 节尧光山的猾褢就是一种非常奇异的"动物"。一般来说，在《五藏山经》里，凡是没有提及"是食人"或"食之"如何的动物，很可能都不是真正的动物，而是由巫师制作的动物神像或人神像。尧光山的猾褢可能是当地巫师制作的人偶或先祖神像，平常被供奉在洞穴里，春夏时期抬出来巡游，以调动民众服劳役；从后面"其音如斫木"来看应是上山砍草木，例如披荆斩棘开辟道路，或者是砍树用于建筑。进一步说，猾褢的"褢"字，从其名称的字形字义来看，好像是在给鬼穿衣；"鬼"字本义是指戴面具的人，后引申为已故先祖的木乃伊或灵魂，对其族人或后人有着特殊的号召力。本章第 13 节洵山的患"其状如羊而无口，不可杀也"，很可能也是巫师制作的动物神像。

第 6 节的句余山位于今浙江省余姚市与宁波市之间，这里是著名的河姆渡文化遗址所在地。河姆渡遗址总面积达5万平方米，叠压着四个文化层，最下层的年代为公元前五千年前，出土有玉器、木器、骨器、陶器等各类材质制成的生产工具、生活用品、装饰工艺品，以及人工栽培稻遗物、干栏式建筑构件，动植物遗骸等文物约7000件，集中反映了华夏大地先夏时期母系氏族的繁荣景象。

第7节的浮玉山在今日太湖以南的湖州一带，著名的良渚文化遗址亦在此区域。良渚文化是环太湖流域分布的以黑陶、磨光玉器和古城墙为代表的先夏时期文化，1936年首先发现于良渚而命名，距今5300—4000年，或许浮玉山之名与当地制作磨光玉器有关。

第9节的会稽山是华夏名山之一，相传大禹治水来到此地，召开天下诸侯大会，商议治水大计，后人便称这里为会稽。今日浙江绍兴境内的会稽山有大禹陵，据说大禹就葬在这里。值得注意的是，《山海经》记述众帝葬所，唯独没有提及禹帝葬所，似乎表明在《山海经》撰写时代或其资料来源时期，大禹尚在人世。

此外，安徽怀远县境内的涂山，相传也是大禹会诸侯计议治水的地方，当地有禹会村、禹王宫、涂山祠等名胜，苏东坡《濠州涂山》诗云："川锁支祁水尚混，地埋汪罔骨犹存；樵苏已入黄熊庙，乌鹊犹朝禹会村。"意思是，当年大禹治水时锁住了水怪无支祁，召开天下诸侯大会时处死了防风氏；如今砍柴人在黄熊庙（相传禹曾化作黄熊开山）歇息，只有乌鹊还来到禹会村朝拜。

三、南次三经

【导读】

南次三经共记述了十三座山，位于南山一经中所记的山列之南，几乎每一座山的地理位置都无法明确界定，但它们大致在今广东、广西境内。

南次三经中也记述了不少怪异的动物,如身上长着猪毛的鲐鱼、三足人面的瞿如、人面四目的颙、身上的羽毛形成文字图案的凤凰等等。

天虞山

【原文】

《南次三经》之首,曰天虞之山,其下多水,不可以上。

【译文】

到了《南次三经》记述的南山第三条山系,最西头的第一座山是天虞山。山下周围都是水,无法上山。

祷过山

【原文】

东五百里，曰祷过之山，其上多金玉，其下多犀、兕^①，多象。有鸟焉，其状如鹒^②而白首，三足、人面，其名曰瞿如^③，其鸣自号也。泿水出焉，而南流注于海。其中有虎蛟^④，其状鱼身而蛇尾，其音如鸳鸯，食者不肿，可以已痔^⑤。

【注释】

①犀：犀牛。传说其形似水牛，猪头，大腹，庳脚，脚有三蹄，皮为黑色，头顶、前额、鼻子各生有一角。兕：雌性犀牛，传说其形似水牛，只生有一只角，皮毛为青色，体形状硕，可达三千斤。

②鹒：传说中的一种鸟，长相如同野鸭，较野鸭小些，脚接近尾部。

③瞿如：传说中的鸟名。

④虎蛟：传说中龙的一种，鱼身蛇尾。

犀牛望月

⑤已：治疗。痔：痔疮。

【译文】

　　由天虞山往东五百里有座山，名叫祷过山，山上蕴藏有丰富的金矿和玉石，山下生长着很多凶猛的犀牛，还有很多象，山中生长有一种鸟，身形像鱼鹰，但头是白色的，脚长着三只，脸像人，这种鸟名叫瞿如，之所以取这个名，是因为它的鸣叫声是"瞿——如——"。山间有条溪流流出，名叫泿水，向南流去，最终流入南海。泿水中有种名叫虎蛟的动物，身形像鱼，但长着似蛇的尾巴，鸣叫声像鸳鸯叫，人若吃了它的肉，就可以不生痈疽病，而且还可以医治痔疮。

瞿如

兕　明·胡文焕图本

丹穴山

【原文】

　　又东五百里，曰丹穴之山，其上多金玉。丹水出焉，而南流注于渤海。有鸟焉，其状如鸡，五采而文，名曰凤皇①，首文曰德，翼文曰义，背文曰礼，膺②文曰仁，腹文曰信。是鸟也，饮食自然，自歌自舞，见则天下安宁。

凤凰

凤皇　清·汪绂图本

【注释】

①凤皇:指凤凰,古代传说中的百鸟之王,雄的叫凤,雌的叫凰。传说其为鸡首、蛇颈、燕颔、龟背、鱼尾、羽毛五彩斑斓,高六尺左右,常用来象征祥瑞。

②膺:胸部。

【译文】

由祷过山再往东五百里有座山,名叫丹穴山,山上蕴藏有丰富的金矿和玉石。山间有条名叫丹水的溪流流出,向南流入渤海。山上有一种鸟,其身形像鸡,全身花纹五彩斑斓,这种鸟名叫凤凰。它的头部的花纹像"德"字,翅膀的花纹像"义"字,背部的花纹像"礼"字,胸部的花纹像"仁"字,腹部的花纹像"信"字。这种鸟,自由自在地饮食,自歌自舞地娱乐,若有这种鸟出现,那天下就和平安宁了。

发爽山

【原文】

又东五百里,曰发爽之山,无草木,多水,多白猿。汎水出焉,而南流注于渤海。

【译文】

由丹穴山再往东五百里有座山,名叫发爽山,山上寸草不生,却有很多水,还有很多白猿。山间有条名叫汎水的溪流流出,向南流去,一直汇入渤海。

旄山

【原文】

又东四百里,至于旄山之尾。其南有谷,曰育遗,多怪鸟,凯风①自是出。

【注释】

①凯风:和暖的风,指南风。

【译文】

由发爽山再往东四百里,就到了旄山的尾段。它的南面有个山谷,名叫育遗,这个山谷里有很多奇异的鸟。这个山谷里还往外刮一种柔和的南风。

非山

【原文】

又东四百里,至于非山之首,其上多金玉,无水,其下多蝮虫。

【译文】

由旄山的尾端再往东四百里,就是非山的首段,山上蕴藏有丰富的金矿和玉石,但没有水,山下有很多蝮虫。

阳夹山

原文

又东五百里,曰阳夹之山,无草木,多水。

【译文】

由非山的首段再往东五百里有座山,名叫阳夹山,山上不生长草木,但有很多水。

灌湘山

【原文】

又东五百里,曰灌湘之山,上多木,无草;多怪鸟,无兽。

【译文】

由阳夹山再往东五百里有座山,名叫灌湘山,山上有很多树木,但没有草。山上有很多形状各异的鸟,但没有野兽。

鸡山

【原文】

又东五百里,曰鸡山,其上多金,其下多丹艭。黑水出焉,而南流注于海。其中有鲐鱼,其状如鲋而彘毛,其音如豚,见则天下大旱。

鲋鱼

鲋鱼　清·汪绂图本

【注释】

①鲋:鲫鱼。

【译文】

由灌湘山再往东五百里有座山,名叫鸡山,山上蕴藏有丰富的金矿,山下的石头多为可制作成颜料的丹雘。山间有条名叫黑水的溪流流出,向南流入南海。黑水中有种鱼,名叫鲋鱼,这种鱼的形状似鲫鱼,但长着一条像猪尾巴一样的东西,它有时还能鸣叫,声音像小猪的叫声。要是出现这种鱼,那么天下就要出现严重的旱灾。

令丘山

【原文】

又东四百里,曰令丘之山,无草木,多火。其南有谷焉,曰中谷,条风①自是出。有鸟焉,其状如枭②,人面四目而有耳,其名曰颙,其鸣自号也,见则天下大旱。

【注释】

①条风:东北风。一名融风,主立春四十五日。

②枭:通"鸮",本义指一种恶鸟,捕捉后悬头树上以示众。指猫头鹰。

颙

颙 清·汪绂图本

【译文】

由鸡山再往东四百里有座令丘山,这座山上不生长草木,倒是常有火出现。山的南部有个山谷,名叫中谷,中谷里常有东北风刮出。山谷里有一种鸟,形状像枭,但长着一副人面,眼睛有四只,也有耳朵,这种鸟名叫颙,之所以给它起这个名字,是因为它的鸣叫声是"颙——",这种鸟一旦出现,那么天下便将要有严重的旱灾。

仓者山

【原文】

又东三百七十里,曰仑者之山,其上多金玉,其下多青雘。有木焉,其状如榖而赤理,其汗如漆,其味如饴①,食者不饥,可以释劳②,其名曰白䓘,可以血③玉。

【注释】

①饴：饴糖，用麦芽制成的糖。

②释劳：消除辛劳。

③血：动词，染成红色。

仑者山

【译文】

由令丘山再往东三百七十里有座仑者山，这座山的上半部分蕴藏有丰富的金矿和玉石，山的下半部分主要是可作颜料的青䨼。山上有一种树木，形状很像构木，但其纹理是红色的，这种树还能流出一种液体，有点像漆，但其味道却是甜的，像糖稀，吃了这种液体，可以不再感到饥饿，而且还可以解除忧愁。这种树名叫白䓄，它流出的液体，可以用来染玉，使玉变红。

禺稿山　南禺山

【原文】

又东五百八十里，曰禺稿之山①，多怪兽，多大蛇。

又东五百八十里，曰南禺之山，其上多金玉，其下多水。有穴焉，水春辄②入，夏乃出，冬则闭。佐水出焉，而东南流注于海，有凤凰、鹓雏③。

【注释】

①禺稿之山，《五藏山经传》卷一："禺稿之山在工布札木达城南。噶克布河在东，象禺。工布河象所持空槁也。"

②辄，即，就。

③鸩雏，传说中鸾凤一类的鸟。

【译文】

从仑者山再往东五百八十里的地方，有座山叫禺稿山，山中有许多怪兽和大蛇。

从禺稿山再往东五百八十里的方，有座山叫南禺山。这座山盛产金属矿物和玉石。山下有很多水流，山中有一个洞穴，春天水就流入洞穴，夏天水就从洞穴流出，冬天则闭塞不通。佐水是从南禺山流出，然后向东南流入大海，山中有凤凰和鸩雏鸟。

总观

【原文】

凡南次三经之首，自天虞之山以至南禺之山，凡一十四山，六千五百三十里。其神皆龙身而人面。其祠：皆一白狗祈①，糈用稌。

右南经之山志，大小凡四十山，万六千三百八十里。

【注释】

①祈，祈求，求福。这里是指向神祈求、祷告的意思。

【译文】

纵观《南次三经》这一山系，从天虞山到南禺山，共十四座山，沿途六千五

龙身人面神

百三十里。这里的山神都是龙的身形,人的面孔。人们祭祀山神时,都是用一条白色的狗作祭品,向神祈祷。祭神的米是用稻米。

【鉴赏】

南山三经即南方第三条山脉的考察记录,共记述有 13 座山,5 条河流,9 处地望,13 处矿物,2 处植物,16 处动物,其中包括凤凰、犀牛和大象。

本章第 3 节丹穴山的凤凰是一种比鸡体形更大、羽毛色彩更漂亮的鸟。凤(鳳)字的象形是指一种有冠的鸟,全身披着又宽展又飘逸的羽毛,通常指凤凰的雄鸟;凰字的象形是指一种体形硕大、仪态端庄、色彩辉煌的鸟,全身披着又宽展又飘逸的羽毛,通常指凤凰的雌鸟,例如古代文人常用"凤求凰"比喻才子追求佳人。在古人的眼里,凡是美丽的事物,同时也就意味着它们是安全的事物。因此在中国传统文化里,美丽的凤凰是吉祥鸟,只会出现在天下安宁的地方。十二生肖里的鸡原本也是指凤凰,因为凤凰是百鸟之王,亦即飞禽类的总代表,正如龙是水族类的总代表一样。有必要指出的是,此节的"首文曰德,翼文曰义,背文曰礼,膺文曰仁,腹文曰信"文字,在《山海经》其他章节记述凤凰时并未出现;实际上这句话是春秋战国或秦汉时人的注释文字,被后人误认成了《山海经》正文,这种情况在古代文献中时有发生。

丹穴山发源的丹水向南流入的渤海,以及第4节发爽山的汎水向南流入的渤海,均为我国北方的渤海;据此丹穴山和发爽山按地理方位应当归属于《五藏山经》的北山三经,由于竹简错乱而误窜入南山三经之中。

第9节鸡山的鱄鱼"见则天下大旱",属于物候学现象,即某种生物的出现或变化与某种气候的来临或变化,两者存在着某种联系。例如,海洋中有一种厄尔尼诺(圣婴)现象,它能够造成气候异常,如果有某种鱼类对"圣婴"特别敏感而提前迁徙,那么人们就可以根据这种鱼的出现判断未来的天气变化。

第1节天虞山为南山三经之首,按《五藏山经》考察者惯例,此处经文应当有描述其东南西北各有什么地貌景观的文字,但是现存版本却没有这样的记述,估计是原文有缺简或遗失。

为了判断南山三经乃至《南山经》的地理方位,我们不妨推测:《五藏山经》的考察者是从中原出发,因此他们的考察活动应该是按照由近向远、由内向外、由中心向四方的前后顺序逐步进行。据此可知,《南山经》的方位应该在《中山经》以南;《南山经》的第一条山脉亦即南山一经山脉的位置,应该靠近《中山经》的南端。依此类推,南山二经的地理方位应该比南山一经距离中原更远一些,而南山三经的地理方位应该比南山一经、南山二经距离中原再远一些。

具体来说,南山一经山脉的位置应该在《中山经》最后一条山脉(位于洞庭山、庐山一带)的南面,大体在今日湖南和江西的衡山、九党荆山、罗霄山、武功山、玉华山一带。南山二经山脉的位置应该在南山一经的东面,大体在今日江西东部、安徽南部、江苏南部,以及浙江境内。南山三经山脉的位置应该在上述两条山脉的南面,大体在今日南岭和武夷山一带,以及广东、福建沿海地区。

尽可能准确地考证出《五藏山经》记述的地理方位,是研究山海经文化的基础性工作之一,同时也具有重要的现实意义。例如,第2节记述祷过山当时有许多犀牛和大象,如果我们知道祷过山位于今日的南岭地区,那么我们就能够进一步对南岭地区的古今气候和自然环境变迁进行对比,并从中获得该如何保护生态环境的启迪。

又如,第11节记述仑者山出产有白咎"其味如饴,食者不饥,可以释劳",如果我们知道仑者山的准确地理位置,那么就会有助于在当地开发白蓉的营养价值和药用价值,为当地的经济发展作出积极贡献。

再如,第5节记述有旄山尾出凯风,第10节记述有令丘山的中谷出条风,表明上述地点处于季风的风口位置上。福建连城有一座冠豸山,属于玳瑁山山脉,山上有一刻石,题词曰"飞云有路",意思是天上的"飞云"也有自己的运动路径;用今天的话来说,即大山大脉并不是一堵不透风的墙,它们同样存在着水汽通道,这种现象属于地形气候学研究的课题。有鉴于此,如果我们知道《南山经》所述风口的准确地理位置,那么就可以考虑在当地兴建风力发电设施,开发利用其风力资源,或者进行人造地形气候学的实验。

西山经第二

《西山经》包括《西山一经》、《西次二经》、《西次三经》、《西次四经》四篇,记载了位于中国西部的一系列山和发源于这些山的河流,这些山中生长的植物、动物及其形状、特点,山中出产的矿物,还有与这些山有关的历史人物、神名,掌管这些山的山神的形状、祭祀这些山神的方法等。《西山经》共记述了七十七座山,位于今陕西、山西、甘肃、宁夏、青海、新疆、内蒙古境内,其中近三分之一的山的具体位置可以确定。

一、西山一经

【导读】

西山一经记述了位于中国西部的十九座山，它们大多在今陕西境内，个别在今甘肃或青海境内。本经中的山大多可以指明具体位置，有的山名与现在相同或相近，如华山、太华山、小华山等。

本经记述了不少植物及其药用价值，如草荔草可以治疗心痛，文茎可以治疗耳聋，条草可以治疗疥疮，薰草可以治疗瘟疫，吃了菁蓉草会使人失去生育能力，等等。虽然它们是否真的具有这些功效或特性，尚待考实，但已从一个侧面说明当时的人们已经有了较丰富的药物学知识。

本经也记述了一些怪异的动物，如六足四翼的肥蟥、人面一足的橐肥鸟、两首四足的鸥鸟、马足人手而四角的骢如，等等。

华山　钱来山

【原文】

《西山经》华山之首，曰钱来之山，其上多松，其下多洗石①。有兽焉，其状如羊而马尾。名曰羬羊，其脂可以已腊③。

【注释】

①洗石：一种含碱之石，能溶解污垢。
②腊：皮肤皲裂。

羬羊

羬羊　清·汪绂图本

【译文】

西山第一列山系名叫华山，华山最东头的山名叫钱来山，这座山上生长的树种主要是松树，山脚下有很多可作洗澡去垢用的洗石。山上还有一种野兽，身形似羊，但长着马一样的尾巴。这种羊名叫羬羊，它的油脂可以用来医治皮肤皲裂。

松果山

【原文】

西四十五里,曰松果之山。濩水出焉,北流注于渭,其中多铜。有鸟焉,其名曰螐渠,其状如山鸡,黑身赤足,可以已曝①。

【注释】

①曝:皮肤皴裂。

【译文】

由钱来山向西四十五里有座山,名叫松果山。山间有条名叫濩水的溪流流出,向北流入渭河,水中有很多铜沙。松果山上有一种鸟,名叫螐渠,其身形像山鸡,身体是黑色的,爪子是红色的,这种鸟可以用来医治皮肤皴裂。

太华山

【原文】

又西六十里,曰太华之山①,削成而四方,其高五千仞,其广十里,鸟兽莫居。有蛇焉,名曰肥螔,六足四翼,见则天下大旱。

【注释】

①太华之山:山名。即西岳华山,在陕西华阴,因其西有小华山,故称太华。

【译文】

由松果山再往西六十里有座山,名叫太华山,这座山险峻陡峭,如刀斧砍削而成,山有四面,山高有五千仞,山脚绵延十里,一般鸟兽无法在山上存身。山上倒是有一种蛇,名叫肥螇,长看六只脚爪和两对翅膀,这种蛇一旦出现,那天下必定将遭受严重的旱灾。

肥螇

肥螇　清·郝懿行图本

小华山

【原文】

又西八十里,曰小华之山,其木多荆杞,其兽多㸲牛,其阴多磬石①,其阳多㻬琈之玉。鸟多赤鷩,可以御火②。其草有萆荔③,状如乌韭④,而生于石上,亦缘木而生,食之已心痛。

【注释】

①磬石:适宜制磬的关石。

②御火:谓避火灾。

③萆荔:薜荔。一种香草,可作药用。

④乌韭:一种苔藓类植物,多生于潮湿的地方,又名昔邪、垣衣等。

【译文】

由太华山再往西八十里有座山,名叫小华山,山上生长的植物主要是荆棘和枸杞,山上生长的野兽主要是牦牛,山的北坡有很多可制作成乐器的磬石,南坡蕴藏有丰富的名叫琈珨的玉石。山上生长的鸟类主要是锦鸡,这种锦鸡可以喷射出一种能灭火的液体。山上生长着一种草,名叫薜荔草,形状像黑韭草,但生长在石头缝上,也有的攀缘树木生长,如果吃了这种草,则可以医治好心绞痛症。

符禺山

【原文】

又西八十里,曰符禺之山,其阳多铜,其阴多铁。其上有木焉,名曰文茎,其实如枣,可以已聋。其草多条,其状如葵,而赤花黄实,如婴儿舌,食之使人

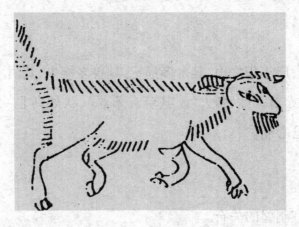

葱聋

不惑。符禺之水出焉,而北流注于渭。其兽多葱聋[①],其状如羊而赤鬣。其鸟多鴖,其状如翠[②]而赤喙,可以御火。

葱聋　明·蒋应镐绘图本

【注释】

①葱聋:传说中的一种野山羊。

②翠:指翠鸟。

鹦

鹦　明·蒋应镐绘图本

【译文】

　　由小华山再往西八十里有座山,名叫符禺山,山的南坡蕴藏有丰富的铜矿,山的北坡蕴藏有丰富的铁矿。山顶上有一种树木,名叫文茎,这种树的果实就像枣子,可以用来医治耳聋。山上生长的草主要是一种条草,其形状像山葵,像婴儿的舌头,但开出的花却是红色的,果实是黄色的,吃了这种草可以使人不受妖气所惑。山间有条名叫符禺水的溪流流出,向北流入渭河。山上生长的野兽名叫葱聋,它的身形似羊,但长着一把红色的胡须。山上生长的鸟类主要是鸱鸟,这种鸟的形状像翠鸟,但嘴是红色的,它嘴里喷出的一种液体可以灭火。

石脆山

【原文】

又西六十里,曰石脆之山,其木多棕楠,其草多条①,其状如韭,而白华黑实,食之已疥。其阳多琈珩之玉,其阴多铜。灌水出焉,而北流注于禺水。其中有流赭②,以涂牛马无病。

【注释】

①条:一种野草。
②流赭:流指硫黄,一种天然的矿物质,中医可入药,有杀虫的作用;赭即赭黄,一种天然生成的褐铁矿,可做黄色颜料。

【译文】

由符禺山往西六十里有座山,名叫石脆山,山上生长着棕树和楠树,山上生长的草主要是一种条草,这种草的形状像山韭,但开出的花是白色的,果实是黑色的,吃了这种草可以医治疥疮。这座山的南坡蕴藏有丰富的名叫琈珩的玉石,山的北坡蕴藏有丰富的铜。山间有条名叫灌水的溪流流出,向北流入禺水。灌水中有一种红土,用这种红土涂在牛马身上,可以使这些牛马不生病。

英山

【原文】

又西七十里,曰英山,其上多柤、橿①,其阴多铁,其阳多赤金。禺水出焉,北流注于招水,其中多鲩鱼,其状如鳖②,其音如羊。其阳多箭䉋③,其兽多牸牛、䍮羊。有鸟焉,其状如鹑④,黄身而赤喙,其名曰肥遗,食之已疠⑤,可以杀虫。

【注释】

①柤:柤树,类似于棣树,能措车辋。橿:橿树,木质坚硬,古人用来造车。

②鳖:甲鱼,一种爬行动物,俗称团鱼。

③箭䉋:竹子的一种。

④鹑:鹌鹑,鸟名。体形似鸡,头小尾秃,羽毛赤褐色,杂有暗黄条纹。雄性好斗。肉、卵均可食,味美。

⑤疠:恶疮、麻风。

【译文】

由石脆山再往西七十里有座山,名叫英山,山顶上生长的树种主要是柤树和橿树,山的北坡蕴藏有丰富的铁,山的南坡蕴藏有丰富的赤金矿。山间有条名叫禺水的溪流流出,向北流入招水,禺水中生长有很多的鲩鱼,这种鱼的形状很像鳖,能发出像羊一样的叫声。山的南坡上还生长有很多的箭竹和䉋竹,山上生长的野兽主要是牸牛和䍮羊。山上还有一种鸟,形状像鹑鸟,身体是黄色的,嘴是红色的,这种鸟名叫肥遗鸟,吃了这种鸟的肉可治好麻风病,还可以杀死肚里的寄生虫。

竹山

【原文】

又西五十二里,曰竹山,其上多乔木,其阴多铁。有草焉,其名曰黄蓕,其状如樗①,其叶如麻②,白华而赤实,其状如赭,浴之已疥,又可以已胕。竹水出焉,北流注于渭,其阳多竹、箭③,多苍玉④。丹水出焉,东南流注于洛水,其中多水玉,多人鱼⑤。有兽焉,其状如豚而白毛,大如笄⑥而黑端,名曰豪彘⑦。

人鱼

【注释】

①樗:臭椿树。

②麻:麻类植物的总名,古代专指大麻。

③竹箭:筱,细竹。

④苍玉:杂有斑纹的深青色的玉石。

⑤人鱼:鲵鱼,俗称娃娃鱼。

⑥笄:古代盘头发或别住帽子用的簪子。

⑦豪彘:豪猪,俗称箭猪。

【译文】

由英山再往西五十二里有座山,名叫竹山,这座山上有很多高大、笔直的乔木,山的北坡蕴藏有丰富的铁。坡上生长着一种草,名叫黄藿,形状像臭椿,叶似大麻的叶,开着白色的花,果实是红色的,带有一点赤褐色,用这种草来洗澡,可以医好疥疮和浮肿病症。北坡有条名叫竹水的溪流流出,向北一直流入渭河,这座山的南坡上生长着很多小竹子,还有很多黑色玉石。坡上有条名叫丹水的溪流流出,向东南流入洛河,丹水中有很多水晶,还有很多人鱼。这座山上有一种野兽,形状像小猪,但毛是白色的,毛的尖端是黑色的,毛粗如发簪,这种野兽名叫豪猪。

豪彘

豪彘　清·汪绂图本

浮山

【原文】

又西百二十里,曰浮山,多盼木,枳叶而无伤①,木虫居之。有草焉,名曰薰草,麻叶而方茎,赤华而黑实,臭如蘼芜②,佩之可以已疠。

【注释】

①枳:枳树,即枸橘,又称臭橘,叶上有粗刺。伤:指针刺。

②臭：气味。蘼芜：又名蕲茝、薇芜、江蓠，一种香草，是芎的苗，香气似白芷。

【译文】

由竹山再往西一百二十里有座山，名叫浮山，这座山上生长的树种主要是盼树，盼树的叶形似枳树的叶，但没有刺，树干里寄生着很多小虫。山上有一种草，名叫薰草，叶形似大麻的叶，但草茎是四四方方的，开红色的花，结黑色的果，这种草还散发出一种香气，人如果将这种草佩带在身上，则可以医治麻风病。

羭次山

【原文】

又西七十里，曰羭次之山，漆水出焉，北流注于渭。其上多棫、橿，其下多竹、箭，其阴多赤铜，其阳多婴垣①之玉。有兽焉，其状如禺而长臂，善投，其名曰嚣②。有鸟焉，其状如枭，人面而一足，曰橐𢸶，冬见夏蛰③，服之不畏雷。

橐𢸶

橐𢸶　明·蒋应镐绘图本

【注释】

①婴垣:一种玉石,用于制作颈部装饰品。

②嚣:一种野兽,类似猕猴,长相与人相似。

③蛰:动物休眠,藏起来不食不动。

【译文】

由浮山再往西七十里有座山,名叫羭次山,山间有条名叫漆水的溪流,向北流入渭水。山上生长的树种主要是白栎和橿树,山坡下生长的树种主要是小竹,山的北坡蕴藏有丰富的赤铜矿,山的南坡有很多可制成颈饰的玉石。山上有一种野兽,身形像禺,但长着长长的手臂,擅长投掷,这种野兽名叫嚣。山上有一种鸟,形状似枭,脸似人面,脚只有一只,这种鸟名叫橐𪇶,它冬天出现,而夏天却蛰伏,人如果披了这种鸟的羽毛,就不会怕雷击了。

时山

【原文】

又西百五十里,曰时山,无草木。逐水出焉,北流注于渭①,其中多水玉。

嚣兽

嚣兽　明·蒋应镐绘图本

【注释】

①渭:渭水。

【译文】

由羭次山再往西一百五十里有座山,名叫时山,这座山上寸草不生。山间有条名叫逐水的溪流流出,向北流入渭河,逐水中有很多水晶。

南山

【原文】

又西百七十里,曰南山,上多丹粟①。丹水出焉,北流注于渭。兽多猛豹②,鸟多尸鸠③。

猛豹

【注释】

①丹粟:细粒的丹砂。

②猛豹：传说中的一种野兽，似熊而小，毛浅而光泽，能食蛇食铜铁，产于蜀中。

③尸鸠：布谷鸟。

猛豹　明·蒋应镐绘图本

【译文】

由时山再往西一百七十里有座山，名叫南山，这座山上有很多细丹砂。山间有条名叫丹水的溪流流出，向北流入渭河。这座山上生长的野兽主要是猛豹，鸟主要是布谷鸟。

大时山

【原文】

又西三百二十里，曰大时之山，上多榖、柞①，下多杻、橿，阴多银，阳多白玉。涔水出焉，北流注于渭。清水出焉，南流注于汉水。

【注释】

①柞:栎树的通称。木材可作建筑、薪炭、器具之用。

【译文】

由南山再往西三百二十里有座山,名叫大时山,这座山的山顶主要是穀树和柞树,山脚主要是杻树和橿树,山的北坡蕴藏有丰富的银矿,山的南坡蕴藏有丰富的白色玉石。山间有条名叫涔水的溪流流出,向北流入渭河。还有条名叫清水的溪流流出,向南流入汉水。

嶓冢山

【原文】

又西三百二十里,曰嶓冢之山,汉水出焉,而东南流注于沔;嚣水出焉,北流注于汤水。其上多桃枝钩端①,兽多犀、兕、熊、罴②,鸟多白翰③、赤鷩。有草焉,其叶如蕙④,其本如桔梗⑤,黑华而不实,名曰蓇蓉,食之使人无子。

【注释】

①桃枝:指桃枝竹,一种赤皮竹,可以织席作杖。钩端:竹名。属桃枝竹之类。

②罴:棕熊。

③白翰:鸟名。即白雉,又叫白鹇,白色羽毛的野鸡,古时认为是瑞鸟。雄鸟的冠及下体纯蓝黑色,上体及两翼白色,故名。

④蕙:蕙兰,一种兰属植物,多年生草本,伪鳞茎卵形,叶线形,总状花序,花红色,边缘有黄带,唇瓣白色而具红点,可供观赏。

⑤桔梗:属桔梗科,桔梗属的多年生宿根草本花卉。又名僧冠帽、铃铛花。

【译文】

由大时山再往西三百二十里有座山，名叫嶓冢山，汉水就是从这座山里流出，向东南流入沔水，嚣水也发源于这座山，向北流入汤水。山上生长的树种主要是桃枝竹和钩端竹，生长的野兽主要是犀兕和熊罴，生长的鸟主要是白雉和锦鸡。山上生长着一种形状像蕙草叶的草，其根的形状像桔梗的根，开着黑色的花，不结果实，这种草名叫蓇蓉，若吃了这种草，会使人丧失生育能力。

天帝山

【原文】

又西三百五十里，曰天帝之山，上多棕枏；下多菅①蕙。有兽焉，其状如狗，名曰谿边，席其皮者不蛊②。有鸟焉，其状如鹑，黑文而赤翁③，名曰栎，食之已痔。有草焉，其状如葵，其臭如蘼芜，名曰杜衡④。可以走马，食之已瘿⑤。

谿边

【注释】

①菅:菅茅。

②席:铺垫。蛊:传说将许多毒虫放在器皿里,使其互相吞食,最后剩下不死的毒虫叫作蛊,传说可用于毒害人,这里指蛊毒。

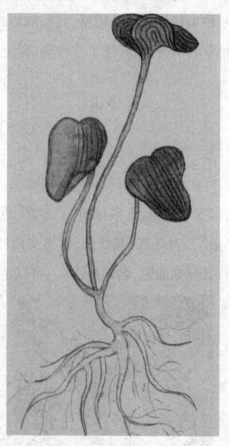

杜衡

③翁:鸟脖子上的羽毛。

④杜衡:多年生草本植物,野生在山地里,开紫色小花。根茎可入药。也作杜蘅。

⑤瘿:颈瘤。多指甲状腺肿。

【译文】

由嶓冢山再往西三百五十里有座山,名叫天帝山,山坡上生长的树种主要是棕树和楠树;山脚下主要生长着菅草和蕙草。山上生长着一种野兽,身形像狗,名叫谿边,如果将这种野兽的皮制成垫席铺在身下,则可以不染蛊毒。山上常有一种鸟出没,形状像鹑鸟,羽毛有黑色的花纹,颈项上的毛是红色的,这种鸟名叫栎,若吃了这种鸟的肉,则可以医好痔疮。山上有一种草,形状像山葵草,散发出一种像蘪芜草那样的香气,这种草名叫杜衡。用这种草制成饲料喂给马吃,可以使马健跑,人若吃了这种草,则可以医好颈瘤病。

皋涂山

【原文】

西南三百八十里,曰皋涂之山,蔷水出焉,西流注于诸资之水;涂水出焉,南流注于集获之水。其阳多丹粟,其阴多银、黄金,其上多桂木。有白石焉,其名曰礜①,可以毒鼠。有草焉,其状如藁茇②,其叶如葵而赤背,名曰无条,可以毒鼠。有兽焉,其状如鹿而白尾,马足人手而四角,名曰玃如。有鸟焉,其状如鸱而人足,名曰数斯,食之已瘿。

玃如

玃如　明·蒋应镐绘图本

数斯

数斯　明·蒋应镐绘图本

【注释】

①礜:礜石,一种毒砂,又名砷黄铁矿。在木炭上烧之,生成三氧化二砷而升华,伴有蒜臭,煎熔成磁性小球。

②藁茇:一种香草,即藁本,根茎可入药。

【译文】

由天帝山往西南三百八十里有座山,名叫皋涂山,蔷水就发源于皋涂山,流出山涧后便向西流入诸资水;涂水也发源于这座山,流出山涧后便向南流入集获水。这座山的南坡有很多细丹砂,山的北坡蕴藏有丰富的银和黄金,山上生长的主要树种是桂树。山上有一种白色的石头,名叫礜;这种石头,可以制成毒鼠的药。山上有一种草,形状像藁茇,叶像葵草但叶背是红色的,这种草名叫无条,可以将这种草制成药来毒死鼠。这座山上还有一种野兽,身形似鹿,但尾巴是白色的,后脚似马蹄,前脚似人手,头上还长着四只角,这种野兽名叫獒如。山上还有一种鸟,形状似鹞鹰,但却长着一双人的脚,这种鸟名叫数斯,人若吃了这种鸟的肉,则可以医治好颈瘤病。

黄山

【原文】

又西百八十里,曰黄山^①,无草木,多竹箭。盼水出焉,西流注于赤水,其中多玉。有兽焉,其状如牛,而苍黑大目,其名曰𤛑^②。有鸟焉,其状如鸮^③,青羽赤喙,人舌能言,名曰鹦鹉。

【注释】

①黄山,古山名。《五藏山经传》卷二:"黄山,兰州靖远县东百七十里之沙石原也。"

②𤛑,古传说中的一种野牛。

③鸮,俗称猫头鹰,非常凶猛。

【译文】

从皋涂山再往西一百八十里的地方,有座山叫黄山。山上没有任何花草树木,到处都是郁郁葱葱的箭竹。盼水是从这座山流出,然后向西流入赤水。盼水中有很多玉石。山中有一种野兽,形状像牛,全身乌黑,大眼睛,名字叫𤛑。山上有一种飞鸟,形状像猫头鹰,青色的羽毛,红色的嘴巴,有人一样的舌头,会学人说话,名字叫鹦鹉。

翠山

【原文】

又西二百里,曰翠山^①,其上多棕柟,其下多竹箭,其阳多黄金、玉,其阴多旄牛、麢^②、麝^③;其鸟多鸓^④,其状如鹊,赤黑而两首四足,可以御火。

麝

【注释】

①翠山,古山名。《五藏山经传》卷二:"翠山在镇羌营西北古城土司地,庄浪河出其南,东流循长城而东南而南注黄河。古浪河出其北,东流而循长城而东北出塞,潴为白海。两源形似鸟翠,故山受其名。"

②麢,古代的一种野兽,俗称羚羊。形状像羊,但比羊大,经常出没在山崖间。

③麝,古代的一种野兽,亦称香獐。

④鸓,古鸟名。

【译文】

从黄山再往西二百里的地方,有座山叫翠山。山上有许多的棕树和楠树,山下有很多箭竹,山的南面盛产金属矿物和玉石,山的北面有旄牛、麢、麝等动物。山中的鸟大多是鹠，形状像喜鹊，长着红黑色的羽毛，两个头、四只脚，养这种鸟可以预防火灾。

羚

旄牛　清·汪绂图本

鹠

鹠　明·蒋应镐绘图本

騩山

【原文】

又西二百五十里，曰騩山^①，是錞于^②西海，无草木，多玉。凄水出焉，西流注于海，其中多采石^③、黄金，多丹粟。

【注释】

①騩山，古山名。《五藏山经传》卷二："马人立谓之騩。騩山，自大通河

以西、湟水以东皆是也。"

②錞于，原指一种青铜乐器，形状像圆筒，上圆下虚。本文指的是处于、座落的意思。

③采石，色彩斑斓的石头。郭璞注："石有采色者，今雌黄、空青、碧绿之属。"

【译文】

从翠山再往西二百五十里的地方，有座山叫騩山，这座山座落在西海边上，山上没有任何花草树木，盛产玉石。凄水是从这座山流出，然后向西流入大海。凄水中有很多彩色的石头，蕴藏着大量的金属矿物，还有很多细丹石。

总观

【原文】

凡西经之首，自钱来之山至于騩山，凡十九山，二千九百五十七里。华山冢也，其祠之礼：太牢①。羭山神也，祠之用烛，斋百日以百牺，瘗用百瑜②，汤③其酒百樽，婴④以百珪⑤百璧。其余十七山之属，皆毛牷⑥用一羊祠之。烛者，百草之未灰，白席采等⑦纯之。

【注释】

①太牢，古代祭祀活动中，牛、羊、猪三牲齐备才称为太牢。

②瑜，一种美玉。

③汤，通"烫"，本意是热水的意思，这里用作动词，用热水烫酒。

④婴，绕，围绕。

⑤珪，即圭，古代用玉制作而成的礼器，呈长方形，上尖下方。

⑥牷，祭祀时所用的牲畜，色纯，形体完整。

⑦等，等级，等差。古代祭祀活动中用不同的祭物、仪式来区分受祭者的等级尊卑。

【译文】

纵观《西山经》这一山系，从钱来山到騩山，共十九座山，沿途二千九百五十七里。华山是最大的山，是众神的宗主，祭祀华山山神的典礼是：用猪、牛、羊三种牲畜作祭品。祭祀羭山山神要用火烛将庙堂照得通亮，斋戒一百天，用一百头牲畜作祭品，埋下一百块美玉，烫上一百杯美酒，酒杯上系上一百块珪玉、一百块碧玉。其余十七座山祭祀的礼仪都是用一只完整的羊作祭品。照明用的火烛是未燃尽的百草，白色的席子周边按山神的等级镶上相应的色边。

【鉴赏】

西山一经即西方第一条山脉的考察记录，共记述有19座山，17条河流，18处地望，31处矿物，37处植物，33处动物，其中不乏特殊的植物和动物，此外还详尽描述了当地居民的祭祀习俗。

第5节中符禺山文茎树的果实可以治疗耳聋，如果今天能够找到它，该多好啊！这里还有样子像葵的条草，吃了它可以解除人的困惑，这是一种很有意思的说法。看来在人类文明初开的时候，困惑、迷惑、怅惘的情绪曾经笼罩在人们的心头，每个人的大脑里都充满了各式各样的疑问。

第3节中太华山的肥遗蛇神，可能是由巫师装扮成的或制作成的，目的是预告世间将发生旱灾。一般来说，农民比牧民更关心旱灾是否发生，因为牧民可以逐水草而居，而农民离开故土就难以生存。进一步说，在水灾与旱灾之间，旱灾对农业的危害要更大一些，因为旱灾通常都是大面积、长时间的，往往造成颗粒不收。

第7节中英山的蚌鱼，顾名思义，它兼有蚌类和鱼类特征。美国密西西比河有一种名叫勾贝的蚌类，它伸出壳外的软体部分的样子像是一条惟妙惟肖的小鱼,这条模拟小鱼有眼睛有尾巴能摆动,而且是鲑鱼最爱吃的小鱼;当鲑鱼来吞食这条模拟小鱼时,勾贝就乘机把刚刚出生的小勾贝送到鲑鱼的鳃上,小勾贝咬住鲑鱼的鳃,从中吸食营养,长到一定阶段后才会脱离鲑鱼,回到河里独立生活。或许蚌鱼就是勾贝这样的蚌类,它们的生命智慧让人叹为观止。

第10节中羭次山的罴"善投",这已经接近于在使用工具了,而这属于更高级别的生命体。有趣的是,今日泰国海边有一种猴子,能够把蚌壳在石头上敲开,吃里面的肉,表明猴子的生命智力非常发达。

第15节中天帝山的居民以兽皮为席,以避免肌体受风寒,说明当时已有皮革加工技术。当时鞣制皮革采用的是机械加工法,俗称生勾皮子,即用圆钝的器物反复刮磨生皮,以使僵硬的生皮变得柔韧起来。西次一经还记述有多种奇异的动物"可以御火",表明当时山林火灾、住宅火灾已成为多发性灾祸,可能与那个时期的建筑多为草木结构或竹木结构有关,这也是我国上古时期建筑物很少遗存的主要原因。

西山一经有多座山发源的水系向北流入渭水,表明西山一经山脉即位于渭水以南的秦岭,其主峰太白山(八仙台)海拔3767米。这种方位关系的判断,在《山海经》研究领域被称为"以水定山"。事实表明,这是一种非常有效的方位判断方法。其道理在于,一般来说,从山地发源的水系其地理位置是比较稳定的,在几千年到几万年之间通常都不会发生什么变化,除非其间出现重大的地质灾变,例如山崩积石导致河流改道。此外,对古代人来说,水比山更重要,没有水就不能生存,因此他们对水系特别是那些重要水系的记忆往往要更准确一些。

西山一经最西端的西海,可能就是今日的青海湖,或者四川西部的毛儿盖湿地(红军长征路经此地,称为"过草地")。古代我国北方,以及西部地区,都曾经有许多大湖泊;后来由于气候变迁,它们渐渐地缩小了面积,或者变成沼泽湿地,或者干涸成陆地荒漠。此外,巴尔喀什湖、咸海、里海、黑海,它们相对我国亦可称之为西海。

第3节的太华山(即华山)"高五千仞",古代一仞为八尺,五千仞合四千尺;先夏时期一尺的长度不详,商代一尺为16.95厘米,周、秦一尺为23.1厘米,目前市尺为33.3厘米。今日太华山海拔2 083米(华山山脉主峰草链岭海拔2646米),约合6200市尺,虽然古尺比今日市尺略短一些,但是考虑到华山的相对高度也要比海拔高度低一些,因此太华山高"五千仞"的数字还是比较准确的,应该有着实测的依据。在《五藏山经》里,太华山是唯一记述有明确高度的山,表明考察者对这里特别重视。

事实上,西山一经居民最隆重的祭祀活动,就在华山和羭山举行。其中,祭祀羭山神时,要点燃百花百草举行燎祭,燎火以敬神,祭祀者要斋戒百日,献上百牲,埋下百瑜,把一百樽酒烫热,在白色的席子上陈列出用精美的彩丝包裹起来的百珪百璧。众所周知,秦岭、渭水流域和黄河上游地区是我国古代文明的重要发祥地之一。从羭山神的祭祀规模来看,这里的物产非常丰饶,文明已经相当发达,文化活动蔚为壮观。与此同时,也给我们今天的人留下了许多难解之谜:一,上述文明的遗存在哪里? 二,当时的人们为什么采取了"线状"(沿山脉)居住模式?

二、西次二经

【导读】

西次二经共记述了十七座山,位于西山一经所记的山列的北面。本经中的山的具体位置大多难以确考,但它们大致位于今陕西、山西、甘肃、宁夏、青海境内。

本经中记述的奇禽怪兽很少,仅有形状如翟而五彩斑斓的鸾鸟和形状如雄鸡而人面的凫徯两种,其余均为人们熟知的虎、豹、羚羊、鹦鹉等。

山神一　山神二　鸾鸟　凫徯　朱厌

钤山

【原文】

《西次二经》之首，曰钤山，其上多铜，其下多玉，其木多杻、橿。

【译文】

《西次二经》记述的西山第二列山系最东头的一座山，名叫钤山，这座山上半部分蕴藏有丰富的铜，下半部分有很多的玉石，山上生长的树种主要是杻树和橿树。

泰冒山

【原文】

西二百里,曰泰冒之山,其阳多金,其阴多铁。浴水出焉,东流注于河①,其中多藻玉②,多白蛇。

【注释】

①河:指黄河。

②藻玉:带有彩纹的玉石。

【译文】

由钤山再往西二百里有座山,名叫泰冒山,这座山的南坡蕴藏有丰富的金矿,山的北坡蕴藏有丰富的铁。浴水就发源于这座山,从山涧流出后,便向东流入黄河,浴水中有很多彩色的玉石,还有很多白蛇。

数历山

【原文】

又西一百七十里,曰数历之山,其上多黄金,其下多银,其木多杻、橿,其鸟多鹦鹉。楚水出焉,而南流注于渭,其中多白珠①。

【注释】

①白珠:白色的珍珠。

鹦鹉

【译文】

由泰冒山再往西一百七十里有座山,名叫数历山,这座山的山顶蕴藏着丰富的黄金矿,山脚蕴藏有丰富的银,这座山上生长的树种主要是杻树和橿树,生长的鸟主要是鹦鹉。楚水就发源于这座山,从山涧流出后便向南流入渭水,楚水中有很多白色的珍珠。

高山

【原文】

又西百五十里,曰高山,其上多银,其下多青碧、雄黄[1],其木多棕,其草多竹。泾水[2]出焉,而东流注于渭,其中多磬石、青碧。

【注释】

①青碧:一种青绿色玉石。雄黄:又称鸡冠石,一种硫化物矿物,油脂光泽,橘红色,条痕淡橘红色,烧灼后有蒜臭味,中医传统药材,有解毒、杀菌、杀虫等效用。

②泾水:渭河的支流,在陕西省中部。也称泾河。

【译文】

由数历山再往西一百五十里有座山,名叫高山,这座山的山顶蕴藏有丰富的银矿,山脚有很多青绿色的美玉和可作药用的雄黄石,山上生长的树种主要是棕树,生长的草主要是竹。泾水就发源于这座山,流出山涧后便向东流入渭河,泾水中有很多磬石和青绿色的美玉。

女床山

【原文】

西南三百里,曰女床之山,其阳多赤铜,其阴多石涅①,其兽多虎、豹、犀、兕。有鸟焉,其状如翟②而五采文,名曰鸾鸟③,见则天下安宁。

鸾鸟

鸾鸟　清·汪绂图本

【注释】

①石涅:黑石脂的别名,即石墨,古代一种用以画眉和写字的青黑色颜料。

②翟:一种长尾的野鸡,形体较野鸡稍大。

③鸾鸟:传说中的神鸟、瑞鸟,类似于凤凰。

【译文】

由高山再往西南三百里有座山,名叫女床山,这座山的南坡蕴藏有丰富的赤铜矿,北坡蕴藏有丰富的石墨石,山上的野兽主要有虎豹和凶猛的古犀牛。山上有一种鸟,其形状像长尾雉,羽毛五彩斑斓,这种鸟名叫鸾鸟,什么时候这种鸟出现,那天下就将太平了。

龙首山

【原文】

又西二百里,曰龙首之山,其阳多黄金,其阴多铁。苕水出焉,东南流注于泾水,其中多美玉。

【译文】

由女床山再往西二百里有座山,名叫龙首山,这座山的南坡蕴藏有丰富的黄金,北坡蕴藏有丰富的铁矿。苕水就发源于这座山,从山涧流出后便向东南流入泾水,苕水中有很多上等的玉石。

鹿台山

【原文】

又西二百里,曰鹿台①之山,其上多白玉,其下多银,其兽多㸲牛、羬羊、白豪②。有鸟焉,其状如雄鸡而人面,名曰凫徯,其鸣自叫也,见则有兵③。

【注释】

①鹿台:传说中的山名。

羬羊

②白豪：白色的豪猪。

③兵：军事，战争。

凫徯

凫徯

【译文】

由龙首山再往西二百里有座山，名叫鹿台山，这座山的上半部分有很多白色的玉石，下半部分蕴藏有丰富的银矿，山上生长的野兽主要是㸌牛、羬羊和白毛豪猪。这座山上有一种鸟，其形状像公鸡，但长着一副人的面孔，这种鸟名叫凫徯,它的叫声就像在叫自己的名字。什么时候这种鸟出现,天下就要发生战乱了。

鸟危山

【原文】

西南二百里,曰鸟危之山,其阳多磬石,其阴多檀楮①,其中多女床②。鸟危之水出焉,西流注于赤水③,其中多丹粟。

【注释】

①檀:檀树,古书中称檀的木很多,常指豆科的黄檀、紫檀,榆科的青檀,用于制作家具。楮:楮树,叶似桑,皮可以造纸。

②女床:指女肠草。

③赤水:古代神话传说中的水名。

楮

【译文】

由鹿台山再往西南二百里有座山,名叫鸟危山,这座山的南坡有很多可作乐器用的磬石,北坡生长有很多檀香树和楮树,山上还有很多女床。鸟危水就发源于这座山,从山涧流出后便向西流入赤水,鸟危水中有很多细丹砂。

小次山

【原文】

又西四百里,曰小次之山,其上多白玉,其下多赤铜。有兽焉,其状如猿,而白首赤足,名曰朱厌①,见则大兵。

朱厌

朱厌　明·蒋应镐绘图本

【注释】

①朱厌:传说中的兽名。

【译文】

由鸟危山再往西四百里有座山,名叫小次山,这座山的上半部分有很多白色的玉石,下半部分蕴藏有丰富的赤铜。这座山上生长有一种野兽,其身形像猿猴,脑袋是白色的,脚是红色的,名叫朱厌,这种野兽一出现,天下就要有大战乱了。

大次山

【原文】

又西三百里,曰大次之山,其阳多垩①,其阴多碧②,其兽多㸲羊、麢羊。

【注释】

①垩:白色土,可用来粉饰墙壁。

②碧:青绿色的玉石。

【译文】

由小次山再往西三百里有座山,名叫大次山,山的南坡有很多白色土,北坡有很多青绿色的玉,山上的野兽主要是㸲羊和麢羚羊。

薰吴山

【原文】

又西四百里,曰薰吴之山,无草木,多金玉。

【译文】

由大次山再往西四百里有座山,名叫薰吴山。山上不生长草木,但蕴藏有很多的金矿和玉石。

厓阳山

【原文】

又西四百里,曰厓阳之山,其木多樱、楠、豫章^①,其兽多犀兕、虎、豹、牂牛。

【注释】

①樱:水松,落叶乔木,有刺。豫章:亦作豫樟,木名,枕木与樟木的并称,常绿乔木。

老虎

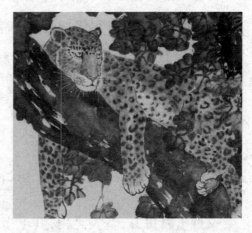

豹

【译文】

由薰吴山再往西四百里有座山,名叫厓阳山,这座山上生长的树种主要是水松、楠树、枕树、樟树,山上生长的野兽主要是犀兕、虎、豹、牂牛。

众兽山

【原文】

又西二百五十里,曰众兽之山,其上多㻬珸之玉,其下多檀、楮,多黄金,其兽多犀、兕。

【译文】

由厔阳山再往西二百五十里有座山,名叫众兽山,这座山的山顶有很多㻬珸玉,下半部分生长有很多檀香树和楮树,并且还蕴藏有丰富的黄金,这座山上生长的野兽主要是凶猛的犀兕。

皇人山

【原文】

又西五百里,曰皇人之山,其上多金玉,其下多青雄黄①。皇水②出焉,西流注于赤水,其中多丹粟。

【注释】

①青雄黄:青色的雄黄石,可作染料。
②皇水:传说中的水名。

【译文】

由众兽山再往西五百里有座山,名叫皇人山,这座山的山顶蕴藏有丰富的金矿和玉石,山脚有很多青色的雄黄石。皇水发源于这座山,从山涧流出后便向西流入赤水,皇水中有很多细丹砂。

中皇山　西皇山

【原文】

又西三百里,曰中皇之山[1],其上多黄金,其下多蕙棠[2]。

又西三百五十里,曰西皇之山[3],其阳多金,其阴多铁,其兽多麋[4]、鹿、
柞牛。

麋

麋　清·汪绂图本

【注释】

[1]中皇之山,古山名。《五藏山经传》卷二:"山在大通河北岸直肃州东南
三百里阿木尼冈喀尔山之脊也,盖亦以生煌得名。"

[2]棠,指棠树。

[3]西皇之山,古山名。《五藏山经传》卷二:"山在今嘉峪关东五十馀里,
俗呼硫磺山。"

[4]麋,俗称"四不像",一般认为它的角似鹿非鹿,它的头似马非马,它的身
似驴非驴,它的蹄似牛非牛,所以称它为四不像。是我国的特产动物,野生种
现在很难见到。

【译文】

从皇人山再往西三百里的地方,有座山叫中皇山。山上有丰富的金矿,山下生长着很多蕙草和棠树。

从中皇山再往西三百五十里的地方,有座山叫西皇山。山的南面有丰富的金矿,山的北面有很多的铁矿,山中的野兽主要是麋、鹿和柞牛。

莱山

【原文】

又西三百里五十里,曰莱山^①,其木多檀楮,其鸟多罗罗^②,是食人。

人面马身神

人面牛身神

【注释】

①莱山,古山名。《五藏山经传》卷二:"即阴得尔图拉山也。莱,草名,叶似麦,实如青珠,其根医家名麦门冬,洮水众流象之。"

②罗罗,古鸟名。

【译文】

从西皇山再往西三百五十里的地方，有座山叫莱山。山上生长的树木主要是檀树和楮树。山中的鸟多为罗罗，这种鸟是会吃人的。

总观

【原文】

凡西次二经之首，自钤山至于莱山，凡十七山，四千一百四十里。其十神者，皆人面而马身。其七神，皆人面而牛身，四足而一臂，操杖以行，是为飞兽之神。其祠之，毛用少牢[①]，白菅为席。其十辈[②]神者，其祠之，毛一雄鸡，钤而不糈[③]，毛采。

人面马身神

【注释】

①少牢。古代祭祀时只用猪和羊就为少牢。

②辈，类，其十辈神，指上面提到的人面马身的十个神。

③铃而不糈，这里是指祈祷时不用精米。郭璞注："铃，所用祭器名，所未详也。或作思训祈不糈，祠不以米。"

【译文】

纵观《西次二经》这一山系，从铃山到莱山，共十七座山，沿途四千一百四十里。其中有十座山的山神都是人的面孔马的身形。还有七座山的山神是人的面孔牛的身形，都有四只脚，一只臂膀，拿着拐杖行走，这些就是飞兽之神。祭祀这些山神时，用猪和羊作供品，摆设供品的席子是用白茅草做成的。祭祀那十个山神时，在供品中，只有一只雄鸡，也不用米，毛物的颜色是多种多样的。

【鉴赏】

西山二经即西方第二条山脉的考察记录，大体位于西山一经的北面，共记述有17座山，6条河流，6处地望，38处矿物，15处植物，24处动物，其中不乏珍贵的矿物和特殊的动物。该区域有十座山的居民供奉人面马身之神，有七座山的居民供奉人面牛身的飞兽之神。

本章第1节中，铃山出产的铜矿，如果用于制作印章，可能是有文字记载的最早的印章和印刷术了；在家畜、家禽或其他器物上，打上部落、氏族或所有者的印记，是社会文明进步的一种标志；此外，印记也可能具有某种吉祥、神圣的象征意义。第14节皇人山出产的青雄黄是雄黄矿石的一种，雄黄的化学成分为三硫化二砷，燃烧时生白烟或生黄色升华物，在自然界中常见于温泉沉淀物中，亦可由鸡冠石转变而成；雄黄可入药，可制颜料，还可用于制革的脱毛剂，此外它也是炼丹术士最喜爱的原料之一。

第7节中鹿台山的凫徯鸟与中国传统文化的人文始祖伏羲的发音相同，两者可能存在某种关系。不过，更可能的是，这个人面雄鸡实际上是人装扮的，当有敌情出现时，他装扮成凫徯鸟的样子，一边飞跑一边大叫"伏击"；后人用鸡毛信表示军情火急，或即源于此。事实上，在上古时期，当人口急剧增加，或者发生天灾变故时，都会导致部落战争；当部落战争演化成世仇之后，小规模的敌对活动可能会更加频繁。在这种情况下，就需要一种战争预警机制，每个部落都要有专人负责侦察敌情、预报敌情；为此，这些敌情预报员装扮成某种常见的动物，亦在情理之中。还有另外一种可能，即凫徯鸟与信鸽类似，可以传递战争信息。第9节中小次山的朱厌，应当也是一名侦察兵，他化装成猿猴的样子，爬上树梢警惕地望着远方。当然，也不能排除其他的可能性，即生态环境的变化，或者远方部落的迁徙，会惊动某些动物迁徙到新的地方，它们的出现在客观上也起到了战争预警的作用。

根据《五藏山经》"由近及远"、"由内向外"、"由中心向四方"的考察前后次序，西山二经的地理方位应位于西山一经亦即秦岭山脉的北面。具体来说，由于本章第4节的高山是泾水的发源地，因此高山应属于今日的六盘山。据此，位于高山以东的几座山，其方位大体应在今日陕西黄帝陵附近，其居民当属黄帝族。西山二经东部诸山盛产金、银、铜，相传黄帝曾铸铜鼎，或许也采过这些地区的铜矿吧？与此同时，本章第8节鸟危水流入的赤水指黄河上游，第14节皇水流入的赤水亦指黄河上游。与此同时，皇人山、中皇山、西皇山的名称当渊源自有，不过恐怕与皇帝无关，而是得名于皇水，亦即今日流经西宁、兰州入黄河的湟水。

也就是说，西山二经的居民，一部分居住在六盘山、子午岭地区，亦即黄帝陵的附近，另一部分居住在祁连山南麓的湟水流域；前者供奉人面马身之神，后者供奉人面牛身的飞兽之神。由于第7节鹿台山和第9节小次山均出现"见则有兵"的记述，或可表明当时这里曾频发战争；而战争的一方可能是黄帝族及其后裔族群，另一方可能是炎帝族或伏羲族及其后裔族群。因为秦岭北面的宝鸡相传是炎帝族曾经活动过的地方，而天水则是伏羲族曾经居住过的地方。

三、西次三经

【导读】

　　西次三经共记述了二十二座山,位于西次二经所记山列的北面。除了昆仑丘、三危山等极少数山外,本经中的山的具体位置大多难以考定,但它们大致位于今新疆、甘肃、青海、内蒙古境内。

　　本经的内容较为丰富,这主要体现在两个方面:一是记述了为数众多的奇禽怪兽,如只有一只眼睛和翅膀的蛮蛮鸟、形状如蛇而长有四足的鳛鱼、五尾一角的狰、一首三身的鸱鸟、三首六尾的鹌鹑鸟,等等;二是记载了不少历史人物和神名,如黄帝、后稷、白帝少昊、西王母、帝江神等,它不仅使《山海经》的内容显得生动、丰富,也为我们了解上古历史和文化提供了丰富的素材。

崇吾山

【原文】

《西次三经》之首,曰崇吾之山,在河之南,北望冢遂[1],南望㣊之泽,西望帝之搏兽之山,东望蠕渊。有木焉,员叶而白柎[2],赤华而黑理,其实如枳,食之宜子孙。有兽焉,其状如禺而文臂,豹尾而善投,名曰举父。有鸟焉,其状如凫[3],而一翼一目,相得乃飞,名曰蛮蛮[4],见则天下大水。

【注释】

[1]冢遂:传说中的山名。

[2]员:通“圆”,圆形。柎:指花萼。

[3]凫:俗称“野鸭”。形状像鸭子,常群游湖泊中,能飞。

[4]蛮蛮:比翼鸟。

举父

蛮蛮　清·汪绂图本

【译文】

《西次三经》记述的西山第三列山系最东头的山,名叫崇吾山,这座山位于

蛮蛮鸟

黄河的南岸,向北可以远眺冢遂山,朝南可以远眺瑶泽,朝西可远眺黄帝之搏兽山,朝东可以远眺螞渊。这座山上生长有一种树木,叶子是圆的,花萼是白色的,花朵是红色的,木纹是黑色的,结的果实就像枳,人吃了这种果实,有利于繁衍子孙。这座山上生长有一种野兽,其身形似猴,但臂膀上有花纹,尾巴似豹尾,擅长投掷,名叫举父。这座山上生长有一种鸟,形状似凫,但只长有一只翅膀和一只眼睛,这种鸟因只有一只翅膀而无法独自飞翔,必定结对比翼齐飞,这种鸟名叫蛮蛮,一旦这种鸟出现,则天下便要遭受严重的水灾。

长沙山

【原文】

西北三百里,曰长沙之山。泚水出焉,北流注于泑水,无草木,多青雄黄。

【译文】

由崇吾山往西北三百里有座山,名叫长沙山,泚水就发源于这座山,流出山涧后便向北流入泑水,这座山上寸草不生,地下蕴藏有丰富的青色雄黄石。

不周山

【原文】

又西北三百七十里,曰不周之山[①]。北望诸毗之山,临彼岳崇之山,东望泑泽,河水所潜也,其源浑浑泡泡[②]。爰有嘉果[③],其实如桃,其叶如枣,黄华而赤柎,食之不劳。

【注释】

①不周之山:不周山。古代传说中的山名,据说在昆仑山西北,传说共工与颛顼在此争帝位。

②源:指水源、源头。浑浑泡泡:大水涌流之貌,或者指水喷涌之声。

③嘉果:美味的果实。

【译文】

由长沙山往西北三百七十里有座山,名叫不周山。在这座山上,可向北远眺诸毗山和岳崇山,向东可远眺泑泽,泑泽是河水潜入地下流出而形成的,那从地下流出的水如喷泉涌出一样。这座山上还有一种很好吃的果子,其果实似桃,叶子似枣树叶,花朵是黄色的,花萼是红色的,人吃了这种果子可除去疲劳。

崟山

【原文】

又西北四百二十里,曰崟山,其上多丹木,员叶而赤茎,黄华而赤实,其味如饴,食之不饥。丹水出焉,西流注于稷泽①,其中多白玉。是有玉膏,其原沸沸汤汤②,黄帝是食是飨③。是生玄玉④。玉膏所出,以灌丹木,丹木五岁,五色乃清,五味乃馨⑤。黄帝乃取峚山之玉荣⑥,而投之钟山之阳。瑾⑦瑜之玉为良,坚粟精密,浊泽有而光。五色发作,以和柔刚。天地鬼神,是食是飨;君子服之,以御不祥。自峚山至于钟山,四百六十里,其间尽泽也。是多奇鸟、怪兽、奇鱼,皆异物焉。

【注释】

①稷泽:河泽名。传说古代后稷曾用此水使民耕种,故称。

②沸沸汤汤:水流喷涌的样子。

③飨:通"享",享用。

④玄玉:黑色的玉。

⑤馨:芬芳,芳香。

⑥玉荣:玉的精华。

⑦瑾:美玉。

【译文】

由不周山再往西北四百二十里有座山,名叫峚山,这座山上生长的树种主要是丹树,丹树叶子是圆的,茎是红色的,开出的花朵是黄色的,结的果实是红色的,果实的味道像糖稀一样甜,吃了这种果子可以充饥。丹水就发源于这座山,从山涧流出后便向西流入稷泽,丹水中有很多白色的玉石。这里有玉膏,它的源头处是喷涌而出的,蒸气腾腾,黄帝就爱吃这里的玉膏。这里的玉膏还会生成黑色的玉石。玉膏流出后,便流灌丹树,这种丹树生长五年,便能开出五色俱全的花朵,气味芳香。黄帝还采取这座山上的玉的精华,种在钟山的南坡。于是生成瑾和瑜这两种上等美玉,这两种美玉坚硬而纹理细致,润厚而富有光泽,五彩辉映,刚柔相济。天地鬼神都用这种东西补给精华,君子服用它可以防御不祥之事。从崒山到钟山，相距四百六十里，两山之间都是水泽。这里生长有很多奇异的鸟、怪异的兽，还有奇异的鱼，都是世间少有的动物。

钟山

【原文】

又西北四百二十里，曰钟山。其子曰鼓，其状如人面而龙身，是与钦䲹杀葆江于昆仑之阳，帝①乃戮之钟山之东曰瑶崖。钦䲹化为大鹗②，其状如雕而黑文白首，赤喙而虎爪，其音如晨鹄③，见则有大兵；鼓亦化为鵔鸟，其状如鸱，赤足而直喙，黄文而白首，其音如鹄④，见则其邑⑤大旱。

鼓

钦䲹　明·蒋应镐绘图本

【注释】

①帝：黄帝。

②鹗：一种鸟。背部褐色，头、颈和腹部白色。性凶猛。在树上或岩石上筑巢，常在水面上飞翔，捕食鱼类。通称鱼鹰。

③晨鹄:鸟名。属于鹗鹰之类。

④鹄:指鸿鹄,又名黄鹄,俗称天鹅,鸟纲,鸭科。羽毛纯白色,颈极长。

⑤邑:古代称侯国为邑。

【译文】

由崟山再往西北四百二十里有座山,名叫钟山。钟山山神有个儿子名叫鼓,鼓的身形似龙,只有脸是人的面孔,就是这个鼓,与一个叫钦䧺的神,合谋协力将葆江杀死在昆仑山的南坡,黄帝知道此事后,便将鼓和钦䧺怒斩在钟山东边的崎崖。钦䧺死后化为一只大鹗鸟,这种鸟身形似雕,但全身有黑色的花纹,头是白色的,嘴是红色的,脚上还长着一对虎爪,鸣叫声像晨鹄叫,这种鸟一旦出现,则天下必然将出现战争。鼓死后也化为鵕鸟。这种鸟身形似鹞鹰,但爪子是红色的,嘴是直长的,全身是黄色的,脑袋是白色的,鸣叫声像天鹅,这种鸟一旦出现,则预示当地将遭受严重旱灾。

泰器山

【原文】

又西百八十里,曰泰器之山。观水出焉,西流注于流沙。是多文鳐①鱼,状如鲤鱼,鱼身而鸟翼,苍文而白首赤喙,常行西海②,游于东海,以夜飞。其音如鸾鸡③,其味酸甘,食之已狂④,见则天下大穰⑤。

【注释】

①文鳐:传说中的鱼名。

②西海:传说中西方的神海。

③鸾鸡:鸾鸟,传说中的神鸟、瑞鸟。

④狂：癫狂，指疯病。

⑤穰：丰收。

文鳐鱼

文鳐鱼　明·蒋应镐绘图本

【译文】

由钟山再往西一百八十里有座山，名叫泰器山。观水就发源于这座山，流出山涧后便向西流入流沙。观水中有很多文鳐鱼，这种鱼形似鲤鱼，身形是鱼，但长着一对鸟翅，身上有黑色的花纹，头是白色的，嘴是红色的，常常从西海游向东海，夜里常跃出水面在空中滑翔。这种鱼还不时发出如鸾鸡一样的鸣叫声，这种鱼的肉味酸中带甜，吃了可以医治疯病，什么时候这种鱼出现在人的面前，那就预示着天下将要丰收。

槐江山

【原文】

又西三百二十里，曰槐江之山。丘时之水出焉，而北流注于泑水。其中多蠃①母。其上多青雄黄，多藏琅玕②、黄金、玉。其阳多丹粟，其阴多采黄金银。实惟帝之平圃③，神英招司之，其状马身而人面，虎文而鸟翼，徇于四海，其音如榴。南望昆仑④，其光熊熊⑤，其气魂魂。西望大泽⑥，后稷⑦所潜也。其中多玉，其阴多榣木之有若⑧。北望诸毗，槐鬼离仑居之，鹰鹯之所宅也。东望恒山四成,有穷鬼居之,各在一搏。爰有㳛水⑨,其清洛洛⑩。有天神焉,其状如牛,而八足二首马尾,其音如勃皇,见则其邑有兵。

【注释】

①蠃:通"螺",软体动物腹足娄,被有旋线的硬壳。

②琅玕:像珠玉的美石。

③平圃:玄圃,传说为天神所居。

英招

英招　清·汪绂图本

天神

天神　清·汪绂图本

④昆仑:昆仑山,古代神话传说,昆仑山上有瑶池、阆苑、增城、县圃等仙境。

⑤熊熊:形容火光强烈或火势旺盛。

⑥大泽:大湖沼,大薮泽。后稷所葬之处。

⑦后稷:周代先祖。传说后稷出生以后能够先知,因善于稼穑而在虞舜时任农官。死后遁于大泽之中为神。

⑧若:若木,古代神话中的树名,一说即扶桑。

⑨滔水:泛滥溢流的大水。

⑩洛洛:水或其他液体流下之貌。

【译文】

由泰器山再往西三百二十里有座山,名叫槐江山。丘时水就发源于这座山,流出山涧便向北流入渤水。丘时水中有很多螺母。槐江山上有很多青色的雄黄石,还有很多质地优等的琅玕石和黄金、玉石。这座山的南坡有很多细丹砂,山的北坡有很多光泽纯正的黄金和银。这里是黄帝的玄圃,这个圃由一位名叫英招的神看管,英招神身形像马,脸是人的面孔,周身都是虎斑,还长着一对鸟的翅膀。英招神经常遨游四海,他的鸣叫声像榴一样。站在槐江山巅,往南可远眺昆仑山,那里云蒸霞蔚,仙气缭绕;往西可远眺大泽,那里有后稷葬身的地方。大泽中有很多玉石,大泽的北边有很多榣树和若树,它们相互缠绕在一起;往北可以眺望诸毗山,槐鬼离仑就住在这座山上,鹰和鹯的老巢也在这座山上;往东可远眺恒山,可明显看见恒山有四重,有穷鬼就住在这座山上,他们分别住在不同的山洼中。槐江山上还有一个湖,名叫瑶池,湖水清澈荡漾。有天神在这里守护,他的身形似牛,但长着八条腿、两个脑袋和马的尾巴,天神的吼叫声像勃皇,天神出现在哪个国家,哪个国家就将有刀光之灾。

昆仑丘

【原文】

西南四百里,曰昆仑之丘,是实惟帝之下都,神陆吾①司之。其神状虎身而九尾,人面而虎爪;是神也,司天之九部及帝之囿②时。有兽焉,其状如羊而四角,名曰土蝼,是食人。有鸟焉,其状如蜂,大如鸳鸯,名曰钦原,蠚鸟兽则死,蠚木则枯。有鸟焉,其名曰鹑鸟③,是司帝之百服。有木焉,其状如棠,黄华赤实,其味如李而无核,名曰沙棠,可以御水,食之使人不溺。有草焉,名曰薲草,其状如葵,其味如葱,食之已劳。河水出焉,而南流注于无达。赤水出焉,而东南流注于泛天之水。洋水出焉,而西南流注于丑涂之水。黑水出焉,而西流注于大杅。是多怪鸟兽。

陆吾神

【注释】

①陆吾:传说中的昆仑山神名。即肩吾。人面虎身虎爪而九尾。

②九部:天界九域,即九州。囿:园囿,古代帝王畜养禽兽的园林。

③鹑鸟:传说中的赤凤。

土蝼

土蝼　明·蒋应镐绘图本

【译文】

由槐江山再往西南四百里有座山,名叫昆仑山,这里是天帝在下界的都邑,由陆吾神管理。陆吾神身形像虎,但长着九条尾巴,面孔似人,但脚似虎爪。陆吾神主管天界九域以及天帝苑圃的时节。昆仑山上有种兽,其身形似羊但长有四只角,名叫土蝼,是吃人兽。昆仑山上有种鸟,其形似蜂,但比蜂大,如鸳鸯大小,这种鸟名叫钦原,它如螫一下鸟兽,则鸟兽便会死去;螫一下树木,树木便会干枯。还有一种鸟,名叫鹑鸟,也就是凤凰,它主管天帝的服饰。昆仑山上还有一种树木,其形状似棠树,开着黄色的花,结着红色的果实,果实的味道甜似李子,但没有果核,这种树木名叫沙棠,可用守来防御洪水,人吃了它的果实可以不溺水。昆仑山上长有一种草,名叫蓂草,形似山葵,味如山葱,吃了可以消除烦恼。黄河就发源于昆仑山,流出昆仑山后便向南流入无达水。赤水也发源于昆仑山,从昆仑山流出后便向东南流入泛天水。洋河也发源于昆仑山,从昆仑山流出后便向西南流入丑涂水。黑水也发源于这座山,从山涧流出后便向西流入大杆。昆仑山上有很多奇鸟和怪兽。

乐游山

【原文】

又西三百七十里,曰乐游之山。桃水出焉,西流注于稷泽,是多白玉,其中多鳛鱼,其状如蛇而四足,是食鱼。

【译文】

由昆仑丘再往西三百七十里有座山,名叫乐游山,桃水就发源于这座山,流出山涧后便向西流入稷泽,桃水中有很多白色的玉石,还有很多鳛鱼,这种鱼形似蛇,但长有四只脚,可以吃。

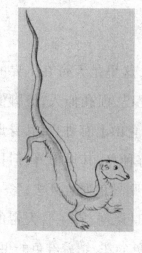

鳎鱼

鳎鱼　清·汪绂图本

嬴母山

【原文】

西水行四百里,曰流沙,二百里至于嬴母之山,神长乘司之,是天之九德[1]也。其神状如人而犳[2]尾。其上多玉,其下多青石而无水。

【注释】

①九德:古谓贤人所具备的九种优良品格。
②犳:同"豹"。

【译文】

由乐游山再往西走四百里水路和二百里流沙,就到了嬴母山,这座山是由长乘神管理的地方,长乘神是天的九德之气生成的。他形似人,但长着一条犳尾。嬴母山山顶有很多玉石,山脚有很多青色的石头,山下没有水。

长乘

长乘　清·汪绂焕图本

玉山

【原文】

又西三百五十里,曰玉山①,是西王母②所居也。西王母其状如人,豹尾虎齿而善啸③,蓬发戴胜④,是司天之厉及五残⑤。有兽焉,其状如犬而豹文,其角如牛,其名曰狡,其音如吠犬,见则其国大穰。有鸟焉,其状如翟而赤,名曰胜遇,是食鱼,其音如录,见则其国大水。

【注释】

①玉山:传说为西王母所居处,相传这座山玉石遍布,因而得名。

②西王母:中国神话中的女神。也称"金母",俗称"王母娘娘"。

③啸:鸟兽长声鸣叫。

④胜:指玉胜,古时用玉制成的一种发饰。

⑤厉:灾祸,瘟疫。五残:星名,古代以为是凶星,这里指五刑残杀。

西王母

西王母　清·汪绂图本

狡

狡　清·汪绂图本

【译文】

由嬴母山再往西三百五十里有座山，名叫玉山，玉山是西王母的住处。西王母身形是人，但长着豹尾、虎齿，不时发出长啸，披散着头发，佩戴着玉胜，她主管天界的灾祸、五刑残杀等事。玉山上有一种野兽，其身形似犬，但周身都是豹皮花斑，头上长着一对牛角，它的名字叫狡，它的吼叫声似犬吠，这种兽出现在哪里，就预示着哪个国家将丰收。玉山上有一种鸟，其形状似长尾雉，但周身鸟毛是红色的，这种鸟名叫胜遇，胜遇是以吃鱼为生的鸟，它的鸣叫声像鹿鸣，它一旦出现在哪里，就预示哪个国家将有严重的洪水出现。

轩辕丘

【原文】

又西四百八十里,曰轩辕之丘^①,无草木。洵水出焉,南流注于黑水,其中多丹粟,多青雄黄。

【注释】

①轩辕之丘:轩辕丘,古代传说中的土山名。相传黄帝居住于此,因此黄帝也称轩辕氏。

【译文】

由玉山再往西四百八十里有座山,名叫轩辕丘,这座山丘光秃秃的,寸草不生。洵水就发源于这座山,流出山涧便向南流入黑水,洵水中有很多细丹砂和青色的雄黄石。

积石山

【原文】

又西三百里,曰积石之山,其下有石门,河水冒以西流,是山也,万物无不有焉。

【译文】

由轩辕丘再往西三百里有座山,名叫积石山,山下有个石门,河水从这个石门倾出后便向西流去,山上多珍贵野生动物和矿藏,天下万物无所不有。

长留山

【原文】

又西二百里,曰长留之山,其神白帝少昊①居之。其兽皆文尾,其鸟皆文首。是多文玉石。实惟员神磈氏②之宫。是神也,主司反景③。

神磈氏

【注释】

①白帝少昊:传说中古代东夷集团首领,名挚,号金天氏。东夷集团曾以鸟为图腾,相传少昊曾以鸟名为官名。传说少昊死后为西方之神。

②磈氏:古代神话中的山神名。

③反景:夕阳反照。

【译文】

由积石山再往西二百里有座山,名叫长留山,西方之神白帝少昊就住在这座山上。这座山上生长的野兽都长有五光十色的尾巴，鸟类都有五颜六色的脑袋。这座山上有很多带有花纹的玉石。这座山实际上就是员神魂氏的宫殿。这个员神是主管日落时向东方反照晚霞之事的。

章莪山

【原文】

又西二百八十里，曰章莪之山，无草木，多瑶碧①。所为甚怪。有兽焉，其状如赤豹②，五尾一角，其音如击石，其名如狰。有鸟焉，其状如鹤，一足，赤文青质而白喙，名曰毕方③，其鸣自叫也，见则其邑有讹火④。

毕方

狰

【注释】

①瑶：似玉的美石，亦泛指美玉。碧：青绿色的玉石。

②赤豹：毛赤而有黑色斑纹的豹。

⑨毕方:传说中的怪鸟。青色羽毛,只有一只脚,不吃五谷,出现则常有火灾。

④讹火:莫名其妙地烧起来的怪火。

【译文】

由长留山再往西二百八十里有座山,名叫章莪山,山上光秃秃的,没有草木生长,有很多瑶玉、碧玉。山上有很多奇怪的动物,有一种野兽,其身形像红色的豹,却长着五只尾巴和一只角,不时发出如敲击石头的叫声,它的名字叫狰。山上还有一种鸟,其形状似鹤,却只有一只脚,全身是青色的羽毛,嵌有红色的花纹,嘴是白色的,它名叫毕方,它的叫声像是在叫喊自己的名字,这种鸟在哪里出现,哪里就将发生奇怪的火灾。

阴山　符惕山

【原文】

又西三百里,曰阴山。浊浴之水出焉,而南流注于蕃泽,其中多文贝①。有兽焉,其状如狸②而白首,名曰天狗,其音如榴榴,可以御凶。

又西二百里,曰符惕之山③,其上多棕枏,下多金玉。神江疑④居之。是山也,多怪雨,风云之所出也。

【注释】

①文贝,也就是紫贝。贝科动物的壳。

②狸,动物名,是一种善伏的野兽,俗称野猫。

③符惕之山,《五藏山经传》卷二:"伊犁河自察林河口西北流百馀里,得巴克岭,连山三百里,至车里克河口,即符阳之山也。巴克,回语谓丛林也。车

里克河即符水,山在其东,故曰符阳。符者,水形似剖竹也。"

天狗

天狗　清·汪绂图本

山猫

天狗　明·蒋应镐绘图本

④江疑,据古代的《祭法》中说,从山中、树林中、河谷中都能升出云,刮起风,落下雨,凡是能兴风作雨的怪兽,都是神。这座山上的神江疑,就能兴风作雨,它就是这一类的风雨神。

【译文】

　　从章莪山再往西三百里的地方,有座山叫阴山。浊浴水是从这座山流出,然后向南流入番泽,浊浴水中有很多五彩斑斓的贝壳。山中有一种野兽,它的身形像野猫,白色的头,名叫天狗。天狗的叫声像榴榴,饲养它可以避免凶灾。

　　从阴山再往西二百里的地方,有座山叫符惕山,山上遍地都是棕树和楠树,山下蕴藏着丰富的金矿和玉石。神灵江疑就住在这座山上。这座山常降怪异的雨,刮奇怪的风,出现罕见的云。

江疑

楠木

三危山

【原文】

又西二百二十里,曰三危之山,三青鸟①居之。是山也,广员百里。其上有兽焉,其状如牛,白身四角,其豪如披蓑②,其名曰傲狠③,是食人。有鸟焉,一首而三身,其状如鸦④,其名曰鸱。

【注释】

①三青鸟,古代传说中的一种鸟,力强、善飞,负责为西王母取食。

②蓑,一种用草或棕做成的防雨雨披。

③傲狠,古代传说的一种野兽,会吃人。

④鸦,古鸟名,形似雕鹰。

【译文】

从符惕山再往西二百二十里的地方,有座山叫三危山,三青鸟就住在这座山上。这座山，方圆百里。山上有种野兽，形状像牛，全身呈白色，长有四只角，身上的毛又长又密像披着的蓑衣。它的名字叫傲狠，会吃人。山上有一种鸟，长着一个鸟头却有三个身子，它的身形像雕，名字叫鸱。

傲狠

傲狠　明·蒋应镐绘图本

鸱

鸱　清·汪绂图本

騩山　天山

【原文】

又西一百九十里，曰騩山[①]，其上多玉而无石。神耆童[②]居之，其音常如钟磬[③]。其下多积蛇。

又西三百五十里，曰天山，多金玉，有青雄黄。英水出焉，而西南流注于汤谷。有神焉，其状如黄囊，赤如丹水，六足四翼，浑敦[④]无面目，是识歌舞，实为帝江也。

帝江

帝江　清·汪绂图本

【注释】

①騩山，古山名，《五藏山经传》卷二："騩山，昌吉县南之孟克图岭及其西之呼图必山也，有罗克伦河、呼图必河并北流而会，又西北合南来诸水注额彬格逊池，象騩形，故名呼图必，言有鬼也。"

②耆童，老童。古代传说耆童是中上古帝颛顼的儿子。

③磬,古代的一种打击乐器,用玉石或特殊的石头制作而成的。

④浑敦,浑然模糊,不分明,不清楚。

【译文】

从三危山再往西一百九十里的地方,有座山叫騩山。这座山上有许多玉石,但是没有普通的石头。天神耆童就住在这座山上,它发出的声音常常像是敲钟击磬的响声,山下有许多盘叠的蛇。

从騩山再往西三百五十里的地方,有座山叫天山,天山上有很多的金矿和玉石,还有很多石青和雄黄。英水是从天山流出,然后向西南流入汤谷。山中有一种神,它的身形像黄色的口袋,发出红色的光,长有六只脚和四只翅膀,浑浑沌沌看不清楚它的面貌,它能歌善舞,原来它是帝江。

泑山

【原文】

又西二百九十里,曰泑山①,神蓐收②居之。其上多婴短之玉,其阳多瑾瑜之玉,其阴多青雄黄。是山也,西望日之所入,其气员,神红光③之所司也。

【注释】

①泑山,古山名。《五藏山经传》卷二:"长沙西北也,泑山因泽纳称。在晶河口不周支麓尽处。"

②蓐收,古代传说中的金神,掌管日出日落。

③红光,郝懿行注:"盖即蓐收也。"

【译文】

从天山再往西二百九十里的地方,有座山叫泑山,神灵蓐收就居住在这

蓐收

里。山上盛产婴短玉,山的南面有很多瑾、瑜之类的上等好玉,山的北面有很多的石青和雄黄。这座山,向西可以看到太阳落山的景致,所以这个国家气象浑圆,由神红光掌管。

翼望山

【原文】

西水行百里,至于翼望之山,无草木,多金玉。有兽焉,其状如狸,一目而三尾,名曰讙①,其音如夺百声,是可以御凶,服之已瘅②。有鸟焉,其状如乌,三首六尾而善笑,名曰鸺鹠③,服之使人不厌④,又可以御凶。

【注释】

①讙,古代传说中的一种野兽。

②瘅,通"疸",也就是黄疸病。中医认为这种病是因为体内虚热造成的。

③鸺鹠,古鸟名。

④厌,通"魇",也就是噩梦,梦中遇到可怕的事情。

讙

讙　清·毕沅图本

【译文】

　　从渤山往西走一百里水路便到了翼望山，山上没有任何花草树木，有很多的金矿和玉石。山中有一种野兽，身形像野猫，长着一只眼睛三只尾巴，名字叫讙，讙能发出百种动物的叫声，饲养它可以避凶防邪，人吃了它的肉可以治疗黄疸病。山上有一种鸟，形状像乌鸦，三个头，六只尾，常常发出笑声，这种鸟名叫鸺鹠，吃了它的肉能使人不做噩梦，还可以避凶防邪。

总观

【原文】

　　凡西次三经之首，崇吾之山至于翼望之山，凡二十三山，六千七百四十四里。其神状皆羊身人面。其祠之礼，用一吉玉瘗，糈用稷米[①]。

【注释】

　　①稷，即粟，谷子，五谷之一，是古代主要的粮食作物。

【译文】

　　纵观《西次三经》这一山系，从崇吾山到翼望山，共二十三座山，沿途六千七百四十四里。这些山神都是羊的身形，人的面孔。祭祀这些山神的礼仪是，把一块吉玉埋在地下，祭祀的米用粟米。

【鉴赏】

西山三经即西方第三条山脉的考察记录，大体位于西山二经的北面，共记述有 19 座山，20 条河流，19 处地望，24 处矿物，23 处植物，24 处动物，其中不乏特殊的植物和动物。

羊身人面神

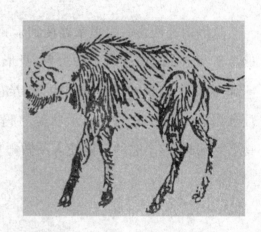

羊身人面神　清·汪绂图本

本章第 17 节中的邽山，邽与圭同音，其名称可能与该山的地形像圭有关，圭最初是一种测量太阳升起高度的仪器，后来演变为祭祀用的礼器，以及占卜的象征（卦）。今甘肃天水市古为邽戎之地，公元前 688 年秦武公取其地置邽县，后改为上邽县。值得注意的是，甘肃天水也是伏羲族的发祥地，而伏羲发明的卦符乃是最早的符号体系之一。邽山有一种奇异的动物穷奇，它可能是已经灭绝的披毛犀。《海内北经》亦记有吃人的穷奇，其状如虎而有翼。在中国古史传说里，穷奇是一个居住在北方以凶恶愚顽著称的部落；或许这是因为，该部落以披毛犀为图腾，能够驱使披毛犀侵害其他部落，故而有此恶名声。

穷的繁体字"窮",像是人弓身蜷缩在穴洞里的样子,看来穷奇是一个在冰天雪地里穴居的部落。

第19节的崦嵫山是一座著名的山,古人相信太阳最终就落在这里。苕水向西流注的海,亦可称为西海,其地理方位大约在今日的塔里木盆地,当时这里可能有许多大湖泊,罗布泊的面积也非常辽阔。当地生长的丹木是一种神奇的植物,它长着红色花萼,花朵有黑色纹理,果实大如瓜;或许是因为果壳制成瓢状可盛水或舀水,因此具有"御火"之功效。在先夏时期盛水的器具非常难得,这恐怕就是黄帝在密山要浇灌丹木的原因所在吧。

第13节的刚山,第14节的刚山尾,第18节的鸟鼠同穴山,均位于秦岭,说明这几座山原本属于西山一经。其中鸟鼠同穴山乃渭水发源地,今日渭水发源地陕西省渭源县有两座山,一是海拔2609米的鸟鼠山,二是海拔3767米的太白山。

有必要指出的是,本章第1节和第20节的"西次四经"乃"西次三经"之误。根据《五藏山经》26条山脉的分布规律,西山三经的地理方位应当在西山二经以北。由于西山三经前半部分诸山,或有水向西流入洛水,或有水向东流入黄河。据此可以推知,它们位于今日陕西境内的洛水与黄河之间的黄龙山脉一带,其主峰大岭海拔1788米。黄龙山脉之东即黄河壶口瀑布和龙门,其西即轩辕黄帝陵,其北则是抗日战争时期闻名遐迩的南泥湾,遗憾的是,这里的自然生态环境已经大不如昔了。西山三经后半部分诸山,其地理方位大体在祁连山、阿尔金山的北麓或以北的地方。

四、西次四经

【导读】

西次四经共记述了十九座山,位于西次三经所记山列的北面。其中劳山、诸次山、白于山、邽山、鸟鼠同穴山、崦嵫山六座山的具体位置基本可以确定,其余十三座山的位置尚待考定,但它们大致在今陕西、甘肃、宁夏、内蒙古境内。

本经中记述的奇禽怪兽主要有:人面兽身、只有一足一手的神魑,鱼身、蛇首、六足的冉遗鱼,鸟首、鱼翼、鱼尾的鳖鮂鱼,马身鸟翼、人面蛇尾的孰湖,等等。

阴山

【原文】

《西次四经》之首,曰阴山,上多榖,无石,其草多茆①、蕃②。阴水出焉,西流注于洛。

【注释】

①茆：凫葵。生于水中，嫩叶可食，又名莼菜。
②蓄：青蓄草，形似莎草而稍大，生于水边。

【译文】

《西次四经》西山记述的第四列山系最东南端的山名叫阴山，阴山的山坡上有很多构树，但没有石头，阴山上生长的主要是凫葵草和青蓄草。阴水就发源于这座山，流出山涧后便向西流入北洛河。

劳山

【原文】

北五十里，曰劳山，多茈草①。弱水出焉，而西流注于洛。

茈草

【注释】

①茈草：紫草。多年生草本植物，暗紫色，含紫草素，可作染料，也可药用。

【译文】

由阴山再往北五十里有座山，名叫劳山，劳山上生长着很多紫色的草。弱水就发源于劳山，流出山涧后便向西流入北洛河。

罢父山

【原文】

西五十里，曰罢父之山，洱水①出焉，而西流注于洛，其中多茈、碧。

【注释】

①洱水：古水名。源出今河南内乡熊耳山。

【译文】

由劳山再往西五十里有座山，名叫罢父山，洱水就发源于这座山，流出山涧后转向西汇入北洛河，洱水中有很多紫石和碧玉。

申山

【原文】

北七十里，曰申山，其上多榖、柞，其下多杻、橿，其阳多金玉。区水出焉，而东流注于河。

【译文】

由罢父山再往北七十里有座山,名叫申山,申山的山顶生长着构树和柞树,山脚生长的树种主要是杻树和橿树,申山的南坡蕴藏有丰富的金矿和玉石。区水就源于这座山,流出山涧后便往东流入黄河。

鸟山

【原文】

北二百里,曰鸟山,其上多桑①,其焉多楮,其阴多铁,其阳多玉。辱水出焉,而东流注于河。

【注释】

①桑:桑树,桑属落叶乔木。

【译文】

由申山再往北二百里有座山,名叫鸟山,这座山的山顶生长的树种主要是桑树,山脚生长的树种主要是楮树,这座山的北坡蕴藏有丰富的铁矿,南坡有很多的玉石。辱水就发源于这座山,从山涧流出后便向东流入黄河。

上申山

【原文】

又北百二十里,曰上申之山,上无草木,而多硌石①,下多榛、楛②,兽多白鹿③。其鸟多当扈④,其状如雉⑤,以其髯⑥飞,食之不眴目⑦。汤水出焉,东流注

白鹿

于河。

【注释】

①硌石:大石头。

②榛:落叶灌木或小乔木。早春先开花后生叶,花黄褐色,雌雄同株,果实叫"榛子",近球形,果皮坚硬,果仁可吃或榨油,木材可做器物。楛:木名,形似荆而赤茎似蓍,材质粗劣。榛楛泛指丛生的杂木。

③白鹿:白色的鹿。古时以为祥瑞。

④当扈:传说中的鸟名。

⑤雉:野鸡。雄鸟尾长,羽毛鲜艳美丽。雌鸟尾短,羽毛黄褐色,体较小。善走而不能久飞。肉可吃,羽毛可做装饰品。

⑥髯:两颊上的长须。

⑦眴目:指目眩症。

当扈　　　　　　　　　　当扈　清·汪绂图本

【译文】

由鸟山再往北一百二十里有座山,名叫上申山,这座山寸草不生,遍地都是大石头,山坡下生长有很多榛树和楛树,在山坡下出没的野兽主要是白鹿。山上生长的鸟类主要是当扈鸟,当扈鸟的形状像野鸡,它能靠须髯飞翔,有目眩症的人吃了这种鸟的肉可以痊愈。汤水就发源于上申山,流出山涧后便向东流入黄河。

诸次山

【原文】

又北百八十里,曰诸次之山,诸次之水出焉,而东流注于河。是山也,多木无草,鸟兽莫居,是多众蛇。

【译文】

由上申山再往北一百八十里有座山,名叫诸次山,诸次水就是发源于这座山,流出山涧后便向东流入黄河。这座山上有很多树木,但没有草,也没有鸟兽出没,但山上有很多形状各异的蛇。

号山

【原文】

又北百八十里,曰号山,其木多漆①、棕,其草多药②、虋、芎䓖③。多泠石。端水出焉,而东流注于河。

【注释】

①漆:漆树,双子叶植物,落叶乔木。羽状复叶,黄色小花,树皮灰白色,常裂开,里面乳白色的液体即生漆,木材致密,是建筑和家具用材。

药 　　　　　　　　　　　　　　　　芎䓖

②药:白芷的叶,一种香草,多年生草本,根粗大,叶卵圆形至三角形,根称白芷,叶称药,果实椭圆形。

③芎䓖:香草名。生长在四川地区,也称为川芎。多年生草本,根状茎黄褐色,花白色根状茎可入药。

【译文】

由诸次山再往北一百八十里有座山,名叫号山,号山上生长的树种主要有漆树、棕树,生长的草主要有白芷、川芎。山上有很多云泥石。端水就发源于这座山,流出山涧后便向东汇入黄河。

孟山

【原文】

又北二百二十里,曰孟山,其阴多铁,其阳多铜,其兽多白狼、白虎,其鸟多白雉、白翟[1]。生水出焉,而东流注于河。

【注释】

①白雉:白色羽毛的野鸡,古时以为瑞鸟。白翟:鸟名,白雉类。

【译文】

由号山再往北二百二十里有座山,名叫孟山,孟山的北坡蕴藏有丰富的铁,南坡蕴藏有丰富的铜矿,这座山上经常出没白狼和白虎,生长的鸟类主要是白雉和白翟。生水就发源于这座山,流出山涧后便向东流入黄河。

白于山

【原文】

西二百五十里,曰白于之山,上多松、柏,下多栎、檀,其兽多㸰牛、羬羊,其鸟多鸮。洛水出于其阳,而东流注于渭;夹水出于其阴,东流注于生水。

【译文】

由孟山再往西二百五十里有座山,名叫白于山,这座山的山顶生长的树种主要是松柏,山脚生长的树种主要是栎树和檀树,这座山上生长的动物主要是牜乍牛、羬羊,生长的鸟类主要是鸮鸟。洛水就发源于这座山的南坡,流出山涧后便向东流入渭河。夹水发源于这座山的北坡,流出山涧后便向东流入生水。

申首山

【原文】

西北三百里,曰申首之山,无草木,冬夏有雪。申水出于其上,潜于其下。是多白玉。

【译文】

由白于山再往西北三百里有座山,名叫申首山,这座山寸草不生,很荒凉,无论冬季还是夏季满山都飘飞着大雪。申水就发源于这座山的山巅,流至山脚后便潜入地下。这座山上有很多白色的玉石。

泾谷山

【原文】

又西五十五里,曰泾谷之山。泾水出焉,东南流注于渭,是多白金、白玉。

【译文】

由申首山再往西五十五里有座山,名叫泾谷山。泾水就发源于这泾谷山,流出山涧后便向东南流入渭河,这座山上有很多白金和白色玉石。

刚山

【原文】

又西百二十里,曰刚山,多柒木①,多㻬珲之玉。刚水出焉,北流注于渭。是多神魑②,其状人面兽身,一足一手,其音如钦③。

神魑

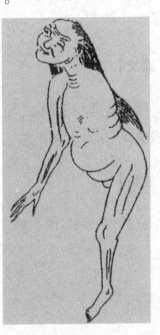

神魑　清·汪绂图本

【注释】

①柒木:通"漆",即漆树。

②神魑:魑魅一类的东西,古谓能害人的山泽之神怪。亦泛指鬼怪。

③钦:通"吟",呻吟。

【译文】

由泾谷山再往西一百二十里有座山,名叫刚山,刚山上生长的树种主要是漆树,山上有很多瑰琈玉。刚水就发源于这座山,流出山涧后便向北流入渭河。这座山上有很多神䰠,它的身形似兽但却长着一副人的面孔,只有一只手和一只脚,不时发出如人呻吟般的声音。

<h2 style="text-align:center">刚山尾</h2>

【原文】

又西二百里,至刚山之尾。洛水出焉,而北流注于河。其中多蛮蛮①,其状鼠身而鳖首,其音如吠犬。

【注释】

①蛮蛮:水兽名,属水獭之类,不同于上文的蛮蛮鸟。

神䰠

神䰠　清·汪绂图本

【译文】

刚山向西二百里就是刚山尾端。洛水就发源于这里,并向北流入黄河。这里有很多蛮蛮,这种野兽的身形似鼠,但却长着一个鳖的脑袋,不时发出如犬吠的叫声。

英鞮山

【原文】

又西三百五十里,曰英鞮之山,上多漆木,下多金玉,鸟兽尽白。浣水出焉,而北流注于陵羊之泽。是多冉遗①之鱼,鱼身蛇首六足,其目如马耳,食之使人不眯②,可以御凶。

冉遗鱼

冉遗鱼　清·汪绂图本

【注释】

①冉遗:古代传说中的鱼名。

②眯:梦魇症。

【译文】

由刚山的尾端再往西三百五十里有座山,名叫英鞮山,这座山的山顶生长有很多漆树,山脚蕴藏有丰富的金矿和玉石,山上生长的鸟兽都是白色的。浣水就发源于这座山,流出山涧后向北流入陵羊泽。浣水中有很多冉遗鱼,这种鱼的身似鱼,但头似蛇,而且还长有六只脚,眼睛的形状似马耳朵,人吃了这种鱼可以消除梦魇症,还可以用它来防御凶灾。

【原文】

又西三百里,曰中曲之山,其阳多玉,其阴多雄黄、白玉及金。有兽焉,其状如马而白身黑尾,一角,虎牙爪,音如鼓音,其名曰駮,是食虎豹,可以御兵。有木焉,其状如棠,而员叶赤实,实大如木瓜①,名曰櫰木,食之多力。

駮

【注释】

①木瓜:落叶乔木,叶子大,呈掌状分裂、花黄色,果实长圆形,成熟时果皮为橙黄色,果肉厚,味甜。既可食用,也可入药。

【译文】

由英鞮山再往西三百里有座山,名叫中曲山,这座山的南坡有很多玉石,山的北坡有很多雄黄石、白色玉石及金矿石。山上有一种野兽,其身形似马,全身是白色的,尾巴是黑色的,长着独角,牙似虎牙,爪似虎爪,吼叫声似击鼓声。这种野兽名叫駮,以吃虎豹为生,这种野兽可以用来抵御兵灾。中曲山上还生长有一种树木,其形状似棠树,但树叶是圆的,结的果实是红色的,果实大小似木瓜。这种树名叫櫰树,人吃了这种树的果实可增强体力。

駮

駮　清·汪绂图本

邽山

【原文】

又西二百六十里,曰邽山①。其上有兽焉,其状如牛,猬毛,名曰穷奇②,音如獆狗③,是食人。濛水④出焉,南流注于洋水,其中多黄贝⑤、蠃鱼,鱼身而鸟翼,音如鸳鸯,见则其邑大水。

穷奇

穷奇　明·胡文焕图本

【注释】

①邦山,古山名。《五藏山经传》卷二:"今宁远西南老君山,即古西倾山也。"

②穷奇,古兽名,异常凶猛。

③猩,同嗥,指豺狼一类经常嗥叫的犬科动物。

④濛水,《五藏山经传》卷二:"濛水即西汉水,东南会乌油江、嘉陵江,南注白水,水西出岷山,与大江源近,番人名祥楚河,即洋水也。"

⑤黄贝,郭璞注:"贝,甲虫,肉如科斗,但有头尾耳。"

赢鱼

赢鱼　清·汪绂图本

【译文】

从中曲山再往西二百六十里的地方,有座山叫邦山。山上有一种野兽,形状像牛,全身长着刺猬毛。这种野兽名叫穷奇,发出的吼叫声如同狗叫,是种会吃人的猛兽。濛水是从这座山流出,然后向南流入洋水。濛水中生长着很多黄色的贝类;有赢鱼,这种鱼,长着鱼的身子,鸟的翅膀,发出的叫声像鸳鸯。

它出现在哪里,哪里就会发生大水灾。

鸟鼠同穴山

【原文】

又西二百二十里,曰鸟鼠同穴之山。其上有白虎、白玉。渭水出焉,而东流注于河。其中多鰠鱼①,其状如鳣鱼②,动则其邑有大兵。滥水③出于其西,西流注于汉水。多䗪魿④之鱼,其状如覆铫⑤,鸟首而鱼翼鱼尾,音如磬石之声。是生珠玉。

【注释】

①鰠鱼,古代传说中的一种鱼。

鰠鱼

鰠鱼　清·汪绂图本

②鳣鱼,亦称鲟鳇鱼,身上有甲胄。

③滥水,《五藏山经传》卷二:“今水出石井所,西北流至旧临洮府城北,西入洮,即此经云汉水也。”

④䗪魿,古代传说中的一种鱼,能产珍珠。

⑤铫,一种小锅,带柄有流嘴。

絮䲹鱼

絮䲹鱼 明·蒋应镐绘图本

【译文】

从邽山再往西二百二十里的地方,有座山叫鸟鼠同穴山。山上生长着很多白虎,遍布着许多白色精美的玉石。渭水是从这座山流出,然后向东流入黄河。渭水中有很多鳋鱼,形状像鳝鱼。它在哪里出没,哪里就将大动兵戈。滥水是从这座山的西面流出,然后向西流入汉水。滥水中有很多䰲䲹鱼,这种鱼的形状像底朝天的铫子,脑袋像鸟头,但是翅膀和尾巴还是像鱼,它的叫声像敲击磬石所发出的声音。这种鱼还会产珠玉。

崦嵫山

【原文】

西南三百六十里,曰崦嵫之山①。其上多丹木,其叶如毂,其实大如瓜,赤符②而黑理,食之已瘅,可以御火。其阳多龟。其阴多玉。苕水出焉,而西流注于海,其中多砥砺③。有兽焉,其状马身而鸟翼,人面蛇尾,是好举人,名曰孰湖。有鸟焉，其状如鸮而人面，蜼④身犬尾，其名自号也，见则其邑大旱。

孰湖

孰湖　明·蒋应镐绘图本

【注释】

①崦嵫之山，古山名。《五藏山经传》卷二："崦嵫，今玉门县南昌马山也。"崦嵫，古代传说中日出日落的地方。

②苻，通"秋"，即花萼。

③砥砺，磨刀用的石头。石质精细的为砥，石质粗糙的为砺，统称为磨刀石。

④蜼，古兽名，形似猕猴。

人面鸮

人面鸮　明·胡文焕图本

【译文】

从鸟鼠同穴山往西南三百六十里的地方,有座山叫崦嵫山。山上有茂盛的丹树,丹树叶与谷叶一样,果实像瓜那般大小,花萼是红色,带有黑色的纹理。吃了这种树的果实,可以医治黄疸病,这种树还可以用来防御火灾。山的南面有很多龟,山的北面有很多玉。苕水是从这座山流出,然后向西流入大海,苕水中有很多可以用来磨刀的磨刀石。山中有一种野兽,形状像马,长着鸟的翅膀,人的面孔,蛇的尾巴,它喜欢把人抱着举起,它的名字叫孰湖。山中还有一种鸟,形状像鹗,长着人的面孔,蜼一样的身子,狗一样的尾巴,它的名字就是它的嚎叫声,它出现在哪里,哪里就会发生旱灾。

总观

【原文】

凡《西次四经》,自阴山以下,至于崦嵫之山,凡十九山,三千六百八十里。其神祠礼,皆用一白鸡祈。糈以稻米,白菅为席。

右西经之山。凡七十七山,一万七千五百一十七里。

【译文】

纵观《西次四经》这一山系,从阴山到崦嵫山,共十九座山,沿途三千六百八十里。祭祀诸山山神的礼仪是:用一只白色的鸡做供品,祭祀的米用稻米,摆放供品的席子是用白茅草做成的。

上面所记述的西部山系,共七十七座山,途经一万七千五百一十七里。

【鉴赏】

西山四经即西方第四条山脉的考察记录,共记述有22座山,13条河流,36

处地望,32 处矿物,8 处植物,27 处动物,以及 21 处人神,是《五藏山经》26 条山脉中记述人神活动最多的一条山脉。西山四经记述诸山的地理方位比西山三经更偏北一些,是《西山经》4 条山脉最靠北的一条山脉,大体在今日的黄土高原北部、黄河河套南北、阴山山脉、贺兰山、雅布赖山、大红山、马鬃山、大马庄山、巴里坤山,以及天山山脉一带。值得注意的是,在阴山山脉、桌子山、贺兰山、巴里坤山、天山等地,至今仍然保留着许多绘制于先夏时期的岩画,涉及狩猎、祭祀、巫术、婚俗、天文、水利地图等丰富的内容,构图古朴而又神秘。在42 平方米巨画《帝禹山河图》里,《西山经》的地理方位被绘制在今日我国秦岭(含)以北,阴山山脉(含)以南,托克托至潼关段黄河以西,直至天山山脉(或者更西)南北的区域里。

根据本章第 3 节不周山的描述"东望泑泽,河水所潜也,其原浑浑泡泡",可知不周山、泑泽与黄河发源地直接相关,而"其原浑浑泡泡"则是考察者的目击实录,表明那时黄河在河套地区的水势浩大、波涛漩涡滚动,因此被当时人认为是黄河的源头。

第 4 节密山的玉膏究竟是什么,历来众说纷纭,或谓石油、豆腐、奶酪,但最可能的是指食盐。所谓"沸沸汤汤"是在煮盐。所谓"玉膏所出,以灌丹木",是说从盐卤中提炼出食盐之后,剩下的卤水中富含营养,可以促进丹木生长。所谓黄帝所取的密山"玉荣",是指提炼出的优质食盐晶体,用它们可以促使盐卤更快地结晶出颗粒大的食盐晶体。所谓"瑾瑜之玉"即食盐晶体,要把它敬献给天地鬼神。这是因为,食盐在远古社会就是极为重要的资源,几天吃不上盐,人就会浑身无力、诸病缠身。事实上,许多动物都知道食盐的重要性,它们经常要喝盐湖的水,或者舔食含盐的岩石。从这个角度来说,人类对食盐的追求,可以追溯到非常古远的时代,而黄帝族的兴起与其掌握了提炼食盐的技术当不无关系。

根据第 4 节对密山的描述"是有玉膏,其原沸沸汤汤,黄帝是食是飨",第7 节对槐江山的描述"南望昆仑,其光熊熊,其气魂魂",第 8 节对昆仑丘的描述"是实惟帝之下都",以及本章其他节的相关描述,可以推知《五藏山经》的考察者曾经实地目睹了黄帝族的活动,而这也就意味着黄帝族在帝禹时代仍然活跃着,黄帝都城昆仑是中国有文字记载的最早的大都城,那里白日炊烟缭绕,夜间灯火通明。黄帝族的大本营昆仑丘位于今日黄河河套以南的鄂尔多斯高原上,该区域标志性山峰是海拔2149米的桌子山;古代这里水草丰茂,四周有天然屏障,曾孕育出著名的细石器文化。事实上,一个伟大民族的兴起及其灿烂文明的产生,不可能发生在生存环境严酷贫瘠的土地上。在黄帝族昆仑丘领域北面的阴山山脉是槐鬼离仑部落的领地,也是雄鹰出没的地方。黄帝族的东面是四重高远的恒山(今山西境内),那里是有穷鬼部落的领地;有穷鬼即有穷氏,是古代著名部落,其代表人物是擅长射箭的后羿,而在山西峙峪旧石器遗址曾出土有28000年前的石箭头。鬼的本意是指死者之精灵,而鬼字的象形则为人戴大型面具(包括装饰物),地位越高者所戴面具的规格也越大,当一位有权势者死去之后,其所佩戴过的面具同样被后人视为具有神灵。

从昆仑丘发源有四条河流,其中最著名的就是黄河,它发源于昆仑的东北的泑泽亦即今日的黄河前套土默川平原,向南一泻千里,在潼关东折流入大海(无达)。由于自然环境的变迁,降雨量逐渐减少,当年从昆仑丘发源的其他几条河流,今天已经难以确指了。或许,赤水即今日的窟野河,洋水即今日的无定河,黑水即今日的都思兔河,而大杅即今日的银川盆地,古为湖沼。

第5节的钟山属于阴山山脉,居住在黄河河套地区的"鼓"部落(袁珂认为系炎帝族),或可称为"河鼓",而"河鼓"乃天上的星星,相传是牛郎所变(炎帝族以牛为图腾)。与此同时,黄帝的妻子嫘祖,以发明养蚕纺丝著称,乃名副其实的"织女"。据此,牛郎织女的民间传说,可能记录着炎帝族与黄帝族青年男女冲破两族敌对情绪而通婚的故事,而正是他们的爱情促成了炎黄两大族的和解与融合,并形成了统一的中华民族。因此河套地区,很可能是中华民族的文明摇篮之一。阴山山脉是我国北方一条重要的山脉,它自西向东由狼山、乌拉山、大青山、灰腾梁山、大马群山组成,北冰洋水汽携带的降雨基本上终止在阴山山脉一带。稷泽的名称与后稷族在这里的活动有关,后稷是先夏时期著名的农神,相传他和他的家族改进了农业耕作技术。今日狼山南麓的黄河后套地区,由于得黄河水之利,当地灌渠密布,旱涝保收,是内蒙古的粮仓,民谚"黄河百害,唯富两套",夸的就是前后套的富饶景象。

　　第6节的泰器山发源的观水流入流沙,表明观水属于内陆河。内陆河俗称半截河,它们缓缓地流淌在荒漠上,随着河水的蒸发和渗漏,渐渐地消失在沙漠之中。自然界中确实有会飞的鱼,通常产于热带或温带的海洋里,它们的胸鳍非常发达,好像鸟的翅膀一样,因此能够跃出水面,在空中长距离滑翔。但是,泰器山的文鳐鱼却不是普通的飞鱼,它们能够在夜间从西海飞到东海,在东海里畅游一番,然后又飞回来。这种传说是如何产生的呢?可以接受的解释是,古人曾经见到过龙卷风把海里、湖里、河里的鱼卷上天空又落下来的场景,或者见到过类似的海市蜃楼现象。此外,文鳐鱼的传说也可能与沙漠里的季节河、季节湖泊有关。当雨季来临,干涸的河流和湖泊重新注满水的时候,鱼又重新出现在河流和湖泊之中,古人不明白其中的道理(鱼潜入泥中,鱼籽能在无水的环境中继续生存,鱼籽可随风吹来),就想当然地认为这种鱼能够飞来飞去。从文鳐鱼可吃来看,它是一种样子像鲤鱼却又会叫出声的鱼,可能特别适应在季节河里生存。所谓"见则天下大穰"也是有道理的,这是因为每当文鳐鱼出现的时候,也正是雨水充沛的年头,而在干旱和半干旱地区,充足的雨水就意味着农作物的大丰收。至于吃了文鳐鱼的肉,为什么能够治疗狂躁不安的病,或许也是"手上有粮,心中不慌"的缘故吧。从上述分析可知,《山海经》中看起来有些荒诞的内容,实际上它们都是有着真实的信息的,而正确地解读这些远古文明信息乃是我们今天义不容辞的责任。

　　第10节中嬴母山的神长乘,郝懿行注称:"《水经注》云:'禹西至洮水之上,见长人受黑玉',疑即此神。"显然,这是将神长乘理解为身材高大的人。其实,神长乘是一位天文巫师,他负责根据天文星象(古代天文观测包括气象学内容)的变化来解释人间的事物。神长乘负责的天之九德与第8节昆仑丘的神陆吾负责的天之九部,都是将上天分为九层或九个区域,以便于观测,这有些类似于将大地划分成九州。或许,天之九德还意味着死者的灵魂,将根据其生前的功德而被安置在不同等级层次的天上。

第11节中玉山的西王母是中国古代居住在西部地区的著名部落首领兼巫师。此处的西王母,她的头上戴着辟邪物或象征着权力和法力的装饰物,满头的头发蓬松、随意地披下来,身着豹尾服,嘴里镶着老虎的牙齿或者戴着虎牙项链,拉长了声调一边唱着一边诉说着什么事情。她的职责是预警天灾和惩戒那些触怒天意天威的人,从而成为秋冬肃杀之神的代言人。有趣的是,西王母有两个助手,其中狡能够预报丰收,胜遇可以预报水灾,而这些都是农业社会关心的事情,似乎表明西王母国已经进入了农业社会。

第14节中长留山可能即今日的贺兰山,这里走兽的尾巴和飞禽的头部都有花纹。今日贺兰山有一种珍禽蓝马鸡,它发出"格拉"的叫声,粗厉而短促,翅短不能远飞,翎羽长而艳丽,或许即毕方鸟的原形。进一步说,此处毕方鸟又可能是古代消防队员的标志性装束,一旦发生火灾,他们要及时行动,并大声模仿竹木燃烧的噼啪声以示警(昆仑帝"其光熊熊、其气魂魂",表明当时用火煮食、取暖、照明、加工的规模相当大,因此需要有消防工作)。与此同时,五尾一角的狰"其音如击石",恐怕也不是自然界的动物,而是掌管打火石的人所特有的一种身份装束。在五行中,西方属白,因此五帝之一的少昊又被称为白帝(或指太白金星)。员神魂氏即少昊,他的职责是观测日光倒影以确定时节。少昊员神魂氏与太昊伏羲氏当有某种血缘或文化渊源关系,后来少昊迁徙到山东曲阜,太昊从甘肃天水迁徙到河南淮阳。值得注意的是,郑子称"大皞氏以龙纪,故为龙师而龙名",又称"我高祖少皞挚之立也,凤鸟适至,故纪于鸟,为鸟师而鸟名"。由于大皞与少皞彼此有着共同的文化渊源,均以"皞"为名,因此"龙凤呈样"的说法,或许可以追溯到大皞与少皞的和睦相处关系。

第16节中阴山的天狗,当是由主人驯养的战斗犬,当然不排除它同时有家犬、猎犬、牧羊犬的职能。一般来说,犬类是由狼驯化而成的。其实,这是一种双向选择的结果。事实上,由于人类有智慧、有工具、有武器、有住宅、有食物、有火,因此人类也就成为动物世界毋庸置疑的主宰。在这种情况下,强大的人类的出现,迫使其他动物面临两种选择,一是向人类靠近,二是远离人类。向人类靠近的食草类动物逐渐变成了人类饲养的家畜家禽,只有老鼠除外;而向人类靠拢的食肉类动物则比较少,只有狼和猫两种,这些狼逐渐被驯化成为忠于主人的狗,而家猫的价值就是捕鼠和做宠物。

第20节中天山发源的英水流入的汤谷不是热泉,因为热泉的水是向外流的,可能是指今日的哈密盆地或吐鲁番盆地,这里是我国夏季气温最高的地方,七月平均温度为32.7摄氏度,有记录的极端最高气温达49.6度;在阳光的直射下,当地水淖里的水温可以上升到烫手的程度,称为"汤谷"不为过也。天山的帝江为什么会有如此尊容呢? 其实,这里描述的是帝江坐在车帐之中欣赏歌舞的场景,所谓"状如黄囊"是指帐篷(蒙古包),"六足四翼"是指车轮和拉车的马,颇似吉普赛人的大篷车,帝江坐在车帐里别人当然看不清他的面目了。

值得注意的是,《西山经》绝大多数地方都是绿意盎然,仅仅有9处缺少植被的地方,是《五藏山经》东南西北中五大区域里草木最少的一个区域,而它描述的地理范围正是今天我国的西部地区(秦岭以北,潼关至呼和浩特一线以西的黄土高原,以及河西走廊和天山一带)。也就是说,在4200年前的帝禹时代,这里同样到处都是绿色的原野。但是,今天的黄土高原已经处于荒漠化的边缘,沙尘暴正在越来越频繁地掠夺走黄土高原所剩不多的绿色。这样鲜明的对比和反差,不能不让每一个华夏子孙进行深刻的反思! 善待自然,就是善待我们自己! 为了我们人类自己,为了我们的子孙后代,我们需要绿色文明!

北山经第三

《北山经》包括《北山一经》和《北次二经》、《北次三经》三篇,记载了中国北部的一系列山和发源于这些山的河流,在这些山上生长的植物、动物及其形状、特点,山中出产的矿物,还有相关的神话传说,掌管这些山的山神的形状、祭祀这些山神的方法等。《北山经》共记述了八十八座山,位于今宁夏、新疆、山西、河南、河北、内蒙古及蒙古国境内,其中近四分之一的山的具体位置可以确定。

<h2 style="text-align:center">一、北山一经</h2>

【导读】

北山一经记述了主要位于中国北部的二十五座山,这些山的具体位置几乎都难以考定,但它们大致在今宁夏、新疆、内蒙古等境内,有的甚至可能在今西伯利亚或蒙古国境内。

北山一经中记述了十多种奇禽怪兽及怪鱼,如形状像雌雉而长着人脸的𫠁斯,形状像豹而人首牛耳的诸犍,形状像牛而人面马足的孟槐,形状像鸡而

三尾、六足、四首的儵鱼，一首两身的肥遗蛇，等等。

单狐山

【原文】

《北山经》之首，曰单狐之山，多机木①，其上多华草。漨水出焉，而西流注于泑水，其中多芘石文石②。

【注释】

①机木：桤木树，落叶乔木，叶长倒卵形，果穗椭圆形，下垂，木质较软，嫩叶可作茶的代用品。

②芘石：紫色的石头，传说古代曾用为货币。文石：带有纹理的石头。

【译文】

《北山经》记述的北山第一列山系的最南端的山，名叫单狐山。这座山上生长着很多机树。山上还有茂密的花草丛。山间有条名叫漨水的溪流流出，向西流入泑水中。泑水中有很有紫色的石头和颜色鲜艳的石头。

求如山

【原文】

又北二百五十里，曰求如之山，其上多铜，其下多玉，无草木。滑水出焉，而西流注于诸毗之水。其中多滑鱼①。其状如鳝②，赤背，其音如梧③，食之已疣④。其中多水马⑤，其状如马，文臂牛尾，其音如呼。

【注释】

①滑鱼：鳝鱼，俗称黄鳝。

②鲜：鳝鱼，形状像鳗，体黄褐色有黑斑，无鳞。常潜伏在池塘、小河、稻田等处的泥洞或石缝中。

滑鱼

滑鱼　清·汪绂图本

③梧：枝梧，犹支吾。说话含混躲闪。

④疣：皮肤病名，皮肤上长的肉瘤。

⑤水马：古代传说中一种生在水中的怪兽。

水马

水马　清·汪绂图本

【译文】

由单狐山再往北二百五十里有座山,名叫求如山,这座山的山顶蕴藏有丰富的铜矿,山脚有很多的玉石,草木不生。滑水就发源于这座山,流出山涧后便向西流入诸毗水。滑水中有很多滑鱼。这种鱼的形状就像黄鳝,但背是红色的,不时发出如人支支吾吾的鸣叫声,吃了这种鱼,可以治愈疣疾。滑水中还有很多水马。这种动物的身形似马,但四肢长有花纹,尾巴似牛尾,不时还发出如人呼喊的吼叫声。

带山

【原文】

又北三百里,曰带山,其上多玉,其下多青碧。有兽焉,其状如马,一角有错①,其名曰臞疏,可以辟火。有鸟焉,其状如乌,五采而赤文,名曰鹖鸰,是自为牝牡,食之不疽②。彭水出焉,而西流注于芘湖之水,中多儵鱼,其状如鸡而赤毛,三尾六足四目,其音如鹊,食之可以已忧。

儵鱼

儵鱼　明·郝懿行图本

【注释】

①错:通"厝",即磨刀石。

②疽:中医指的一种毒疮。

【译文】

由求如山再往北三百里有座山,名叫带山,这座山的山顶有很多玉石,山脚有很多青碧玉。山里有种野兽,其身形像马,但却长着一只角,角的尖端有如磨刀石般坚硬的角质层,这种野兽名叫臛疏,可以利用它来避火灾。这座山上还有一种鸟,其形状像乌鸦,但羽毛五彩斑斓,这种鸟名叫鵸鵌,这是一种雌雄同体的鸟,人若吃了它的肉,就可以不生疽病。彭水就发源于这座山,流出这座山后便向西流入芘湖。彭水中有很多儵鱼,这种鱼的身形像鸡,但羽毛是红色的,长着三条尾巴、六只脚和四只眼睛,它的鸣叫声就像喜鹊叫,人若吃了它的肉便可治愈忧郁症。

臛疏

臛疏　清·汪绂图本

谯明山

【原文】

又北四百里,曰谯明之山。谯水出焉,西流注于河。其中多何罗之鱼,一首而十身,其音如吠犬,食之已痈①。有兽焉,其状如貆②而赤毫,其音如榴榴,名曰孟槐，可以御凶。是山也，无草木，多青雄黄。

何罗鱼

何罗鱼　明·蒋应镐绘图本

【注释】

①痈：中医指恶性脓疮。

②貆：豪猪。

孟槐

孟槐　明·胡文焕图本

【译文】

　　由带山再往北四百里有座山，名叫谯明山。谯水就发源于这座山，由这座山流出后便向西流入黄河。谯水中有很多何罗鱼，这种鱼有一个头，却长着十个身子，其叫声像狗叫，若吃了这种鱼，则可以医好痈病。这座山上还生长着一种野兽，其身形像豪猪，但毛刺是红色的，叫声像榴榴，这种野兽名叫孟槐，用它来避邪气凶灾十分灵验。这座山上，不生长草木，倒是有很多青色的雄黄石。

涿光山

【原文】

又北三百五十里，曰涿光之山。嚻水出焉，而西流注于河。其中多鳛鳛之鱼，其状如鹊而十翼，鳞皆在羽端，其音如鹊，可以御火，食之不瘅。其上多松柏，其下多棕、橿，其兽多羚羊，其鸟多蕃。

【译文】

由谯明山再往北三百五十里有座山，名叫涿光山。嚻水就发源于这座山。嚻水流出这座山后便向西流入黄河。嚻水中有很多鳛鳛鱼，这种鱼的形状就像喜鹊，但却长着十只翅膀，鱼鳞都长在羽毛的尾端，这种鱼还会叫，叫声像喜鹊，这种鱼可以用来防御火灾，若吃了它的肉还可以不生黄疸病。涿光山的山顶生长的树种主要是松树和柏树，山脚生长的树种主要是棕树和橿树，这座山上出没的野兽主要是羚羊，鸟类主要是蕃乌。

鳛鳛鱼

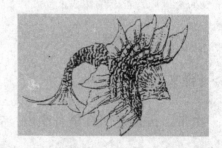

鳛鳛鱼　清·汪绂图本

虢山

【原文】

又北三百八十里,曰虢山,其上多漆,其下多桐、椐①。其阳多玉,其阴多铁。伊水出焉,西流注于河。其兽多理橐驼②,其鸟多寓③,状如鼠而鸟翼,其音如羊,可以御兵。

寓鸟

寓鸟　明·蒋应镐绘图本

【注释】

①桐:木名,也名荣,古书中多指梧桐科的梧桐,还有大戟科的油桐,玄参科的泡桐。椐:木名,即灵寿木,树小,多肿节,古时以为手杖。

②橐驼:骆驼。

⑨寓:寓鸟,即类似于蝙蝠的小型飞禽。

【译文】

由涿光山再往北三百八十里有座山,名叫虢山,这座山的坡上生长着漆树,坡下生长着桐树和椐树。这座山的南坡蕴藏有丰富的玉石,北坡蕴藏有丰富的铁矿。伊水就发源于这座山,从山中流出后,便向西流去,流入黄河。这座山上生长的野兽主要是骆驼,生长的鸟类主要是寓鸟,这种鸟的形状像老鼠,但长着鸟的翅膀,这种鸟的叫声像羊咩,人们可以用这种鸟来传递信息,以对付外来之敌。

虢山尾

【原文】

又北四百里,至于虢山之尾,其上多玉而无石。鱼水出焉,西流注于河,其中多文贝①。

【注释】

①文贝:有花纹的贝壳。

【译文】

由虢山再往北四百里,就到了虢山的尾端,这上面没有一般的石头,倒是有很多玉石。鱼水发源于这里,流出这座山后便向西流入黄河,鱼水中有很多带有花纹的贝壳。

丹熏山

【原文】

又北二百里,曰丹熏之山,其上多樗、柏,其草多韭、䪥①,多丹雘。熏水出焉,而西流注于棠水。有兽焉,其状如鼠,而菟首麋身,其音如獋犬,以其尾飞,名曰耳鼠②,食之不睬,又可以御百毒。

【注释】

①韭:韭菜。䪥:同"薤",也叫藠头,多年生草本,叶细长中空,花小,紫色,

嫩叶和地下鳞茎可食用,也可入药。

⑦耳鼠:兽名。即鼯鼠。

耳鼠

耳鼠　清·汪绂图本

【译文】

由虢山的尾端再往北二百里有座山,名叫丹熏山,这座山上生长着臭椿、柏树以及山韭和薤菜,山坡上有很多可制作成颜料的丹臒。熏水就发源于这座山,流出山后便向西流入棠水。这座山上还有一种野兽,其身形像鼠,但头像兔的头,身形像麋鹿,叫声像狗吠,飞翔靠尾巴的扇动,这种东西名叫耳鼠,人若吃了它的肉就可以不生大肚子病,还可以解百毒。

石者山

【原文】

又北二百八十里,曰石者之山,其上无草木,多瑶碧。泚水出焉,西流注于河。有兽焉,其状如豹,而文题①白身,名曰孟极,是善伏②,其鸣自呼。

【注释】

①文:花纹、斑纹。题:额头。

②善伏:隐藏、藏匿。

【译文】

由丹熏山再往北二百八十里有座山,名叫石者山,这座山上寸草不生,倒是有很多的瑶碧玉。泚水就发源于这座山,从山洞流出后便向西流入黄河。山上有一种野兽,其身形似豹,但额头上有很多花纹,身上的毛是白色的,这种野兽名叫孟极,非常机敏,出没不定,它吼叫时就像喊自己的名字"孟——极——"。

孟极

孟极　清·汪绂图本

边春山

【原文】

又北百一十里,曰边春之山,多葱、葵、韭、桃、李①。杠水出焉,而西流注于泑泽。有兽焉,其状如禺而文身,善笑,见人则卧,名曰幽鴳,其鸣自呼。

【注释】

①葱:山葱,又叫茖葱,一种生于山地的野葱。葵:山葵,一种野菜。桃:山桃,野生桃树,又叫榹桃、毛桃。李:李树,落叶乔木,春天开白色花,果实叫李子,熟时黄色或紫红色,可吃。

幽鴳

【译文】

由石者山再往北一百一十里有座山，名叫边春山，这座山上生长有很多的山葱、山葵、山韭等山草，还有桃树、李树。杠水就发源于这座山，从山涧流出后便向西流入泑泽。这座山上生有一种野兽，其身形像猴，但身上长的毛都有花纹，这种野兽常发出笑声，一见有人便假装睡着，这种野兽名叫幽鴳，它吼叫时就像喊自己的名字"幽——鴳——"。

幽鴳

幽鴳　清·汪绂图本

蔓联山

【原文】

又北二百里，曰蔓联之山，其上无草木，有兽焉，其状如禺而有鬣，牛尾、文臂、马蹄，见人则呼，名曰足訾，其鸣自呼。有鸟焉，群居而朋飞，其毛如雌雉，名曰䳡，其鸣自呼，食之已风①。

足訾

足訾

【注释】

①风：中风，"脑卒中"的俗称。

【译文】

由边春山再往北二百里有座山，名叫蔓联山，山上寸草不生，但有一种奇怪的野兽经常出没，它的身形似猴，但项上长有似马鬣一样的长毛，尾巴像牛尾，腿有花纹，足似马蹄，一见人便大声吼叫，这种动物名叫足訾，它的名字就是以它的吼叫声来取的。这座山上还生有一种鸟。这种鸟的居住生活习惯是群居、群飞，这种鸟的毛像雌雉。它的名字叫䳡，这个名字是依它的叫声来取的，人若吃了这种鸟的肉，则可以医治好中风。

单张山

【原文】

又北百八十里,曰单张之山,其上无草木。有兽焉,其状如豹而长尾,人首而牛耳,一目,名曰诸犍,善吒①,行则衔其尾,居则蟠其尾。有鸟焉,其状如雉,而文首、白翼、黄足,名曰白鵺,食之已嗌痛②,可以已瘅③。栎水出焉,而南流注于杠水。

诸犍

诸犍　明·胡文焕图本

【注释】

①吒:怒吼声,大声吼叫。

②嗌:咽喉,亦指咽头。

③瘅:癫狂病、痴病、痫病。

【译文】

由蔓联山再往北一百八十里有座山,名叫单张山,这座山上寸草不生。山上有一种野兽,其身形像豹,但尾巴长,头像人头,耳像牛耳,只有一只眼,这种野兽名叫诸犍,善于大声吼叫,它行走的时候总是嘴咬着自己的尾巴,卧伏的时候又总是将尾巴盘卷起来。山上还生长着一种鸟,其形状像野鸡,头上有花纹,翅膀上的毛是白色的,脚爪是黄色的,这种鸟名叫白䳑,人若吃了它的肉,则可以医治咽喉疼痛,还可以医治痴呆症。栎水就发源于这座山,流出山涧后便向南流入杠水。

灌题山

【原文】

又北三百二十里,曰灌题之山,其上多樗柘①,其下多流沙②,多砥。有兽焉,其状如牛而白尾,其音如訆,名曰那父。有鸟焉,其状如雌雉而人面,见人则跃,名曰竦斯③,其鸣自呼也。匠韩之水出焉,而西流注于泑泽,其中多磁石④。

【注释】

①柘:柘树,也叫黄桑、奴柘,落叶灌木或乔木,树皮灰褐色,有长刺,叶子卵形或椭圆形,花小,果实球形。叶可以喂蚕,木材中心为黄色,质坚而致密,是贵重的木料。

②流沙:堆积在河底、河口的松散、不稳定的沙。

③竦斯:传说中的人面神鸟名。

④磁石:也作"慈石",俗称吸铁石、磁铁。一种磁铁矿的天然矿石,即天然的吸铁石。

【译文】

由单张山再往北三百二十里有座山,名叫灌题山,这座山的山坡上生长着臭椿和柘树,山坡下有很多流沙和磨刀石,山上生有一种野兽,其身形似牛,但尾巴是白色的,吼叫声像人在呼喊,这种野兽名叫那父。山上还生有一种鸟,其形状像雌雉,但脸像人面,一见有人就跳跃,这种鸟名叫辣斯,它的鸣叫声就像在呼喊自己的名字。匠韩水就发源于这座山,流出山涧后便向西流向泑泽,匠韩水中有很多磁石。

柘木

辣斯

潘侯山

【原文】

又北二百里,曰潘侯之山,其上多松柏,其下多榛楛,其阳多玉,其阴多铁。有兽焉,其状如牛,而四节生毛,或曰旄牛①。边水出焉,而南流注于栎泽。

【注释】

①旄牛:牦牛。产于我国西南地区。

【译文】

由灌题山再往北二百里有座山,名叫潘侯山,这座山的山顶生长的树种主要是松树和柏树,山脚生长的树种主要是榛树和楛树,山的南坡蕴藏有很多的玉石,山的北坡蕴藏有丰富的铁矿。山上有一种野兽,其身形似牛,但四脚骨节处长着很长的毛,这种野兽名叫牦牛。边水就发源于这座山,从山涧流出后便向南流入栎泽。

小咸山

【原文】

又北二百三十里,曰小咸之山,无草木,冬夏有雪。

【译文】

由潘侯山再往北二百三十里有座山,名叫小咸山,山上寸草不生,无论是冬季还是夏季,满山都是雪。

大咸山

【原文】

北二百八十里,曰大咸之山,无草木,其下多玉。是山也,四方,不可以上。有蛇名曰长蛇①,其毛如彘豪,其音如鼓柝②。

【注释】

①长蛇：一种非常大的蛇，传说有几十丈长，可以将鹿、象等动物吞进肚里。

②鼓：敲击、敲打。柝：是古代巡夜人打更用的梆子。

【译文】

由小咸山再往北二百八十里有座山，名叫大咸山，这座山上寸草不生，山脚下有很多玉石。这座山的形状是四四方方的，有四面山坡，但山坡都很陡峭，人无法攀登上去。山上有一种蛇，名叫长蛇，这种蛇身上长着毛，有点像猪鬃，它还不时发出鸣叫声，像敲击木梆发出的声响。

长蛇

长蛇 明·蒋应镐绘图本

敦薨山

【原文】

又北三百二十里,曰敦薨之山,其上多棕枏,其下多茈草。敦薨之水出焉,而西流注于泑泽。出于昆仑之东北隅①,实惟河源。其中多赤鲑②,其兽多兕,旄牛,其鸟多鸤鸠。

【注释】

①隅:山水弯曲边角处。

②赤鲑:红色的鲑鱼,古代传说中的一种有翼发光的飞鱼。

【译文】

由大咸山再往北三百二十里有座山,名叫敦薨山,敦薨山的山坡上生长有很多棕树和楠树,山坡上生长有很多紫色的草。敦薨水就发源于这座山,从山涧流出后便向西流入泑泽。敦薨水发源于昆仑山的东北角,实际上它是黄河的源头。敦薨水里有很多红色的鲑鱼,敦薨山上生长的野兽主要是野犀牛、牦牛,生长的鸟主要是鸤鸠鸟。

少咸山

【原文】

又北二百里,曰少咸之山,无草木,多青碧。有兽焉,其状如牛,而赤身、人面、马足,名曰窫窳①,其音如婴儿,是食人。敦水出焉,东流注于雁门之水,其中多鮨鮨②之鱼。食之杀人。

【注释】

①窫窳:古代传说中一种吃人的怪兽。

②鲭鲭:江豚,哺乳动物,生活在江河中,形状很像鱼,没有背鳍,头圆,眼小,全身黑色,捕食小鱼和其他小动物。通称江猪。

窫窳

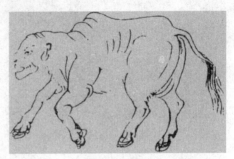

窫窳　清·汪绂图本

【译文】

由敦薨山再往北二百里有座山,名叫少咸山,这座山上寸草不生,但有很多青绿色的美玉,这座山上有一种野兽,其身形似牛,但全身毛皮都是红色的,长着一副人的面孔和四只马腿,这种野兽名叫窫窳,它的叫声像婴儿啼哭,这种野兽非常凶狠,会吃人。敦水发源于少咸山,流出山涧后便向东流入雁门水,敦水中有很多名叫鲭鲭的鱼。人如果吃了这种鱼,便会中毒身亡。

狱法山

【原文】

又北二百里,曰狱法之山。瀤泽之出焉,而东北流注于泰泽①。其中多鱲鱼,其状如鲤而鸡足,食之已疣。有兽焉,其状如犬而人面,善投,见人则笑,其名山犭军,其行如风,见则天下大风。

【注释】

①泰泽：渤海。

山㹙

鱲鱼

【译文】

　　由少咸山再往北二百里有座山,名叫狱法山。瀺泽水就发源于这座山,流出山涧后便向东北流入渤海。瀺泽水中有很多鱲鱼,这种鱼的形状像鲤鱼,但却长着一对鸡脚,如果吃了这种鱼,便可以医好疣赘。狱法山上生长有一种野兽,其身形像狗,但却长着一副人的面孔,这种动物擅长投掷,一见人便笑,它的名字叫山㹙,它行走飞快,就像一阵风刮过,这种动物一旦出现,天下便要刮大风了。

北岳山

【原文】

　　又北二百里,曰北岳之山,多枳、棘、刚木①。有兽焉,其状如牛,而四角、人目、彘耳,其名曰诸怀,其音如鸣雁②,是食人。诸怀之水出焉,而西流注于嚣水,水中多鮨鱼,鱼身而犬首,其音如婴儿,食之已狂。

诸怀

鲭鱼

【注释】

①枳棘：枳木和棘木，两种矮小的树，因其多刺而称恶木。枳木即枸橘，又称臭橘，落叶灌木或小乔木，枝多刺，叶是三小片的复叶，花白色，果实球形，叶和果实均供药用。棘木就是丛生的小枣树，一种落叶乔木，有刺，果实较枣小，味酸，种子、果皮、根可入药。刚木：木质坚硬的树木。

②鸣雁：鸣啼的大雁。

【译文】

由狱法山再往北二百里有座山，名叫北岳山，这座山上生长的树种主要是枳棘刚木。山上有一种野兽，其身形像牛，但却长着四只角，还长着一对人的眼睛和一对猪的耳朵，这种野兽的名字叫诸怀，它鸣叫的声音像大雁的叫声。它还吃人。这座山中有条诸怀水流出，出了山涧后便向西流入嚻水，诸怀水中有很多鲭鱼，这种鱼的身形是鱼，但却长着狗的脑袋，不时还发出似婴儿啼哭般的叫声，人若吃了这种鱼，便可以医治好疯病。

浑夕山

【原文】

又北百八十里,曰浑夕之山,无草木,多铜①玉②。嚻水出焉,而西北流注于海。有蛇一首两身,名曰肥遗,见则其国大旱。

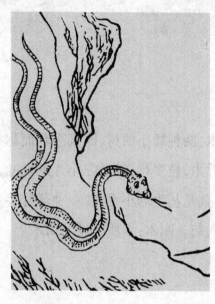

肥遗

【注释】

①铜:铜矿。

②玉:玉石。

【译文】

由北岳山再往北一百八十里有座山,名叫浑夕山,这座山寸草不生,但蕴藏着丰富的铜矿和玉石资源。嚻水就发源于这座山,出了山后便流向西北入海。这座山上生长有一种蛇,这种蛇只有一个头,却长着两个身子,名叫肥遗,一旦它出现,那国家便要遭受严重的旱灾。

肥遗

肥遗

北单山　罴差山　北鲜山

【原文】

又北五十里,曰北单之山①。无草木,多葱韭。

又北百里,曰罴差之山②。无草木,多马。

又北百八十里,曰北鲜之山③。是多马。鲜水出焉,而西北流注于涂吾之水。

【注释】

①北单之山,古山名。《五藏山经传》卷三:"豉堆泉水出其上。清浊二源,一南流,一北流,并东折而合,南注于汾,象张口形。"

②罴差之山,古山名。《五藏山经传》卷三:"牧马堡在大同府西北,西临长城,曰马市楼口,即罴差之山。"

③北鲜之山,古山名。《五藏山经传》卷三:"鲜,生鱼也。山在平鲁县西南,对鱼水及鲜于之水而言,故曰北鲜。其水今名兔毛河,二源合北流,屈而东北而北,受西一小水,又北少东,至朔平府城西南受东西二水,又迳城西少屈西

北,受东一水,西北至杀虎口,西出边注于乌蓝木伦河,即余吾之水。"

【译文】

从浑夕山再往北五十里的地方,有座山叫北单山。山上没有任何花草树木,却生长着很多葱韭。

从北单山再往北一百里的地方,有座山叫罴差山。山上没有任何花草树木,有很多马。

从罴差山再往北一百八十里的地方,有座山叫北鲜山。这座山上有很多马。鲜水是从这座山流出,然后向西北流入涂吾水。

隄山

【原文】

又北百七十里,曰隄山①,多马。有兽焉,其状如豹而文首,名曰狕②。隄水出焉,而东流注于泰泽,其中多龙龟。

狕　明·蒋应镐绘图本

狕　清·汪绂图本

【注释】

①隄山,古山名。

②狕,古兽名。

【译文】

从北鲜山再往北一百七十里的地方,有座山叫隄山,山中有很多野马。山里有一种野兽,形状像豹子,头部带有纹理,名字叫狕。隄水是从这座山流出,然后向东流入泰泽,隄水中有很多龙和龟。

总观

【原文】

凡北山经之首,自单狐之山至于隄山,凡二十五山,五千四百九十里。其神皆人面蛇身。其祠之,毛用一雄鸡彘瘗,吉玉用一珪,瘗而不糈。其山北人,皆生食不火之物。

人面蛇身神

人面蛇身神　清·汪绂图本

【译文】

纵观《北山经》这一山系,从单狐山到隄山,共二十五座山,沿途五千四百九十里。这些山的山神,都长着人的面孔和蛇的身子。祭祀这些山神的礼仪是:将带毛的完整的雄鸡和猪埋在地下。祭祀用的玉器是一块硅,不用精米。居住在诸山北面的人,都吃生食而不吃用火烤熟的食物。

【鉴赏】

本章第11节蔓联山的足訾和第13节灌题山的竦斯,亦见屈原的著作《楚辞·卜居》:"将哫訾、栗斯,喔咿儒儿以事妇人乎?"意思是难道我要像哫訾、竦斯那样扭捏作态以取媚有权势的妇人吗? 据此可知,如果哫訾、竦斯即使不是由人装扮的小丑,也很可能是由人豢养的宠物。

第16节的大咸山,四方台形,不见草木只有玉,人不能随便攀登,凡此种种均表明它是一座人造祭坛,举行祭祀活动时要击柝,所祭之神为有毛的长蛇,或者该长蛇乃祭坛的守护神。这让今天的读者很容易联想到美洲土著文化的四方台形阶梯状金字塔,及其供奉的羽毛蛇神。

第18节少咸山的窫窳又作猰貐,其形貌或似牛或似蛇,其身份或为人神或为怪兽。从其名称来看,"窫窳"有穴居之意,例如黄土高原的窑洞;而"契"字符则表明该部落有频繁的商品交易活动,或者经常使用文书契约(契也是一种工具材料,可用于榨油、搬移笨重的建筑材料)。最早的商人可能是从游牧民族分化出来的,一是他们到处走动、见多识广,二是他们需要与农民交换谷米等物。更准确地说,那个时期的商人,通常都是武装商人,他们既进行正常的贸易,也伺机抢掠,所谓"是食人"的恶名或许即由此而来。

第20节北岳山的诸怀样子像是凶猛的野牛,但是野牛系食草类动物,并不食人,因此诸怀有可能是指以野牛为图腾的部落。《五藏山经》屡屡有"食人"的说法,除了指野兽食人之外,似乎也表明那个时代尚有食人肉的野蛮习俗,这种习俗往往与巫术宗教活动有关,例如所谓的"圣餐"。北岳山的鮨鱼"食之已狂",或可表明当地多精神病人,而某些有关怪人怪兽的传闻,可能即源于这些人的病态发作(动物也有类似的病,例如疯牛病),有时甚至被视为神灵或神灵附体,此外怪人怪兽传闻的另一种来源则是人或动物生下的怪胎。

本章中所说的黑差山、北鲜山、隄山等均位于今日的蒙古大草原,当时这里的野马非常多,如今野马已濒临灭绝了。

另外,本章提及的谯明山、第5节的涿光山、第7节的虢山尾、第9节的石者山等山,均有水系向西流入黄河,表明这几座山当位于今日山西省境内的吕梁山西麓;其中谯明山和涿光山,其名有光有明,可能即今日吕梁山山脉南端的火焰山(位于山西省吉县东)。进一步说,北山一经其他诸山亦位于吕梁山山脉及其更北的地方。

二、北次二经

【导读】

北次二经记述了主要在中国北部的十六座山,位于北山一经所记的山列的东面,其中近一半山的位置基本可以考定,其余山的位置难以确考,但它们大致在今山西、河北或内蒙古、蒙古国境内。

北次二经中记述的奇禽怪兽有:四翼、一目、大尾的鹗鸟,形状像乌而人面的鹦鹋,羊身人面、目在腋下、虎齿人爪的狍鸮,牛尾白身、长着一只角的辟马。经中还记述了一种名叫三桑树的怪树,树干上没有旁枝,高达百仞。

管涔山

【原文】

《北次二经》之首,在河之东,其首枕汾①,其名曰管涔之山。其上无木而多草,其下多玉。汾水出焉,而西流注于河。

【注释】

①汾:水名,即汾水、汾河,在山西省中部。

【译文】

《北次二经》记述的北山第二列山系最南端的山,在黄河的东边,濒临汾水,名叫管涔山。山上不生长树木,但生长有很多的草,山脚下有很多玉石。汾水就发源于这座山,从山涧流出后便向西流入黄河。

少阳山

【原文】

又西二百五十里,曰少阳之山,其上多玉,其下多赤银①。酸水出焉,而东流注于汾水,其中多美赭②。

【注释】

①赤银:含银量很高的银矿。

②美赭:优质红土。

【译文】

由管涔山往西二百五十里有座山,名叫少阳山,这座山的山顶有很多玉石,山脚蕴藏有很丰富的赤银矿。酸水就发源于这座山,流出山涧后便向东流入汾水,酸水水底有很多优质的红土。

县雍山

【原文】

又北五十里,曰县雍之山,其上多玉,其下多铜,其兽多闾①、麋,其鸟多白翟、白鹣②。晋水出焉,而东南流注于汾水。其中多鮆鱼,其状如儵③而赤麟,其音如叱,食之不骄。

闾

【注释】

①闾:山驴,又称为羭,一种黑母羊,形体似驴,角如羚羊。

②白鹣:白翰鸟,即白雉。

③鯈：指小鱼。

【译文】

由少阳山再往北五十里有座山，名叫县雍山，这座山的山顶有很多玉石，山脚蕴藏有很丰富的铜矿，山上生长的野兽主要是山驴和麋鹿，栖息的鸟类主要是白翟和白翰鸟。晋水就发源于这座山，从山洞流出后便向东南流入汾水。晋水中有很多鮆鱼，具身形像小鱼，有红色的鱼鳞，不时还能发出似斥责人的叫声，人若吃了这种鱼，则可以医治好狐臭。

间　清·汪绂图本

鮆鱼　清·汪绂图本

狐岐山

【原文】

又北二百里，曰狐岐之山，无草木，多青碧。胜水出焉，而东北流注于汾水，其中多苍玉。

【译文】

由县雍山再往北二百里有座山，名叫狐岐山，这座山上寸草不生，有很多青色的玉石。胜水就发源于这座山，流出山洞后便向东北流入汾水，胜水中有很多黑色的玉石。

白沙山

【原文】

又北三百五十里,曰白沙山,广员三百里,尽沙也,无草木鸟兽。鲔水出于其上,潜于其下,是多白玉。

【译文】

由狐岐山再往北三百五十里有座山,名叫白沙山,这座山方圆三百里,整个山都是由沙堆成的,山上没有鸟兽,也不生长草木。鲔水就发源于这座山的山顶,并潜入沙里,至山下流出地面,鲔水中有很多白色的玉石。

尔是山

【原文】

又北四百里,曰尔是之山,无草木,无水。

【译文】

由白沙山再往北四百里有座山,名叫尔是山,这座山上没有水,因此寸草不生,很荒凉。

狂山

【原文】

又北三百八十里,曰狂山,无草木,是山也,冬夏有雪。狂水出焉,而西流注于浮水,其中多美玉。

【译文】

由尔是山再往北三百八十里有座山,名叫狂山,这座山上光秃秃的,不生长草木,一年四季,满山都是雪。狂水就发源于这座山,流出山涧后便向西流入浮水,狂水中有很多好看的玉石。

诸余山

【原文】

又北三百八十里,曰诸余之山,其上多铜玉,其下多松、柏。诸余之水出焉,而东流注于㴞水。

【译文】

由狂山再往北三百八十里有座山,名叫诸余山,这座山的山顶蕴藏有丰富的铜矿和玉石,山脚生长有很多的松树和柏树。诸余水就发源于这座山,流出山涧后便向东流入㴞水。

敦头山

【原文】

又北三百五十里,曰敦头之山,其上多金玉,无草木。㴞水出焉,而东流注于印泽。其中多𪸩马,牛尾而白身,一角,其音如呼。

【译文】

由诸余山再往北三百五十里有座山,名叫敦头山,这座山上蕴藏有丰富的金矿和玉石,但寸草不生。旄水就发源于这座山,从山涧流出后便向东流入印泽。旄水中有很多驿马,驿马长着牛样的尾巴,全身白色,头顶只有一只角,发出的吼叫声就像人的呼喊声。

驿马

驿马　明·蒋应镐绘图本

鉤吾山

【原文】

又北三百五十里,曰鉤吾之山,其上多玉,其下多铜。有兽焉,其状如羊身人面,其目在腋下,虎齿人爪,其音如婴儿,名曰狍鸮①,是食人。

【注释】

①狍鸮:神话传说中的兽名,性情暴躁贪婪,吃人,并将吃剩下的人的各个部位咬碎。

【译文】

由敦头山再往北三百五十里有座山,名叫钩吾山,这座山的山巅有很多玉石,山脚下蕴藏有丰富的铜矿。山上有种野兽,身形似羊,却长着一副人的面孔,眼睛长在腋下,牙似虎牙,爪似人脚,吼叫声似婴儿啼哭,这种兽名叫狍鸮,是吃人的动物。

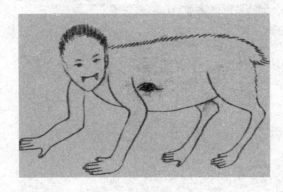

狍鸮

狍鸮　清·毕沅图本

北嚻山

【原文】

又北三百里,曰北嚻之山,无石,其阳多碧,其阴多玉。有兽焉,其状如虎,而白身犬首,马尾彘鬣,名曰独㺢。有鸟焉,其状如乌,人面,名曰鳌鵑,宵飞而昼伏,食之已暍[1]。涔水出焉,而东流注于邛泽。

【注释】

①暍:中暑。

【译文】

由钩吾山再往北三百里有座山,名叫北嚻山,这座山上没有石头。山上蕴

藏着丰富的玉石,南坡多碧玉,北坡多玉石。山上有一种野兽,其身形似虎,但

独㹢

全身都是白色的,并且长着一个狗样的脑袋,尾巴似马尾,毛似猪鬃,这种兽名叫独㹢。山上还有一种鸟,其形状似乌鸦,脸似人面,这种鸟名叫鹭鶄,它的生活习性是夜里飞游而白天回巢,人若吃了这种鸟的肉,则可以消暑。这座山上有条渼水流出,渼水出山后便向东汇入印泽。

梁渠山

【原文】

又北三百五十里,曰梁渠之山,无草木,多金玉。脩水①出焉,而东流注于雁门,其兽多居暨,其状如彙②而赤毛,其音如豚。有鸟焉,其状如夸父③,四翼、一目、犬尾,名曰嚣,其音如鹊,食之已腹痛,可以止衕④。

【注释】

①脩水:长江中游支流,属鄱阳湖水系。

②彙:传说中的动物名,长得像老鼠,红色的毛如同刺猬的刺。

③夸父:兽名,即举父,长得像猕猴。

④衕:腹泻。

䴎

䴎　清·汪绂图本

居暨

居暨　明·蒋应镐绘图本

【译文】

　　由北嚻山再往北三百五十里有座山，名叫梁渠山，这座山上光秃秃的，寸草不生，但蕴藏有丰富的金矿和玉石。脩水就发源于这座山，出山后便向东流入雁门水，这座山上生长的野兽主要是居暨，它的身形似刺猬，但周身长着红色的毛，不时发出如猪仔一样的叫声。这座山上还生长着一种鸟，其形状似夸父，但长着四只翅膀、一只眼睛和一条狗样的尾巴，它的名字叫䴎，不时发出鹊鸟一样的叫声，人吃了这种鸟的肉，就可以止腹痛，还可医治腹泻。

姑灌山　湖灌山

【原文】

又北四百里,曰姑灌之山,无草木。是山也,冬夏有雪。

又北三百八十里,曰湖灌之山。其阳多玉,其阴多碧,多马。湖灌之水出焉,而东流注于海,其中多鳝[①]。有木焉,其叶如柳而赤理。

【注释】

①鳝,即黄鳝。

【译文】

从梁渠山再往北四百里的地方,有座山叫姑灌山,山上没有生长花草树木。这座山,无论冬季还是夏季都会下雪。

从姑灌山再往北三百八十里的地方,有座山叫湖灌山。山的南面有很多优质玉石,山的北面有很多青碧玉,山中长有很多马。湖灌水是从这座山流出,然后向东流入大海。湖灌水中有许多鳝鱼。山上有一种树,形状像柳树,但有红色纹理。

洹山　敦题山

【原文】

又北水行五百里,流沙三百里,至于洹山[①]。其上多金玉。三桑生之,其树皆无枝,其高百仞,百果树生之。其下多怪蛇。

又北三百里,曰敦题之山[②],无草木,多金玉。是錞于北海。

【注释】

①洹山,古山名。

②敦题之山,古山名。《五藏山经传》卷三:"黑龙江所源之小肯特山也,象水为名。"

【译文】

从湖灌山再往北行五百里的水路、三百里流沙就到了洹山。山上盛产金属矿物和玉石。山上有一种三桑树,这种树只有树干,没有树枝,树干高达一百仞,山中有各种各样的果树。山下有很多怪异的蛇。

从洹山再往北三百里的地方,有座山叫敦题山。山上没有花草树木。山中有很多金矿和玉石。这座山虎踞在北海岸边。

总观

【原文】

凡北次二经之首,自管涔之山至于敦题之山,凡十七山,五千六百九十里。其神皆蛇身人面。其祠:毛用一雄鸡彘瘗;用一璧一珪,投而不糈。

【译文】

纵观《北次二经》这一山系,从管涔山到敦题山,共十七座山,沿途五千六百九十里。这些山的山神都是蛇的身形,人的面孔。祭祀这些山神的礼仪是,用的毛物是一只雄鸡和一头猪,并埋入地下;把一块璧、一块珪投入山间,祭祀不用精米。

【鉴赏】

在东汉蔡伦发明和推广造纸术之前,中国古籍主要的载体是用韦绳把竹简编在一起做成的卷章。这种文字载体的竹简容易脱落错位，卷章的绳子容易磨损断裂，当年孔子读《易经》就曾"韦编三绝"。这样的情况也发生在《山海经》的流传过程中，一个例子就是原版的北次二经断裂成为两部分，一部分为1至16节，另一部分为17至33节。作出上述判断的主要理由是：本章第1节甘枣山的共水向西流入黄河，表明其在黄河以东；第3节渠猪山的渠猪水向南流入黄河，表明其在黄河以北，属于中条山；第12节的霍山，又称太岳山，位于山西省中南部。上述情况表明它们只能出现在《北山经》里。根据《五藏山经》南西北东中五大区域26条山脉的分布规律，《北山经》与《西山经》的分界线是黄河前套至潼关的黄河，《北山经》与《中山经》的分界线是潼关以东的黄河。据此可知，现存版本的中次一经实际上是原版北次二经的前半段，其方位大体在今日汾水中下游一带，其主要山脉即夹在吕梁山与太行山之间的太岳山。这样一来，第16节所统计的"六千六百七十里"，实际上乃是前半段十五座山的里程九百三十七里与后半段十七座山（经文只有十六座山）的里程五千六百九十里之和；两者仅相差四十三里，有可能是因为脱落掉了一座山（管涔山）的里程数。

北山二经即北部山区第二条山脉的考察记录，大体位于北山一经的东面，共记述有31座山，15条河流，16处地望，47处矿物，18处植物，20处动物，透露出深厚的文化渊源和底蕴。

第2节的历儿山，又称历山。《墨子·尚贤下》称："昔者舜耕于历山，陶于河濒，渔于雷泽，灰于常阳，尧得之服泽之阳，立为天子。"郝懿行注："《史记正义》引《括地志》云：'蒲山亦名历山'，即此也，盖与薄山连麓而异名。"《金楼子·兴王篇》称："舜耕于历山，得金枝银节。"所谓"金枝银节"与枥木颇似历荚，或许历山之名与制定历法有关。今日山西垣曲县、山东济南均有历山及舜耕故事，前者位于中条山，海拔2321米，又称教山，附近有距今2万年前的下川文化遗址。

第4节葱聋山的山谷里，出产白、黑、青、黄色的垩土，表明这里是一处颜料制作场。青色,可指绿、蓝、黑,此处当指绿和蓝,古人对这两种颜色区分的并不严格。而冶金术的起源也与古人用火加工制作矿物颜料密不可分。

第11节牛首山的鬼草"服之不忧",说明"鬼"字在当初有吉祥保佑和神秘力量的意思,同时也表明那个时代的人已经在寻找和使用能够使人大脑兴奋或麻醉的药物;这种兴奋剂主要用于巫术活动、战争(包括狩猎)前的热身,以及医疗过程中。

第12节的霍山又称太岳山,位于山西省中南部,西南至东北走向,系汾水与沁水、浊漳水的分水岭,其中高峰牛角鞍海拔2567米、绵山2405米、霍山老爷顶2347米。绵山又称介山,春秋时介子推帮助重耳复位后隐居于此,重耳放火烧山欲迫使其出山辅佐自己,介子推宁死不出山,重耳将其葬于绵山,并更名为介山。在中国名山里,霍山为五镇之中镇,北京的山川坛(先农坛)和地坛均供奉祭祀五岳和五镇,例如地坛的东侧从南向北,依次供奉中岳嵩山之神、北岳恒山之神、南岳衡山之神、东岳泰山之神,以及北海之神、南海之神、西海之神、东海之神。西侧从南向北依次供奉中镇霍山之神、东镇沂山之神、南镇会稽山之神、西镇吴山之神、北镇医巫闾山之神。

第15节鼓镫山与前一座山相距四百里,与其他诸山彼此相距数十里不符,而且又突然从南北向转变为东西向,或许表明鼓镫山原本不属于北山二经,而应属于北山三经;与此同时,北山三经的沁水发源地竭戾山,按方位则应属于北山二经,或许记述鼓镫山和竭戾山的竹简彼此位置在流传过程中颠倒了。在《五藏山经》中。记述每一条山脉里的山与山的方位关系,采取的是线性连带方式,即只记述后一座山位于前一座山的什么方位及其距离里数。由于《五藏山经》曾经使用过竹简载体,而每一条山脉的内容又往往写在同一条竹简上,彼此之间缺少上下文的文字联系和逻辑联系;因此,一旦发生记述某座山内容的竹简前后错位,势必将导致整条山脉的地理方位出现难以解读复原的错误。

第18节少阳山出产的赤银,郭璞注称:"银之精也。"银是一种化学性能比较稳定的元素,其化合物多为黑色;因此这里的赤银,可能是指水银矿朱砂(硫化汞)。《五藏山经》非常重视金属矿物产地,每每记录某山多铜、某山多铁,以及某山多赤金、某山多白金,这里的"金"泛指金属元素或金属矿石。其中赤金当指品位高的自然金,白金则可能指铅、锡、锌等元素的矿石,它们是制作青铜器的重要资源。少阳山发源的水系名叫"酸水",可能与当地居民制造醋并以醋为食品的活动有关。少阳山位于今日山西省汾水上游,而醋正是山西人最先发明的,至今山西人仍然以食醋闻名于世。

第25节敦头山的印泽,与第27节北嚻山的邛泽,袁珂认为是同一个湖泊,由于"印"与"邛"字形相近而在传抄转印过程中发生差误。事实上,在《山海经》等古籍里,音相同或相近的字,意相同或相近的字,形相似的字,以及在正体字与简体字、异体字之间,都会有意无意地发生替代或混淆,并导致信息的失真。从符号学的角度来说,文字是一种信息载体,因此在文字与信息之间需要恰当的关系:当一个字承载的信息量过多时,对使用者容易造成误解;当许多个字都承载相同的信息时,对使用者容易造成浪费(这里不考虑修辞的需要)。

第26节钩吾山的狍鸮,郭璞注谓:"为物贪小林,食人未尽,还害其身,像在夏鼎,《左传》所谓饕餮是也。"夏鼎即帝禹时代铸造的九鼎,《左传·宣公三年》记有:"昔夏之方有德也,远方图物,贡金九枚,铸鼎象物,百物而为之备,使民知神奸。故民入川泽山林,不逢不若,魑魅罔两,莫能逢之。用能协于上下,以承天休。"相传《山海经》的图像亦被铸在了九鼎之上,而饕餮在古史传说中以凶残和野蛮著称,其形貌或为兽或为人。

三、北次三经

【导读】

北次三经记述了中国北部的四十七座山,位于北次二经所记之山列的东面,其中十二座山的具体位置基本可以考定,而且有的山名与现在相同,如太行山、王屋山、燕山等;其余山的位置难以确考,但它们大致位于今山西、河南、河北、内蒙古境内。

北次三经中也记述了不少奇禽怪兽,如形状像蛇而四翼、六目、三足的酸与鸟,形状像鹊而六足的鹠鸟,形状像牛而三足的獂,形状像羊而一角一目的拣拣,形状像白犬而会飞的天马,等等。神话传说精卫填海即出于北次三经。

太行山　归山

【原文】

《北次三经》之首,曰太行之山。其首曰归山,其上有金玉,其下有碧。有兽焉,其状如羚羊而四角,马尾而有距,其名曰𬴃,善还[1],其名自訆[2]。有鸟焉,其状如鹊,白身、赤尾、六足,其名曰𪇔,是善惊[3],其鸣自詨。

【注释】

①还：通"旋"，盘旋、旋转。

②訆：通"叫"，大声呼叫。

③惊：敏锐、灵敏。

狰

鹠鸟

【译文】

《北次三经》记述的北山第三列山系的最南端的山脉是太行山。太行山最南端的山名为归山，这座山的山顶蕴藏着丰富的金矿和玉石，山脚有很多青绿色的玉石。这座山上有一种野兽，其身形似羚羊，但长有四只角，尾巴似马尾，脚后跟长有脚趾，这种野兽名叫狰，它擅长旋转起舞，它的吼叫声就像是在叫它自己的名字。这座山上有一种鸟，其身形似鹊，周身是白色的，尾巴是红色的，长着六只脚爪。这种鸟名叫鹠，它反应非常灵敏，它的鸣叫声就像在呼喊它自己的名字。

龙侯山

【原文】

又东北二百里,曰龙侯之山,无草木,多金玉。决决之水出焉,而东流注于河。其中多人鱼,其状如鯑鱼,四足,其音如婴儿,食之无痴疾。

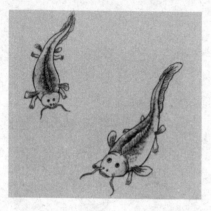

鯑鱼

大鲵

【译文】

由归山再往东北二百里有座山,名叫龙侯山,这座山上光秃秃的,寸草不生,但蕴藏有丰富的金矿和玉石。决决水就发源于这座山,流出山涧便向东流入黄河。决决水中有很多人鱼。这种人鱼有点像鯑鱼,但长着四只脚,不时发出如婴儿啼哭的鸣叫声,吃这种鱼可用来医治痴呆症。

马成山

【原文】

又东北二百里,曰马成之山,其上多文石,其阴多金玉。有兽焉,其状如白犬^①而黑头,见人则飞,其名曰天马^②,其鸣自訆,有鸟焉,其状如乌,首白而身青、足黄,是名曰鹠鶹。其名自詨,食之不饥,可以已寓^③。

天马

【注释】

①白犬:白狗。

②天马:传说中的兽名,一种神马。

③寓:"误",指失眠昏忘之病,即健忘症或老年痴呆症。

【译文】

由龙侯山再往东北二百里有座山,名叫马成山,这座山上有很多带花纹的石头,山的北坡蕴藏有丰富的金矿和玉石。这座山上有一种野兽,其形状像白狗,但头是黑色的,见有人来便展翅飞走,这种野兽名叫天马,它的叫声就像是在叫自己的名字;这座山上还有一种鸟,其形状像乌鸦,但脑袋是白色的,身上的毛是青色的,爪子是黄色的,这种鸟名叫鹠鶹,它的叫声也像是在呼喊自己的名字,这种鸟的肉可用来充饥,而且还可制药医治失眠健忘症。

咸山

【原文】

又东北七十里，曰咸山，其上有玉，其下多铜，是多松、柏。草多茈草。条菅①之水出焉，而西南流注于长泽。其中多器酸②，三岁一成，食之已疠。

【注释】

①条菅：古水名。

②器酸：一种酸性食物。

【译文】

由马成山再往东北七十里有座山，名叫咸山，这座山上有很多玉石，山坡下蕴藏有丰富的铜矿，这座山上长有很多松树和柏树以及茈草。条菅水就发源于这座山，从山涧流出后便向西南流入长泽。水中有很多器酸，每三年成长一次，器酸可用来医治麻风病。

天池山

【原文】

又东北二百里，曰天池之山，其上无草木，多文石。有兽焉，其状如兔而鼠首，以其背飞，其名曰飞鼠①。浞水出焉，潜于其下，其中多黄垩。

【注释】

①飞鼠：哺乳动物，形态和习性均似鼯鼠而体较小，前后肢之间的薄膜宽

大多毛。

飞鼠

飞鼠　明·蒋应镐绘图本

【译文】

　　由咸山再往东北二百里有座山,名叫天池山,这座山上光秃秃的,寸草不生,倒有很多带有花纹的美石。天池山上有一种野兽,其身形像兔,但长着鼠的脑袋,没有翅膀,但会飞,飞时凭借背部的毛,这种兽名叫飞鼠。渑水就发源于这座山,水潜入山中至山下,水中有很多可用来涂饰的黄色土。

阳山

【原文】

　　又东三百里,曰阳山,其上多玉,其下多金铜。有兽焉,其状如牛而赤尾,其颈胎,其状如句瞿①,其名曰领胡,其鸣自詨,食之已狂。有鸟焉,其状如赤雉,而五采以文,是自为牝牡,名曰象蛇②,其名自詨。留水出焉,而南流注于河。其中有䰶父之鱼,其状如鲋鱼③,鱼首而彘身,食之已呕。

【注释】

①句瞿:斗,指肉瘤。

②象蛇：古代传说中的鸟名，一体而具雌雄。

③鮒鱼：鲫鱼。

领胡

鮨父鱼　清·汪绂图本

象蛇

象蛇　明·蒋应镐绘图本

【译文】

　　由天池山再往东三百里有座山，名叫阳山，这座山上有很多玉石，山下蕴藏有丰富的金矿和铜矿。阳山上有一种野兽，其身形似牛，但尾巴是红色的，颈项上长着一个斗大的肉瘤，它名叫领胡，它的吼叫声似在叫自己的名字，吃了它的肉可以医治癫狂症。阳山上还有一种鸟，其身形似红色的山鸡，周身五彩斑斓，这种鸟自身兼具雄雌两性，它名叫象蛇，其鸣叫声很奇怪，似在呼叫自己的名字。留水就发源于阳山，从山涧流出后便向南流入黄河。水中有很多鮨父鱼,这种鱼很像鲋鱼,长着鱼头,但鱼身似小猪,人吃了这种鱼,可以止吐。

贲闻山

【原文】

又东三百五十里,曰贲闻之山,其上多苍玉,其下多黄垩,多涅石①。

【注释】

①涅石:黑矾石,可为染料。

【译文】

由阳山再往东三百五十里有座山,名叫贲闻山,山上有很多黑色的玉石,山下有很多可作涂饰的黄色土,还有可作黑色染料用的涅石。

王屋山

【原文】

又北百里,曰王屋之山①,是多石。㵎水出焉,而西北流注于泰泽。

【注释】

①王屋之山:山名。在山西阳城、垣曲两地之间。山有三重,其状如屋,故名。

【译文】

由贲闻山再往北一百里有座山,名叫王屋山,王屋山上石头很多。㵎水发源于这座山,出山后便向西北流入渤海。

教山

【原文】

又东北三百里,曰教山,其上多玉而无石。教水出焉,西流注于河,是水冬干而夏流,实惟干河。其中有两山。是山也,广员三百步,其名曰发丸之山[①],其上有金玉。

【注释】

①发丸之山:相传此山居于水中,如同神人发射的两颗弹丸,因此得名。

【译文】

由王屋山再往东北三百里有座山,名叫教山,这座山上有很多玉石,没一块石头。教水就发源于这座山,出山后便向西流入黄河,教水河道只在夏天有水流,而冬天则干涸断流,因此这条河实际上只是条干涸的河床。河床中有两座小山丘,这两座小山丘方圆只有三百步,山丘名叫发丸山,山丘上有很多金矿和玉石。

景山

【原文】

又南三百里,曰景山,南望盐贩之泽,北望少泽。其上多草、薯蓣[①],其草多秦椒[②],其阴多赭,其阳多玉。有鸟焉,其状如蛇,而四翼、六目、三足,名曰酸与,其鸣自詨,见则其邑有恐[③]。

酸与

酸与 清·毕沅图本

【注释】

①蕃薁:植物名,即山药。多年生缠绕藤本,其地下块茎可供食用或作中药。

②秦椒:花椒。以产于秦地,故名。

③恐:恐慌、恐怖之事。

【译文】

由教山再往南三百里有座山,名叫景山,站在景山的山巅,往南可远眺盐池,往北可远眺少泽。景山的山坡上有很多草,还生长有很多山药,山上的草主要是秦椒草,景山的北坡有很多红土,南坡有很多玉石。景山上有一种鸟,其身形似蛇,但长着四只翅膀、六只眼睛和三只脚,这种鸟名叫酸与,它的叫声像是在叫自己的名字,这种鸟一旦出现在哪个城邑,哪里就会有恐怖事件发生。

孟门山

【原文】

又东南三百二十里,曰孟门之山,其上多苍玉,多金,其下多黄垩,多涅石。

【译文】

由景山再往东南三百二十里有座山,名叫孟门山,这座山上有很多黑色的玉石,还蕴藏有丰富的金矿,山坡下有很多黄色土可作涂饰用,还有很多涅石,可作黑色染料。

平山

【原文】

又东南三百二十里,曰平山。平水出于其上,潜于其下,是多美玉。

【译文】

由孟门山再往东南三百二十里有座山,名叫平山。平水就发源于这座山的山巅,从山上流下,并潜入山脚,山上有很多上等的玉石。

京山

【原文】

又东二百里,曰京山,有美玉,多漆木,多竹,其阳多赤铜,其阴有玄碡①。高水出焉,南流注于河。

【注释】

①玄:赤黑色,黑中带红。硎:砥石,就是磨刀石。

【译文】

由平山再往东二百里有座山,名叫京山,山上有很多上等玉石以及漆树和竹子,这座山的南坡蕴藏有丰富的赤铜矿,山的北坡有很多黑色的磨刀石。高水就发源于这座山,流出山涧后便向南流入黄河。

虫尾山

【原文】

又东二百里,曰虫尾之山,其上多金玉,其下多竹、多青碧。丹水出焉,南流注于河。薄水出焉,而东南流注于黄泽。

【译文】

由京山再往东二百里有座山,名叫虫尾山,虫尾山上蕴藏有丰富的金矿和玉石,山脚下有很多竹子,还有很多青绿色的玉石。丹水就发源于这座山,流出山涧后便向南流入黄河。薄水也发源于这座山,流出山涧后便向东南流入黄泽。

彭毗山

【原文】

又东三百里,曰彭毗之山,其上无草木,多金玉,其下多水。蚤林之水出焉,东南流注于河。肥水出焉,而南流注于床水,其中多肥遗之蛇。

【译文】

由虫尾山再往东三百里有座山,名叫彭毗山,这座山上光秃秃的,寸草不生,蕴藏有丰富的金矿和玉石,山坡下有很多水。蚤林水就发源于这座山,流出山涧后便向东南流入黄河。肥水也发源于这座山,流出山涧后便向南流入床水,肥水中有很多肥遗蛇。

小侯山

【原文】

又东百八十里,曰小侯之山。明漳之水出焉,南流注于黄泽。有鸟焉,其状如乌而白文,名曰鸪鹑,食之不灂①。

【注释】

①灂:眼睛昏矇。

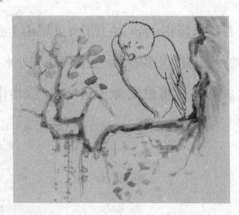

鸪鹑

【译文】

由彭毗山再往东一百八十里有座山,名叫小侯山。明漳水就发源于这座山,出山后便向南流入黄泽。小侯山上有一种鸟,其形状像乌,但全身羽毛有白色花纹,这种鸟名叫鸪鹠,吃了它的肉可医治眼睛昏矇。

泰头山

【原文】

又东三百七十里,曰泰头之山。共水出焉,南注于虖池。其上多金玉,其下多竹箭。

【译文】

由小侯山再往东三百七十里有座山,名叫泰头山。共水就发源于这座山,出山后向南流入虖池河。小侯山的山顶蕴藏有丰富的金矿和玉石,山坡下到处都是小竹丛。

轩辕山

【原文】

又东北二百里,曰轩辕之山①,其上多铜,其下多竹。有鸟焉,其状如枭而白首,其名曰黄鸟②,其鸣自詨,食之不妒③。

【注释】

①轩辕之山:古代传说中的山名。

②黄鸟:黄雀,麻雀的一种。

③妒:嫉妒。

【译文】

由泰头山再往东北二百里有座山,名叫轩辕山,这座山上蕴藏有丰富的铜矿,山坡下生长有很多竹子。这座山上有一种鸟,其形状像枭,但脑袋是白色的,这种鸟名叫黄鸟,它的鸣叫声就像在叫自己的名字,吃了它的肉可以消除妒忌心理。

谒戾山

【原文】

又北二百里,曰谒戾之山,其上多松、柏,有金玉。沁水出焉,南流注于河。其东有林焉,名曰丹林。丹林之水出焉,南流注于河。婴侯之水出焉,北流注于汜水。

【译文】

由轩辕山再往北二百里有座山,名叫谒戾山,山上生长着很多松树和柏树,还蕴藏有丰富的金矿和玉石。沁水就发源于这座山,出山后便向南流入黄河。这座山的东麓有一片树林,名叫丹林。这里有条河流流出,名叫丹林水,出山后便向南流入黄河。婴侯水也源于这座山,出山后便向北流入汜水。

沮洳山

【原文】

东三百里,曰沮洳之山,无草木,有金玉。濝水出焉,南流注于河。

【译文】

由谒戾山再往东三百里有座山,名叫沮洳山,这座山上寸草不长,倒是蕴藏有丰富的金矿和玉石。漳水就发源于这座山,出山后便向南流入黄河。

神囷山

【原文】

又北三百里,曰神囷之山,其上有文石,其下有白蛇,有飞虫①。黄水②出焉,而东流注于洹。滏水出焉,而东流注于欧水。

白蛇

【注释】

①飞虫:能飞的虫,指蠛蠓、蚊子之类的小虫。

②黄水:古水名,在河南省新郑西北。

【译文】

由沮洳山再往北三百里有座山,名叫神囷山,这座山上有一种带有花纹的石头,山坡下有一种白蛇和一种飞虫。黄水就发源于这座山,出山后便向东流入洹水。滏水也发源于这座山,出山后便向东流入欧水。

发鸠山

【原文】

又北二百里,曰发鸠之山,其上多柘木。有鸟焉,其状如乌,文首、白喙、赤足,名曰精卫①,其鸣自詨。是炎帝②之少女名曰女娃,女娃游于东海,溺而不返,故为精卫,常衔西山之木石,以堙③于东海。漳水出焉,东流注于河。

精卫

精卫　明·蒋应镐绘图本

【注释】

①精卫:古代神话中的鸟名。

②炎帝:传说中的上古姜姓部族首领,号神农氏。炎帝与黄帝同为中华民

族的祖先。

③堙：堵塞。

【译文】

由神囷山再往北二百里有座山，名叫发鸠山，这座山上生长着柘树。山上有一种鸟，其形似乌鸦，但脑袋上有花纹，嘴是白色的，脚爪是红色的，这就是精卫鸟，它的鸣叫声就像在叫自己的名字。精卫鸟原是炎帝的小女儿，名叫女娃，有天她去东海游泳，结果沉到海里再也没有回家，后来化身为精卫鸟，经常从西山口衔树枝和石头到东海，想用来填没东海。漳水就发源于发鸠山，出山后便向东流入黄河。

少山

【原文】

又东北百二十里，曰少山，其上有金玉，其下有铜。清漳①之水出焉，东流注于浊漳之水。

【注释】

①清漳：水名，漳河上流。

【译文】

由发鸠山再往东北一百二十里有座山，名叫少山，这座山的山顶蕴藏有丰富的金矿和玉石，山脚蕴藏有丰富的铜矿。清漳水发源于这座山，出山后便向东流入浊漳水。

锡山

【原文】

又东北二百里,曰锡山,其上多玉,其下有砥。牛首之水出焉,而东流注于滏水。

【译文】

由少山再往东北二百里有座山,名叫锡山,锡山的山巅有很多玉石,山脚下有很多砥石可用来磨刀。牛首水就发源于这座山上,流出山涧后便向东流入滏水。

景山

【原文】

又北二百里,曰景山,有美玉。景水出焉,东南流注于海泽。

【译文】

由锡山再往北二百里有座山,名叫景山,山上有很多优质的玉石。景水就发源于这座山,从山涧流出后便向东南流入海泽。

题首山

【原文】

又北百里,曰题首之山,有玉焉,多石,无水。

【译文】

由景山再往北大约一百里有座山,名叫题首山。山上有很多玉石,还有很多石头,但没有水。

绣山

【原文】

又北百里,曰绣山,其上有玉、青碧,其木多栒①,其草多芍药②、芎䓖。洧水出焉,而东流注于河,其中有鳠③、黾④。

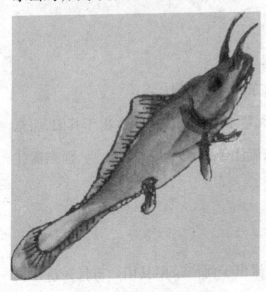

鳠

黾

【注释】

①栒:栒树,古人常用于制作拐杖。

②芍药:双子叶植物,多年生草本。花大,粉红、紫红、黄、白等色,有芳香,根部加工后为中药白芍。

③鳠:鱼名,似鲇。体较细长,头平扁,眼在上侧位,较大,口旁有须四对。无鳞。

④黾:蛙的一种。

【译文】

由题首山再往北大约一百里有座山,名叫绣山,山上有很多玉,主要是青碧玉,山上生长着枸树以及芍药和川芎。涧水就发源于这座山,从山涧流出后便向东流入黄河,涧水中有很多鳠鱼和黾。

松山　敦与山

【原文】

又北百二十里,曰松山。阳水出焉,东北流注于河。

又北百二十里,曰敦与之山。其上无草木,有金玉。溹①水出于其阳,而东流注于泰陆之水,泜水②出于其阴,而东流注于彭水③。槐水④出焉,而东流注于泜泽。

【注释】

①溹水,古水名,通常称它为索水,流出于河南荥阳县南。古代是济水支流,现注入于贾鲁河。

②泜水,古水名。现在的槐河,流出于河北赞皇西南,向东流,经元氏南至宁晋南,折南入滏阳河。

③彭水,古水名。《五藏山经传》卷三:"宁晋泊,象腹彭也。"

④槐水,古水名。《五藏山经传》卷三:"槐水出赞皇县南,东流经柏乡县北,东北注宁晋泊。彭水、泜泽,变名耳。"

【译文】

从绣山再往北一百二十里的地方,有座山叫松山。阳水是从这座山流出,向东北流入黄河。

从松山再往北一百二十里的地方,有座山叫敦与山。山上光秃没有任何花草树木,但蕴藏着丰富的金矿和玉石。溹水是从敦与山的南面流出,然后向东流入泰陆水。泜水是从这座山的北面流出,然后向东流入彭水。槐水也是从这座山流出,然后向东流入泜泽。

柘山　维龙山

【原文】

又北百七十里,曰柘山①。其阳有金玉,其阴有铁。历聚之水出焉,而北流注于洧水。

又北三百里,曰维龙之山。其上有碧玉,其阳有金,其阴有铁。肥水出焉,而东流注于皋泽,其中多磊石②,敞铁之水出焉,而北流注于大泽。

【注释】

①柘山,古山名。《五藏山经传》卷三:"柘山,今石马山,在旧乐平县西。"

②磊石,大石头。郭璞注:"或作垒,魂垒,大石貌。或曰石名。"

【译文】

从敦与山再往北一百七十里的地方,有座山叫柘山。山的南面遍布着金属矿物和美玉,山的北面有丰富的铁矿。历聚水是从这座山流出,然后向北流入洧水。

从柘山再往北三百里的地方,有座山叫维龙山。山上有许多碧绿色的玉石,山的南面有丰富的金矿,山的北面蕴藏着丰富的铁矿。肥水是从这座山流出,然后向东流入皋泽水,肥水中有很多高高耸起的大石头,敞铁水是从这座山流出,然后向北流入大泽。

白马山

【原文】

又北百八十里,曰白马之山①。其阳多石玉,其阴多铁,多赤铜。木马之水②出焉,而东北流注于虖沱。

【注释】

①白马之山,古山名。《五藏山经传》卷三:"虖沱合渚水象白马矫顾之形。"

②木马之水,古水名。《五藏山经传》卷三:"盂县之秀水河为其后足而状似木枝,故曰木马水。"

【译文】

从维龙山再往北一百八十里的地方,有座山叫白马山。山的南面有很多普通的石头和玉石,山的北面有丰富的铁矿,还有很多赤铜矿。木马水是从这座山流出,然后向东北流入虖沱河。

空桑山　泰戏山

【原文】

又北二百里,曰空桑之山①,无草木,冬夏有雪。空桑之水出焉,东流注于虖沱。

又北三百里，曰泰戏之山②，无草木，多金玉。有兽焉，其状如羊，一角一目，目在耳后，其名曰辣辣③，其鸣自詧。虖沱之水出焉，而东流注于溇水④。液女之水出于其阳，南流注于沁水。

【注释】

①空桑之山，古山名。《五藏山经传》卷三："山在五台县西，清水河合诸水象枯桑，九女泉合南一小水东流入之，象空穴也。"

辣辣　　　　　　　　　　　　　辣辣　明·蒋应镐绘图本

②泰戏之山，古山名。《五藏山经传》卷三："山在繁畤县东百里，虖沱正源青龙泉所发也。"

③辣辣，古兽名。

④溇水，《五藏山经传》卷三："溇水即液女之水，上文总名溇液水，出南台山麓，西流合清水河，南注虖沱，沱溇交相注也。"

【译文】

从白马山再往北二百里的地方,有座山叫空桑山。这座山荒芜,没有花草树木,无论是冬季还是夏季都会有大雪飘落。空桑水是从这座山流出,向东流入滹沱河。

从空桑山再往北三百里的地方,有座山叫泰戏山。山上荒芜没有花草树木,有丰富的金矿和玉石。山中一种野兽,形状像羊,一只角一只眼睛,眼睛长在耳朵后面,名字叫𫘝𫘝,它的叫声与它的名字的音相同。滹沱水是从这座山流出,然后向东流入溇水。液水是从这座山的南面流出,向南流入沁水。

石山

【原文】

又北三百里,曰石山①,多藏金玉。濩濩之水②出焉,而东流注于滹沱;鲜于之水③出焉,而南流注于滹沱。

【注释】

①石山,古山名。《五藏山经传》卷三:"山在忻州西南石岭关。"

②濩濩之水,《五藏山经传》卷三:"有水三源,东北流合出石梯口,至定襄县东注于滹沱,即濩濩之水。濩,水泻落也。"

③鲜于之水,《五藏山经传》卷三:"山之南有石桥河南流,洛阴、直谷二水自东合而来会,又西南右受烈石泉水而南与西北来之埚谷水会,又东南而南经太原府治入汾,即鲜于之水。鲜于诸水象生鱼旋动纤曲之形也。"直谷,真谷之误。

【译文】

从泰戏山再往北三百里的地方,有座山叫石山,山上蕴藏着丰富的金矿和玉石。渡渡水是从这座山流出,然后向东流入滹沱河;鲜于水也是从这座山流出,然后向南流入虖沱河。

童戎山 高是山

【原文】

又北二百里,曰童戎之山①。皋涂之水②出焉,而东流注于溇液水。

又北三百里,曰高是之山③。滋④水出焉,而南流注于虖沱。其木多棕,其草多条。滱水⑤出焉,东流注于河。

【注释】

①童戎之山,古山名。《五藏山经传》卷三:"山即管涔东麓。"

②皋涂之水,古水名。《五藏山经传》卷三:"阳武河出而东流迳淖泥驿北,即皋涂之水。"

③高是之山,古水名。《五藏山经传》卷三:"五台县东射虎山也。是,用足上指也。射虎川水西南合清水河象之,故山得名。"

④滋水,古水名。《五藏山经传》卷三:"清水又象墨筵卓挹,射虎承之,象墨中茸,故曰滋。其水南入虖沱也。"

⑤滱水,古水名。《五藏山经传》卷三:"滱水今名沙河,出射虎山北,东南流至曲阳西北屈而南而东南,会郪水,象穿窬形,故名滱。"

【译文】

从石山再往北二百里的地方,有座山叫童戎山。皋涂水是从这座山流出,然后向东流入溇液水。

从童戎山再往北三百里的地方,有座山叫高是山。滋水是从这座山流出,然后向南流入虖沱河。山上生长的树木主要是棕树,山上的草主要是多条草。

然后向南流入虖沱河。山上生长的树木主要是棕树,山上的草主要是多条草。滱水是从这座山流出,向东流入黄河。

陆山　沂山

【原文】

又北三百里,曰陆山,多美玉。郣水出焉,而东流注于河。

又北二百里,曰沂山。般水出焉,而东流注于河。

【译文】

从高是山再往北三百里的地方,有座山叫陆山,山上盛产精美的玉石,郣水是从这座山流出,然后向东流入黄河。

从陆山再往北二百里的地方,有座山叫沂山。般水是从这座山流出,然后向东流入黄河。

燕山　饶山

【原文】

北百二十里,曰燕山①,多婴石②。燕水出焉,东流注于河。

又北山行五百里,水行五百里,至于饶山③。是无草木,多瑶碧,其兽多橐驼④,其鸟多鹠⑤。历虢之水出焉,而东流注于河。其中有师鱼⑥,食之杀人。

【注释】

①燕山,古山名。《五藏山经传》卷三:"良乡县北,圣水所出也。圣水即北易水,水形像飞燕上颃。"

②婴石，一种像玉一样，又有花纹的关石。郭璞注："言石似玉有符彩婴带，所谓燕石者。"

③饶山，古山名。《五藏山经传》卷三："饶山即西拉札拜岭，在多伦泊东北，当少咸之南，有安巴科坤河、西拉札拜岭河、库尔奇勒河诸水，象积禾。"

④橐驼，即骆驼。郭璞曰："有肉鞍，善行流沙中，日行三百里，其负千斤，知水泉所在也。"

⑤鶌，就是鹘鶌，或横纹小鸮，头和颈侧及翼上覆羽，暗褐色，密布棕白色细狭横斑。

⑥师鱼，人鱼。郭璞注："或作鲵。"

【译文】

从沂山再往北一百二十里的地方，有座山叫燕山，山上有很多像玉一样带有花纹的漂亮石头。燕水是从这座山流出。向东流入黄河。

从燕山再往北走五百里的山路，再走五百里的水路就到了饶山。饶山光秃秃的，没有花草树木，山上有很多瑶玉和碧玉，山中的野兽主要是骆驼，山上的鸟主要是鶌鸟。历虢水是从这座山流出，然后向东流入黄河。历虢水中有很多师鱼，这种鱼有毒，吃了这种鱼会被毒死。

乾山

【原文】

又北四百里，曰乾山，无草木，其阳有金玉，其阴有铁而无水。有兽焉，其状如牛而三足，其名曰獂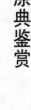，其鸣自詨。

獂

獂　清·汪绂图本

【注释】

①獂,古兽,类似野猪。

【译文】

从饶山再往北四百里的地方,有座山叫乾山。山上没有花草树木,山的南面有丰富的金矿和玉石,山的北面有丰富的铁矿,但是山上没有流水。山中有一种野兽,形状像牛但有三只脚,名字叫獂,它的叫声与它的名字的读音相同。

伦山

【原文】

又北五百里,曰伦山。伦水出焉,而东流注于河,有兽焉,其状如麋,其川在尾上,其名曰罴②。

【注释】

①伦山,古山名。《五藏山经传》卷三:"伦、仑通。山为白河源五郎海山

东脊,三水南流注白河,象编册,故曰仑。"

②罴,熊的一种。

罴

罴 明·蒋应镐绘图本

【译文】

从乾山再往北五百里的地方,有座山叫仑山。仑水是从这座山流出,然后向东流入黄河。山中有一种野兽,形状像麋鹿,但是它的肛门长在尾巴上,这种野兽名字叫罴。

碣石山

【原文】

又北五百里,曰碣石之山①。绳水出焉,而东流注于河,其中多蒲夷之鱼②。其上有玉,其下多青碧。

【注释】

①碣石之山,古山名。《五藏山经传》卷三:"碣石在滦河入海之西数十里,有海渚长直茶上如碑碣,今名长闸口,其北山脉循滦河之西五百馀里,与密

云诸山相连。此言碣石之山,即密云南山也。"

②蒲夷之鱼,有一说蒲夷鱼就是冉遗鱼,它的形体似蛇,有六只脚,眼睛像马眼睛,人们如果吃了这种鱼肉,就不会做噩梦。

【译文】

从伦山再往北五百里的地方,有座山叫碣石山。绳水是从这座山流出,然后向东流入黄河,绳水中有很多蒲夷鱼。山上有很多玉石,山下有很多青碧玉。

雁门山　帝都山　錞于毋逢山

【原文】

又北水行五百里,至于雁门之山①,无草木。

又北水行四百里,至于泰泽②。其中有山焉,曰帝都之山③,广员百里。无草木,有金玉。

又北五百里,曰錞于毋逢之山④。北望鸡号之山⑤,其风如飚⑥。西望幽都之山,浴水出焉,是有大蛇,赤首白身,其音如牛,见则其邑大旱。

【注释】

①雁门之山,古山名。《五藏山经传》卷三:"雁门谓今山海关,山脉自白狼河、大凌河源南来,讫于海。《海内西经》'雁门山,雁出其间。在高柳北',指谓白狼所出在柳条边外也。"

②泰泽,《五藏山经传》卷三:"潦海。"

③帝都之山,《五藏山经传》卷三:"长兴岛也。"

④錞于毋逢之山,吕调阳校作"母逢"之山。《五藏山经传》卷三:"母逢,

旅顺岛也。岛形似乳,其北岸悬入海中,有小水小渚在其端,似开口,故曰母逢。"

⑤鸡号之山,《五藏山经传》卷三:"鸡号亦象鸡俯鸣开其口也。"

⑥飚,形容风大速度快,猛烈。郭璞注:"飚,急风貌也。"

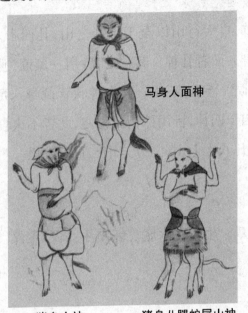

马身人面神

猪身山神　　　　猪身八腿蛇尾山神

【译文】

从碣石山再往北行五百里的水路就到了雁门山,雁门山上没有花草树木。

从雁门山再往北行四百里的水路就到了泰泽。泰泽水中有一座山,叫帝都山,方圆百里。没有花草树木,但有丰富的金矿和玉石。

从帝都山再往北五百里的地方,有座山叫錞于毋逢山。从錞于毋逢山山巅向北可以远眺鸡号山,从鸡号山中吹出来的风如强劲的飚风。向西可以远眺幽都山,浴水是从这座山流出。錞于毋逢山中有一种大蛇,红色的头,白色的身子,它的声音像牛叫,这种蛇出现在哪里,哪里就会遭遇大旱灾。

总观

【原文】

凡北次三经之首,自太行山以至于毋逢之山,凡四十六山,万二千三百五十里。其神状皆马身人面者廿神。其祠之,皆用一藻茝①瘗之。其十四神状皆彘身而载②玉。其祠之,皆玉,不瘗。其十神状皆彘身八足、蛇尾。其祠之,皆用一璧瘗之。大凡四十四神,皆用稌糈米祠之,此皆不火食。

右北经之山志,凡八十七山,二万三千二百三十里。

【注释】

①藻茝,一种香草。生长在水底。郭璞注:"藻,聚藻。茝,香草,兰之类。"
②载,通"戴"。

【译文】

纵观《北次三经》这一山系,从太行山到毋逢山,共四十六座山,沿途一万二千三百五十里。其中有二十座山山神都是马的身形,人的面孔。祭祀这二十座山神的礼仪是,把藻和茝之类的香草当作祭品埋入地下。另外十四座山山神是猪的身形,佩带玉制饰品,祭祀这十四座山神的礼仪都是把玉作为祭祀的供品,但不埋入地下。还有十个神灵,样子是猪身,但是长着八只脚,蛇一样的尾巴,在祭祀这十个山神时,都是把一块玉璧作为祭品埋入地下。这四十四个山神,在祭祀时,都用精米来供奉,而且都不用烤成熟食。

以上是《北山经》的内容,一共八十七座山,二万三千二百三十里。

【鉴赏】

北山三经即北部山区第三条山脉的考察记录,共记述有 47 座山,48 条河流,57 处地望,84 处矿物,19 处植物,26 处动物,还记述有著名的精卫填海之事,以及当地居民的寒食节习俗。在《五藏山经》里,北山三经的考察总里程达 12 350 里,是所有 26 条山脉里距离最长的一条。

北山三经记述的山脉总称太行山,它的第一座山名叫归山,按惯例应有参照地望标志。太行山山脉南端为中条山,据此归山当在中条山山脉的西端,即今日山西省风陵渡的北面。风陵又称风后陵,相传黄帝大臣风后在与蚩尤作战中阵亡而被埋葬在这里,现存风后冢,高 2 米,围 30 米,位于芮城县赵村。中条山呈西南至东北走向,山势狭长 160 公里,宽仅 10 至 15 公里,出产铜、金、铁、煤、磷,至今仍保留有 800 公顷原始森林,珍稀树种有杜仲、猕猴桃、漆树,主要动物有猕猴和大鲵。鲵即人鱼,俗称娃娃鱼。值得注意的是,甘肃省甘谷县西坪曾出土有鲵鱼纹彩陶瓶,属于马家窑文化石岭下类型器物;其鲵鱼图形,脸似人面,颌下有须,造型人格化,体现着龙的传人之说。中国古史传说所谓"伏羲蛇躯",当初很可能是指"鲵躯",亦即"龙躯",表明龙的原形出自大鲵。

本章第 4 节咸山之名当与出产咸盐有关。今日中条山北麓安邑县(今属运城市)境内的解池,自古即为盐池,以出产盐、硝著名。《水经注·涑水》称:安邑"城南有盐池,上承盐水,水出东南薄山,西北流,径巫咸山北,谷口岭上,有巫咸祠。"从今天的角度来看,巫咸乃是盐业工程师。器酸当是人工酿造的食用醋或酸类,食用醋可由谷物发酵而成,其发明的时间与酒大体相当(酒发酵过度就会变成醋)。安邑西北的夏县相传即夏禹建都之地。

第 5 节天池山,顾名思义是山顶有湖池。众所周知,新疆天山有天池,相传西王母在此宴请周穆王,又名瑶池。吉林长白山有天池,为火山湖。此外浙江莫干山也有天池,仅 12 平方米。此处天池山如果位于中条山脉,应当能够找到它。

第 8 节王屋山,西连中条山,东接太行山,位于山西省垣曲县城东、河南省济源县城西北,主峰海拔 1711 米,山势三重,因其状若王者车盖而得名。相传轩辕黄帝在此设坛求雨,故又名天坛山。这里也是道教十大洞天之首,别名小有清虚之天。王屋山闻名遐迩,还得益于愚公移山故事的远播,这一故事很早就被视为寓言,其实它当初应该是与治理海水西侵造成的洪水泛滥有关,因为修路是没有必要把山石运到"渤海之尾"的。

第10节景山的盐贩泽与第4节咸山的长泽,即历史上著名的河东盐池,又称解池,是我国黄河流域最重要的产盐地和食盐产品集散地,而山西省中南部及其周边的冀、豫、陕地区则是尧舜禹文明的发祥地。

第11节的孟门山,郭璞注引《尸子》:"龙门未辟,吕梁未凿,河出于孟门之上,大溢逆流,无有丘陵高阜,灭之,名曰洪水。"所谓"逆流"即河水倒流,乃下游水位升高所致;导致下游水位升高的原因很多,除了地质变化、暴雨等因素之外,海平面上升以及海啸都会造成河水逆流。

特别值得注意的是,本章第22节发鸠山记述了炎帝及其少女女娃的故事。《山海经》全书中只有《北山经》、《大荒西经》和《海内经》提及炎帝,但是都没有直接记述炎帝的事迹,而只是记述炎帝后裔的故事;此外《中山经》记述的名曰女尸的帝女,以及帝女之桑,可能也是炎帝后裔。在华夏民族的古老记忆里,炎帝有三种身份,其一是南方兼夏季之帝,又称赤帝,《礼记·月令》:"孟夏之月,其帝炎帝,其神祝融。"其二是神农,即农作物和草药的发明者。其三是与黄帝争夺天下的部落联盟首领,即此处的炎帝及其少女女娃。

在一万年前,由于海平面比今日低数十米到上百米,我国渤海的全部以及黄海、东海的大陆架均为陆地。所谓"女娃游于东海",即炎帝族的一支嫡系部落向东部拓疆,迁徙到当时的海边居住。所谓"溺而不返",是说由于气候变暖,海平面上升,女娃部落遭到灭顶之灾。所谓"故为精卫"云云,是说女娃部落的幸存者退到太行山脉居住,她们装扮成本族的图腾精卫鸟,举行巫术仪式,将太行山的木石象征性地投入东海,以期将海水填平,恢复往日的美好家园。从这个角度来说,炎帝族与黄帝族的长期战争和冲突,正是在上述海侵事件导致的生存地域减缩的大环境变迁的基础上展开的。

炎帝族当时尚处于母系社会(在远古神话传说中,几乎没有关于炎帝妻子的记录),炎帝之名具有太阳神的神格,炎帝的女儿女娃也应该是太阳女神。事实上,女娃的"娃"字,包含"圭"字符,而"圭"正是观测太阳高度的天文仪器,因此女娃的名字也表明她具有太阳神的神格,亦即太阳女神。

第30节柘山、第31节维龙山和第32节白马山均出产铁矿石,其中维龙山发源的河流又名敞铁水,显然这与当时人们在这里开采铁矿石的活动有关。今日河北省邯郸市西面的太行山里有著名的峰峰铁矿山和磁山(出产磁铁矿),而且这里已经发现有先夏时期的文化遗址。

第44节碣石山又名揭石山,是我国北方名山,一般认为它位于今日河北省昌黎县城北,主峰仙台顶,海拔695米,秦始皇、汉武帝和三国曹操都曾来此登山观渤海。但这里不可能有水系东流入黄河,或许经文"河"乃"海"之误。此外,也有人认为碣石山在秦皇岛附近的海中,或者位于山东省境内;而在山海经艺术地理复原图组画《北山经·桑乾图》和《帝禹山河图》里,碣石山的位置被画在今日河北省与辽宁省交界处的七老图山脉上,其主峰大光顶子山,海拔2 037米,是滦河水系与辽河水系的分水岭。

第46节帝都山是一处先夏时期炎帝族的都城,第47节錞于毋逢山西面的幽都山,是当年帝都山居民的墓葬之地或祭祀鬼魂的场所,而其守护神是一条红头白身的大蛇。1982年发现于辽宁省阜新蒙古族自治县色拉乡查海村西的查海遗址中部的石脉上,有一条西南至东北走向的龙形堆石,由石脉质料相同、大小均匀的红褐色花岗岩块摆塑而成,龙体昂首张口、弯身弓背、尾部若隐若现,长约20米。龙头朝西南处有十余座墓坑,龙尾朝东北处有一建筑物遗址,龙头、龙身处石块厚密,尾部石块较松散。或许,查海遗址考古报告所说的摆塑龙,实际上是当地居民供奉的图腾长蛇,非常类似本章第47节幽都山的守护神红头白身的大蛇,也可能是《海外北经》、《大荒北经》记述的烛龙原型。

综上所述,北山三经区域里生活居住着三个大的族群。其中,第一个族群位于北山三经的南部,供奉马身人面之神,祭神时要将藻桂埋入地下。第二个族群位于北山三经中部,供奉彘身载玉之神,祭神时要献上许多玉器,祭祀结束后不用把玉器埋入地下。第三个族群位于北山三经北部,供奉彘身八足蛇尾之神,祭神时要将玉璧埋入地下。上述地区的人们,祭祀的供品都有精谷米,而且都有寒食的习俗。

综观《北山经》所记述的自然地理和人文地理内容,其脉络相当清晰,而且基本符合我国北方的山西省、河北省和蒙古草原,以及相邻地区的情况,这就充分说明当年的考察者是有实地观察和观测依据的。具体来说,北山一经记述的是吕梁山及其以北的区域,北山二经记述的是霍山和汾水流域及其以北的区域,北山三经记述的是中条山、王屋山、太行山、燕山、七老图山及其以北的区域。

东山经第四

《东山经》包括《东山一经》、《东次二经》、《东次三经》、《东次四经》四篇,记载了主要位于中国东部的一系列山,以及发源于这些山的河流和在这些山上生长的植物、动物及其形状、特点,出产的矿物,还有掌管这些山的山神的形状、祭祀这些山神的方法(东次四经除外)等。《东山经》共记载了四十六座山,除了极少数山,绝大部分山的具体位置都难以考定,但它们大致位于今山东、安徽、江苏、河北境内及东部海域中。

一、东山一经

【导读】

东山一经记述了位于中国东部的十二座山,除了泰山、樕蠡山等极少数山外,绝大多数山的具体位置都难以确考,但它们大致位于今山东、安徽境内。

东山一经中记述的奇禽怪兽不多,仅有形状像犬而六足的从从、形状像鸡而鼠毛的蚩鼠、形状像蛇而鱼翼的鱳蠵三种。

楸蠡山

【原文】

《东山经》之首,曰楸蠡之山,北临乾昧。食水出焉,而东北流注于海。其中多鱅鱅之鱼[1],其状如犁牛[2],其音如彘鸣。

【注释】

①鱅鱅之鱼:古代传说中的一种怪鱼。

②犁牛:杂色之牛。

鱅鱅鱼

【译文】

　　《东山经》记述的东山第一列山系的最北端的山名叫樕螽山，北连乾昧山。食水就发源于这座山，流出山涧后便向东北流入大海。食水中有很多鱅鱅鱼，这种鱼的身形有些像犁牛，叫声似猪叫。

鱅鱅鱼

鱅鱅鱼　清·汪绂图本

蔂山

又南三百里,曰枸山,其上有玉,其下有金。湖水出焉,东流注于食水,其中多活师①。

【注释】

①活师:蝌蚪,蛙或蟾蜍的幼体,黑色,椭圆形,像小鱼,有鳃和尾巴,生活在水中。

【译文】

由楸蠢山再往南三百里有座山,名叫蔂山,这座山的山巅上有很多玉石,山坡下有很多金矿石。湖水就发源于这座山,流出山涧后便向东流入食水,湖水中有很多蝌蚪游来游去。

枸状山

【原文】

又南三百里,曰枸状之山,其上多金玉,其下多青碧石。有兽焉,其状如犬,六足,其名曰从从,其鸣自詨。有鸟焉,其状如鸡而鼠毛,其名曰蛤鼠,见则其邑大旱。汜水出焉。而北流注于湖水。其中多箴鱼①,其状如鯈,其喙如箴,食之无疫疾。

从从

从从　清·毕沅图本

【注释】

①箴鱼:箴,同"针"。箴鱼,鱼名,嘴部像针一样。

蚩鼠

蚩鼠　明·胡文焕图本

【译文】

　　由蟲山再往南三百里有座山,名叫枸状山,这座山的山巅有很多金矿石和玉石,山脚下有很多青碧玉石。这座山上有一种野兽,其身形似狗,但长有六只脚,它名叫从从,它的吼叫声就像是在喊叫自己的名字。这座山上还有一种鸟,其身形似鸡,但长有一条老鼠尾巴,它名叫蚩鼠,哪里的城邑一旦发现蚩鼠,必将发生严重旱灾。汜水就发源于这座山,从山涧流出后便向北流入湖水。汜水中有很多箴鱼，这种鱼形似白鲦，嘴很尖，似针一样。人吃了这种鱼，可以医治瘟疫。

勃垒山

【原文】

又南三百里，曰勃垒①之山，无草木，无水。

【注释】

①垒："齐"的古字。

【译文】

由枸状山再往南三百里有座山，名叫勃垒山，这座山上没有水，寸草不生，光秃秃的。

番条山

【原文】

又南三百里，曰番条之山，无草木，多沙。减水出焉，北流注于海，其中多鳡鱼①。

【注释】

①鳡鱼：又名黄钻、竿鱼，古代称为鳏鱼。体长大，亚圆筒形，吻尖长，口大。眼小，性凶猛。

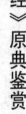

鳡鱼

【译文】

　　自勃垒山再往南三百里有座山,名叫番条山,山上光秃秃的,没生长草木,但有很多沙。减水就发源于这座山,流出山洞后便向北流入大海,减水中有很多鳡鱼。

姑儿山

【原文】

　　又南四百里,曰姑儿之山,其上多漆,其下多桑柘。姑儿之水出焉,北流注于海,其中多鳡鱼。

【译文】

　　由番条山再往南四百里有座山,名叫姑儿山,这座山的山巅生长有很多漆树,山坡下生长有很多桑树和柘树。姑儿水就发源于这座山,流出山涧后便向北流入大海,姑儿水中有很多鳡鱼。

高氏山

【原文】

又南四百里,曰高氏之山,其上多玉,其下多箴石①。诸绳之水出焉,东流注于泽,其中多金玉。

【注释】

①箴石:石制的针,古代治病工具,亦指可用以制针的石头。

【译文】

由姑儿山再往南四百里有座山,名叫高氏山,这座山的山巅有很多玉石,山坡下有很多箴石。诸绳水就发源于这座山,流出山涧后便向东流入大泽,诸绳水底有很多金矿石和玉石。

岳山

【原文】

又南三百里,曰岳山,其上多桑,其下多樗。泺水出焉,东流注于泽,其中多金玉。

【译文】

由高氏山再往南三百里有座山,名叫岳山,山上有很多桑树,山下生长着很多櫄树。泺水就发源于这座山,流出山涧后便向东流入大泽,泺水中有很多金矿石和玉石。

柢山

【原文】

又南三百里,曰柢山,其上无草木,其下多水,其中多堪㺒之鱼。有兽焉,其状如夸父而彘毛,其音如呼,见①则天下大水②。

【注释】

①见:出现。

②大水:特大水灾。

【译文】

由岳山再往南三百里有座山,名叫柢山,这座山上光秃秃的,寸草不生,山脚下倒是有很多水,水中有很多堪㺒鱼。这座山上生长的野兽,其形状似夸父,但周身都长着如猪鬃一样的毛,其吼叫声像是在呼喊着什么,这种野兽一旦出现,那便预示天下将发生特大水灾。